ETAPAS PLUS

Curso de español por módulos

Libro del alumno

Nivel

C1

Edinumen

Coordinación: Anabel de Dios Martín y Sonia Eusebio Hermira

ISBN: 978-84-9848-906-4
Depósito Legal: M-943-2019

Coordinación editorial:
Mar Menéndez

Edición:
Amelia Guerrero

Diseño y maquetación:
Carlos Casado, Juanjo López y Sara Serrano

Ilustraciones:
Carlos Casado

Fotografías:
Archivo Edinumen

Editorial Edinumen
José Celestino Mutis, 4.
28028 Madrid. España
Teléfono: (34) 91 308 51 42
Fax: (34) 91 319 93 09
E-mail: edinumen@edinumen.es
www.edinumen.es

Introducción

Etapas es un curso de español cuya característica principal es su distribución modular y flexible. **Etapas Plus Nivel C1** está compuesto por **12 unidades** didácticas, el nexo de cada una de las cuales es un tema o concepto a partir del cual se trabajan diferentes actividades y tareas siguiendo un enfoque orientado a la acción. Todos los temas abordados son actuales e interesantes para alumnos que han alcanzado ya el nivel de usuario independiente. Sus contenidos están organizados para implementarse en un curso de 120 a 240 horas lectivas, en función del número de actividades y el material complementario que se desee utilizar en el aula.

Etapas Plus Nivel C1 está compuesto de los siguientes materiales:

- **Libro del alumno:** secuencias de actividades contextualizadas para llevar a cabo en el aula con la guía del profesor.
- **Libro de ejercicios:** actividades pensadas para poder ser realizadas de manera individual, lo que no impide que se puedan adaptar a dinámicas que permitan el trabajo colaborativo en el aula.
- **Resumen lingüístico-gramatical y audios descargables** (en la ELEteca).

El **Libro del profesor** contiene la descripción didáctica de las actividades y sugerencias de ejercicios alternativos. Incluye, también, proyecciones y fichas con material complementario para la realización de algunas actividades. Estas permiten aplicar en el *Libro del alumno* dinámicas de aprendizaje más activas y variadas. El *Libro del profesor* es, por tanto, muy recomendable para trabajar de forma óptima con **Etapas Plus Nivel C1**.

Cada unidad didáctica del *Libro del alumno* consta de las siguientes secciones:

- **Portadilla**, en la que se ofrece una imagen para comenzar a contextualizar la unidad; a partir de esta, además, se podrán explorar algunos conocimientos previos de los alumnos.
- **En contexto:** doble página que anticipa diferentes temas que se abordarán a lo largo de la unidad e introduce contenidos útiles para la realización de las actividades.
- **Tres apartados** con subtemas independientes, todos ellos conectados con el tema que constituye el eje central de la unidad.
- **Evaluación:** dos páginas de actividades encaminadas a evaluar el nivel de uso de lengua por parte de los estudiantes a través de las diferentes destrezas del lenguaje.

Descripción de iconos

Actividad de interacción oral.	Actividad de comprensión auditiva.
Actividad de reflexión lingüística.	Actividad de comprensión lectora.
Actividad de producción escrita.	Actividad opcional.

Unidad 7 Lo que nos define 105

Contenidos funcionales:

Hablar de las relaciones interpersonales.
Describir personas: aspecto físico, carácter, estilo…
Hacer comparaciones.
Expresar gustos, preferencias, aversión…
Preguntar por gustos y preferencias.
Saludar y despedirse, disculparse, agradecer… en la correspondencia escrita.
Usar la ironía en textos escritos.

Contenidos lingüísticos:

Anteposición del adjetivo.
Oraciones comparativas.
Adjetivos que admiten usos relacionales y calificativos.

Contenidos léxicos:

Las relaciones interpersonales.
Descripciones físicas.
El carácter y la personalidad.

Contenidos culturales:

Tipos de relaciones personales.
La descripción física en la literatura hispana.

Tareas:

Describir y comparar trastornos y síndromes relacionados con la personalidad.
Realizar una descripción literaria.
Crear diálogos usando estructuras comparativas.
Debatir sobre los diferentes gustos.
Escribir una carta formal haciendo uso de la ironía.

Unidad 8 Transformar la realidad 121

Contenidos funcionales:

Hablar sobre las capacidades personales.
Expresar concesión: énfasis e indiferencia.
Pedir, denegar y conceder permiso (con y sin objeciones).

Contenidos lingüísticos:

Verbos con preposición.
Concesivas intensivas y reduplicadas.
Conectores condicionales: *a no ser que/a menos que/solo si.*
El presente histórico.

Contenidos léxicos:

Retos del siglo XXI.
Léxico sobre retos, aptitudes, cualidades y capacidades personales.
La genialidad y la excentricidad.

Contenidos culturales:

El concepto de *liderazgo*.
Líderes mundiales.
El recubrimiento del *Reichstag*.
El *coaching*.

Tareas:

Realizar un mapa conceptual sobre los retos del siglo XXI.
Hacer una presentación de una persona influyente en mi país.
Diseñar un anuncio publicitario para promocionar un objeto original.
Preparar una presentación de un edificio con relevancia histórica.
Escribir una carta solicitando llevar a cabo una iniciativa cultural.
Escribir a un periódico para opinar sobre una noticia.

Unidad 9 La banda sonora de nuestras vidas 137

Contenidos funcionales:

Referirse a algo anteriormente mencionado.
Preguntar por estados de ánimo y expresar empatía.
Expresar que se recuerda o no algo.
Expresar ideas que se confirman o no.
Realizar comentarios irónicos.
Dar consejos y hacer recomendaciones.

Contenidos lingüísticos:

Uso coloquial y anafórico de los pronombres neutros.
Expresiones para mostrar estados de ánimo y sentimientos.
Contraste entre ausencia y presencia del artículo y su valor sustantivizador.
La anáfora como recurso expresivo.
Oraciones condicionales para expresar realidades contrapuestas o introducir reproches.

Contenidos léxicos:

Léxico relacionado con los estados de ánimo y las sensaciones físicas.

Contenidos culturales:

La melodía de las lenguas.
Poesía: Blas de Otero y Luis García Montero.
Refranes y dichos populares.

Tareas:

Hacer un álbum de recuerdos musicales e identificarse con una época musical.
Dibujar un mapa con las canciones del mundo.
Participar en un concurso de radio.
Escribir un poema.
Crear un mural con canciones históricas.

Agradecimientos

A Kike Lowy, de Deportistas Ambulantes, por cedernos sus imágenes;
a Boa Mistura, por las fotografías de Te Comería a Versos; a Óscar Santos Payán,
por poner voz a su poema *La vie… c'est une bonne idée*,
y a Nigel Van Wieck, por su obra *Q Train.*

Unidad

1

Talento y aprendizaje

Contenidos funcionales

- Saludar y presentar.
- Contar historias.
- Hablar sobre el aprendizaje y los talentos.

Contenidos lingüísticos

- Expresiones de saludos y presentaciones.
- Algunas incorrecciones frecuentes (loísmo, laísmo, queísmo, etc.).
- Las perspectivas en el uso de los pasados.
- El marcador discursivo *ya que*.
- Expresiones con pronombres reflexivos y personales.

Contenidos léxicos

- El aprendizaje de idiomas.
- El cerebro.
- Los talentos.

Contenidos culturales

- Dificultades del español.
- El Año Europeo de las Lenguas.
- Los españoles y los idiomas.
- El cerebro en el aprendizaje.
- Las conexiones entre la magia y el cerebro.
- Los factores de personalidad en el aprendizaje.

En **ELEteca** tienes material y actividades complementarias a esta unidad.

Tareas

- Crear un perfil personal.
- Hacer un listado de necesidades y expectativas.
- Recordar a un profesor de manera especial.
- Escribir cartas adoptando diferentes perspectivas.
- Crear historias.
- Debatir sobre los factores que influyen en el aprendizaje.

En contexto

1 **Fíjate en el perfil de esta estudiante de español y preséntate a tus compañeros.**

facebook

Ana Carolina da Costa

Biografía | Información | Amigos | Fotos | Más

Información personal: Nací en Belo Horizonte (Brasil) el 18 de febrero de 1970.

Trabajo y formación académica: Soy maestra de primaria, me gradué en 1993 en la Universidad de Minas Gerais y he trabajado en varios colegios de mi ciudad y de Rio de Janeiro.

Familia y relaciones: Estoy divorciada y tengo dos hijos. Tengo muy buena relación con la novia del mayor.

Detalles sobre Ana Carolina: Me gusta estudiar idiomas: hablo portugués, inglés y español. Tengo la manía de guardar todos los cuadernos y libros que he utilizado para estudiarlos, ya tengo dos cajas llenas. Estoy muy interesada en la literatura y el cine en español; una de mis aficiones es ver adaptaciones cinematográficas de novelas, me divierte encontrar las diferencias entre ambas versiones. No resisto la tentación de comer una ración de *brigadeiros* a la semana.

El español y tú: Brasil está rodeado de países que hablan español, lengua, además, muy parecida al portugués. El interés por estudiar español está en continuo crecimiento en mi país y en las escuelas cada vez se enseña más. Para mi trabajo es muy importante saber hablar español, por eso lo estudio, para no quedarme atrás. La cercanía con mi lengua materna es una ventaja, pero también es un inconveniente: es más fácil entender, pero a veces no sé si hablo español, portugués o una mezcla de los dos.

2 **¿Cuáles crees que son las principales dificultades del español? Lee este texto relacionado con una entrevista realizada a la profesora M.ª Antonieta Andión, especialista en la enseñanza de español, y subraya las ideas con las que estés de acuerdo.**

María Antonieta Andión, en una entrevista realizada en el programa de radio *Hoy por Hoy, Madrid Sur*, asegura que el español es una lengua cada vez más hablada y con cada vez más prestigio en el mundo, y afirma que el grado de dificultad en su aprendizaje depende de con qué otro idioma se compare. No obstante, reconoce que "aprender español, para un extranjero, tiene la ventaja de que hablamos casi como escribimos. En este sentido, hay una facilidad para las personas, ya que pueden leer en español sin apenas tener conocimientos y su fonética resultar entendible". Sigue explicando que en el otro lado de la balanza tenemos algunas dificultades gramaticales, debido a la gran riqueza y tradición literaria de nuestra lengua: "¿Quién no conoce que la diferencia entre los verbos *ser* y *estar* es un gran caballo de batalla para los hablantes de otras lenguas que tienen un solo verbo?". En su opinión, otras dificultades del español son la morfología del subjuntivo y el léxico tan amplio que tenemos.

Andión asegura que la carta fonética del español no tiene sonidos especialmente difíciles. La "r" es quizá el sonido más problemático porque tiene una articulación compleja, mientras que otros como la "ñ" no suponen mucha complicación, porque hay otras lenguas que, con ortografía distinta, tienen el mismo sonido. De todas formas, "no es necesario conseguir una imitación perfecta de la fonética del español para hablarlo muy decentemente".

Adaptado de http://www.sermadridsur.com/noticias

! Fíjate

- Yo coincido con… en que/lo de…
- Estoy de acuerdo en todo, menos en que…
- Yo no diría que…

2.1 **Comenta con la clase los datos que has subrayado. ¿Estáis de acuerdo con lo que dice la entrevista?**

3 [1] **¿Tienes claro qué quieres aprender en este curso? Escucha a varios estudiantes de idiomas a los que les preguntan por sus necesidades e intereses y toma nota de sus respuestas en la columna central.**

	Las respuestas que oigo	Y ahora tú y el español
1 ¿Por qué estudias portugués y para qué lo necesitas?		
2 ¿Dónde y con quién lo usas?		
3 Y para ti, ¿qué es lo más importante para hacer en alemán?		
4 ¿Qué crees que tienes que mejorar?		
5 ¿Cómo te gusta trabajar en clase?		
6 ¿Qué tipos de actividades te gustan más?		
7 ¿Sobre qué temas te interesa que sean las actividades de clase?		
8 ¿Hay algún tipo de actividades o temas que te aburran o desmotiven?		
9 ¿Quieres hacer deberes?		
10 ¿Qué te gustaría aprender o trabajar en este curso?		

3.1 **Ahora piensa en tus propias respuestas referidas al estudio del español y completa la columna de la derecha de la tabla anterior.**

3.2 **Formad grupos de cuatro o cinco para comentar vuestras respuestas y escribid un listado de siete aspectos que se repiten en, al menos, dos de vosotros. Al final, haced una puesta en común para llegar a una única lista de diez ítems. Podéis colgarla en el aula para tener presentes vuestros intereses y necesidades.**

Sin fronteras lingüísticas

1 **El Consejo de Europa es una organización política que impulsa una mayor unidad entre todos los países europeos que forman parte de él. Una de sus funciones es promover dentro de sus Estados miembro la capacidad de los ciudadanos para comunicarse en varias lenguas. Discute con tu compañero/a las siguientes cuestiones.**

1. ¿Sabes cuándo se celebró el Año Europeo de las Lenguas? ¿Qué objetivos crees que se pueden establecer con una celebración de este tipo?
2. ¿Qué acciones crees que se llevaron a cabo gracias a la celebración del Año Europeo de las Lenguas?
3. El 26 de septiembre de cada año se celebra el Día Europeo de las Lenguas. ¿Para qué crees que sirve?
4. Para estar plenamente integrado en la sociedad europea, ¿cuántas lenguas crees que debería hablar un ciudadano europeo?

1.1 **Lee el siguiente texto y compara tus respuestas anteriores.**

En el año 2001 se celebró el Año Europeo de las Lenguas y, de las diferentes acciones y debates que tuvieron lugar, se llegó a la conclusión de que había que intensificar y diversificar la enseñanza de lenguas en Europa para que los europeos pudieran hacer frente a los retos que planteaba una realidad cada vez más plurilingüe y multicultural. Se establecieron los compromisos de ampliar el aprendizaje permanente de idiomas, aumentar la calidad de su enseñanza y crear un entorno más favorable a las lenguas. La Europa plurilingüe tiene como objetivo general que los ciudadanos podamos hablar tres lenguas comunitarias, ya que la capacidad de comunicarse en dos o más lenguas, incluso de forma básica, abre oportunidades de movilidad personal, de empleo, de educación y de acceso a la información; en definitiva, la posibilidad de movernos en un espacio sin fronteras.

Algunas de las acciones que se llevaron a cabo para la consecución de los objetivos marcados en 2001 fueron el incremento de horas lectivas en la enseñanza obligatoria, la incorporación de programas de educación bilingüe en muchos colegios públicos, la obligatoriedad del estudio de una segunda lengua extranjera y la reducción de la edad de inicio del aprendizaje de idiomas.

La citada celebración tuvo una secuela que se renueva cada año con el Día Europeo de las Lenguas, el 26 de septiembre, cuyos objetivos son subrayar la importancia de aprender lenguas, incrementar el conocimiento y la conciencia del valor de las mismas y motivar su aprendizaje de manera continua a lo largo de toda la vida. Se trata, al fin y al cabo, de celebrar la diversidad lingüística y cultural en Europa.

+ 2 Lee únicamente el texto que te asigne tu profesor/a para extraer las ideas principales. Después, formad grupos con representantes de los tres textos e intercambiad la información. ¿Qué es lo que más os ha llamado la atención?

3 [2] Al mismo tiempo que el estudio de lenguas extranjeras crece, se diversifica la oferta de actividades relacionadas con ello. Un popular sistema para la práctica de idiomas son las fiestas internacionales de intercambio. Varios estudiantes están en una de estas fiestas, escúchalos y marca en la columna correspondiente si ya se conocían o se ven por primera vez en esta fiesta.

	Ya se conocían	Se ven por primera vez
Carlos y Olga		
Olga y Sergio		
Carlos y Gloria		
Sergio y Gloria		
Rui y Sergio		
Eleonora y Rui		

3.1 ¿Para qué crees que se utilizan estas expresiones extraídas de la conversación que acabas de escuchar? Clasifícalas en el listado.

Conocer y presentar a otras personas

1. ¿Cómo andamos/estamos?
2. No me puedo quejar, la verdad.
3. ¿Qué hay/pasa?
4. Bueno, qué quieres que te diga...
5. ¿Recuerdas que te hablé de...? Pues aquí está.
6. Ya tenía ganas de conocerte, me han hablado mucho de ti.
7. ¿No querías conocer a...?
8. ¿Qué es de tu vida?
9. Para qué te voy a contar...
10. ¿Me lo presentas? Me gustaría conocerlo.
11. Te voy a presentar a...
12. Me alegro de conocerte.
13. Bueno, tirando.
14. Parece que la mala racha ha pasado.

Para saludar a alguien que conoces: 1 ......

Para responder a un saludo: ......

Para presentar a alguien: ......

Para responder a una presentación: ......

Para ofrecerse a hacer una presentación: ......

Para solicitar ser presentado: ......

3.2 [2] Vuelve a escuchar la conversación y comprueba tu respuesta anterior.

4 Piensa en un profesor que haya tenido un impacto perdurable y positivo en ti. ¿Qué edad tenías? ¿Qué tenía ese profesor que te dejó tal impresión?

4.1 Observa las imágenes de estos profesores. ¿Qué asignaturas crees que daban? Física, Lengua y Literatura, Química, Educación Física, Latín, Griego, Matemáticas…

1 

2 

3 

4 

4.2 Lee los testimonios de estas personas sobre profesores que dejaron huella en sus vidas y complétalos con las palabras propuestas.

- gafas de alambre
- regordete/a
- alborotado/a
- mejillas coloradas
- gafas de pasta
- moño
- patillas
- media melena
- (pelo) tirante
- despeinado/a

a 

Una de las mejores profesoras de mi vida fue mi profesora de Francés en el instituto. Se llamaba Concha, tenía el pelo a ❶ ...., liso y moreno. Tendría unos cuarenta y tantos años y llevaba ❷ .... redondas. Nos obligaba a repetir las palabras y las frases si no las pronunciábamos bien. No la importaba el tiempo que pasáramos repitiendo. Cuando la preguntábamos si íbamos a utilizar el libro, siempre nos decía lo mismo: “Dejarle quieto, que ya habrá tiempo…”.

b 

Yo me acuerdo de mi profesora Amalia; me dio clases en el colegio. Era una mujer ❸ .... con ❹ ...., que siempre vestía de manera muy formal, con traje oscuro de chaqueta y falda. Tenía el pelo largo y le llevaba muy ❺ .... recogido en un gran ❻ .... en la nuca. No sé si era por ser la directora, pero siempre estaba pendiente de todos los alumnos. Antes de llegar a clase, ya nos había dejado dicho: “Estudiar de tal a tal página, que luego os pregunto”. Llevábamos uniforme con corbata y me acuerdo de que un día me la quité para jugar y la perdí. ¡Lo que recé para que no se diera cuenta que no la llevaba!

c 

Si tuviera que elegir al mejor profesor de mi vida, me costaría; sin embargo, uno de los que más recuerdo es mi profesor de Latín. Es curioso, pero no me acuerdo de su nombre, ya que todos le llamábamos con un apodo: Bandolero. Estaba calvo por arriba y solo tenía pelo en los laterales y por atrás, se dejaba unas enormes ❼ .... que casi lo llegaban a la boca y llevaba ❽ .... marrón grandes y cuadradas. Me acuerdo que sus exámenes daban tanto miedo que, una vez que no lo tenía bien preparado, me pasé la noche delante del libro bebiendo agua para ver si me ponía mala. El agua estaba muy frío y lo conseguí. Por la mañana vomité y le dije a mi madre que estaba enferma, ella me hizo un justificante y al día siguiente se lo entregué al Bandolero. ¡Qué harta acabé de traducir *La guerra de las Galias*!

d 

El mejor profesor de mi vida fue Alberto Ríos, mi profesor de Física en la universidad. Recuerdo que el primer día estaba muy despistado y no sabía dónde tenía que ir. Llevaba debajo del brazo una cartera llena de papeles que rebosaban por la cremallera, parecía un profesor chiflado, con ese pelo siempre ❾ .... y ❿ .... Desde el primer momento noté que era un profesor especial, que transmitía energía positiva por todos los poros de su piel. En sus explicaciones nos ponía muchos ejemplos en los que colaborábamos nosotros para ver si lo entendíamos o no, y ponía especial énfasis en que le explicáramos cómo habíamos llegado a nuestras conclusiones. Me alegro mucho que fuera mi profesor.

! Estos textos contienen errores

4.3 **En los textos anteriores hay incorrecciones frecuentes entre los españoles. Lee en qué consisten y busca tantos ejemplos como indique el número entre paréntesis. Después, intentad corregirlas en parejas.**

1. **Laísmo.** Consiste en utilizar el pronombre ***la*** de manera inadecuada, cuando se refiere a un objeto indirecto: (2)

   ....

2. **Loísmo.** Consiste en utilizar el pronombre ***lo*** de manera inadecuada, cuando se refiere a un objeto indirecto: (1)

   ....

3. **Leísmo de cosa.** Consiste en utilizar el pronombre ***le*** de manera inadecuada cuando se refiere a una cosa y es objeto directo: (2)

   ....

4. **Queísmo.** Consiste en omitir la preposición ***de*** que rigen algunos verbos y locuciones verbales cuando va seguida de una frase subordinada que empieza con ***que***. Se hace por ultracorrección, ya que algunos hablantes comenten el error a la inversa (dequeísmo): decir ***de que*** cuando el verbo no lleva preposición *(Pienso de que…)*, algo que se relaciona con el lenguaje vulgar: (3)

   ....

5. Uso del infinitivo por el imperativo de ***vosotros***. Consiste en cambiar la ***d*** final del imperativo por una ***r***: (2)

   ....

6. Concordancia del adjetivo con los sustantivos femeninos que empiezan por ***a*** tónica. Estos sustantivos se utilizan con los artículos ***el*** y ***un***, lo que hace que muchos hablantes se confundan y usen los adjetivos en masculino a pesar de que el sustantivo sea femenino: (1)

   ....

5 **Di si las siguientes frases son correctas o incorrectas. Trabaja con tu compañero/a.**

	Correcta	Incorrecta
1. ¡Está sonando el teléfono! ¡Cogedlo, por favor!	☐	☐
2. El policía llevaba el arma colgado en la cintura.	☐	☐
3. Andrea fue ayer a hacer la matrícula de la universidad y le dijeron que la faltaba un papel.	☐	☐
4. Hace tantos años que Arturo y yo somos amigos que no me acuerdo ni de dónde lo conocí.	☐	☐
5. Otra vez se te ha caído un botón, guárdatele en el bolsillo para coserle luego.	☐	☐
6. ¿Dónde estarán mis llaves? Estoy seguro que las dejé encima de esta mesa…	☐	☐
7. ¡Adiós! ¡Que tengáis buen viaje! ¡Llamar en cuanto lleguéis!	☐	☐
8. Me alegra mucho que hayas podido venir a mi fiesta de cumpleaños.	☐	☐
9. A Manuel ya no lo doy nada, nunca me ha agradecido los favores que le he hecho.	☐	☐
10. La invité a cenar en la pizzería de enfrente y no quiso venir.	☐	☐
11. ¿La contesto yo o lo haces tú?	☐	☐
12. ¡Niños! Hablar más bajo, que la abuela está durmiendo.	☐	☐
13. ¡Este niño tiene un habla muy gracioso! Parece un dibujo animado.	☐	☐

6 **Ahora tú: ¿te acuerdas de algún profesor o profesora de una manera especial? Haz un dibujo de él o de ella y cuenta a tus compañeros tus recuerdos.**

El cerebro

1 **Empecemos con un juego. Reacciona y haz lo que te piden las siguientes imágenes.**

1

Mira el gráfico y
di el color de la palabra.

AMARILLO AZUL NARANJA
NEGRO ROJO MORADO
VERDE AMARILLO ROJO
NARANJA VERDE NEGRO
AZUL ROJO MORADO
VERDE AZUL NARANJA

2

MIRA A TU
IZQUIERDA

TE DIJE A LA IZQUIERDA, NO A LA DERECHA

3

Toca el número
más alto

3 1
0
2

1.1 **¿Qué ha pasado? ¿Te ha sido fácil hacer lo que te pedían? ¿Por qué crees que ha ocurrido? Lee la siguiente explicación y escribe un título y una entradilla de dos líneas para el artículo. Trabaja con tu compañero/a.**

Título ______________________________

Entradilla ______________________________

Realmente no son nuestros ojos los que nos confunden, sino nuestro cerebro, en el que está ocurriendo un conflicto entre los dos hemisferios al darse dos mensajes a un tiempo.

Toda la información que tenemos nos llega a partir de un estímulo externo, el cual percibimos gracias al sistema sensorial (vista, oído, tacto, olfato y gusto). La información que filtramos de esa manera pasa posteriormente a ser procesada y notificada por nuestro cerebro, para ser comprendida y almacenada allí mediante los símbolos y el lenguaje. Pero, ¿qué pasa si nuestros sentidos nos mienten?

¿Sabías que los magos se basan en estos "despistes" de la mente para hacer sus trucos? Es el ilusionismo. ¿Sabías que hay una nueva disciplina que estudia las técnicas del ilusionismo?

Se llama neuromagia y trata de dar respuestas a algunas de estas preguntas: ¿qué mecanismos neurales son activados y desactivados por los magos en sus espectáculos para lograr engañarnos de la forma tan convincente en que lo hacen? ¿Cómo distraen nuestra atención? ¿Qué ilusiones específicas crean? Los magos son capaces de controlar la concentración o la memoria con manipulaciones visuales, auditivas, táctiles y sociales.

Susana Martínez-Conde y Stephen Macknik, en colaboración con la periodista científica Sandra Blakeslee, han escrito un libro: *Los engaños de la mente*. En él se explican muchas cosas que van más allá de la mera descripción de los métodos de los ilusionistas. Se explica la naturaleza de las ilusiones, tanto sensoriales como cognitivas, y su importancia en nuestro modo de ver el mundo. Según los autores, el cerebro experimenta engaños constantes, la mayoría de los cuales ignoramos o nos pasan desapercibidos. En realidad, inventamos más información de la que percibimos a través de los sentidos.

2 Mira la siguiente imagen, ¿qué ves?

2.1 ¿Has oído hablar de la Copa de Rubin? Lee las siguientes explicaciones y comenta con tu compañero/a lo que sabes sobre este tipo de ilusiones ópticas. ¿Cuál es la figura y cuál es el fondo en la imagen?

La Copa o Vaso de Rubin debe su nombre al psicólogo danés Edgar Rubin, que la introdujo en 1915 como un ejemplo de las ilusiones ópticas de figura y fondo, en las que existe ambigüedad porque entre dos imágenes con una frontera común cada una de ellas puede ser la figura o el fondo, como en este caso ocurre con la copa y las dos caras que se miran.

Rubin demostró que la distinción entre la figura y el fondo se debe a distintos factores. Así, por ejemplo, suele ser elegida como figura la parte que es más pequeña. También influyen la concavidad y la convexidad de las imágenes.

La imagen que suele distinguirse como fondo es la convexa (la de color gris), independientemente de su color. También influye la orientación de cada parte de la imagen, de forma que normalmente nuestro cerebro elige como figura la que tiene una orientación próxima bien a la horizontal o bien a la vertical. ¿Y qué sucede cuándo las partes de una misma imagen presentan similares características? Que es cuando entra en juego la subjetividad de cada observador para elegir una u otra opción.

2.2 Algunas gramáticas han utilizado la idea de las diferentes perspectivas (fondo y figura) para describir el contraste entre imperfecto e indefinido. Lee la siguiente explicación, fíjate en los ejemplos y haz un dibujo-esquema que represente cada uno de ellos. Trabaja con tu compañero/a.

Contraste imperfecto / indefinido

Ambos tiempos verbales representan, desde ángulos diferentes, la misma escena: con el imperfecto, el hablante nos muestra la acción desde dentro, en su proceso, mientras que con el indefinido nos la muestra desde fuera, ya acabada.

Imperfecto

Fondo
El emisor está dentro de la imagen, forma parte del fondo.

Indefinido

Figura
El emisor está fuera de la imagen, ve la figura.

El imperfecto nos presenta la acción desde dentro, como si pudiéramos ver cómo se marcaba el gol:

– *En el minuto 50, Ronaldo **marcaba** el gol del empate.*

El indefinido nos la presenta desde fuera, el gol ya está marcado:

– *En el minuto 50, Ronaldo **marcó** el gol del empate.*

3 Lee la siguiente historia y contesta a las preguntas.

1. ¿Qué consecuencia tuvo su accidente?
2. ¿Cómo pasaba el tiempo? ¿De qué forma se entretenía?
3. ¿Por qué crees que la mayoría de los verbos están en imperfecto? ¿Quién cuenta la historia?

Seis meses antes había resbalado en un encerado piso de hotel, en otra ciudad, golpeándose violentamente la cabeza contra el suelo. Como consecuencia de esa caída, se le había desprendido la retina y ahora lo habían operado. Por indicación médica debía permanecer quince días acostado, con los dos ojos ven-

3.1 Vamos a jugar con la figura y el fondo de la historia anterior. Lee la situación, elige uno de los personajes y escrib

Situación

La mujer del protagonista no ha sido capaz de aguantar la presión que le originaba la enfermedad del marido y se ha ido de casa. Tan solo dejó una nota que decía: "Lo siento, pero tengo que irme. Perdóname".

La mujer

Escribe a una gran amiga que vive en otra ciudad contándole que se ha ido de casa. Su amiga no sabe nada del accidente del marido. Tiene que contar cómo vivió los quince días de la enfermedad de su marido.

3.2 Lee estos textos relacionados con la actividad anterior y elige el significado adecuado de la expresión en negrita.

1. Convertir a alguien en centro de odio o burla.
2. Tener un alto concepto de sí mismo.
3. Hacer algo mal.
4. Aceptar de buen/mal grado una situación.

a. Con el accidente tenía menos paciencia y estaba más sensible. Reprochó a su mujer que no se ponía en su lugar y eso provocó una gran discusión. **La fastidió**. Ella pensó que estaba siendo muy injusto con ella y empezó a pasar menos tiempo con él.

b. El cirujano sabía por lo que estaba pasando su paciente, así que no comprendía la actitud de su mujer. Cada vez pasaba menos tiempo en casa y, cuando aparecía, le molestaba la actitud amable y servicial del médico. Estaba claro que **la había tomado con él**, se oponía y tachaba de exagerada cualquier recomendación u observación de este.

c. Cuando fue consciente de la marcha de su mujer, le asustó su soledad, pensó que no iba a ser capaz de **arreglárselas** sin su ayuda, pero pronto se dio cuenta de que no sería tan difícil vivir sin ella.

d. Nunca se había parado a pensar si era un buen marido o no, daba por hecho que ambos eran felices en la relación y no se planteaba nada más. Nunca había sido alguien que presumiera de nada, pero es verdad que **se las daba de** ser una persona paciente y comprensiva, por eso no entendió que su mujer no actuara de igual manera después del accidente.

¡Fíjate!

Todas estas expresiones llevan pronombres que no hacen referencia a un sustantivo concreto y expreso.

dados, o sea, que durante ese lapso dependía totalmente de su mujer. Cada setenta y dos horas venía el cirujano, destapaba el ojo operado, comprobaba que todo iba bien y volvía a taparlo. Era aconsejable que, al menos durante la primera semana, no recibiera visitas, a fin de garantizar la quietud total.

Una diversión era proponerse imágenes y esa había pasado a convertirse en la más fascinante de sus actividades pasivas... El juego era estimulante. Pensar por ejemplo: ahora voy a crear un caballo verde bajo la lluvia, y que apareciera en el envés de sus párpados inmóviles.

Primavera con una esquina rota,
Mario Benedetti

texto adoptando su perspectiva. Trabaja con tu compañero/a.

El protagonista

Es escritor. Durante los quince días que estuvo en la cama solo podía hablar con el cirujano, aparte de con su mujer. Cuando empezó a recuperarse escribió lo que había vivido durante esos quince días. No sospechó lo que le estaba pasando a su esposa.

El médico

Iba cada tres días a curar al enfermo después de haber pasado el día entero en el hospital recibiendo pacientes. Escribe una carta a su mujer, que por trabajo lleva seis meses viviendo en otro país, contándole la historia del paciente y su triste desenlace.

5 Ser capaz de hacer algo.

6 Recibir un castigo, una reprimenda.

e Es cierto que era una persona paciente, otro no hubiera soportado con la misma calma estar quince días en la cama sin hacer otra cosa que imaginarse figuras. El cirujano siempre decía que no **se lo había tomado mal**.

f Solo un día sintió que no aguantaría más e intentó levantarse. Al incorporarse sintió que se mareaba, menos mal que eso le hizo recapacitar y volvió a acostarse. Si el médico le hubiera visto, **se la habría cargado**.

Recibir una reprimenda

3.3 **Fíjate en las expresiones resaltadas y escríbelas en infinitivo con los pronombres con los que se asocian. Te ponemos al lado una expresión coloquial que tiene el mismo significado. Mira el ejemplo.**

Expresiones con pronombres

1. *Fastidiarla* .... → Coloq. Meter la pata.
2. .... → Coloq. Mosquearse/Cabrearse.
3. .... → Coloq. Apañárselas/Buscarse la vida.
4. .... → Coloq. Caérsele el pelo a alguien.
5. .... → Coloq. Ir de algo/Creérselo.
6. .... → Coloq. Coger manía.

Talentos

1 Lee la definición de talento. ¿Estás de acuerdo con todo lo que se dice? ¿Crees que tú tienes algún talento?

El talento, como aptitud, es la capacidad para desempeñar o ejercer una actividad.

El talento puede ser heredado (intrínseco) o adquirido mediante el aprendizaje.

El talento intrínseco, a diferencia del talento aprendido, se puede dejar de ejercer por mucho tiempo y volver a usarse con la misma destreza que cuando se abandonó; el talento aprendido requiere ser ejercitado continuamente.

Todo el mundo tiene algún talento, solo hay que tomarse tiempo para descubrirlo. Para que puedas descubrir cuáles son tus habilidades innatas, es importante que te dejes llevar por lo que sientes que te apasiona, que te conecta con el momento presente y hace que te olvides de todo lo demás durante esa actividad.

2 [3] Escucha a María y a Alberto hablar de sus talentos. Responde a las siguientes preguntas.

María:

1. ¿Cuál cree que es su talento? ¿Por qué lo piensa? ....
2. ¿De qué se lamenta? ....

Alberto:

1. ¿Está su talento relacionado con su profesión? ¿Por qué? ....
2. ¿De qué se siente orgulloso? ....
3. ¿Se arrepiente de haber elegido su profesión? ....

2.1 Lee las transcripciones de la actividad anterior e inserta las frases en el lugar correspondiente. Junto con tu compañero/a, hablad de su significado.

María

- puedo tirarme horas y horas hablando
- se me queda fácilmente la música
- no haber aprendido a tocar algún instrumento, porque hubiera sido un fenómeno
- se me hubiera dado bien dedicarme a algo relacionado con la música

María: Pues creo que a mí **1** .... la verdad es que **2** .... de música, me acuerdo con facilidad de las canciones y de las melodías; soy capaz de tararearlas sin problema. Por ejemplo, cuando estoy en una discoteca, reconozco rápidamente la canción y el grupo, aunque sea muy antiguo. En mi casa siempre está la radio puesta y, aunque esté haciendo otras cosas y parezca que no estoy escuchando, **3** .... que ponen, y muchas veces la gente se sorprende de que conozca a grupos actuales, que no son de mi época y que no tienen nada que ver con mi estilo musical. Si lo pienso, es una pena **4** ...., je, je, je.

Entrevistador: ¿Tienes predilección por alguno en especial?

María: Tendría que pensarlo más despacio...

¡Fíjate!

El pronombre ***se*** en las frases anteriores expresa involuntariedad.

Alberto

- soy un manitas
- porque tengo de todo
- Si me dan a elegir, me quedo con el motor
- ya que estoy, pues pinto el mueble completo
- ya están pidiéndomelo
- y ya de paso

Alberto: Puf, no sé, mi familia y mis amigos dicen que **1** .... Me encanta arreglar las cosas que se estropean: los aparatos, poner enchufes, lijar las puertas, barnizarlas. No sé..., si se rompe el cajón de un armario, pues ahí estoy yo, y **2** ...., y ya puestos, me pongo también con el armario... La verdad es que me entretiene hacer todo este tipo de cosas... Tengo una caja de herramientas bastante completita, de la que me siento muy orgulloso **3** ...., je, je, je. De hecho, los amigos, que lo saben, cuando necesitan arreglar algo, **4** .... Y yo lo hago con gusto,... **5** .... les pregunto si hay algo más que reparar.

Entrevistador: Sí, los hay que son terribles, ja, ja, ja...

Alberto: No sé por qué me apasionan estas cosas, porque yo soy abogado, que no tiene nada que ver.

Entrevistador: ¿Y si te dieran a elegir entre pasar una mañana de sábado en el juzgado o arreglando el motor de un coche, con qué te quedarías?

Alberto: ¿Un sábado? ¿Después de una semana de toga y leyes? Lo tengo claro. **6** .... Pero tampoco me veo de lunes a viernes rodeado de destornilladores y martillos.

! Fíjate

– **Ya que estoy**, (pues pinto el mueble completo).
– **Ya** (están pidiéndomelo).
– **Ya de paso**, (les pregunto si hay algo más que reparar).
– **Ya puestos**, (me pongo también con el armario).

Ya, en estas expresiones, significa "aprovecharse de una circunstancia para hacer algo".

3 **Piensa en los siguientes asuntos relacionados con tu vida y completa las frases que tienes debajo. Habla con tu compañero/a.**

- Estudios
- Trabajo
- Relaciones sociales
- Aspecto
- Relaciones familiares
- Aficiones / Ocio / Intereses

1. Soy un fenómeno / Se me da bien/mal...
2. Si me dan a elegir entre... y..., me quedo...
3. Se me hubiera dado bien...
4. Es una pena no haber...
5. *Puedo tirarme horas y horas* + gerundio...
6. Ya puestos,...
7. Se me queda fácilmente...

▶ *Pues yo creo que es una pena no haber estudiado algo relacionado con la comunicación, porque se me da bastante bien relacionarme con la gente.*

▷ *¿Sí? Pues yo al contrario, podría tirarme horas y horas leyendo en casa o viendo películas... Prefiero las actividades más solitarias.*

4 **Otro de los talentos que más se observan tiene que ver con el aprendizaje de lenguas. ¿Has oído hablar de la aptitud lingüística? ¿A qué crees que se refiere? Lee el siguiente texto y explica con tus palabras qué significan los fragmentos resaltados.**

En 1967, el psicólogo John Carroll elaboró una prueba para medir la aptitud para las lenguas extranjeras de un estudiante, a partir de la cual la Fundación de Evaluación de Segundas Lenguas creó la conocida *Modern Language Aptitude Test* (MLAT), prueba que desarrolló durante el año lectivo 2004-2005. En ella se describen las habilidades que pueden favorecer el aprendizaje de una lengua:

- Capacidad de **codificación fonética**. Consiste en la **habilidad para discriminar, codificar, recordar y reproducir sonidos** de una segunda lengua (L2).
- **Sensibilidad gramatical**. Capacidad para **reconocer y comprender las diferentes funciones de las palabras**.
- **Capacidad inductiva** de análisis de la L2. Se trata aquí de la capacidad de **inferir reglas** (generalmente gramaticales) **sobre la L2** a partir de las muestras a las que el aprendiz tiene acceso.
- **Memoria asociativa** para **retener y recuperar vocabulario**.

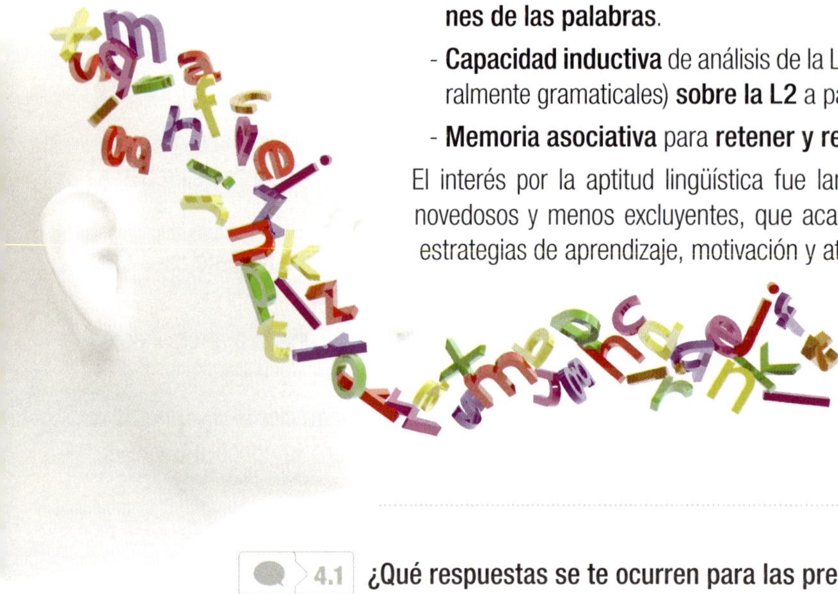

El interés por la aptitud lingüística fue languideciendo al tiempo que surgían otros temas, más novedosos y menos excluyentes, que acaparaban la atención de teóricos y profesores (estilos y estrategias de aprendizaje, motivación y atención...).

En los últimos años, el estudio sobre la aptitud lingüística se ha retomado y presenta las siguientes interrogantes: ¿es un talento innato? ¿Es una habilidad distintiva o está relacionada con otras habilidades más generales, como la inteligencia? ¿Funciona de manera independiente de otros factores también influyentes?

4.1 **¿Qué respuestas se te ocurren para las preguntas que se plantean al final del texto? ¿Qué otros factores crees que pueden influir en el aprendizaje de una L2?**

5 **Mira la lista de los factores que expertos en enseñanza de lenguas consideran que influyen en el mayor o menor éxito del aprendizaje de una lengua y comenta con tu compañero/a de qué manera pueden incidir. Pregunta el significado de las palabras que no entiendas o búscalo en el diccionario.**

1. La lengua materna: monolingüe, bilingüe...
2. Las actitudes: apertura de los estudiantes hacia nuevas experiencias, otras personas, ideas, pueblos, sociedades y culturas, así como el interés que muestran hacia ello.
3. Las motivaciones: intrínsecas y extrínsecas.
4. Los estilos cognitivos: holístico, analítico y sintético.
5. Los factores de personalidad; por ejemplo:

   – locuacidad o parquedad;
   – espíritu emprendedor o indecisión;
   – optimismo o pesimismo;
   – extraversión e introversión;
   – el miedo y la vergüenza;
   – espontaneidad o autocontrol;
   – grado de inteligencia;
   – capacidad memorística;
   – diligencia o pereza;
   – ambición o conformismo;
   – seguridad en uno mismo o falta de seguridad;
   – autoestima o falta de autoestima.

▶ *Yo creo que la lengua materna es muy importante, pero no solo te favorece que sea más parecida, también si en tu sistema de estudios le dan importancia a analizar y reflexionar sobre la lengua...*

Evaluación

Interacción oral

Los magos utilizan en sus trucos manipulaciones visuales, auditivas, sociales y táctiles. ¿Sabes lo que es una ilusión? ¿Conoces algún truco de magia? Lee este breve texto y coméntalo con tus compañeros.

El principio psicológico define una ilusión como lo que ocurre cuando la realidad física no coincide con la percepción que se tiene de ella. Si nuestros ojos ven la profundidad de un paisaje cuando miramos un cuadro, seguramente se debe a cómo interactúan en la mente los bordes y contornos de la imagen, pero eso no nos informa de cómo el cerebro produce dicha ilusión. Un atributo fundamental del cerebro es el de ser capaz de detectar el contraste. Esta propiedad constituye la base de cualquier cognición, incluyendo la capacidad de ver, oír, sentir, pensar y centrar la atención en algo.

Introducción del libro *Los engaños de la mente* de Susana Martínez-Conde y Stephen Macknik

Comprensión auditiva

[4]

Escucha la explicación a un truco de magia. En 1 completa los espacios en blanco y en 2 ordena las imágenes para conocer el truco.

1 En esencia, lo que los magos realizan durante toda la noche ante su audiencia no son más que experimentos de ❶ ...., y pueden llegar a ser mucho más eficientes que nosotros, los científicos, en nuestros laboratorios.

Los trucos de magia funcionan porque el proceso de atención y consciencia del ser humano tiene, por así decirlo, un ❷ .... fácil de ❸ .... Entender cómo los magos logran hackear nuestro cerebro nos ayudará a comprender mejor cómo funcionan los trucos cognitivos en las estrategias ❹ ...., en las negociaciones de las ❺ .... y en cualquier tipo de relación ❻ .... Cuando comprendamos cómo funciona la ❼ .... en la mente del espectador, habremos desvelado las bases ❽ .... de la consciencia misma.

2

a

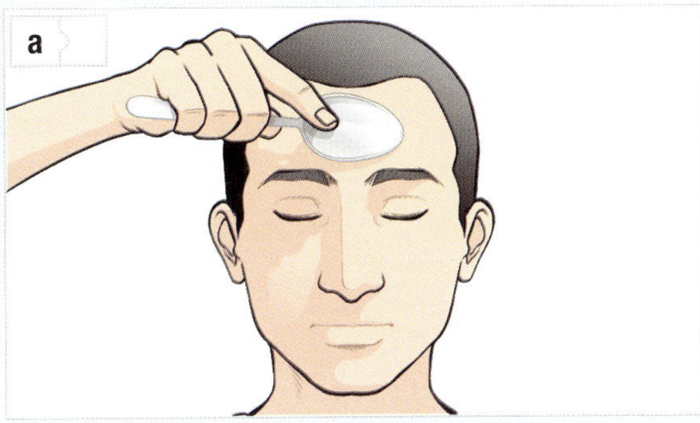

b

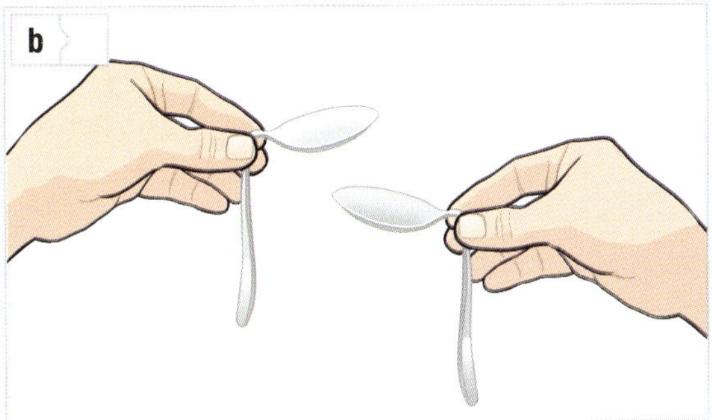

c

d

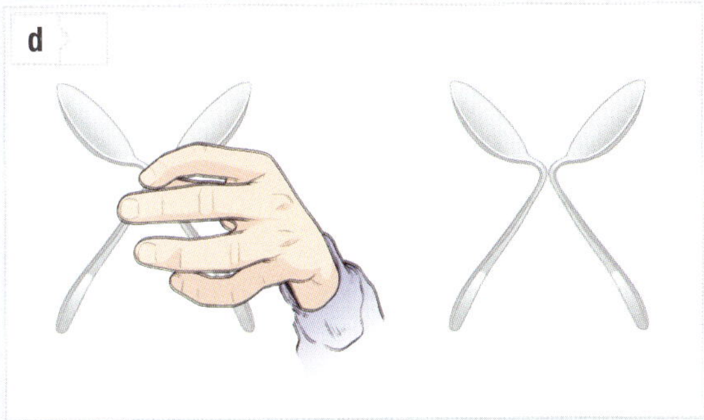

Comprensión lectora

Lee el siguiente texto sobre el cerebro y contesta si las siguientes afirmaciones son verdaderas o falsas. En el caso de ser falsas, corrígelas.

1. Todos los humanos nacemos con un cerebro igual, pero después va cambiando en cada persona. .... V F
2. El aprendizaje tiene lugar a partir de un impulso eléctrico que conecta unas neuronas con otras. .... V F
3. El lenguaje se localiza en el hemisferio considerado de la creatividad y la imaginación. .... V F
4. La cultura influye en la configuración de nuestro cerebro. .... V F

El sistema nervioso está formado por millones de células nerviosas, llamadas neuronas, que tienen la función de transmitir información mediante dos procesos completamente científicos: uno eléctrico y otro químico. Se trata de un sistema de cableado discontinuo, porque hay espacios entre las neuronas (los espacios sinápticos) donde se encuentran unas sustancias químicas, los neurotransmisores (dopamina, serotonina, noradrenalina...), que serán los mediadores entre una información y otra. Es aquí, en ese espacio sináptico, donde dejamos de ser cerebros generales para ser cerebros individuales y pasamos a tener un mapa mental diferente. Cuando nacemos, nuestra estructura anatómica y funcional es común a todos los seres humanos, pero conforme vamos relacionándonos con nuestro entorno, el mapa mental de cada uno se va individualizando.

Anatómicamente, el cerebro está formado por dos hemisferios, el derecho y el izquierdo, cada uno con características diferentes. El hemisferio izquierdo engloba el territorio de las ideas, del contenido. Es analítico, abstracto y racional, y abarca el lenguaje, el análisis, la secuencia lineal, las formulaciones químicas, las operaciones matemáticas y las partituras musicales. El hemisferio derecho es más espacial. En él predominan las formas y los espacios, el arte y la emoción. Es más intuitivo, creativo e imaginativo. Aquí el pensamiento es más expansivo y asociativo.

En realidad, ambos hemisferios están unidos por el cuerpo calloso y existe conexión entre ellos. Los dos están en funcionamiento, pero puede ocurrir que un hemisferio predomine sobre el otro o que exista un equilibrio interhemisferial. Según sea el caso, tendremos una manera u otra de aprender y procesar la información que recibamos.

En Occidente, se ha tendido al dominio de la hemisfericidad izquierda. Sin embargo, en otras culturas no ocurre lo mismo; por ejemplo, en Japón, tienen un mayor equilibrio interhemisferial, ya que, desde niños, el aprendizaje de su idioma se produce a través de dos sistemas: *kana* y *kanji* y cada uno se procesa por un hemisferio cerebral. Además, podemos añadir que, en Japón, las emociones, que aquí se procesan en el hemisferio derecho, se procesan en el izquierdo. Esto puede provocar que la emoción experimentada se convierta en una emoción analizada.

Expresión escrita

Elige un tema de los que han aparecido a lo largo de la unidad y escribe un texto que refleje tu opinión (180-220 palabras).

Contenidos lingüísticos

Haz el cuestionario que te proponemos en ELEteca

Unidad

2 La vivienda

Tareas

- Describir un edificio.
- Debatir sobre la ocupación de viviendas.
- Elaborar un cartel con casas museo inventadas de personajes ficticios.

Contenidos funcionales

Expresar objeción o rechazo.

Expresar censura, sorpresa, excusa e incertidumbre.

Contenidos lingüísticos

Diferencia entre futuro y condicional.

Diferentes usos del pretérito imperfecto de indicativo.

Concordancia sujeto-verbo (concordancia *ad sensum*).

Contenidos léxicos

Tipos de vivienda.

Vocabulario relacionado con los edificios.

Sinónimos del adjetivo *raro*.

Contenidos culturales

El movimiento okupa.

Cervantes, Sorolla y Picasso.

El Ratoncito Pérez.

En ELEteca tienes material y actividades complementarias a esta unidad.

En contexto

1 **¿Qué es para ti una vivienda? ¿Crees que podemos saber cómo es el carácter de una persona a partir de cómo dibuja una casa? Vamos a intentarlo. Dibuja una casa en un papel en horizontal y entrégaselo a un/a compañero/a.**

1.1 **Lee la siguiente información e interpreta el dibujo de tu compañero/a. ¿Está de acuerdo?**

Casa grande Refleja alegría y afectuosidad. Se asocia con un carácter extravertido. Si es pequeña, refleja introversión, timidez e, incluso, dificultad en las relaciones con sus iguales.

Casa alargada Es una señal de la necesidad de crecer. Si es baja, refleja sentimientos de opresión, angustia y preocupación. Cuando se dibuja una casa en dos niveles, se posee un carácter sensible, observador y detallista.

Con jardín En general es un signo positivo. Denota una personalidad extravertida, sensible y abierta a los demás.

Puerta Es el elemento que regula la entrada a nuestro espacio vital. Omitirla significa un bloqueo o necesidad de aislamiento con respecto al mundo exterior. Si la puerta es grande, refleja dependencia de los demás, pero también puede indicar una generosidad extrema.

Ventanas Su ausencia puede indicar que no se es capaz de afrontar la realidad externa. Si, por el contrario, la casa sí tiene ventanas, significa que la persona es muy observadora y capaz de encajar las críticas. Si están adornadas, denota personalidad detallista y sensible.

Tejado Se asocia con la mente humana. Si el techo sobresale, denota carácter temperamental; en cambio, el techo pequeño significa idealismo, utopía.

2 **A lo largo de la historia, la vivienda ha evolucionado adaptándose a la sociedad. Observa las fotos y contesta a las siguientes preguntas.**

1. ¿Sabes cómo se llaman estos tipos de viviendas?
2. ¿Cuáles son sus características?
3. ¿Qué ventajas e inconvenientes tienen?
4. ¿En cuál de ellas te gustaría vivir?

a

b

c

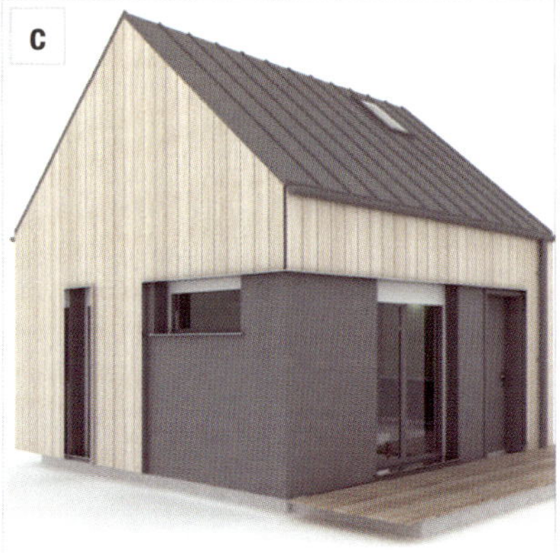

2.1 Lee los siguientes textos y comprueba tus respuestas.

Casas sostenibles/ecológicas

En los últimos años la arquitectura sostenible ha cobrado una gran relevancia, tanto por su ahorro energético como por su funcionalidad, confort y respeto al medioambiente.

Para desarrollar una construcción ecológica, se tienen que tomar en cuenta factores como la topografía, la utilización de materiales renovables y que exista un proyecto de eficiencia energética con el objetivo de ser autosuficiente e incluso producir más energía de la consumida.

Respecto a su coste, un proyecto de casa sostenible implica un presupuesto mayor comparado con el de una casa tradicional, pero a largo plazo se rentabiliza.

Casas inteligentes

Las llamadas casas inteligentes ya son una realidad. Su origen está en la domótica, cuya principal finalidad es hacer de nuestro hogar un lugar más confortable, seguro, accesible y eficiente. Esto se consigue mediante una gestión inteligente enfocada al ahorro de energía, utilizando la electricidad, la electrónica, la informática y las telecomunicaciones simultáneamente.

En cuanto a los aspectos negativos, la característica más sobresaliente es la vulnerabilidad frente a los *hackers* o piratas informáticos, que podrían acceder a la información del hogar e invadir la privacidad de la casa.

Casas prefabricadas

A veces se piensa que la prefabricación es una manera poco eficiente de creación de edificios; sin embargo, reduce el costo, permite que la construcción del edificio se realice de una forma más rápida y eficiente, y hay gran variedad de diseños a elegir. También se disminuye de manera considerable el daño ambiental, ya que los desechos de la construcción pueden ser reutilizados. Los módulos que componen una casa prefabricada se construyen en fábricas, y luego se transportan, se ensamblan y se ubican en el lugar elegido.

Estas casas se suelen construir donde el suelo es más barato (en las afueras de las ciudades, en el campo, en entornos naturales...), ya que en el centro de la ciudad es casi una tarea imposible por el precio desorbitado que tendría la parcela.

2.2 Vuelve a leer el texto y escribe la palabra al lado de su definición.

1. ....: práctica que tiene como objeto reducir el consumo de energía.
2. ....: estimación del coste de una obra o un servicio.
3. ....: hacer que algo sea productivo o provechoso.
4. ....: de forma simultánea, al mismo tiempo.
5. ....: debilidad o fragilidad.
6. ....: residuos o desperdicios en una industria.
7. ....: unir dos o más piezas encajándolas.
8. ....: porción pequeña de terreno en la que se puede construir un edificio.

3 [5] Earthship Biotecture es una organización dedicada a fomentar la construcción sostenible. Escucha el siguiente reportaje y contesta a las preguntas.

1. ¿Cómo denomina el arquitecto a este tipo de construcción?
2. ¿Qué características tienen sus viviendas?
3. ¿Qué materiales usa?
4. ¿Por qué perdió el título de arquitecto durante una época?
5. ¿Con qué nombre se conoce popularmente a Michael Reynolds?
6. ¿Frente a qué desastres naturales colaboró el arquitecto construyendo este tipo de casas?

Edificios raros

1 Lee las siguientes frases de arquitectos y escultores reconocidos a lo largo de la historia y elige las dos que más te gusten. Después, haz una puesta en común con el resto de tus compañeros y elegid la mejor.

"La arquitectura es escultura habitada".
Constantin Brâncuşi

"La arquitectura es invención".
Oscar Niemeyer

"La arquitectura debería hablar de su tiempo y lugar, pero anhelar la atemporalidad".
Frank Gehry

"La arquitectura es el arte de gastar el espacio".
Philip Johnson

"La arquitectura es una expresión de valores".
Norman Foster

1.1 ¿Conoces a los arquitectos citados? ¿Conoces alguno de sus edificios emblemáticos? ¿Puedes nombrar a un arquitecto famoso de tu país y su obra más representativa?

2 Observa las fotos de los siguientes edificios y contesta a estas preguntas. Comenta las respuestas con tu compañero/a.

1. ¿Sabes dónde están y cómo se llaman?
2. ¿Qué te sugieren?
3. ¿Qué adjetivos usarías para calificarlos?
4. ¿Te gustan?

a

b

c

d

e

f

g

h

"La madre del arte es la arquitectura. Sin la arquitectura de nuestro propio ser no tenemos alma de nuestra propia civilización".
Frank Lloyd Wright

"Creo que los edificios deberían imitar los ecosistemas ecológicos".
Ken Yeang

2.1 Los siguientes textos describen los edificios ubicados en España de la actividad anterior. Léelos y escribe la letra de la imagen que corresponde a cada uno.

1 Jacques Herzog y Pierre de Meuron diseñaron en 2003 el nuevo proyecto de la sede de CaixaForum en Madrid. Los arquitectos suizos remodelaron por completo un antiguo edificio industrial (la central eléctrica de Mediodía), respetando solamente el perímetro de las fachadas. La nueva propuesta está proyectada como una estructura de ladrillo que se mantiene suspendida en el aire dando una apariencia etérea.

Adaptado de www.arquitecturaespectacular.blogspot.com/2010/10/caixa-forum.html

2 La Torre Marenostrum es un proyecto de gran espectacularidad, tanto por su ubicación en el frente marítimo de la ciudad como por su concepción de sinuosa y moderna arquitectura, inspirada en una forma rocosa acristalada azotada por los vientos y el agua a los pies del Mediterráneo. Tiene una altura de 88 metros y destaca por su espectacular voladizo que se sostiene sobre el vacío y por su volumetría particular.

Adaptado de www.inmocolonial.com/torre-marenostrum

3 Quizás uno de los aspectos más característicos de este museo sea el propio edificio, obra del arquitecto Frank Gehry. Se trata de un edificio de formas curvilíneas y retorcidas, recubiertas de piedra caliza, cristal y planchas de titanio que evocan el pasado industrial de la ciudad.
Tiene una forma similar a la de un barco, rindiendo homenaje a la ciudad bilbaína, que antaño tantas industrias navales albergó. Su interior está dotado de amplios espacios, torres de escaleras, largas barandillas y altas cristaleras.

Adaptado de www.esnoticiaweb.com/museo-guggenheim-bilbao

4 Este edificio emblemático de principios del siglo XX cuenta con una fachada original, fantástica y repleta de imaginación. Gaudí cambió la antigua fachada por un conjunto de piedra y cristal, dio forma ondulada a los muros y los recubrió con *trencadís* de vidrios de colores y discos de cerámica. En la parte superior, el tejado tiene forma de lomo de animal y grandes escamas tornasoladas que evocan a un dragón.

Adaptado de https://www.casabatllo.es/antoni-gaudi/casa-batllo/historia/

5 El majestuoso perfil del Auditorio se ha convertido en todo un símbolo de la ciudad de Santa Cruz de Tenerife. El edificio se compone de sucesivas plataformas de las que sobresale el gran volumen curvo de la cubierta de la sala principal, cuyo diseño caracteriza por completo al auditorio proporcionándole plasticidad. Está construido con hormigón blanco que, en palabras del propio Calatrava, le permite "moldear formas y desafiar las leyes de la gravedad".

Adaptado de www.arquitecturaespectacular.blogspot.com/2010/04/auditorio-de-tenerife.html

2.2 Busca en internet información de un edificio poco común y escribe un breve texto describiéndolo. Después, léeselo a tu pareja para que pueda dibujarlo. ¿Se parece al original?

3 Los edificios de la actividad 2 no son muy comunes, son diferentes, un poco raros. Observa los siguientes adjetivos; se consideran sinónimos de *raro*, aunque cada uno expresa un matiz diferente. Busca en el diccionario el significado de los que no conozcas y clasifícalos en positivos (+) y negativos (-). Marca también cuáles usarías para describir un edificio.

- ◯ curioso/a........................ [+] [-]
- ◯ atípico/a........................ [+] [-]
- ◯ singular........................ [+] [-]
- ◯ inusual........................ [+] [-]
- ◯ exótico/a........................ [+] [-]
- ◯ extraño/a........................ [+] [-]
- ◯ original........................ [+] [-]
- ◯ extravagante........................ [+] [-]
- ◯ excéntrico/a........................ [+] [-]
- ◯ insólito/a........................ [+] [-]
- ◯ chocante........................ [+] [-]
- ◯ particular........................ [+] [-]

3.1 Decide con tu compañero/a cuáles de los anteriores adjetivos usaríais también para describir...

Personas

Lugares

Situaciones

3.2 ¿Conoces otros significados de los adjetivos *curioso/a, extraño/a* y *particular*? Coméntalo con tu compañero/a.

4 En un blog de arquitectura hemos encontrado opiniones sobre los edificios anteriores. Léelas y marca cuáles son positivas y cuáles negativas.

arquiblog

1 ⊕ ⊖ Mamen P., dices que es muy original?????? **Será** muy original pero a mí, la verdad, no me lo parece. Yo recuerdo un edificio de hace muchos años, uno de Miami, el Atlantis Condominium, que fue muy famoso precisamente por un gran agujero en la mitad de su estructura.

2 ⊕ ⊖ Respondiendo a Maribel 1982, en su época **sería** rompedor pero ahora mismo ya se ven bastantes edificios del mismo estilo, están todos cortados por el mismo patrón, ya estoy un poco cansada.

3 ⊕ ⊖ Parece un edifico sacado de un cuento. Los detalles de la fachada, el interior, los materiales, las vidrieras, el mármol, los azulejos, los acabados perfectos…, todo, es que no tengo palabras.

4 ⊕ ⊖ Es una construcción supermoderna. Yo recomiendo verla al atardecer, se te ponen los pelos de punta. No os arrepentiréis.

5 ⊕ ⊖ Pepe25 apunta que ha recibido bastantes premios, y los **habrá recibido**, pero desde luego que hay otros edificios que son bastante más interesantes. Lo que ocurre es que el arquitecto está de moda, y claro…

6 ⊕ ⊖ El edificio **tendrá** mucho estilo y todo lo que tú quieras (Sara80), pero no pega nada con el resto de los edificios, la verdad es que desentona bastante.

7 ⊕ ⊖ La arquitectura es una pasada, impresiona por su altura, por su forma y especialmente por las diferentes tonalidades. Es punto obligado de visita.

4.1 **Observa de nuevo las opiniones anteriores y completa el cuadro con el nombre de las formas verbales que se utilizan. Escribe también un ejemplo para cada caso.**

Contraste futuro / condicional

1. Usamos el **futuro** .... para expresar objeciones sobre un hecho presente o futuro:

– ....

Usamos el **futuro** .... para expresar objeciones sobre un hecho pasado:

– ....

2. Usamos el **condicional** .... para expresar objeciones sobre un hecho o situación pasados:

– ....

Usamos e **condicional** .... para expresar objeciones anteriores a otro evento a su vez anterior al momento de la enunciación:

– Habrían invertido mucho en ese proyecto, pero por el resultado final nadie lo diría.

4.2 **Ampliamos un poco de gramática. En los siguientes diálogos aparecen otros usos del futuro. ¿Cuáles expresan mandato? ¿Cuáles tienen el mismo significado que *espero que, no creo que, confío en que…*?**

1 ....

▶ Mamá, ¿puedo venir esta noche más tarde? Soy la única de mis amigas que se va tan pronto.

▷ ¡Ni hablar!, ya te lo he dicho mil veces.

▶ Anda…, solamente hoy, de verdad.

▷ Que no, que mientras vivas conmigo **harás** lo que yo diga.

2 ....

▶ Oye, ¿a qué hora vamos a quedar hoy?

▷ ¿Hoy?

▶ No me fastidies, no lo **habrás olvidado**, que te lo dije la semana pasada, hoy es la cena de Juan, recuérdalo.

3 ....

▶ Hola, cariño, ¿qué tal lo habéis pasado el fin de semana?

▷ Muy bien, mamá. Carol hizo unas pizzas el sábado y estuvimos escuchando música y viendo películas hasta las tantas. ¿Cuándo volvéis?

▶ Esta noche, salimos ya del hotel. **Habréis limpiado** toda la casa, ¿no?

4 ....

▶ Sabíais que la fecha límite de entrega era hoy, así que los que no hayan presentado el trabajo **harán** un examen sobre estos contenidos si quieren aprobar la asignatura.

▷ ¡Jooooooo, profe! Solo una semana más…

▶ Lo siento mucho, pero no sería justo para los compañeros que sí lo han entregado. Si teníais algún problema con los plazos, me lo deberíais haber comentado antes.

5 **Trabaja con un/a compañero/a y escribid dos diálogos usando el futuro simple o el futuro compuesto. Después representadlos y votad cuál es el mejor, teniendo en cuenta la situación y la entonación.**

El movimiento okupa

1 **Piensa en palabras que relaciones con el movimiento okupa y escríbelas en la pizarra. Después, explica a la clase tus razones de por qué las has escrito.**

▸ *Yo he escrito "grafiti" porque yo vivía al lado de una casa okupa y toda la fachada estaba llena de grafitis.*

! Fíjate

¿Te ha sorprendido la ortografía de la palabra *okupa*? Si consultamos en el Diccionario de la Real Academia de la Lengua (DRAE), encontramos lo siguiente:

> **okupa.** Acort. de *ocupante*, con *k*, letra que refleja una voluntad de transgresión de las normas ortográficas.
> **1.** adj. jerg. Dicho de un movimiento radical: Que propugna la ocupación de viviendas o locales deshabitados.
> **2.** adj. jerg. Perteneciente o relativo al movimiento okupa.
> **3.** m. y f. jerg. Miembro de un grupo okupa.

2 **Dividid la clase en A y B. Lee el texto que te ha tocado y complétalo con las palabras que faltan, según tu opinión. Después, habla con tu compañero/a para comprobar o completar tu respuesta anterior.**

Estudiante A

El movimiento okupa es un movimiento social que (1) .... a mediados de los años ochenta y que consiste en usar (2) .... y espacios abandonados para ser utilizados, bien como viviendas, bien como lugares con (3) .... sociales y culturales. La "okupación" normalmente se asocia a un determinado (4) .... que justifica sus acciones como una (5) .... del derecho digno a la vivienda y una forma de denuncia y protesta contra la (6) .... Sin embargo, en su acepción (7) .... por la prensa, se usa el concepto de ocupación para designar el hecho de que cualquier persona se instale en una vivienda abandonada, tenga esta acción carácter político o no.

Estudiante B

El movimiento okupa es un movimiento social (1) .... que surge a mediados de los años ochenta y que consiste en usar inmuebles y espacios (2) .... para ser utilizados, bien como viviendas, bien como lugares con fines sociales y (3) .... La "okupación" normalmente se asocia a un determinado grupo social que (4) .... sus acciones como una reivindicación del derecho (5) .... a la vivienda y una forma de denuncia y (6) .... contra la especulación. Sin embargo, en su (7) .... popularizada por la prensa, se usa el término de ocupación para designar el hecho de que cualquier persona se instale en una vivienda abandonada, tenga esta acción carácter político o no.

3 **Lee las opiniones que alguna gente tiene sobre los okupas y comenta con tus compañeros si estás de acuerdo o no.**

1. Los okupas son muy liberales.
2. Tienen muchos problemas económico-sociales.
3. Son anarquistas y se rebelan contra el sistema.
4. Los okupas realizan muchas actividades culturales.
5. Es más difícil okupar en zonas rurales que en las urbanas.
6. Los okupas luchan contra la especulación.

4 [6] **Escucha la entrevista que le hicieron a un okupa y escribe si las siguientes afirmaciones son verdaderas o falsas según lo que se dice en ella.**

1. Normalmente, cuando hay un desalojo se avisa con antelación. .... V F
2. Según el entrevistado, el fenómeno de la ocupación es debido a la falta de viviendas. .... V F
3. A los okupas les gustaría que los ayuntamientos los apoyaran en la realización de las actividades culturales. .... V F
4. La mayoría de los okupas pertenecen a asociaciones ecologistas. .... V F
5. La ocupación no desaparecerá mientras la sociedad no cambie. .... V F

4.1 **Lee las siguientes frases y marca quién las dice en la entrevista. Después, discute con tu compañero/a qué crees que expresa el pretérito imperfecto en cada caso.**

	Periodista	Héctor
1. Es que con todo este jaleo ni me acordaba de que habíamos quedado.	☐	☐
2. ¿No tenías que habérmelo confirmado?	☐	☐
3. La manifestación era mañana, ¿verdad?	☐	☐
4. Es que como la puerta estaba abierta y...	☐	☐
5. La entrevista era hoy, ¿no?	☐	☐
6. Anda, ¿estabas aquí?	☐	☐
7. Y nosotros, ¿qué sabíamos?	☐	☐
8. ¿No debían estar tus compañeros?	☐	☐

4.2 **Completa la tabla con las frases de la actividad anterior y escribe tú otros ejemplos.**

Usos del pretérito imperfecto de indicativo

Además de los usos básicos que ya conoces, existen otros usos del imperfecto:

Imperfecto de excusa

– ....
– ....
– ....
– ....

Imperfecto de incertidumbre

– ....
– ....
– ....

Imperfecto de censura

– ....
– ....
– ....

Imperfecto de sorpresa

– ....
– ....

5 Lee los diálogos y escribe al lado el uso correspondiente del pretérito imperfecto destacado.

1 *Censura*
- Me voy a apuntar ahora mismo a la actividad de mañana. Tú vas, ¿no?
- Sí, pero te aviso que es jueves y que ya no quedan plazas, ¿no tenías que haberlo hecho antes?

2 ______
- Mamá, me ha llamado María para ir al cine. Te prometo que no vendré tarde.
- ¿Ahora?, ¿no ibas a hacer los deberes?

3 ______
- **Me he quedado a cuadros** cuando has comentado delante de Juan lo que te conté sobre él. Él confiaba en mí y yo te lo dije porque nos lo contamos todo. No tenías que haber dicho nada.
- ¿Y yo qué sabía? No me dijiste que fuera un secreto.

4 ______
- Pero, ¿no estabas en París?
- ¡Qué va!, cambié el billete.

5 ______
- El autobús a Segovia de mañana salía a las 8, ¿no?
- Creo que sí.

6 ______
- ¡Anda! ¿Eras tú? **Qué callado te lo tenías**.
- Sí, lo que pasa es que no me apetecía airearlo.

7 ______
- No me puedo creer lo que me has contado, es tremendo.
- Ya, ¿y yo qué podía hacer?, nada.

8 ______
- La exposición se clausuraba hoy, ¿verdad?
- Sí, sí, hoy termina.

5.1 Mira las frases destacadas en negrita de los diálogos anteriores y elige cuál es su significado correcto.

1 *Quedarse a cuadros* expresa:

a. estar triste.

b. estar sorprendido.

2 *Qué callado te lo tenías* se dice:

a. cuando alguien esconde una información por interés o conveniencia propia.

b. cuando alguien esconde una información porque no le está permitido contarla.

6 El Patio Maravillas era un espacio ocupado muy famoso de Madrid. Lee la información y explica si conoces un centro similar.

Fachada del antiguo Patio Maravillas.

El Patio Maravillas surgió como un espacio para promover múltiples iniciativas culturales (talleres, charlas, exposiciones...), diferentes proyectos de autoempleo, asambleas políticas, etc.

Este espacio tuvo diferentes ubicaciones, la mayoría de ellas en el céntrico barrio de Malasaña. Todos los centros fueron desalojados, el último en la calle San Mateo.

el patio maravillas

7 **En los periódicos podemos leer numerosas noticias sobre el fenómeno de la ocupación. Lee la que te proponemos y contesta a las preguntas.**

1. ¿Cuál puede ser el titular de la noticia? Escríbelo en su lugar correspondiente.
2. ¿Cuál es el resumen?
3. ¿Qué ideas se te ocurren que puede llevar a cabo un gobierno para solucionar este tipo de problemas?
4. En esa situación, ¿harías lo mismo?
5. ¿Conoces casos similares en tu país?

Titular ....

Europa Press, Madrid

Un centenar de agentes de la Guardia Civil ha intervenido en el desalojo de un bloque de 60 viviendas ocupadas en Collado Villalba a raíz de la orden judicial emitida a tal efecto por el Juzgado de esta localidad.

Según han confirmado a Europa Press fuentes de la Guardia Civil, el desalojo se ha producido sin incidentes, y ha tenido lugar en la calle Madrid, 12, en el barrio de la Estación.

En el Ayuntamiento de la localidad, responsables municipales han explicado que, debido a que algunos de los okupas son familias con menores a su cargo, se les ha ofrecido ser realojados en viviendas sociales del municipio. Del mismo modo, han explicado que el inmueble en cuestión pertenecía a Bankia y que las personas que vivían en el mismo lo ocupaban desde hacía un año. "Debido a la situación de estas familias, el Ayuntamiento, a través de los Servicios Sociales, ha realizado una actuación asistencial urgente para que la vida de estas personas se viese alterada lo menos posible. Es una situación de extrema necesidad, por eso se ha actuado tan rápidamente", ha añadido la alcaldesa de Collado Villalba, Mariola Vargas.

8 **Y para terminar, vamos a organizar un debate sobre la ocupación de edificios. Seguid los siguientes pasos.**

A Completad la lista de los temas de los que podéis debatir:

1. Familias que no pueden pagar una hipoteca y ocupan casas vacías.
2. Ocupación de edificios de bancos, del gobierno…
3. Ocupación de casas cuando los inquilinos están de vacaciones.
4. Ocupación de edificios con fines sociales.
5. El movimiento okupa es una subcultura.
6. ....
7. ....
8. ....

B Elegid entre todos los temas de los que queréis debatir y desarrollad los argumentos a favor o en contra para iniciar el debate.

Casas museo

1 Mira las siguientes imágenes de personajes relevantes españoles y escribe su nombre. ¿Qué sabes de ellos? Coméntalo con un/a compañero/a.

1

2

3

1.2 Lee los siguientes textos para comprobar tus respuestas anteriores.

Miguel de Cervantes y Saavedra

(Alcalá de Henares, España, 1547 - Madrid, 1616) Cuarto hijo de un modesto médico, Rodrigo de Cervantes, y de Leonor de Cortinas, Cervantes vivió una infancia marcada por los acuciantes problemas económicos de su familia, que en 1551 se trasladó a Valladolid, sede de la corte, en busca de mejor fortuna.

En 1569 salió de España, probablemente por algún problema con la justicia, y se instaló en Roma. Allí ingresó en la milicia, en la compañía de don Diego de Urbina, con la que participó en la batalla de Lepanto. En este combate naval contra los turcos fue herido en la mano izquierda, que le quedó anquilosada.

En 1584 se casó con Catalina Salazar de Palacios, y al año siguiente se publicó su novela pastoril *La Galatea*. La primera parte de *El ingenioso hidalgo don Quijote de la Mancha* apareció en 1605; el éxito de este libro fue inmediato y considerable, y aunque no le sirvió para salir de la miseria, sí le valió para publicar otras obras que ya tenía escritas: las *Novelas ejemplares*, el *Viaje del Parnaso* y las *Comedias y entremeses*.

En 1615, meses antes de su muerte, envió a imprenta el segundo tomo del *Quijote*, con lo que quedaba completa la obra que lo sitúa como uno de los más grandes escritores de la historia y como el fundador de la novela en el sentido moderno de la palabra.

Adaptado de www.biografiasyvidas.com/biografia/c/cervantes.htm

Joaquín Sorolla

(Valencia, 1863 - Cercedilla, España, 1923) Pintor español. Formado en su ciudad natal con el escultor Capuz, estudió posteriormente las obras del Museo del Prado y, gracias a una beca, pudo residir y estudiar en Roma de 1884 a 1889. Un viaje a París en 1894 lo puso en contacto con la pintura impresionista, lo que supuso una verdadera revolución en su estilo. Abandonó los temas anteriores y comenzó a pintar al aire libre, dejándose invadir por la luz y el color del Mediterráneo. Son precisamente las obras de colores claros y pincelada vigorosa que reproducen escenas a orillas del mar las que más se identifican con el arte de Sorolla.

Su estilo agradable y fácil hizo que recibiera innumerables encargos, los cuales le permitieron gozar de una desahogada posición social. Su fama rebasó las fronteras españolas para extenderse por toda Europa y Estados Unidos, donde expuso en varias ocasiones. De 1910 a 1920 pintó una serie de murales con temas regionales para la Hispanic Society of America de Nueva York.

En el estilo más característico de Sorolla, el de técnica y concepción impresionista, destaca la representación de la figura humana (niños desnudos, mujeres con vestidos vaporosos) sobre un fondo de playa o de paisaje. Algunos críticos consideran estas obras un cruce entre los impresionistas franceses y los acuarelistas ingleses. Existe una importante colección de su pintura en el Museo Sorolla de Madrid.

www.biografiasyvidas.com/biografia/s/sorolla.htm

1.1 **Vamos a aprender más cosas de estos tres personajes. Lee las siguientes frases y elige la que piensas que es correcta.**

1. Cervantes nació en...
   - **a.** Alcalá de Henares.
   - **b.** Valladolid.
2. A Cervantes se le conocía como...
   - **a.** "el manco de Lepanto".
   - **b.** "el cojo de Lepanto".
3. La primera parte del *Quijote* se publicó en 1605. En esa época...
   - **a.** pasó totalmente desapercibido.
   - **b.** tuvo un éxito inmediato.
4. Cervantes murió...
   - **a.** antes de publicar la segunda parte del *Quijote*.
   - **b.** después de publicar la segunda parte del *Quijote*.
5. Sorolla fue un pintor que...
   - **a.** pudo vivir gracias a su obra.
   - **b.** pasó muchas dificultades en su época.
6. Sorolla estuvo influenciado por...
   - **a.** el expresionismo.
   - **b.** el impresionismo.
7. En la Hispanic Society of America se pueden ver lienzos de Sorolla que representan...
   - **a.** las diferentes regiones de España.
   - **b.** retratos de personajes relevantes españoles del siglo XIX.
8. Picasso fue el fundador del simbolismo.
   - **a.** Sí. **b.** No.
9. La obra más influyente de Picasso en el arte del siglo XX fue...
   - **a.** El *Guernica*.
   - **b.** *Las señoritas de Avignon*.
10. El *Guernica* se pintó...
    - **a.** en 1939. **b.** en 1937.

Pablo Picasso

(Málaga, 1881 - Mougins, Francia, 1973) Pintor español. La trascendencia de Picasso no se agota en la fundación del cubismo. A lo largo de su dilatada trayectoria, Pablo Picasso exploró incesantemente nuevos caminos e influyó en todas las facetas del arte del siglo XX, encarnando como ningún otro la inquietud y receptividad del artista contemporáneo.

Entre 1901 y 1904, Pablo Picasso alternó su residencia entre Madrid, Barcelona y París, mientras su pintura entraba en la etapa denominada *período azul*, fuertemente influida por el simbolismo. En la primavera de 1904, Picasso decidió trasladarse definitivamente a París y establecerse en un estudio en la ribera del Sena. En esta época su pintura experimentó una nueva evolución, caracterizada por una paleta cromática tendente a los colores tierra y rosa *(período rosa)*.

A finales de 1906, Pablo Picasso empezó a trabajar en una composición de gran formato que iba a cambiar el curso del arte del siglo XX: *Las señoritas de Avignon*. En esta obra cumbre confluyeron numerosas influencias.

El estallido de la guerra civil española lo empujó a una mayor concienciación política, fruto de la cual es una de sus obras más universalmente admiradas, el mural de gran tamaño *Guernica* (1937). Se trata de una impresionante denuncia del bombardeo de la aviación alemana, que arrasó esta población vasca en una acción de apoyo a las tropas franquistas.

Convertido ya en una leyenda en vida, el artista se retiró al castillo de Vauvenargues, donde continuó trabajando incansablemente hasta el día de su muerte.

Adaptado de www.biografiasyvidas.com/biografia/p/picasso.htm

2 **Piensa en un artista relevante de tu país, busca información y escribe su biografía.**

3 **Lee las recientes estadísticas sobre las visitas a la casa museo de Cervantes y escribe un sinónimo de las palabras destacadas.**

1 ______

La media mensual de visitantes ha sido de unos 3000.

2 ______

Un 35 % viene con grupos **concertados**.

3 ______

La mayoría de los visitantes acuden sin reserva **previa**.

4 ______

El 58 % participa en **talleres** infantiles y juveniles.

5 ______

El 20 % de los visitantes son **de nacionalidad extranjera**.

3.1 **Vuelve a leer las frases de la actividad anterior y marca la opción correcta en cada caso.**

Concordancia *ad sensum* (sujeto-verbo)

1. Cuando las expresiones como *el 20 % de los visitantes* o *la mayoría de los visitantes* son el sujeto de la oración, el verbo está en singular / plural.
2. Cuando el sujeto es *el 35 %*, el verbo está en singular / plural.

En el primer caso, aunque el sujeto *(el 20 %.../la mayoría...)* es singular, el verbo es plural. Esto es posible por la concordancia *ad sensum* (por el sentido). La RAE reconoce estas alternancias de número en la concordancia sujeto-verbo con sustantivos de interpretación cuantitativa *(mayoría, resto, totalidad)* y cuando el sujeto va acompañado de un complemento *(... de los visitantes)*.

4 **¿Sabes quién es el Ratón Pérez o Ratoncito Pérez? ¿Sabes que este personaje ficticio también tiene su casa museo en Madrid? Lee la información y explica si hay un personaje parecido en tu país.**

El Ratoncito Pérez es un personaje de leyenda muy popular entre los niños españoles e hispanoamericanos. La tradición se basa en un ritual consistente en que, cuando a un niño se le cae un diente de leche, lo coloca debajo de la almohada y, mientras duerme, este personaje mágico se lo cambia por un pequeño regalo.

En España, este personaje apareció por primera vez en un cuento infantil atribuido a Luis Coloma y fue escrito para el futuro rey Alfonso XIII, que entonces tenía ocho años y al que se le había caído un diente.

EL Ratoncito Pérez es el primer personaje ficticio al que el Ayuntamiento de Madrid homenajea con una placa conmemorativa, instalada en la calle Arenal, 8, lugar donde se ubica su casa museo.

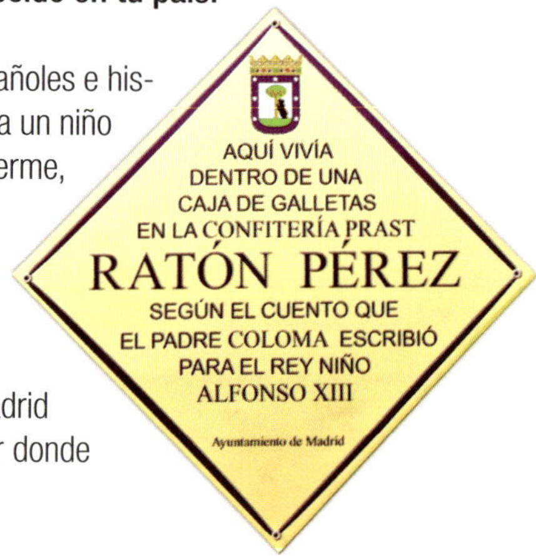

5 **La casa museo del Ratoncito Pérez no es la única del mundo dedicada a un personaje ficticio. Lee la siguiente información y escribe de quién se trata.**

Casa museo de ....

Inaugurada en 1990, es una casa museo dedicada a la vida y la época de un famoso detective.

Según las historias del novelista Sir Arthur Conan Doyle, la casa victoriana situada en Baker Street que ocupa el museo fue la vivienda de los personajes de sus famosas novelas.

La casa tiene tres plantas y está repleta de muebles y objetos decorativos que se encuentran en las mismas condiciones que describen los relatos. La primera planta es una de las más llamativas porque en ella se encuentra el dormitorio del personaje. En la segunda se sitúan las habitaciones del doctor Watson y Mrs Hudson, en las que se pueden observar las pertenencias de los personajes. En la tercera planta hay diversas figuras de cera que representan algunos de los personajes de los casos más representativos a los que se enfrentó el osado detective.

6 **Piensa con un/a compañero/a qué casa museo de un personaje ficticio te gustaría que existiera. Fíjate en lo siguiente:**

Nombre | Ubicación | Horario | Precios | Actividades | Edificio | Colección

6.1 **Haced una puesta en común de las casas museo que habéis elegido y elaborad un cartel con dibujos para colgarlo en la clase.**

Evaluación

Expresión escrita

1 La Torre de David, símbolo de la ciudad de Caracas, llegó a ser el edificio ocupado ilegalmente más alto del mundo. Lee el texto sobre su historia y escribe abajo un sinónimo o la definición de las palabras resaltadas en negrita.

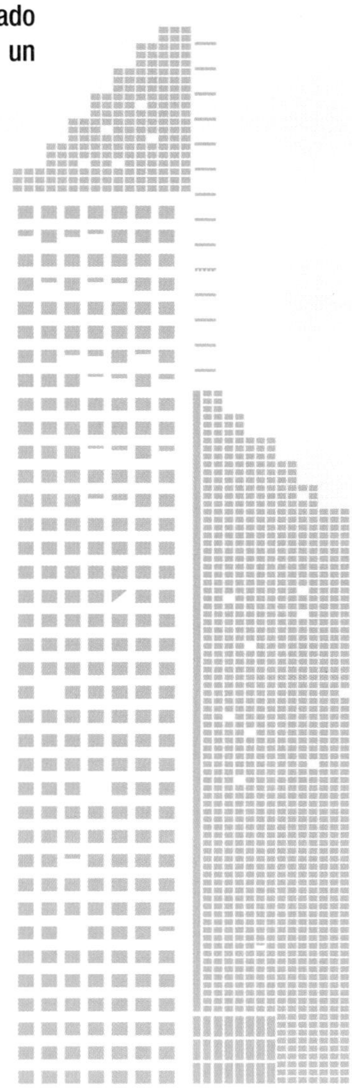

En el año 1990 David Brillembourg, presidente del consorcio financiero venezolano Confinanzas, decidió levantar una torre en Caracas, un rascacielos de más de cuarenta pisos, el tercer edificio más alto de Venezuela y el octavo de Latinoamérica.

Brillembourg pertenecía a un grupo de empresarios que, gracias al *boom* **bursátil** de los años ochenta, había **amasado** una fortuna impresionante, parte de la cual decidió invertir en un proyecto urbanístico que convertiría la zona en un bulevar financiero al estilo de Wall Street. A él se le conocía como el "Rey David" de las finanzas venezolanas y por ello su torre fue bautizada, desde el inicio de su construcción, como "la Torre de David".

En el año 1993 el empresario muere y un año después su empresa **quiebra**, por lo que se paraliza la construcción del edificio, que queda incompleta.

Durante los años siguientes la torre quedó suspendida en un vacío legal hasta que cayó en manos de una institución del Estado, que la puso en **subasta** sin recibir ninguna oferta.

La torre abandonada empezó a **deteriorarse**, y en el año 2007 una serie de familias instadas por la necesidad se organizaron para ocuparla y construir dentro sus casas. Llegaron a habitarla hasta 4000 personas, que **se amparaban** bajo la figura de una cooperativa. Para algunos, el mayor edificio ocupado del mundo era un modelo de autogestión. Así lo consideró el jurado de la Bienal de Venecia, la cita de arte contemporáneo que cada dos años acoge Italia, que concedió a la torre el principal reconocimiento, el León de Oro, no sin polémica.

En 2014 comenzó la **desocupación** de la torre, que concluyó un año después. Las familias fueron trasladadas al estado de Miranda.

En la actualidad, el gobierno de Nicolás Maduro tiene que decidir el futuro de la **monumental** edificación. Parece que en esa infraestructura se instalarán **efectivos** de la Guardia Nacional Bolivariana, del cuerpo de Bomberos del Distrito Capital y funcionarios de la Dirección de Protección Civil para atender a la **ciudadanía**.

Adaptado de www. latorrededavid.blogspot.com/p/intro.html

1. Bursátil: ...
2. Amasar: ...
3. Quiebra: ...
4. Subasta: ...
5. Deteriorarse: ...
6. Ampararse: ...
7. Desocupación: ...
8. Monumental: ...
9. Efectivos: ...
10. Ciudadanía: ...

2 Escribe tu propio texto sobre la historia de la Torre de David sin mirar el anterior. Utiliza la información que recuerdes y los siguientes términos (extensión: 180-220 palabras).

- rascacielos
- fortuna
- impresionante
- proyecto
- urbanístico
- edificio
- ocupado
- cooperativa
- desalojo
- 4000 personas
- cuerpo de bomberos
- Premio León de Oro

Comprensión auditiva

[7]

¿Sabes que es posible viajar por todo el mundo gratis alojándote en diferentes viviendas? Lo puedes hacer a través del *couchsurfing*. Escucha la audición y contesta a las siguientes preguntas.

1. ¿En qué consiste?
2. ¿Cómo surgió el proyecto?
3. ¿En qué año empezó?
4. ¿Qué hay que hacer para poder usar el *couchsurfing*?
5. ¿Qué tiene que ofrecer el anfitrión?
6. ¿Es una forma de alojarse segura?
7. ¿Qué ofrece esta red además de buscar y facilitar alojamiento?

Interacción oral

Responde a las siguientes preguntas relacionadas con el *couchsurfing*.

1. ¿Utilizarías la red para alojarte gratis?, ¿por qué?
2. ¿Acogerías a un inquilino en tu casa?, ¿por qué?
3. ¿Crees que el *couchsurfing* tiene relación con la crisis económica o con una filosofía de vida?
4. ¿Conoces a alguien que lo haya hecho? ¿Cómo fue su experiencia?

Comprensión lectora

Otro tipo de viaje alternativo gratuito es el *wwoofing*. Lee el siguiente texto y completa la información con las palabras del cuadro.

acuerda ■ invita ■ formulario ■ cuota ■ trueque ■ nativas ■ sostenibles
abarca ■ facilita ■ acrónimo ■ sustenta ■ accede

El *wwoofing* es una red mundial que (1) .... el trabajo voluntario en granjas ecológicas a cambio de hospedaje y manutención sin que haya dinero de por medio. *WWOOF* proviene de World Wide Opportunities on Organic Farms (oportunidades internacionales en granjas orgánicas), una organización internacional que (2) .... más de cien países, y que (3) .... a trabajar y a vivir en establecimientos que desarrollen actividades (4) ....

La idea nació en Londres en 1971, cuando Sue Coppard invitó a unos compañeros de trabajo a una granja orgánica en las afueras de la ciudad. Lo pasaron fenomenal y decidieron repetir la experiencia. Crearon una organización que llamaron Working Weekends on Organic Farms (WWOF), trabajando los fines de semana en granjas orgánicas, y, con el tiempo, cambiaron su (5) .... al actual.

La mayoría de los voluntarios son jóvenes, graduados universitarios, que quieren vivir una experiencia viajera diferente. Lo que buscan es conocer profundamente otras culturas, conviviendo con personas (6) ....

El wwoofing funciona de una forma muy sencilla: el voluntario (7) .... a la página web de la organización, completa un (8) .... y paga anualmente una (9) .... cercana a los 38 dólares para acceder a toda la información que cada país le ofrece para contactar con los agricultores asociados. Una vez que se pone en contacto con el agricultor que elige, (10) .... cuánto tiempo va a estar y las condiciones que tendrá que cumplir.

Es importante resaltar que este modo de viajar está relacionado con un tipo de filosofía que se opone al consumismo, puesto que la base económica que lo (11) .... es un (12) .... de trabajo físico a cambio de alojamiento.

Contenidos lingüísticos

Haz el cuestionario que te proponemos en ELEteca

Unidad

3

Los beneficios del deporte

Contenidos funcionales

- Controlar la atención del interlocutor.
- Hacer advertencias.
- Transmitir el grado de certeza o seguridad de una afirmación.
- Expresar concesión.
- Expresar sensaciones físicas.

Contenidos lingüísticos

- Uso de subjuntivo.
- El gerundio concesivo.
- Oraciones concesivas con imperfecto y pluscuamperfecto de subjuntivo.

Contenidos léxicos

- Material deportivo.
- Los beneficios del deporte.
- Sensaciones físicas.
- Expresiones relacionadas con el deporte.

Contenidos culturales

- Deportes poco conocidos.
- Biografías de deportistas.

En ELEteca tienes material y actividades complementarias a esta unidad.

Tareas

- Debatir sobre la actividad de ir al gimnasio.
- Hacer un listado de advertencias y razones para hacer ejercicio.
- Descubrir deportes minoritarios.
- Crear el reglamento de un nuevo deporte.

En contexto

1 **Ordena las siguientes palabras para formar una expresión del latín clásico. ¿Qué crees que significa? ¿De dónde procede? ¿Cuándo se usa? Habladlo en parejas.**

SANA | IN | CORPORE | MENS | SANO

1.1 **Lee ahora la definición y comprueba si es similar a lo que habéis comentado.**

Parece ser que esta expresión proviene de uno de los poemas satíricos escritos por el autor romano Décimo Junio Juvenal sobre el siglo II d. C., época en la que se daba gran importancia a la mente, al cuerpo y al alma del individuo. Se puede traducir como "una mente sana en un cuerpo sano" y fue a partir del siglo XIX cuando empezó a utilizarse para popularizar y fomentar la práctica del deporte como una forma de vida saludable.

1.2 **Existen otras frases históricas relacionadas con el deporte. ¿Qué opinas sobre ellas? Marca aquellas con las que estés de acuerdo.**

1. ☐ "El segundo es el primero de los perdedores". Ayrton Senna
2. ☐ "Es imposible imaginar que Goethe o Beethoven pudieran ser buenos en el billar o el golf". H. L. Mencken
3. ☐ "El talento gana partidos, pero el trabajo en equipo y la inteligencia ganan campeonatos". Michael Jordan
4. ☐ "El deporte es el departamento de juguetes de la vida humana". Howard Cosell
5. ☐ "El deporte gusta porque halaga la avaricia, es decir, la esperanza de poseer más". Montesquieu
6. ☐ "El deporte tomado en serio es como la guerra pero sin tiros". George Orwell
7. ☐ "El deporte tiene el poder de transformar el mundo. Tiene el poder de inspirar, de unir a la gente como pocas otras cosas... Tiene más capacidad que los gobiernos de derribar las barreras sociales". Nelson Mandela

1.3 **¿Y cómo definirías tú el deporte en una frase? Escríbelo en tu cuaderno, después compara tu definición con la de tus compañeros.**

2 **Responde a estas preguntas antes de leer el texto. Después, lee y compara con tus respuestas.**

1. ¿Por qué es tan difícil empezar a hacer ejercicio?
2. ¿Qué actividad física es la más recomendable para empezar?
3. ¿Qué actividades físicas requieren menos esfuerzo?
4. ¿Por qué correr es tan popular?
5. ¿Qué cosas debemos tener en cuenta si pensamos salir a correr?

Que ponerse a hacer ejercicio no es tarea fácil es algo que sabemos todos. Si llevamos una vida sedentaria, lo habitual es que cada pequeño esfuerzo físico que hagamos nos cueste mucho; pero lo importante es armarse de valor, calzarse unas zapatillas, atarse los cordones y empezar a sudar la camiseta. Poco a poco el cuerpo se adaptará al ejercicio y, con el tiempo, empezaremos a disfrutar de él.

Cuando una persona decide ponerse a hacer ejercicio, hay dos opciones frecuentes: salir a correr o apuntarse a un gimnasio. Una buena forma de empezar es salir a andar y darnos una buena caminata, y poco a poco ir aumentando

3 **Como dice el texto, otra de las opciones más elegidas a la hora de empezar a hacer ejercicio es apuntarse a un gimnasio. A continuación tienes unas preguntas que le hemos hecho a un monitor de gimnasio. Tu profesor/a colgará las respuestas en la clase. Levántate, lee las tres primeras respuestas (A) y díctaselas a tu compañero/a, después él/ella te dictará las tres últimas (B).**

Estudiante A

1. ¿Por qué a la gente le cuesta empezar a ir a un gimnasio?
2. ¿Qué aspectos son importantes a la hora de apuntarse a un gimnasio?
3. ¿Cómo nos puede ayudar un monitor?

Estudiante B

4. ¿Qué cosas podemos encontrar en un buen gimnasio?
5. ¿Con qué frecuencia es conveniente ir?
6. ¿Qué debemos llevar?

3.1 **Lee el texto y comprueba si falta algo en las respuestas que copiaste en el ejercicio anterior.**

1. **¿Por qué a la gente le cuesta empezar a ir a un gimnasio?** Normalmente porque siente vergüenza y porque piensa que el ejercicio va a ser demasiado duro.
2. **¿Qué aspectos son importantes a la hora de apuntarse a un gimnasio?** Lo que más se valora es el precio y la cercanía.
3. **¿Cómo nos puede ayudar un monitor?** Son los que mejor pueden asesorarnos, especialmente al principio, para explicarnos la manera correcta de hacer ejercicios y evitar lesiones.
4. **¿Qué cosas podemos encontrar en un buen gimnasio?** Al menos una sala de cardio con cintas y bicicletas, y una sala de musculación con mancuernas, barras, discos y máquinas. Y, por supuesto, varios tipos de clases colectivas.
5. **¿Con qué frecuencia es conveniente ir?** Es suficiente con tres o cuatro veces a la semana, una hora cada día.
6. **¿Qué debemos llevar?** Una toalla, una botella de agua, unas chanclas y un candado para la taquilla.

4 **Y ahora, ¿cuál es tu opinión sobre las mismas cuestiones? Habla con tu compañero/a.**

1. ¿Por qué a la gente le cuesta empezar a ir a un gimnasio?
2. ¿Qué aspectos son importantes a la hora de apuntarse a un gimnasio?
3. ¿Cómo nos puede ayudar un monitor?
4. ¿Qué cosas podemos encontrar en un buen gimnasio?
5. ¿Con qué frecuencia es conveniente ir?
6. ¿Qué debemos llevar?

el ritmo, la duración y la distancia para ir progresando.

Otras actividades que podemos practicar al principio son: montar en bicicleta, natación, gimnasia acuática, etc.; todas ellas exigen poco esfuerzo y son ideales para iniciarse, ya que ejercitan todos los músculos.

Después de un tiempo ya podremos comprarnos unas buenas zapatillas, con amortiguación o cámara de aire, que será lo único que necesitaremos para empezar a correr, uno de los deportes más económicos y sencillos. Con la constancia, la práctica del *running* es adictiva como pocas.

Para no sufrir lesiones, no debemos olvidar estirar antes y después de cada carrera, y comenzar siempre con un ritmo suave para intentar evitar tener demasiadas agujetas. Y, por supuesto, no debemos perder de vista la hidratación y llevar una alimentación equilibrada.

Aficionarse a un deporte

1 **Cadenas de grandes superficies especializadas en el deporte han sido en gran medida responsables del auge de la práctica deportiva. ¿Sabrías contestar a estas preguntas?**

1. ¿Qué porcentaje de españoles crees que ha comprado alguna vez ropa deportiva en una gran superficie?
2. ¿Qué otras opciones elige la gente para este tipo de compras?
3. De los siguientes motivos por los que la gran superficie es el lugar predilecto para estos clientes, ¿cuál es el más importante? Ordénalos de mayor a menor importancia.

◯ **a.** La rapidez en el pago.	◯ **e.** La calidad de los productos.
◯ **b.** El catálogo en internet.	◯ **f.** El amplio surtido de productos.
◯ **c.** El precio.	◯ **g.** El trato de los dependientes.
◯ **d.** El servicio postventa.	

1.1 **Lee el siguiente texto y comprueba tus respuestas.**

Las grandes superficies y centros comerciales son los lugares de compra preferidos de los españoles en cuanto a productos de deporte se refiere. Eso dice un estudio que afirma que un 73 % de los encuestados declara haber hecho sus compras de ropa deportiva en una gran superficie especializada. Estos centros han experimentado un incremento en sus ventas de 12 puntos con respecto al año pasado (61 %).

El segundo lugar en el *ranking* lo ocupa la tienda *online*, con un 19 % y con un aumento bastante significativo respecto al año anterior de nada menos que 8 puntos. El tercer puesto es, con un 17 %, para los grandes almacenes, que han caído 9 puntos en solo un año. La tienda pequeña en centro comercial, con un 14 %, muestra una subida de 3 puntos con respecto al dato del año pasado.

Los tres principales motivos por los que los encuestados eligieron la gran superficie especializada son: el precio (78 %), la variedad de productos (72 %) y la calidad de los mismos (53 %). Estos tres motivos han experimentado un aumento significativo con respecto a los datos del año anterior, que eran del 70 %, 64 % y 42 % respectivamente.

Tras los tres motivos más importantes, se encuentran: la rapidez y la comodidad en el pago (35 %) y la atención de vendedores (25 %). Por último, con datos irrelevantes, estarían la facilidad de pago (13 %), la tienda con catálogo *online* (13 %) y el servicio postventa (3 %).

Todo esto muestra que el deporte no es un mero entretenimiento, sino una industria con un enorme potencial e influencia en la economía.

El sector de los deportes encuentra clientes en gran parte de la población, ya que el 77 % de los consumidores declara que tiene pensado adquirir algún tipo de producto relacionado con los deportes en general en los próximos 12 meses.

Adaptado de http://www.elobservatoriocetelem.es/2014/12/los-espanoles-apuestan-en-masa-por-las-grandes-superficies-para-la-compra-de-articulos-de-deporte/

2 En los establecimientos anteriores podemos encontrar el material deportivo por secciones. Clasifica estos productos teniendo en cuenta el tipo de deporte en el que se usan. Algunos pueden aparecer en más de una sección.

pies de gato ■ polainas ■ esterilla ■ calas ■ arnés ■ barca ■ espuelas ■ cuerdas ■ carrete ■ bidón
candado ■ cinta de correr ■ fusta ■ mantilla ■ mancuernas ■ banco de abdominales ■ anzuelos ■ vadeador
reflectores ■ montura ■ pesas ■ magnesio ■ mosquetón ■ caña ■ cámara de aire

Ciclismo

Escalada y alpinismo

Pesca

Ejercicio en el gimnasio

Equitación / Hípica

2.1 [8] Escucha las siguientes conversaciones que hablan sobre estos cinco tipos de deporte y comprueba o completa la actividad anterior. Relaciona cada diálogo con el tipo de deporte del que hablan.

1
2
3
4
5

2.2 Intenta explicar con tus palabras el significado de las siguientes expresiones. ¿En qué contextos las usamos?

a ¿Lo ves?
b No te he liado, ¿no?
c ¿Me sigues?
d (Pues) va y.../cogí y...
e Te estoy aburriendo, ¿verdad?

2.3 [8] Escucha de nuevo el audio, escribe en qué conversaciones aparece cada expresión y comprueba si el significado coincide con el que tú creías.

a b c d e

3 **Lee los siguientes comentarios en los que encontrarás razones para hacer ejercicio. ¿Cuál te parece la más importante? Habladlo en parejas.**

Hay una cosa que debes tener muy en cuenta: el ejercicio no solo mejora la forma física, también mejora la memoria y la sensación de bienestar. Además, la gente que hace ejercicio regularmente es más optimista. **Estás avisado.**

Todo el mundo sabe la importancia que tiene realizar actividades deportivas. Practicando deporte se previenen enfermedades como la obesidad, la hipertensión y la diabetes, por poner algunos ejemplos. **Tú sabrás lo que haces.**

Se calcula que al menos un 15 % de las muertes producidas en los países desarrollados podrían tener relación con un estilo de vida sedentario. Es posible que te sientas identificado con esta forma de vida. **Allá tú...**

Está comprobado que el deporte mejora la salud de las personas. Es cierto que también importa mucho la edad, la dieta y la dotación genética, pero con una práctica deportiva regular tendrás menos problemas. **Luego no digas que no te advertí.**

3.1 **Fíjate en las expresiones marcadas en negrita del texto anterior. Las usamos para advertir a alguien sobre algo. Después, completa el cuadro con ellas.**

Hacer advertencias

– Quedas/.................. advertido-a/......................	– .... tú/vosotros/vosotras.
– Luego no digas que no te avisé/..........................	– Tú verás/.......................... (lo que haces).

4 **Piensa en los posibles beneficios del deporte sobre los siguientes aspectos. Habla con tu pareja.**

- aspecto fisiológico
- sistema circulatorio
- metabolismo
- aspecto psicosocial
- corazón
- aparato locomotor
- aspecto psicológico

4.1 **Relaciona los siguientes beneficios del deporte con el aspecto en el que influyen.**

a. Aumenta el consumo de grasas durante la actividad, con lo que contribuye a la pérdida de peso.
b. Mejora la apariencia física en general.
c. Aumenta y fortalece la autoconfianza y la autoestima.
d. Previene la aparición de osteoporosis.
e. Durante el esfuerzo, aumenta la cantidad de sangre que expulsa el corazón en cada latido, y así la eficiencia cardíaca es mayor.
f. Ayuda a desarrollar un estilo de vida basado en el compromiso y la perseverancia.
g. Contribuye a la reducción de la tensión arterial.

http://www.madrid.org/sumadeporte/index.php/2016-02-19-07-17-00/informacion-y-recomendaciones/beneficios-del-ejercicio-fisico

1 aspecto fisiológico
2 corazón
3 sistema circulatorio
4 aparato locomotor
5 metabolismo
6 aspecto psicológico
7 aspecto psicosocial

4.2 **Para comprobar las respuestas del ejercicio anterior, lee el siguiente texto. Antes, tendrás que completarlo con las palabras que faltan. Trabaja con tu pareja.**

- organismo
- frecuencia
- anómalas
- cardiorrespiratoria
- infecciones
- imagen
- músculos
- coágulos
- ideal
- elasticidad
- circulación
- diabetes
- energía
- modelos
- edad
- fortalecimiento
- deterioro
- calidad

Beneficios del ejercicio físico

Beneficios fisiológicos

- Aporta una mayor capacidad (1) ...., que permite optimizar el funcionamiento general del organismo y su rendimiento frente a demandas específicas.
- Proporciona mayor flexibilidad a cualquier (2) ....
- Ayuda a reducir y a mantener el peso (3) ....
- Mejora la apariencia física en general.

Sobre el corazón

- Disminuye la (4) .... cardíaca en reposo.
- Durante el esfuerzo, aumenta la cantidad de sangre que expulsa el corazón en cada latido; así, la eficiencia cardíaca es mayor "gastando" menos energía.

Sobre el sistema circulatorio

- Contribuye a la reducción de la tensión arterial.
- Favorece y aumenta la (5) .... en todo el organismo.
- Disminuye el riesgo de formación de (6) .... dentro de los vasos sanguíneos, previniendo la aparición de infartos, trombosis y embolias.

Sobre el aparato locomotor

- Favorece el (7) .... de estructuras articulares (huesos, cartílagos, ligamentos, tendones) contribuyendo a la (8) .... de vida y al grado de independencia, especialmente entre las personas de edad.
- Aumenta la (9) .... muscular y articular.
- Incrementa la fuerza y resistencia de los (10) ....
- Previene la aparición de osteoporosis.
- Previene el (11) .... muscular producido por los años.

Sobre el metabolismo

- Aumenta la capacidad de aprovechamiento del oxígeno que le llega al (12) .... por la circulación.
- Mejora la respuesta inmunológica ante posibles (13) .... o agresiones de distinto tipo.
- Aumenta el consumo de grasas durante la actividad, con lo que contribuye a la pérdida de peso.
- Mejora la tolerancia a la glucosa, favoreciendo el tratamiento de la (14) ....

Sobre los aspectos psicológicos

- Aumenta y fortalece la autoconfianza y la autoestima.
- Mejora la (15) .... de uno mismo, contribuyendo al establecimiento de una relación positiva con el propio cuerpo.
- Disminuye la sensación de fatiga, proporcionando más (16) .... y capacidad de trabajo.

Sobre los aspectos psicosociales

- Contribuye a prevenir y a modificar ciertas conductas consideradas (17) ...., como la conducta antisocial.
- Ayuda a desarrollar un estilo de vida basado en el compromiso y la perseverancia, el optimismo, la cooperación...
- Establece valores y (18) .... positivos.

http://www.madrid.org/sumadeporte/index.php/2016-02-19-07-17-00/informacion-y-recomendaciones/beneficios-del-ejercicio-fisico

4.3 **Pregunta a tus compañeros qué estilo de vida llevan, toma nota de sus respuestas y analízalas para escribir, si lo consideras necesario, advertencias sobre las consecuencias de llevar una vida sedentaria o de tener unos malos hábitos.**

▶ *Si no dedicas un poco de tu tiempo a hacer deporte, aumentará tu tensión arterial en el fututo. Tú verás.*

Deportes raros

1 **¿Conoces algún deporte raro o minoritario o poco conocido? Habladlo en parejas.**

1.1 **Vamos a conocer algunos deportes raros o minoritarios. Lee los textos e intenta relacionarlos con el deporte correspondiente. Si no lo tienes claro, busca información en internet.**

■ *tamburello* ■ *pickleball* ■ *speed bádminton* ■ *tchoukball* ■ *spiribol*

1. ______ Es un deporte de raqueta de reciente creación que combina tres modalidades: bádminton, tenis y *squash*.
2. ______ Es un juego de pelota que enfrenta a dos equipos de cinco jugadores. Se juega sobre una superficie lisa y se usan unas panderetas a modo de raqueta.
3. ______ Es una mezcla de balonmano y voleibol donde siete jugadores tienen que defender y atacar sin parar, haciendo de este deporte un espectáculo debido a su ritmo frenético.
4. ______ Es un deporte de pala que combina elementos del tenis, el pádel, el bádminton y el tenis de mesa o *ping-pong*. Fácil de aprender y muy divertido, porque tiene mucho ritmo y los peloteos normalmente son largos.
5. ______ En este deporte cada jugador, con la ayuda de una pala, debe enrollar a un mástil una pelota que está sujeta a este con una cuerda, en el sentido que previamente se haya elegido para poder ganar.

2 **A continuación, vas a conocer un club de amigos que comparten la pasión por el deporte. Lee y completa el texto con la opción correcta.**

Deportistas Ambulantes es un grupo de deportistas que (1) .... de hacer del deporte una forma de vida. Es un club de amigos que tiene una filosofía en común: participar en cualquier (2) .... deportiva en cualquier lugar del planeta.

Este club surgió cuando dos amigos y compañeros de trabajo de un centro educativo, ambos (3) .... del deporte, decidieron crear un proyecto en el que pudieran acercar su pasión por el ejercicio a todo el mundo. Primero surgió pensando en sus estudiantes, a los que querían motivar para que el hecho de hacer deporte (4) .... algo divertido; pero a día de hoy tiene (5) .... toda persona con algo de interés, capacidad de esfuerzo y mucha ilusión.

El club lo forman (6) .... de deportistas, que se mueven principalmente entre dos (7) ....: triatlón y *running*, y compiten en sus diferentes modalidades (5 km, 10 km, media maratón, maratón, triatlón olímpico, triatlón de media distancia...).

Pero su pasión no se limita solo a esos deportes, sino que han empezado a competir en otros menos conocidos para el gran (8) .... como pueden ser el *tamburello*, el *spiribol*, el *pickleball*, el *korfbal*, el *tchoukball* y el *speed bádminton*, entre otros. En alguno de ellos han llegado a ser (9) ...., participando en mundiales y europeos.

	a.	b.	c.
1.	◯ **a.** intentan	◯ **b.** tratan	◯ **c.** piensan
2.	◯ **a.** modalidad	◯ **b.** funcionalidad	◯ **c.** singularidad
3.	◯ **a.** interesados	◯ **b.** motivados	◯ **c.** apasionados
4.	◯ **a.** supusiera	◯ **b.** hiciera	◯ **c.** transformara
5.	◯ **a.** solicitud	◯ **b.** cabida	◯ **c.** puesto
6.	◯ **a.** muchos	◯ **b.** grandes	◯ **c.** multitud
7.	◯ **a.** disciplinas	◯ **b.** ejemplos	◯ **c.** selecciones
8.	◯ **a.** aficionado	◯ **b.** mundo	◯ **c.** público
9.	◯ **a.** mundiales	◯ **b.** internacionales	◯ **c.** universales

3 **Aquí tienes una entrevista a Kike, uno de los creadores de Deportistas Ambulantes. Lee las respuestas que dio e imagina y escribe las preguntas que le hicieron. Trabajad en parejas.**

1

Se trata de un club deportivo que tiene como principal objetivo fomentar el deporte para todos. Para nuestros integrantes, es una propuesta de ocio saludable, ya que ofrecemos multitud de posibilidades deportivas al alcance de todo el mundo.

2

El club surge de la loca idea de dos amigos y compañeros de trabajo. El nombre del club tiene historia, ya que la empresa del padre de uno de los "ambulantes" se llama Ciencia Ambulante, y de ahí surgió la idea de nuestro nombre. Además, **no creemos que el deporte y la ciencia sean muy diferentes**.

3

Actualmente somos multitud de deportistas los que formamos el club, ya que es de libre acceso. Sencillamente buscamos gente motivada y que busque practicar deporte con el simple motivo de divertirse y disfrutar.

Desde aquí, nos gustaría invitar a todos a unirse a nuestro club. **Es fantástico que la gente se aficione con nosotros**.

4

Cada día somos más, y nos juntamos con deportistas conocidos y menos conocidos, pero eso no nos preocupa. Por otro lado, son muchos los atletas y deportistas que hemos ido conociendo y, lo que es más importante, son muchos los que nos conocen. **Es posible que hayas visto alguna foto nuestra con un deportista de renombre**, aunque lo que realmente nos interesa es que el aficionado medio se una a nuestro club y que siga nuestra filosofía de "Deporte para Todos".

5

Sinceramente, nuestra planificación no sigue ninguna directriz concreta, nos gusta participar en carreras de todas las distancias y en todos los lugares posibles y disfrutar del lugar y de la propia carrera. Nos centramos en gran medida en distancias más cortas (5 km o 10 km) porque **queremos que sean asequibles para todos**, con el objetivo de captar al mayor número posible de deportistas que se apunten al ocio saludable.

También es cierto que cuando planificamos alguna maratón, sí nos gusta participar en varias medias maratones antes, pero sin ninguna característica especial.

6

Principalmente nos dedicamos al *running* y al triatlón, pero somos un club que tiene como objetivo la práctica de multitud de deportes. En la actualidad nos hemos centrado en la práctica de deportes muy conocidos, como el fútbol, donde nuestro equipo ha conseguido importantes logros, y también en otros deportes menos conocidos, entre los que hemos logrado ser internacionales por España en algún campeonato, como con el *tamburello*. También practicamos *tchoukball*, *pickleball*, *speed bádminton* y *spiribol*. **Si en el futuro aparecieran más deportes, seguro que nos animaríamos a practicarlos**.

7

No somos muy exigentes, pero sí nos gustaría pedir más ayudas a nivel de promoción, ya que de momento nos basamos en la autogestión, y nos facilitaría mucho nuestra labor la ayuda de organismos o empresas en forma de patrocinio.

En cuanto a lo deportivo, tenemos la vista puesta en continuar con la promoción de todos los deportes que practicamos, **aunque muchas veces no resulte tarea fácil**.

8

Somos muy activos en las redes y se nos puede seguir en muchas de ellas, donde podréis conocer nuestro calendario, proyectos y multitud de aventuras que todavía están por suceder.

Textos adaptados de www.deportistasambulantes.com

3.1 Escucha la entrevista y comprueba si las preguntas son similares a las que habíais pensando.

[9]

3.2 Lee de nuevo la entrevista y fíjate en las frases resaltadas: en todas ellas aparecen verbos en subjuntivo. En parejas, completad la tabla con los ejemplos del texto.

Uso del subjuntivo

En algunas gramáticas se ha utilizado la idea del contraste entre una frase declarativa y no declarativa para explicar la **diferencia entre indicativo y subjuntivo**. Nosotros vamos a utilizar el símbolo del **candado cerrado** para representar el hecho de declarar algo y el **candado abierto** para representar aquello sobre lo que hablamos pero que personalmente no declaramos.

Declarar algo.	No declarar.
– *Pienso que **va a ganar** el partido.* Lo quiero declarar.	1 .... Opinión en negativo. No lo pienso, no lo quiero declarar.
– *Aunque **está** lloviendo, entrenaré.* Está lloviendo, estoy seguro.	2 .... No sé si será así. No tengo seguridad.
– *Es cierto que correr **es** muy saludable.* Expreso certeza. (*ser obvio/cierto/evidente*...)	3 .... Expreso valoración. Usamos cualquier otro adjetivo que no indique certeza. (*ser lógico/absurdo/bueno*...)
– *Si ganamos el partido, **pasamos** a semifinales.* Condición donde expresamos más convicción o seguridad.	4 .... Condición poco real o irreal. Expresamos poca seguridad.
– *Supongo que **se apunta** a todas las carreras.* Hipótesis más segura.	5 .... Hipótesis menos segura.

6 Cuando hacemos referencia a una intención del sujeto (deseo, finalidad, preferencia, etc.), no podemos declarar, simplemente planteamos una pretensión de que sea así. En ese caso, utilizamos subjuntivo o infinitivo.

– ....

– *Espero **ganar** el partido de tenis.*

4 Fíjate en las siguientes frases. Imagina que las has escuchado pero falta la primera parte. ¿Cómo podrías completarlas? Piensa en la idea a la que nos referíamos en la actividad anterior.

1
- *Creo que...*
- *Él dice que...*
-
-

... el deporte es bueno.

2
- *No creo que...*
-
-
-

... el deporte sea bueno.

5 **Teniendo en cuenta la idea del candado cerrado y abierto, habla con tu pareja y trata de explicar los siguientes pares de frases. Después marcad el candado correcto en cada una.**

1. **a.** Cuando tenía tiempo, jugaba al tenis.
   b. Cuando tenga tiempo, jugaré al tenis.
2. **a.** Me encanta que practiques deporte.
   b. Me encanta hacer deporte.
3. **a.** Voy a comprar unas zapatillas que son muy ligeras.
   b. Voy a comprar unas zapatillas que sean muy ligeras.
4. **a.** A pesar de la lluvia, creo que no van a cancelar el partido.
   b. No creo que se juegue el partido con esta lluvia.
5. **a.** Me gustaría apuntarme a tu gimnasio.
   b. Me gustaría que nos apuntáramos juntos al gimnasio.

5.1 **Escribid las conclusiones a las que habéis llegado para explicar las diferencias.**

1. *Se usa cuando con subjuntivo cuando hablamos en futuro. Para el resto de casos usamos el indicativo.*
2. ....
3. ....
4. ....
5. ....

5.2 **Usando la misma teoría, ¿cómo explicaríais el modo verbal de las formas destacadas en negrita? ¿Qué intención tiene o quiere transmitir el hablante de español en estas frases? Comentadlo en parejas.**

1. No es que **sea** mejor que tú, es que entrena más.
2. No cree que **ha ganado** la competición.
3. Parece que **vaya** a llover.
4. He traído un balón para que **juguéis.**

6 **Busca en internet más información sobre los deportes raros o minoritarios que viste en la actividad 1.1 y completa estas frases como en el ejemplo. Trabajad en parejas.**

1. Es increíble que...
2. Aunque...
3. Si...
4. Espero que...
5. Es posible que...
6. No es verdad que...
7. Es curioso que...

No creo que *sea caro practicar el* speed *bádminton, he visto en internet que no necesitamos red, solo raquetas y volantes.*

Deportistas de élite

1 Usain Bolt ha sido un atleta especialista en pruebas de velocidad. Los siguientes datos están relacionados con su vida. ¿Sabes a qué se refieren? Habla con tu pareja.

récord | Londres | 2004 | Jamaica | medallas | Jennifer | 9.63

1.1 Lee el texto y comprueba tus hipótesis. Completa con la información anterior.

Usain St. Leo Bolt

Usain St. Leo Bolt vino al mundo en Trelawny (**1** ....) el 21 de agosto de 1986, hijo de Wellesley y **2** .... Bolt. Cuando estudiaba primaria, empezó a destacar en carreras de velocidad. En la secundaria conoció al exatleta olímpico Pablo McNeil, quien años después sería su entrenador.

Su carrera profesional se inició en el **3** ...., año a partir del cual su carrera fue imparable. En 2007 se hizo con dos **4** .... de plata en el Campeonato Mundial de Osaka (200 m y 4 x 100 m).

Se convirtió en campeón mundial en Berlín 2009 (100 m, 200 m y 4 x100 m) y Daegu 2011 (200 m y 4 x 100 m). En Berlín implantó la plusmarca mundial de 9.58 segundos en los 100 m.

Su fama mundial se acrecentó con las medallas de oro obtenidas en las Olimpiadas de Pekín 2008. Compitió también en las Olimpiadas de **5** .... 2012, donde se alzó con la medalla de oro en los 100 m, estableciendo un nuevo **6** .... olímpico con un tiempo de **7** .... También ganó medallas doradas en los 200 m y en relevo 4 x 100 m.

Adaptado de http://biografiacorta.blogspot.com.es/2012/08/biografia-corta-de-usain-bolt.html

2 Lee las siguientes declaraciones de atletas que están empezando a competir ahora y escribe tú también una respuesta a la siguiente pregunta.

¿Crees que podrías ganar a Usain Bolt en una prueba de velocidad?

Atleta 1: Estando enfermo y todo, me ganaría. Estoy seguro.

Atleta 2: Incluso si estuviera lesionado, me ganaría.

Atleta 3: Hasta cojeando, llegaría antes que yo.

Atleta 4: Ni siquiera si yo entrenara todos los días, podría ganarle.

Atleta 5: Ni corriendo sin zapatillas, pierde. Estoy seguro.

Tu respuesta: ....

2.1 Con los ejemplos anteriores completa el cuadro donde se explica cómo se forman este tipo de frases.

Expresar concesión

Las **oraciones concesivas** indican que hay un obstáculo o inconveniente que no impide una resolución.

– Usamos un verbo en **gerundio** para expresar el obstáculo:

(obstáculo)	(resolución)
Estando enfermo y todo,	gana/ganaría.
1 .... + gerundio, *Incluso* + gerundio, Gerundio + *y* **2** ....,	*me gana/ganaría.*

¡Fíjate!

Si negamos el obstáculo, la resolución es la contraria:

– *Ni estando enfermo,* ***perdería***.

– Cuando el obstáculo va precedido de **3** .... o *ni siquiera si* utilizamos un verbo en **4** .... o pluscuamperfecto de subjuntivo:

– **5** ....

3 Vamos a poner más ejemplos con otro deportista. ¿Lo conoces? Es el deportista olímpico que más medallas ha ganado. Completa pensando en una posible carrera contra él en una piscina. Usa las estructuras del cuadro anterior.

1. *Incluso si yo tuviera que nadar diez metros menos,*
2.
3.

> Michael ganaría.

4.
5.
6.

> Michael perdería.

4 Después de la práctica de ejercicio suelen aparecer la sed, el hambre y el cansancio. Las siguientes expresiones se utilizan para hablar de estas sensaciones. Clasifícalas.

1. sensación de sed   2. sensación de hambre   3. sensación de cansancio

a. Estoy sediento/a.	1 2 3		f. Me encuentro fatigado/a.	1 2 3
b. Me fatigo.	1 2 3		g. Estoy hecho/a polvo.	1 2 3
c. Estoy hambriento/a.	1 2 3		h. Tengo la garganta seca.	1 2 3
d. Me muero de sed.	1 2 3		i. No puedo con mi alma.	1 2 3
e. Tengo un agujero en el estómago.	1 2 3		j. Estoy muerto/a.	1 2 3

5 Busca en esta sopa de letras siete deportes. Mira las imágenes para ayudarte.

V	A	E	R	N	R	O	S	U	E	R	B	E	L	Ñ	O
S	C	N	N	H	I	U	D	A	R	D	O	S	O	V	I
T	S	I	J	H	Í	P	I	C	A	F	X	K	M	A	T
R	C	E	C	S	T	D	C	S	K	V	E	L	A	C	A
L	A	B	A	L	O	N	C	E	S	T	O	L	R	T	F
A	X	Q	U	S	I	M	T	N	A	R	I	I	A	G	U
S	S	A	R	H	O	S	S	F	Q	U	S	R	T	I	L
N	I	L	R	Ñ	K	E	M	U	I	A	D	A	Ó	R	W
A	Z	O	S	X	E	G	R	O	N	A	M	H	N	I	B

5.1 Las siguientes expresiones están relacionadas con los deportes. ¿Sabes a cuál de los anteriores hacen referencia? A veces puede ser a más de uno. Habladlo en parejas.

1. Tirar la toalla.
2. Tener el viento a favor.
3. Ser una sesión maratoniana.
4. Necesitar un tiempo muerto.
5. Estar contra las cuerdas.
6. Apostar a caballo ganador.
7. Dar en la diana.
8. Ir a piñón fijo.

5.2 Relaciona las expresiones anteriores con su definición.

- **a** De muy larga duración.
- **b** Tener unas circunstancias favorables.
- **c** Darse por vencido/a, rendirse.
- **d** No ceder, no cambiar de opinión.
- **e** No tener salida, estar acorralado/a.
- **f** Apoyar algo que es seguro.
- **g** Acertar, atinar.
- **h** Necesitar un descanso.

6 Piensa en alguna situación en la que puedas usar alguna de las expresiones anteriores y escribe un breve texto. Tu compañero/a lo leerá y tendrá que relacionarlo con una de ellas.

7 En parejas, pensad en expresiones en vuestro idioma relacionadas con el deporte e intentad traducirlas al español.

8 Para muchos, Michael Jordan ha sido el mejor deportista de la historia. Lee y completa con los datos que faltan. Sobran dos. Después, busca información en internet para comprobar si has dado en la diana.

Nació el 17 de febrero de **1** .... en Brooklyn, Nueva York (Estados Unidos), aunque su infancia transcurrió en Wilmington, Carolina del Norte.

Fue en la universidad de esta ciudad donde le concedieron una beca de baloncesto. En la temporada 1983-1984 fue seleccionado como el mejor jugador universitario.

Después de la universidad pasó a jugar con los Chicago Bulls de la NBA. Finalizó la temporada de 1986-1987 anotando más de **2** .... puntos. Fue el máximo anotador de la NBA durante siete temporadas consecutivas (1987-1993), con una media de **3** .... puntos por partido en todas las temporadas. Se convirtió en máximo anotador de los Chicago Bulls, con más de **4** .... puntos, y batió muchos récords de puntuación de la NBA.

Jordan llevó a los Chicago Bulls a conseguir su primer campeonato de la NBA en 1991, título que revalidó de forma consecutiva en 1992 y 1993. Además, formó parte del equipo conocido como "Dream Team", que obtuvo la medalla de oro en los Juegos Olímpicos celebrados en Barcelona en **5** ....

Antes de la temporada 1993-1994 anunció su retirada del baloncesto profesional con la pérdida de interés como excusa. La violenta muerte de su padre también influyó en gran medida en su decisión.

A principios de **6** .... Jordan regresó al deporte profesional, aunque fue como jugador de béisbol, contratado por los Chicago White Sox. Después de fracasar en el béisbol, en abril de 1995 volvió a la plantilla de los Chicago Bulls, y una temporada después fue el máximo anotador de la NBA.

La temporada 2002-2003 fue la última y definitiva. Su último partido como jugador de la NBA fue en Filadelfia el 16 de abril de **7** .... ante los 76ers.

Adaptado de http://www.buscabiografias.com/biografia/verDetalle/272/Michael%20Jordan

8.1 ¿Es también para ti Michael Jordan el mejor deportista de la historia? Piensa en otros deportistas que podrían merecer ese reconocimiento y justifica tu opinión con los logros o metas que hayan conseguido.

Evaluación

Comprensión lectora

Lee el siguiente texto sobre un deporte poco conocido, el *ultimate*, y comprueba si las afirmaciones que aparecen a continuación son correctas. En el caso de no serlo, corrígelas.

El *ultimate* es un deporte competitivo en equipos jugado con un disco volador o *frisbee*. La forma de anotar en este deporte es similar a como lo hacen en el fútbol americano, y con frecuencia es practicado en clases de educación física en algunos colegios.

Este deporte fue inventado en 1967 por un grupo de estudiantes de New Jersey y poco a poco se fue extendiendo.

Se juega entre dos equipos de siete jugadores cada uno y no hay límite en el número de sustituciones. El campo de juego mide 100 x 37 m y el disco volador tiene que pesar 175 g. En la modalidad de *ultimate playa* las dimensiones del campo son menores (75 x 25 m) y se juega con cinco jugadores por equipo. En el *ultimate* no suele haber árbitro, son los propios jugadores los que se autojuzgan, fomentando así una filosofía de juego limpio.

El objetivo de este juego es anotar puntos recibiendo el *frisbee* en la zona de anotación del oponente. Ganará el equipo que más puntos consiga anotar al finalizar el tiempo de juego, que varía según la competición.

Cuando se inicia el partido, los jugadores se encuentran al borde de sus respectivas zonas de anotación, y el equipo que inicia defendiendo debe lanzar el disco hacia el equipo rival desde una marca.

Es posible pasar el disco en cualquier dirección, pero la persona que tiene el disco no puede moverse, tan solo pivotar. El reglamento dice que si recibes el *frisbee* mientras estás corriendo, deberás detenerte lo antes posible, de modo que si enlazas con otro pase, es posible que no llegues a detenerte del todo. La persona que tenga el disco deberá pasarlo en diez segundos.

Por último, un defensor no puede quitarle el disco de las manos al rival, pues el *ultimate* no es un juego de contacto.

Adaptado de https://deportesdesconocidos.wordpress.com/

1. El único material necesario para practicar este deporte es un disco volador. .... V F
2. Hay un máximo de siete cambios de jugador por cada equipo en cada partido. .... V F
3. El disco no se puede pasar hacia atrás. .... V F
4. Si un jugador pasa más de diez segundos con el disco en la mano, un oponente del equipo contrario se lo puede quitar. .... V F

Interacción oral

Después de leer el texto, ¿cuáles son las diferencias más significativas que encuentras entre el *ultimate* y el fútbol? Los equipos, los campos, el material… Comentadlo en parejas.

Expresión escrita

Inventa un nuevo deporte, completa la ficha y utiliza la información para redactar un texto que describa ese deporte (180 palabras aprox.).

Nombre: ....

Material deportivo necesario: ....

Lugar donde practicarlo: ....

Individual/parejas/equipos: ....

Reglamento: ....

....

....

Interacción oral

La gente que sale a correr se encuentra con algunos problemas en los que no nos paramos a pensar. ¿Sabes cómo nos perjudica la contaminación que hay en el aire? Lee este breve texto y habla con tus compañeros sobre su contenido.

Preparas tu ropa deportiva, te tomas una barrita de cereales, te calzas las zapatillas y sales a correr. Y mientras limpias tu conciencia, es muy probable que tus pulmones se vayan ensuciando. ¿La razón? La contaminación que invade nuestras ciudades. Y no cantes victoria por vivir en un pueblo o una ciudad pequeña con poco tráfico porque, según la Organización Mundial de la Salud (OMS), incluso en estos casos podrías estar expuesto.

Cuando sales a correr, inhalas cerca de veinte veces más aire que en estado de reposo; y eso significa que entra mucha más porquería en tus pulmones que cuando entrenas en un lugar cerrado como un gimnasio, por ejemplo. En ocasiones, es tal la cantidad de aire contaminado que respiramos y que nos metemos sin querer entre pecho y espalda, que incluso puede llegar a arruinar los efectos saludables de la práctica de ejercicio físico al aire libre.

Los mayores emisores de las partículas contaminantes son los motores diésel de los coches, cuya reputación respecto al medioambiente se cuestiona cada vez más. De hecho, la alcaldesa de París anunció en una entrevista que los motores diésel estarán prohibidos en la capital francesa en 2020.

Adaptado de http://www.menshealth.es/salud/articulo/running-y-contaminacion

Comprensión auditiva

[10]

Escucha este audio donde nos cuentan cómo nos afecta la polución cuando hacemos deporte y qué podemos hacer al respecto. Toma notas.

¿Cómo nos afecta?

Advertencias: ¿qué podemos hacer?

Contenidos lingüísticos

Haz el cuestionario que te proponemos en ELEteca

Unidad

4

La sociedad consumista

Contenidos funcionales

Expresar opinión.

Mostrar escepticismo.

Mostrar acuerdo y desacuerdo total y atenuado.

Lamentarse y arrepentirse.

Expresar condición.

Contenidos lingüísticos

Si + imperfecto/pluscuamperfecto de subjuntivo.

Imperativo y gerundio con valor condicional.

Contenidos léxicos

La obsolescencia.

Las adicciones.

La economía circular.

Expresiones coloquiales y frases idiomáticas.

Contenidos culturales

Los hábitos de consumo.

La obsolescencia programada.

Las nuevas adicciones del siglo XXI.

La isla de la basura.

La economía circular.

En **ELEteca** tienes material y actividades complementarias a esta unidad.

Tareas

- Representar un diálogo con expresiones coloquiales.
- Debatir sobre nuestro comportamiento consumista.
- Hacer un informe sobre las nuevas adicciones.
- Presentar un nuevo producto hecho con materiales reciclados.

En contexto

1 **Observa todos estos artículos y contesta a las preguntas con tu pareja.**

1

¿Con cuál de los siguientes adjetivos relacionas estas marcas de zapatos?

1	Louboutin	**a.**	minimalista
2	Prada	**b.**	glamuroso
3	Jimmy Choo	**c.**	sorprendente

2

¿Cuál sería para ti el adjetivo adecuado para los zapatos de Manolo Blahnik, los conocidos "manolos"?

4

Reloj con reproductor de audio MP3 y WMA, vídeo MP4, fotos en JPEG, grabadora de voz, conexión a un ordenador... ¿Te lo comprarías? ¿Por qué?

5

Vitrocerámica en la que podrían funcionar exprimidores, batidoras, tostadoras, simplemente colocándolos sobre la placa de inducción. ¡Incluso los teléfonos móviles podrían cargarse con este sencillo invento! ¿Te parece útil? ¿Por qué?

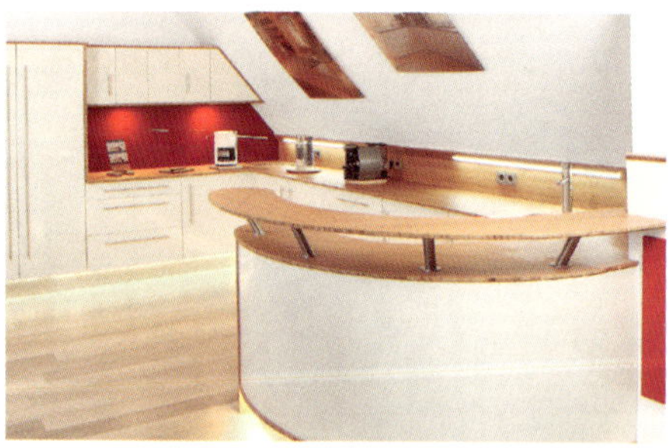

6

Robots aspiradores que vuelven a su enchufe para cargarse y seguir limpiando. ¿Cuánto crees que cuestan? ¿Conoces a alguien que lo tenga?

1.1 **Vamos a hablar ahora de nuestros hábitos de compra. En parejas, contestad a las siguientes preguntas.**

1. ¿Con qué frecuencia compras ropa, zapatos y complementos? ¿Cuáles de los siguientes criterios sigues a la hora de decidirte a comprar: un evento especial, nuevas tendencias en la moda, envejecimiento o deterioro del artículo, capricho, otros criterios...?
2. ¿Qué haces con los artículos que desechas: los llevas a una tienda de segunda mano, los donas a una ONG, los tiras en un contenedor de ropa, los guardas de recuerdo, los tiras a la basura o haces otras cosas?
3. ¿Cuándo fue la última vez que compraste un electrodoméstico? ¿Cuáles fueron las causas? ¿Qué hiciste con el anterior? ¿Crees que podrías prescindir de alguno de ellos? En caso afirmativo, ¿por qué lo tienes entonces?
4. ¿Qué importancia tiene la tecnología en tu vida? ¿Qué aparatos electrónicos tienes? ¿Para qué los usas? ¿Los has reparado alguna vez?

3

"La esencia del lujo y el buen hacer...", ¿Te gustaría que te regalaran un bolso de diseñadores como Armani, Versace o Louis Vuitton? ¿Por qué?

7

¿Chanel o Gucci? ¿Qué diseñador te pega más? ¿Prefieres otro? ¿Por qué?

2 [11] **Escucha el monólogo de Nélida mientras recoge la casa que comparte con Julia y responde a estas preguntas.**

1 ¿Por qué está enfadada con Julia?

....

2 ¿La ropa de Julia es cara o barata?

3 ¿Qué ha sido lo último que ha comprado Julia? ¿Dónde?

....

4 ¿Te has sentido tú así alguna vez?

....

2.1 [11] **Vuelve a escuchar y completa las expresiones coloquiales que te ofrecemos junto a su significado. Compáralo con tu pareja.**

1. Estar (todo) desordenado: *Estar todo* .... *por* ....
2. Ser de muy buena calidad: *Dar la* .... *con creces.*
3. Fijarse en algo que te gusta: *Echar el* ....
4. Ser algo muy caro: *Costar un* .... *de la* ....
5. No dar la información que se pide: *No soltar* ....
6. Hacer algo sin ganas: *Hacer algo* ....
7. Ser muy barato: *Ser una* ....
8. Estar en una situación difícil: *Estar con el* .... *al* ....
9. No ir bien vestida, vestir sin estilo: *Ir* .... *un* ....
10. Pagar con dinero, no a crédito: *Pagar a* ....
11. Molestar a alguien con insistencia: *Dar la* ....
12. Estar un lugar lleno de gente: *Estar hasta la* ....

2.2 **En parejas, señalad los errores que aparecen en algunas de las siguientes frases y corregidlos.**

1 Cuando una casa está desordenada está todo manga por brazo.

2 En rebajas todo nos cuesta un ojo de la cara.

3 Si queremos saber algo pero no nos lo cuentan, decimos que esa persona no suelta prenda.

4 Hacer tareas con mucha ilusión es hacerlas a regañadientes.

5 Dar la baturra significa ser pesado de forma insistente.

2.3 **Con tu misma pareja, escribe un diálogo en el que utilices seis de las anteriores expresiones y representadlo ante la clase.**

La obsolescencia programada

1 **¿Qué tres palabras son las primeras que te vienen a la mente al ver esta imagen? ¿Y a tus compañeros?**

Tú
1
2
3

Ellos
A
B
C

1.1 **¿Has oído hablar de la obsolescencia? ¿Sabes qué es? Lee el texto y compruébalo. Los especialistas hablan de diferentes tipos, pon el título correcto a cada definición.**

- Obsolescencia de deseo
- Obsolescencia de función
- Obsolescencia de calidad

No podemos negar que la durabilidad de los productos que utilizamos es muy importante desde el punto de vista ambiental. Hasta la segunda mitad del siglo pasado los equipos y bienes de consumo se consideraban algo que debía durar, ya que se invertía mucho dinero en ellos y debían estar en uso tanto tiempo como fuera posible.

Sin embargo, a partir de ese momento, con la producción en masa y los nuevos modelos de mercado, surgió el término de **obsolescencia programada** u **obsolescencia planificada**, es decir, la determinación o programación del fin de la vida útil de un producto, de modo que, tras un período de tiempo calculado de antemano por el fabricante o por la empresa durante la fase de diseño de dicho producto, este se torne obsoleto, no funcional, inútil o inservible.

Podemos hablar de tres tipos de obsolescencia:

1 __________ **o tecnológica:** se da cuando un producto sustituye a otro por su funcionalidad superior.

2 __________ **o incorporada:** se da cuando el producto se vuelve obsoleto por un mal funcionamiento programado.

3 __________ **o psicológica:** ocurre cuando el producto, aun siendo completamente funcional y no habiendo sustituto mejor, deja de ser atractivo por cuestiones de moda o estilo, y se le asignan valores peyorativos que disminuyen su deseo de compra y animan a su sustitución.

Este fenómeno es parte de la lógica del esquema extraer – fabricar – eliminar de las sociedades de consumo del siglo XX y comienzos del XXI.

Adaptado de https://www.ecointeligencia.com/2014/06/obsolescencia-programada-tipos-formas/

2 **¿Crees que existe una obsolescencia programada? Piensa en ejemplos de productos en los que creas que se dan los diferentes tipos de obsolescencia y escríbelos. Después, compara lo que has escrito con tus compañeros y, en caso de estar de acuerdo con ellos, completa tu lista.**

Obsolescencia de deseo	Obsolescencia de función	Obsolescencia de calidad

2.1 **Parece que la existencia de la obsolescencia como algo planificado por las empresas genera diferentes opiniones. Lee lo que algunas personas han escrito en el foro de consumidores y usuarios esquinadelabuso.com y compara con tus opiniones.**

esquinadelabuso.com

rpodri

10:35 | **A mi entender**, hay una razón más lógica que una conspiración de los fabricantes: se ha reducido la calidad de los materiales porque el consumidor exige precios bajos. Tomemos como ejemplo una lavadora: si nos compramos una lavadora básica de 250 euros, nos vamos a encontrar con materiales baratos y un control de calidad justito, que van a suponer una vida útil escasa. Si nos compramos una lavadora de rango industrial, vamos a tener materiales de muy buena calidad y un control de calidad muy alto, pero el rango de precios se nos disparará hasta siete u ocho veces el de la básica.

Responder · Votar a favor 4 · Votar en contra 0

toquitul

10:50 | **Para nada**, las grandes marcas también hacen unas castañas importantes. Hace 4 años me compré un portátil Jp y a los dos años ya iba fatal, fue acabarse la garantía y empezar a ir superlento. Sin embargo, con el ordenador fijo que me montaron con los componentes que elegí yo me gasté más o menos lo mismo (teniendo en cuenta el momento en el que lo compré) y va mucho mejor, a pesar de tener más de 10 años. **A mi juicio**, las grandes marcas también incluyen componentes basura en el interior de sus equipos, aunque creas que estás comprando calidad. Lo mismo me pasó con una impresora para casa de Jp de 120 euros, a los 2 años y un mes se estropeó, y el servicio técnico oficial de su web me la reparaba por 160 euros!! Si eso no está programado…

Responder · Votar a favor 6 · Votar en contra 0

nevital

11:15 | **No sé qué decirte**. Tengo una impresora Jp Deskjer. 10 años, perfecta. Una TV Mamsung de las primeras planas desde hace 8 años que funciona perfectamente. Una cafetera Rolac-exprés de 20 años y funciona como desde el primer día. Tuve un frigorífico Porberó, conmigo 25 años, y una encimera de gas Porberó, acero inoxidable, 30 años, perfecta.

Responder · Votar a favor 0 · Votar en contra 0

susijim

11:30 | **Pues yo sí diría que** es más que evidente que las multinacionales en su estrategia no plantean la reparación de sus productos, sino hacer que estos sean irreparables o tan costosos de reparar que no merezca la pena… **¿Verdad que esto no es ninguna tontería** en la electrónica y la informática?

Responder · Votar a favor 7 · Votar en contra 0

marijo

12:05 | **Estoy contigo**, en la telefonía móvil es incluso más descarado. Opple ofrece actualizaciones de *software* para un FPhone recién lanzado como mucho durante 4 años. A partir de ahí, las aplicaciones empiezan a solicitar una versión de *software* superior y poco a poco no puedes usar nada nuevo. En dispositivos PAndroid, lo mismo, aunque te compres el buque insignia de una marca, a los 4-5 años no tienes actualizaciones de *software* y las *apps* empiezan a no funcionarte en sus nuevas versiones. Todo esto por no hablar de cómo se nota que se va ralentizando el sistema de forma provocada con cada actualización de sistema operativo que se lanza. **¡Esto no tiene ni pies ni cabeza!**

Responder · Votar a favor 10 · Votar en contra 0

! En la escritura coloquial, como es el caso de los foros, es frecuente no respetar todos los signos ortográficos atendiendo a la economía del lenguaje.

2.2 **¿A qué tipo o tipos de obsolescencia se refieren principalmente los foristas anteriores? Justifica, después, tu respuesta con tu compañero/a.**

1. rpodri: ....
2. toquitul: ....
3. nevital: ....
4. susijim: ....
5. marijo: ....

2.3 **Fíjate en las estructuras en negrita del texto de la página anterior y completa el cuadro.**

Exponentes para debatir

Expresar opinión

- A mí me da la sensación/impresión de que...
- En mi modesta/humilde opinión...
- ....
- ..../parecer...

Expresar acuerdo

- ¡Así es!/Exacto/Exactamente...
- De eso no hay duda...
- Es una gran verdad.
- Eso es indiscutible/innegable.
- Yo diría lo mismo.
- Comparto tu idea/tu postura.
- ..../Coincido (totalmente) contigo en lo de...

Expresar desacuerdo

- ....
- ¡(Pero) qué dices!
- ¿Pero cómo puedes decir una cosa así?
- No digas tonterías.
- ....
- Eso no tiene ningún sentido.

Invitar al acuerdo

- ¿Verdad que tengo razón...?
- ....

Expresar escepticismo

- Yo tengo mis dudas.
- ..../No me convence del todo.

Atenuar el desacuerdo

- Algo de razón tienes.
- Estoy de acuerdo en todo, salvo en...
- No digo que... pero...
- No diría lo mismo.
- Pues yo no/........................

2.4 **Vuelve a leer el texto para buscar las siguientes estructuras y elige la opción correcta. Después, comparad vuestras respuestas en parejas.**

1. En la expresión *un control de calidad justito* el diminutivo *-ito* tiene...
   - ◯ **a.** valor afectivo.
   - ◯ **b.** valor enfático.
   - ◯ **c.** valor de empequeñecimiento.

2. La expresión *el rango de precios se nos disparará* significa que...
   - ◯ **a.** los precios subirán vertiginosamente.
   - ◯ **b.** los precios remontarán.
   - ◯ **c.** los precios bajarán rápidamente.

3. La frase idiomática *hacer unas castañas importantes* significa...
   - ◯ **a.** hacer algo del tamaño de las castañas.
   - ◯ **b.** hacer algo de mala calidad.
   - ◯ **c.** hacer algo de poca importancia.

4. Cuando hablamos de *componentes basura*, nos referimos...
   - ◯ **a.** a los materiales previamente desechados que se reutilizan.
   - ◯ **b.** a que los componentes son de mala calidad.
   - ◯ **c.** a que los componentes son nuevos pero anticuados.

5. El *buque insignia* de la marca hace referencia...
   - ◯ **a.** al producto más destacado de la marca.
   - ◯ **b.** al primer producto que lanzó la marca.
   - ◯ **c.** al último producto de la marca en el mercado.

A mí me da la impresión de que la publicidad es la única culpable de todo porque...

3 **En parejas, contestad a las siguientes preguntas para intentar llegar a un acuerdo sobre si existe o no la obsolescencia programada. Pensad en vuestras experiencias y poned ejemplos.**

1. Cuando compras un producto de consumo y este falla antes de lo que te parece razonable, ¿hubieras pagado más por un producto de similares características pero de mayor durabilidad?
2. ¿Por qué crees que los mismos modelos de producción y venta que hacen tan asequible la compra de un nuevo producto encarecen en la misma proporción el coste de la reparación?
3. ¿Crees que los procesos de diseño y fabricación son susceptibles de errores? ¿Crees que esta temporalidad es una medida destinada a asegurar el uso óptimo –en calidad y seguridad– del producto?
4. ¿Cómo valoras los productos diseñados de forma específica para ser asequibles a un público más amplio, aun a costa de su durabilidad?
5. ¿Merece la pena encarecer el coste de fabricación de productos que serán funcional y tecnológicamente obsoletos antes de finalizar su vida útil?
6. ¿Existe o no existe para ti la obsolescencia programada de función, de calidad o de deseo?

4 **Vamos a preparar un debate sobre la obsolescencia de deseo. Dividid la clase en dos grupos: uno a favor y otro en contra. Os ofrecemos algunas opiniones, pero podéis ampliar la lista con una lluvia de ideas previa. Utilizad las estructuras estudiadas para dar vuestra opinión.**

"La publicidad cumple realmente su función de crear en nosotros necesidades y deseos".

"Comprar es necesario para mantener equilibrada la economía del país".

"Me preocupa dónde van los productos que desecho".

"Cambio mis cosas transformándolas yo mismo/a en otras. Doy importancia a lo hecho a mano".

"Forma parte de la condición humana adquirir para facilitar nuestra vida, mejorar, destacar...".

No sé qué decirte, a mi juicio informa pero no obliga porque...

Otras sugerencias para el debate

Opiniones:

....

....

....

A favor

....

....

....

En contra

....

....

....

Adicciones, una enfermedad de la época

1 **En parejas, contestad a las siguientes preguntas sobre las redes sociales.**

1. ¿Por qué crees que se ha extendido tanto el uso de las redes sociales en los últimos años?
2. ¿Qué problemas y beneficios crees que pueden ocasionar estas en las relaciones personales?
3. ¿La irrupción de las redes sociales ha cambiado el concepto de privacidad?
4. ¿Qué rango de población crees que es más permeable a ellas?
5. ¿Qué peligros pueden acarrear?
6. ¿Cuándo crees que el uso de estas webs se convierte en una dependencia?

2 **Intenta relacionar el nombre de las diferentes redes con el logo que las representa. ¿Cuáles conoces? Describid en parejas las características que las definen y diferencian.**

☐ Snapchat	☐ Baidu Tieba	☐ QZone
☐ Line	☐ Twitter	☐ Facebook
☐ Sina Weibo	☐ Instagram	☐ Messenger
☐ Viber	☐ Tumblr	☐ QQ
☐ Skype	☐ WeChat	☐ WhatsApp

3 **Observa el siguiente gráfico en el que se representa el número de usuarios activos de redes sociales y relaciona cada cifra con la red que crees que ocupa esa posición.**

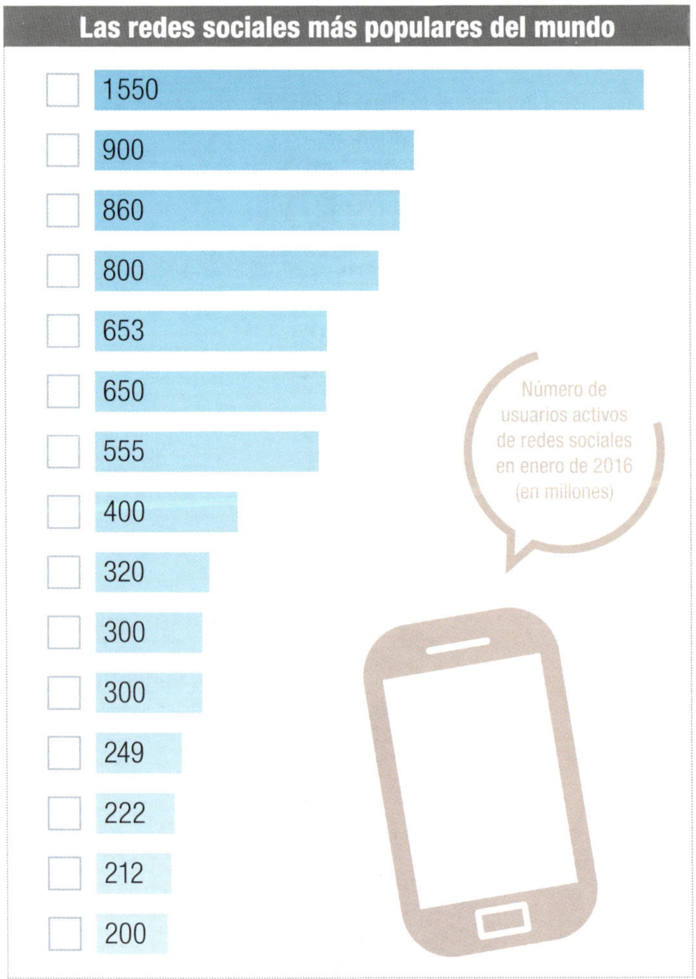

3.1 **Después de ver el gráfico completo que te muestra tu profesor/a, comenta con tu pareja tus aciertos y errores. ¿Te ha sorprendido algún dato?**

4 Vas a ver el cortometraje titulado *Cuestión de #Likes*, en el que una joven modelo, activa en todo lo referente a las redes sociales, conoce a través de un blog a un fotógrafo, Hugo. Antes, comentad en parejas cómo imagináis que son estos jóvenes.

4.1 **Ahora podéis visualizar el corto. ¿Son los protagonistas como los imaginabais? Después, contestad a las siguientes preguntas.**

1 ¿Dónde y cómo se conocen los dos jóvenes?

2 ¿Qué tipo de relación se establece entre ellos?

3 ¿Qué actividades e intereses comparten?

4 ¿Cómo es su primer encuentro cuando se ven en persona?

5 ¿Qué hacen cuando no están juntos?

6 ¿Cómo se comunican y relacionan estos jóvenes?

7 ¿Qué caracteriza la forma de hablar de la chica?

8 ¿Qué desencadena la crisis que lleva al desenlace en su historia?

9 ¿Qué redes utilizan en su relación?

Extraído y adaptado del corto *Cuestión de #Likes*

4.2 **Volved a ver el vídeo y, en parejas, contestad a las siguientes preguntas.**

1. Anota apelativos y frases que muestren los sentimientos de la pareja en momentos diferentes de su historia de amor.

....

2. Candy utiliza palabras como *Holis*, *tonti*, *bromis* o *porfis*. ¿Por qué? ¿En qué momento de la relación lo hace?

....

3. Escribe alguna palabra que digan en inglés. ¿Por qué crees que las utilizan tanto?

....

4. ¿Qué crees que significa *CandyCandela*? ¿Por qué crees que ha elegido este nombre?

....

5. ¿Cuándo dice Candy *fus fus*? ¿En qué otro contexto se utiliza esta expresión?

....

6. *Estoy flipando* es un coloquialismo; ¿qué significa? ¿Puedes escribir alguna expresión que signifique lo mismo?

....

4.3 **En parejas, escribid un diálogo que se ajuste a la vida real de los personajes del corto en alguna de las diferentes situaciones que aparecen durante su historia de amor. Elige entre las siguientes opciones:**

1 Cuando se presentan.

2 Cuando quedan por primera vez y toman algo.

3 Cuando se enfadan y se separan.

▶ *Hola, ¿qué tal? ¡Qué ganas tenía de verte en persona!*

▷ *Hola, ¡qué corte! Pero sí, a mí también me hacía ilusión.*

5 Lee la información de estos tres jóvenes: ¿por qué piensas que dedican tanto tiempo a ir al gimnasio y al ejercicio físico? ¿Qué problemas crees que han tenido por dar tanta importancia a su cuerpo?

Benito
Informático, 28 años

Puede hacer hasta cinco o seis horas de pesas y máquinas en un día.

David
Entrenador personal, 33 años

"Cada decisión que tomas se basa en el ejercicio y la apariencia física".

Roberto
Estudiante de Medicina, 23 años

Dejó de asistir a sus clases en la universidad para ir al gimnasio y se retrasó en sus estudios dos años.

5.1 [12] Ahora escucha sus testimonios y contesta a las preguntas.

Benito

1. ¿Qué ha dejado por asistir al gimnasio?
....
....
....
....
....
2. ¿De qué se lamenta?
....
....
....
....
....

David

1. ¿Cómo se relacionaba David con la comida?
....
....
2. ¿En qué cambiaron sus rutinas diarias por su obsesión?
....
....
3. ¿Cómo era la relación con su familia?
....
....
4. ¿De qué se arrepiente?
....
....

Roberto

1. ¿Cómo era su vida antes de su obsesión por el ejercicio?
....
....
2. ¿Cómo reaccionó su entorno social a sus cambios físicos?
....
....
3. ¿Cuándo fue consciente de que tenía un problema?
....
....
4. ¿Se lamenta?
....
....

5.2 [12] En sus testimonios, los jóvenes se lamentan de un pasado que desearían que hubiera sido de otro modo o de un presente que les gustaría cambiar. Escucha de nuevo y completa con las frases que utilizan para ello.

Lamentarse y arrepentirse

1. ***Si*** + imperfecto o pluscuamperfecto de subjuntivo con enunciado suspendido:
- *Si volviera a nacer...*
- *¡Si lo hubiera conocido antes...!*
- ....
- ....

2. ***¡Quién*** + imperfecto de subjuntivo!:
- ....
- *¡Quién tuviera otra oportunidad...!*

3. ***(No) debería/tendría que*** + infinitivo compuesto:
- *No tendría que haberlo confesado.*
- *Debería haber ido a las clases.*

5.3 **¿Qué comportamientos y actitudes tienen en común los tres jóvenes? ¿Conoces algún caso parecido? Comentadlo en parejas.**

6 **Las adicciones siempre han existido, pero parece que ahora aumentan y surgen otras nuevas. En parejas, hablad sobre cuáles pueden ser esas nuevas adicciones y sus causas.**

6.1 **El siguiente texto trata sobre algunas de estas nuevas adicciones. Leedlo y comprobad si coincidís con lo que se dice en él.**

Vivimos una época difícil, contradictoria. Una época que nos llena de cosas mientras, en diversas áreas, nos vacía. Una época que nos presiona con niveles altos de exitismo y rendimiento mientras propone, de múltiples maneras, aliviar los conflictos o tensiones personales a través de la adquisición de diferentes "cosas". Una época de ineludibles urgencias, de redes y vínculos cada vez más frágiles, de creciente soledad. Es ese marco –complejo, controvertido– el que alimenta un problema que crece en todas las edades, y en todo el mundo: las adicciones.

Hay adictos al juego, a la comida, al cigarrillo, a las drogas, al sexo, a internet, a los psicofármacos, a la lectura, al trabajo, al móvil, a la vigorexia, a los videojuegos, a las cirugías, a las compras, a las actividades de riesgo, a recorrer las calles, a mentir, al dinero, a viajar, a las relaciones que nos dañan. La sociedad de consumo, todo el tiempo, nos llena de objetos, servicios y actividades, impulsando hábitos y conductas que arrastran a mucha gente a diferentes adicciones. Los especialistas hablan de "espejismos" y explican que cada una de esas variantes son atajos que nos regalan la "ilusión" de poder desatender las señales del campo emocional, tapando carencias y vacíos que nos pesan.

Fuente: https://entremujeres.clarin.com/entremujeres/vida-sana/adicciones-drogas-drogadictos-consumo-adiccion-limites-signos-sintomas_0_SkV8iy9Dme.amp.html

7 **En parejas, elegid una de esas nuevas adicciones, buscad información en internet y elaborad un informe. Los siguientes puntos pueden ayudaros:**

1. Perfil de los adictos.
2. Motivos para caer en la adicción.
3. Acciones que se realizan como consecuencia de la adicción.
4. La responsabilidad y/o la falta de ella por parte del adicto, del entorno social y familiar, de las autoridades y el Estado...
5. El deseo de felicidad.

7.1 **Presentad a la clase vuestro informe.**

7.2 **Ahora vamos a hacer una simulación:**

a. Cada una de las parejas anteriores representará ante la clase la adicción que ha trabajado. Un miembro de la pareja da su testimonio explicando la situación en la que se encuentra por su adicción, y el otro miembro es una persona de su entorno que también se ve afectada por la situación. Ambos se lamentarán.

b. Los demás compañeros intentarán ayudarlos dando su opinión y buscando soluciones.

La sopa de la basura

1 Cierra los ojos y piensa en una isla. ¿Qué imágenes aparecen en tu mente? Descríbeselo a tu compañero/a.

1.1 Marca las palabras que se ajustan a tu descripción y a tu imagen. ¿Has coincidido con tu pareja?

☐ paraíso	☐ bosques	☐ plástico	☐ barco	☐ tortugas	☐ tropical
☐ gaviotas	☐ playas	☐ rascacielos	☐ suciedad	☐ bañador	☐ caníbales
☐ verde	☐ vacaciones	☐ aves exóticas	☐ peces	☐ crucero	☐ mar
☐ agua	☐ azul	☐ palmeras	☐ hamaca	☐ náufrago	☐ turistas
☐ ciudad	☐ arena	☐ sol	☐ cocos	☐ piña colada	☐ relax

2 Observa las fotos. ¿Era así tu imagen? ¿Qué crees que es?

2.1 Lee el texto que explica las imágenes anteriores y contesta a las preguntas.

1. ¿Dónde está la isla de la basura?
....
2. ¿Qué es exactamente?
....
3. ¿Por qué y cómo se ha formado?
....

La isla de la basura existe, y se conoce también como la sopa de basura, el remolino de basura del Pacífico y otros nombres semejantes. Es una concentración de desechos ubicada en el centro del océano Pacífico que se extiende sobre un área de alta presión entre Hawái y California, en Estados Unidos. Contiene altas cantidades de plásticos pelágicos, lodos químicos, metales y todo tipo de basura sólida que queda atrapada por las corrientes.
No es posible distinguir el parche de basura desde una fotografía satelital, debido a que las partículas sumergidas no son visibles desde el espacio. No se trata de un monte, sino de una masa de partículas de desecho y microplásticos suspendidos en la superficie del agua que contiene debajo una cantidad de basura mayor.
La isla de la basura se formó por el resultado de la contaminación marina general. Toda la basura que contiene proviene de fuentes terrestres y de los barcos que arrojan sus desechos en alta mar. En el caso de las fuentes terrestres, se da un proceso encadenado: 1) las fábricas elaboran productos, 2) las personas los compran, 3) los usan y los desechan, 4) la basura llega a los ríos, 5) los ríos desembocan en el mar y conducen consigo los desechos, 6) la basura que llega al mar entra a formar parte de la "isla".
La basura se concentra en una misma área por los patrones de rotación de las corrientes marinas. El giro subtropical del Pacífico Norte es un área remota que se mueve lentamente, captura el material de desecho de las corrientes marinas y, con el tiempo, esta basura es atraída hacia el centro del giro, se acumula y queda atrapada ahí.

Adaptado de www.bioenciclopedia.com/la-isla-de-la-basura

2.2 **Vuelve a leer el texto y descubre el significado de las siguientes palabras y expresiones. Trabajad en parejas.**

1. Remolino: ....
2. Desechos: ....
3. Lodo: ....
4. Parche de basura: ....
5. Patrones de rotación: ....

3 **Lee las siguientes frases y elige dos de ellas para ser pie de foto en las imágenes de la actividad 2.**

1. ☐ Usando botellas de plástico, harás aumentar la basura.
2. ☐ No uses latas en tus bebidas y protegerás la vida.
3. ☐ Dejando tus restos en la playa, crecerá el tamaño de la isla tóxica.
4. ☐ Recicla y mantendrás el equilibrio natural de la tierra.

¡ Fíjate

El gerundio y el imperativo pueden usarse con un valor condicional.

4 **Hablad en parejas sobre las consecuencias que creéis que provoca esta situación.**

4.1 **Lee la continuación del texto anterior donde se explican las consecuencias que la isla de la basura produce en nuestro entorno. ¿Son las mismas que habéis señalado vosotros?**

La fauna marina es la principal afectada por el gran parche de basura. A menudo, tortugas y aves marinas confunden las bolsas de plástico con sus alimentos o pueden estrangularse con arillos de plástico. A nivel microscópico, algunos tipos de basura flotante absorben contaminantes orgánicos, por lo que si son ingeridos por cualquier animal, provocan trastornos hormonales. Además, los animales afectados pueden ser comidos por otros animales más grandes, con el resultado de que el problema se magnifica. Por ejemplo, los peces que sirven de alimento a los seres humanos pueden ser fuente de intoxicación.

Otra consecuencia del parche de basura reside en el poder de perturbación de las redes alimentarias marinas, pues cuando la basura se acumula y forma una gruesa capa en el océano, bloquea la luz solar que necesitan el plancton y las algas; y si es así, las especies que los consumen ven reducidas sus fuentes de alimento y pueden morir. Si se toma en cuenta que unas especies se alimentan de otras, está claro que la cadena alimentaria se perturba.

4.2 **Escribe cinco condiciones que deben darse para que la situación mejore en esta zona del Pacífico. Utiliza el gerundio y el imperativo para expresarlas.**

▸ *Limitándose el uso de plásticos, se reduciría la basura.*

1. ....
2. ....
3. ....
4. ....
5. ....

5 **¿Cómo podemos generar menos basura? ¿Qué te parece la siguiente opción como posible solución? Coméntalo con tus compañeros.**

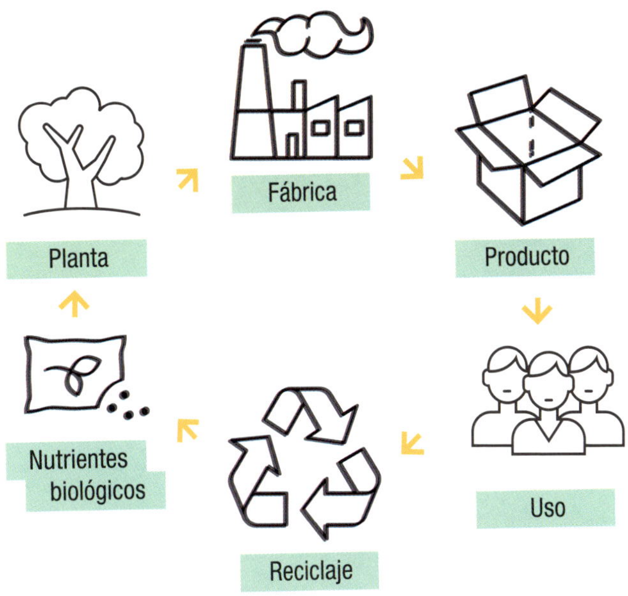

5.1 [13] El gráfico anterior explica el nuevo concepto económico de *economía circular*. Escucha y contesta a las preguntas.

1. ¿Cuál es el objetivo de la economía circular?
....
2. ¿En qué consiste nuestro actual sistema o "sistema lineal"?
....
3. ¿Qué diferencia hay entre ambos conceptos, el sistema lineal y la economía circular?
....
4. ¿Quiénes son los implicados en este nuevo sistema económico?
....
5. ¿Cuál es tu opinión sobre el modelo económico cuya descripción has escuchado?
....

6 Los expertos que defienden este nuevo sistema de reutilización aseguran que generaría trabajo y mejoraría la economía. Teniendo en cuenta todo lo visto hasta ahora sobre dicho sistema, ¿qué posibles negocios se te ocurren o cómo transformarías los que conoces?

7 Observa estos objetos. ¿Qué son? ¿De qué están hechos? ¿Cuál te gusta más?

1

2

3

4

5

6

7.1 En grupos de tres, decidid qué nuevos productos podríais crear con residuos: plásticos, papel, latas, chapas, tela…, puede ser algo artístico o funcional.

7.2 De todas vuestras ideas, elegid la que más os guste para desarrollar un proyecto y presentadlo a vuestros compañeros.

Evaluación

Interacción oral

Observa y comenta con tu pareja el mensaje de este cómic. ¿Estás de acuerdo con él? ¿Cuál es tu opinión sobre la sociedad actual? ¿Cuáles crees tú que son los valores del hombre del siglo XXI?

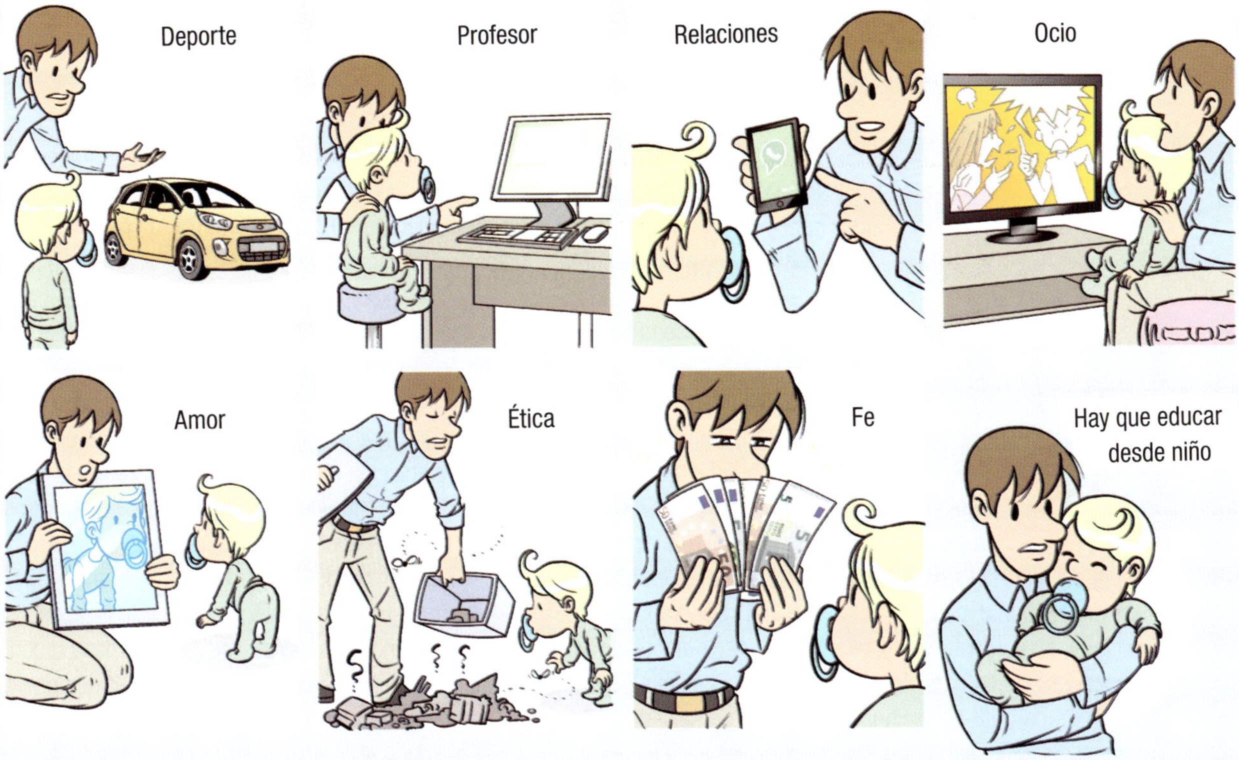

Adaptado de Quino, *Nuevos valores*

Comprensión auditiva

[14]

Escucha la historia de Buzz Bissinger, escritor y ganador de un Pulitzer, donde se nos cuenta su adicción a las compras. Después, contesta a las preguntas en tu cuaderno.

1. ¿Qué marcas compraba más frecuentemente?
2. ¿Cuánto llegó a gastarse en una sola prenda?
3. ¿Qué otras adicciones reconoce haber sufrido el escritor?
4. ¿Cómo se sentía cuando compraba compulsivamente?
5. ¿Qué sucedió para decidir cambiar su vida? ¿Cómo lo hizo?
6. ¿Qué ha hecho con todo lo que ha comprado? ¿Lo utiliza?
7. ¿Qué aconseja a las personas que tienen problemas parecidos?

Expresión escrita

Elige uno de los siguientes temas para escribir un texto que refleje tu opinión (220-250 palabras).

1. La influencia de la publicidad en nuestros hábitos de compra.
2. ¿Existe o no la obsolescencia programada?
3. La creatividad en la reutilización de residuos es el futuro.

Comprensión lectora

Lee el siguiente texto sobre la adicción al consumo y contesta a las preguntas.

1. ¿Qué función tiene la publicidad en los hábitos de compra?
2. ¿Qué causas mueven a comprar a una gran parte de la población?
3. ¿Qué advertencia se hace en el texto sobre el consumo excesivo?
4. ¿En qué grupos sociales se produce mayor adicción a la compra?
5. ¿Qué datos curiosos se desprenden del estudio que se menciona en el texto?
6. ¿Qué características presenta un adicto?

La ciudad se ha convertido en un gran hipermercado. Cada día unos mil mensajes nos incitan a comprar artículos que no necesitamos. Estamos inmersos en el consumismo, que se alimenta de la influencia de la publicidad, y esta se basa en ideas tan falsas como que la felicidad depende de la adquisición de productos. Consumir quiere decir tanto utilizar como destruir. En la sociedad de consumo no solo sentimos cada vez mayor dependencia de nuevos bienes materiales y derrochamos los recursos, sino que el consumo se ha convertido en un elemento de significación social. Se compra para mejorar la autoestima, para ser admirado, envidiado y/o deseado. El peligro es que las necesidades básicas pueden cubrirse, pero las ambiciones o el deseo de ser admirados son insaciables, según alertan los expertos.

En la sociedad de consumo encontramos tres fenómenos que le son propios y que, en conjunto, producen lo que se ha denominado adicción al consumo. Por un lado, la adicción a ir de compras: hay quien se habitúa a pasar su tiempo en grandes almacenes o mirando escaparates como fórmula para huir del tedio. Esta tendencia puede estar o no asociada a la compra compulsiva. En segundo lugar, un deseo intenso de adquirir algo que no se precisa y que, una vez adquirido, pierde todo su interés; esta inclinación se relaciona con situaciones de insatisfacción vital. Por último, y asociada a la compra compulsiva, está la adicción al crédito, que impide controlar el gasto de una forma racional. Las tarjetas de pago y otros instrumentos de crédito, que nos invitan a comprar cuanto se nos antoje y producen un sobreendeudamiento, facilitan esta adicción.

Según los datos, un 33 % de la población adulta (el 32 % de los hombres y el 34 % de las mujeres) tiene problemas de adicción a las compras, de compra impulsiva y de falta de control del gasto: un 18 % de ellos, de forma moderada; un 15 % presenta un nivel importante de adicción, mientras que un 3 % llega a niveles que pueden considerarse patológicos. Es decir, se trataría de una adicción en el sentido médico estricto. En cuanto a la población joven, el porcentaje de adictos sube hasta el 46 % (el 53 % de las mujeres y el 39 % de los varones) y el 8 % presenta niveles que pueden rozar lo patológico. El estudio rompe con la idea de que la adicción al consumo sea un problema de mujeres con tendencia depresiva y desvela datos tan curiosos como que los jóvenes tienden más a la adicción en la medida en la que se creen más guapos; mientras que, entre los adultos, son más consumistas aquellos que están menos satisfechos con su apariencia física. Además, desmiente la creencia popular de que las mujeres gastan más en ir de compras que los hombres.

La personalidad caprichosa, la impulsividad y la ansiedad caracterizan al adicto, así como la insatisfacción personal y la falta de alicientes o estímulos vitales no consumistas que le conducen al tedio. Además, el adicto presenta un alto grado de credulidad, falta de actitud crítica y vulnerabilidad hacia los mensajes publicitarios, así como una mayor exposición a medios de comunicación. Los adictos estudiados reconocen ver la televisión en un porcentaje que duplica a los no adictos.

De todos modos, y según señala el psiquiatra Jesús de la Gándara, hay que evitar psiquiatrizar la vida. Comprar es una actividad netamente humana y la mayoría pasamos de alguna manera por momentos de compra irracional compulsiva. "Solo se considera adicción cuando el individuo presenta estos tres rasgos de conducta: tolerancia, es decir, necesidad de consumir cada vez más para lograr la misma emoción; síndrome de abstinencia si no se puede comprar, y pérdida del control o incapacidad de frenar.

Adaptado de http://www.elmundo.es/magazine/m17/textos/conocer1.html

Contenidos lingüísticos

Haz el cuestionario que te proponemos en ELEteca

Unidad

5

Mitos y leyendas

Contenidos funcionales

Mostrar escepticismo.

Expresar ironía.

Estructurar y organizar el discurso.

Valorar informaciones y reaccionar ante ellas.

Interactuar al relatar y escuchar narraciones.

Debatir y argumentar.

Expresar prohibiciones.

Contenidos lingüísticos

Oraciones subordinadas temporales.

Otros usos de los nexos temporales.

Oraciones subordinadas de lugar.

Imperativos lexicalizados.

Estructuras de prohibición.

Contenidos léxicos

Palabras relacionadas con los mitos, las leyendas y los enigmas.

Contenidos culturales

Los mitos sociales.

Las leyendas urbanas.

Enigmas de la historia.

En **ELEteca** tienes material y actividades complementarias a esta unidad.

Tareas

- Mostrar escepticismo sobre explicaciones que desmontan mitos.
- Escribir un guion sobre un programa de radio o televisión.
- Resolver enigmas.
- Crear un cartel de prohibición.

En contexto

1 **En la vida existen muchas creencias sobre diferentes temas que no sabemos si son verdaderas o falsas. Vamos a empezar con un test sobre tus creencias. En parejas, elegid la respuesta que creéis correcta en cada caso.**

1. Las neuronas dañadas, ¿se pueden regenerar?
   - ◯ **a.** No, no se puede recuperar la parte del cerebro lesionada.
   - ◯ **b.** Sí, es posible.
   - ◯ **c.** Depende de la edad de la persona.
2. El dominio de un hemisferio del cerebro sobre el otro determina...
   - ◯ **a.** que alguien sea más artístico o más racional.
   - ◯ **b.** que tengamos tendencia a ser solitarios o sociales.
   - ◯ **c.** No existe tal dominio.
3. ¿Cómo podemos diferenciar los sabores?
   - ◯ **a.** Gracias al paladar.
   - ◯ **b.** Por la lengua: cada sabor se percibe en una parte determinada de ella.
   - ◯ **c.** Por la lengua, aunque no existen en esta zonas especializadas para los sabores.
4. Tomar vitamina C previene los resfriados.
   - ◯ **a.** No, alivia síntomas, pero no los evita.
   - ◯ **b.** Sí, en especial comiendo naranjas.
   - ◯ **c.** Sí, en especial comiendo kiwis.

1.1 [15] **Comprueba tus respuestas escuchando a un investigador especialista en mitos científicos.**

1.2 **¿Has fallado en muchas preguntas? ¿Por qué piensas que existen creencias erróneas consideradas ciertas por casi todos? Comentadlo en parejas.**

2 **El psicólogo Daniel Kahneman obtuvo el Premio Nobel de Economía por su investigación sobre la emisión de juicios en las personas. El siguiente texto habla de ello. Léelo y ordena sus párrafos de forma lógica.**

a ☐ Uno de los heurísticos más estudiados es el de accesibilidad. Según este, la emisión de juicios se ve **afectada** por la información que se encuentra más accesible en la memoria. Se justifica en el hecho de que los sucesos más frecuentes son los que más fácilmente se recuerdan y mejor se recuperan. Lo ya escuchado crea una referencia a la que nos es fácil acudir.

b ☐ El otro heurístico es el de representatividad, en función del cual emitimos juicios de probabilidad basándonos en el parecido de una información concreta con el **prototipo**, o, dicho de otro modo, en lo representativo que sea A respecto a B, en vez de hacerlo de acuerdo a las probabilidades reales. Un ejemplo de esto es la homeopatía, cuya práctica se basa en que "lo parecido cura lo parecido", como recetar pulmón de zorro contra el asma.

c ☐ El premio nobel Daniel Kahneman, junto con el también psicólogo Amos Tversky, estableció una **teoría** en los años setenta que explicaba por qué las personas tomamos decisiones aparentemente irracionales, especialmente en situaciones de **incertidumbre**. Ambos psicólogos demostraron que los humanos no somos totalmente racionales en la toma de decisiones, además de ser malos estadísticos intuitivos.

d ☐ En definitiva, estas investigaciones son especialmente relevantes para entender muchas creencias erróneas que mantenemos sobre el mundo. Los heurísticos son fundamentales para comprender y explicar muchos **postulados** relacionados con muchas áreas del comportamiento humano. Tienen, además, el atractivo de poder aplicarse a cualquier actividad humana que **requiera** toma de decisiones o emisión de juicios en condiciones de incertidumbre. Por ello, constituyen una valiosa aportación científica para entender la irracionalidad humana.

e ☐ Este heurístico es particularmente importante a la hora de comprender lo malos que somos cuando se trata de **estimar** sucesos que ocurren por puro azar. Existen miles de millones de eventos que ocurren en un mismo momento por simple casualidad. Sin embargo, nuestro cerebro busca **patrones** con significado para crear nuevos modelos que incluir en el proceso.

f ☐ Estos investigadores descubrieron que solemos emitir juicios siguiendo **procedimientos** denominados *heurísticos*. Estos constituyen una especie de atajo cognitivo: estrategias no formales para resolver problemas que permiten la emisión de juicios. Una de las ventajas adaptativas de su empleo es la velocidad a la hora de tomar

5. El toro embiste el capote del torero por el movimiento que produce.
   - ◯ **a.** Es cierto, ya que no distinguen los colores.
   - ◯ **b.** Sí, aunque los toros sí distinguen los colores.
   - ◯ **c.** No, lo hacen porque es rojo y les llama la atención.

6. Los murciélagos se guían gracias a...
   - ◯ **a.** un sonar de ultrasonidos que han desarrollado por su ceguera.
   - ◯ **b.** una brújula interior que poseen debido a que son ciegos.
   - ◯ **c.** Por los dos sistemas anteriores, aunque no son ciegos.

7. ¿Cuánto tiempo vive una mosca?
   - ◯ **a.** Unos veinte días.
   - ◯ **b.** Veinticuatro horas.
   - ◯ **c.** Una semana.

8. ¿A cuántos años de una persona equivalen siete años de un perro?
   - ◯ **a.** A veintiún años.
   - ◯ **b.** A cuarenta y nueve años.
   - ◯ **c.** No se puede establecer una equivalencia.

9. Escuchar a Mozart agudiza la inteligencia.
   - ◯ **a.** No, es escuchando a Beethoven.
   - ◯ **b.** Sí, hay experimentos que lo prueban.
   - ◯ **c.** No hay ninguna prueba sobre esto.

10. Einstein fue mal estudiante de pequeño.
   - ◯ **a.** Cierto, incluso suspendió Matemáticas.
   - ◯ **b.** Es verdad, tuvo que repetir un curso.
   - ◯ **c.** No, fue un estudiante brillante.

decisiones o **posicionamientos** sobre cualquier materia; sin embargo, aunque es cierto que en muchas ocasiones nos llevan hacia soluciones adecuadas y correctas, son en esencia estrategias incorrectas que pueden dar lugar a **sesgos** y errores.

g Además, este tipo de **sendas** de acceso demuestran una fuerte relación con el carácter selectivo de la memoria, que es el causante del denominado sesgo confirmatorio, es decir, tendemos a buscar (y a encontrar) evidencias que apoyen nuestras creencias, teorías o hipótesis más allá de lo justificado por los datos empíricos. No es nada difícil encontrar ejemplos de este heurístico en las pseudociencias: si creemos en los **horóscopos** y admitimos que los Acuario tienen unas características determinadas, el hecho de conocer a alguien que tiene esas características confirmará y reforzará nuestra hipótesis. Lo que ocurre es que no procesamos ni retenemos con el mismo **énfasis** todas aquellas ocasiones en las que encontramos a un Acuario sin dichas características o a personas de otro signo que sí las posean.

Adaptado de http://www.cienciaypseudociencias.es/archivo/archivob/articulos/CAG04.pdf

2.1 **Fíjate en las palabras resaltadas y relaciónalas con sus sinónimos, según su sentido en el texto.**

1	afectada	**a.**	exigir
2	prototipo	**b.**	principio
3	teoría	**c.**	modelo
4	incertidumbre	**d.**	camino
5	postulado	**e.**	postura
6	requerir	**f.**	muestra
7	estimar	**g.**	desviación
8	patrón	**h.**	intensidad
9	procedimiento	**i.**	influida
10	posicionamiento	**j.**	zodíaco
11	sesgo	**k.**	valorar
12	senda	**l.**	método
13	horóscopo	**m.**	conjetura
14	énfasis	**n.**	inseguridad

3 **Mira estos ejemplos y comenta con tu compañero/a de qué manera piensas que la teoría explicada en el texto influye en ellos.**

– los fenómenos paranormales
– los juegos de azar
– la pseudociencia
– la economía

Mitos

1 **La palabra *mito* posee diferentes significados. A continuación tienes desordenada la acepción que nos interesa. Intenta ordenarla junto con tu compañero/a. Si lo prefieres, pide ayuda a tu profesor/a.**

en realidad ■ imaginaria ■ de una persona
tienen ■ o cosa ■ del que ■ y les da
cualidades ■ más valor ■ que altera
~~Historia~~ ■ las verdaderas

Historia... ....
....
....
....
....
....
....

2 **¿Mito o realidad? En grupos de cuatro, decidid cuáles de estas afirmaciones pensáis que son mitos y cuáles creéis que son reales.**

1. Usamos menos del 10 % de nuestro cerebro. .... V F
2. La miel no caduca nunca. .... V F
3. El frío es el causante de los resfriados. .. V F
4. El estrés hace que el pelo se vuelva blanco.. .... V F
5. Los pulpos tienen tres corazones. ...... V F
6. Los avestruces esconden la cabeza bajo la tierra. .... V F
7. Los delfines son los animales más inteligentes. .... V F
8. El agua del lavabo gira en sentido contrario en el hemisferio sur. .... V F
9. El Sol es amarillo. .... V F
10. Se puede ver la Gran Muralla China desde el espacio. .... V F
11. Si no duermes, te vuelves paranoico. .. V F
12. El ser humano proviene del mono. ...... V F

2.1 **A continuación tienes las refutaciones de las afirmaciones anteriores que son mitos. El resto son verdaderas. Léelas y sintetízalas en una sola frase.**

Usamos menos del 10 % de nuestro cerebro

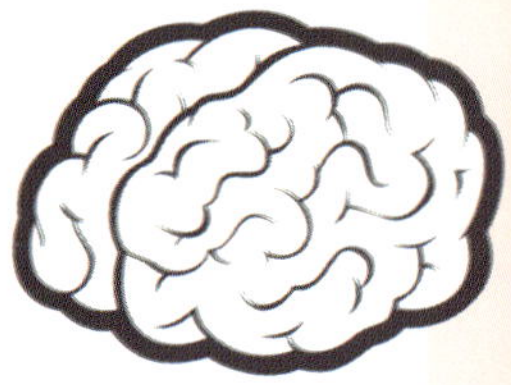

Tras ser el tema central de algunas películas en los últimos tiempos, el asunto se ha vuelto a poner de moda. Si bien no está claro el origen de esta creencia, ha llegado a convertirse en una realidad indiscutible **después de que** se generalizara entre la opinión pública. Pero lo cierto es que usamos todas y cada una de las áreas de nuestro cerebro, incluso **una vez que** hemos adoptado una posición de descanso. Es verdad que nuestro cerebro es muy plástico y que podemos vivir con solo la mitad, y que no lo usamos todo a la vez, sino solo algunas zonas concretas, pero esto se debe a que algunas de ellas están especializadas. **Al** andar, por ejemplo, las partes dedicadas a la actividad motora están más activas que otras.

Síntesis: ....

El frío causa los resfriados

Los resfriados vienen causados por un virus que viaja por vía aérea, a través de las gotitas originadas **al** hablar, toser o estornudar, no por el frío en sí. **A medida que** avanza el invierno, con la bajada de las temperaturas, vamos pasando más tiempo en espacios cerrados y comunes, por lo que es más fácil contagiarse. Además, en las regiones con poca humedad, las fosas nasales se secan más fácilmente facilitando el tránsito de los virus.

Síntesis: ....

El estrés hace que el pelo se vuelva blanco

El estrés provoca que perdamos el cabello pigmentado, que es más débil. **Antes de que** se caiga el pelo canoso se habrá caído aquel; así, los que ya tenían canas, cuando pasen por una situación de estrés, serán quienes mantengan el pelo, y los que no, se quedarán calvos.

Síntesis: ....

Los avestruces esconden la cabeza bajo la tierra

Bajan la cabeza a ras de suelo para parecer un arbusto y pasar desapercibidos, permaneciendo inmóviles **hasta que no** haya pasado el peligro. Sin embargo, en realidad, lo más normal es que salgan corriendo **después de** advertir la primera señal de amenaza, aprovechando su enorme velocidad.

Síntesis: ....

Los delfines son los animales más inteligentes

Parece que no es así. Comprenden signos, pero también lo hacen los primates y los loros, y recuerdan mucho menos que los perros. Además, se reconocen en los espejos **desde que** son unas crías, pero esto también lo hacen muchos otros animales.

Síntesis: ....

El agua del lavabo gira en sentido contrario en el hemisferio sur

El origen de esta creencia se basa en el efecto Coriolis, que estudia la aceleración que sufren los objetos que están dentro de otro objeto en rotación **cuando** se mueven. Sin embargo, este efecto solo es notorio cuando las distancias que recorren esos objetos son largas, como en los huracanes. Por ello, no tiene ningún efecto en un lavabo, donde el movimiento del agua se ve influido mucho más por factores como la forma del mismo o su inclinación **según** recorre su superficie en dirección al desagüe.

Síntesis: ....

El Sol es amarillo

Lo vemos amarillo por la atmósfera, pero en realidad es blanco. De hecho, las fotos que los astronautas hacen en el espacio se retocan **nada más** tomar tierra, con el objetivo de que parezca amarillo, que es como estamos acostumbrados a verlo siempre.

Síntesis: ....

Se puede ver la Gran Muralla China desde el espacio

La Gran Muralla en realidad solo tiene unos cuantos metros de ancho, tanto como una carretera. Además, es de un color similar al del suelo que la rodea. Por tanto, **conforme** fuéramos ganando altura iríamos notando cómo se funde con el paisaje hasta desaparecer.

Síntesis: ....

El ser humano proviene del mono

Darwin nunca dijo tal cosa. Lo que afirmó es que las dos especies tenemos un ancestro común, que fue un primate, **antes de** evolucionar por caminos distintos. Afirmarlo sería como decir que somos hijos de nuestros primos.

Síntesis: ....

Adaptado de *58 mitos que nos seguimos creyendo*, Veme, *El País*

2.2 **Compara tus frases de síntesis con las de dos compañeros. ¿Coinciden?**

2.3 [16] **Escucha a una pareja hablar sobre uno de estos mitos y señala qué frase se refiere a ella, cuál a él y cuál a ninguno.**

1. Está convencido/a de que el agua gira en sentido contrario en el hemisferio sur.
   Ella | Él | Ninguno
2. La explicación del texto le parece creíble.
   Ella | Él | Ninguno
3. Muestra escepticismo sobre la explicación.
   Ella | Él | Ninguno

2.4 **Vuelve a escuchar y anota las expresiones que se usan para mostrar escepticismo.**

Mostrar escepticismo

– Yo tengo mis dudas al respecto.
– ....
– ....
– ....
....

2.5 **¿Te han sorprendido las explicaciones para desmontar mitos que has leído? Habla con tu compañero/a y muestra escepticismo sobre al menos dos.**

2.6 **Las palabras destacadas en la actividad 2.1 son nexos que introducen oraciones subordinadas temporales. Clasifícalos según lo que expresan.**

Oraciones subordinadas temporales

Indican el tiempo en el que sucede la acción de la oración principal.

Anterioridad: ....
Posterioridad: ....
....
Delimitación: ....
Simultaneidad: ....
....

2.7 Clasifica los nexos de la página anterior según la forma verbal que pueden introducir.

Oraciones subordinadas temporales

Con infinitivo	Con subjuntivo	Con indicativo/subjuntivo
....	*después de que,*	....
....	....	....
....	....	....

3 [17] **Escucha esta conversación entre una chica y un chico que hablan sobre mitos y otros temas e indica si las afirmaciones son verdaderas o falsas. Después, comentadlo en parejas justificando vuestra respuesta.**

1. Ella se ha cortado el pelo un poco más de lo normal. .... V F
2. Él piensa que le quedaba mejor antes. .... V F
3. A los ratones les gusta el queso por su olor intenso. .... V F
4. El chico está muy concentrado arreglando un enchufe. .... V F
5. Los peces tienen pocos recuerdos, pero sí mucha paciencia. .... V F
6. Al chico le parece mala idea dedicar su tiempo a entrenar a los peces. .... V F
7. Los camellos pueden triplicar el tamaño de sus jorobas con el agua. .... V F

3.1 [17] **Escucha de nuevo y escribe palabras o expresiones que significan lo mismo que las siguientes.**

1 Preguntar si algo sienta bien: ....
2 Muy lleno/a: ....
3 Abandonar una afición: ....
4 Tener adicción a algo: ....
5 Burlarse de alguien: ....
6 Malgastar la riqueza: ....
7 Adelantarse indebidamente en una fila: ....
8 Artilugio que se pega al oído para escuchar sin molestar: ....
9 Hacer o decir cosas sin sentido o control. Volverse loco/a: ....

3.2 **En las siguientes intervenciones de la conversación anterior hay algunas frases que expresan ironía o burla disimulada. Subráyalas y comenta la nota de humor que intentan transmitir.**

1. ▶ Bueno. ¿Qué tal me queda? Me lo he teñido un poco más oscuro, como me decías.
▷ Ahora te veo un poco rara, creo que no te favorece...
▶ ¡De verdad! Después de que te hago caso, ahora dices que no te gusta.

2. ▶ ¿Sabes lo que he hecho mientras esperaba?
▷ Gastar la batería del móvil...

3. ▶ ¿En serio? Eso sería increíble. ¿Te imaginas presentar un numerito de acrobacias en nuestro acuario cuando vinieran amigos a casa?
▷ ¡Sí! ¡Nos quedaríamos con todo el mundo!
▶ Es verdad, lo que pasa es que, no sé tú, pero a mí no me sobra el tiempo como para estar entrenando a los peces todas las tardes durante meses.

4. ▶ Nunca hubiera imaginado todo lo que se podía aprender en la peluquería...

4 **Las siguientes frases aparecen en la conversación anterior. En ellas se utilizan nexos temporales que no indican el tiempo en el que sucede la acción, sino que añaden otro significado. Relaciónalas con lo que expresan.**

1		Mientras que no sea muy larga, vale.
2		Después de que te hago caso, ahora dices que no te gusta.
3		Antes que pagar un entrenador de peces, me como un lenguado.
4		Hasta un niño sabe eso.

a. reproche
b. menosprecio
c. preferencia
d. condición

4.1 Observa estos pares de frases y elige la continuación adecuada para cada una. Compáralo con tu compañero/a.

1	Antes de ir a ese hotel	**a.**	me quedo en casa.
2	Antes que ir a ese hotel	**b.**	tengo que hacer la maleta.
3	Después de hacer todo el viaje	**a.**	estaba cansado.
4	Después de que hice todo el viaje	**b.**	ella no estaba.
5	Mientras pagas la cena	**a.**	podemos ir donde quieras.
6	Mientras pagues la cena	**b.**	voy yendo al servicio.
7	Hasta el verano	**a.**	necesita llevar una chaqueta.
8	Hasta en verano	**b.**	no podré tenerlo finalizado.

4.2 Escribe cuál de los usos vistos expresan los nexos que aparecen en los ejemplos de 4.1.

1 .... 3 .... 5 .... 7 ....
2 .... 4 .... 6 .... 8 ....

4.3 Elige cuatro de los usos anteriores de los nexos temporales y escribe cuatro frases. Después muéstraselas a tu compañero/a para que descubra el significado de cada uno. Haz tú lo mismo con sus frases.

5 [17] Escucha de nuevo la conversación anterior y completa las siguientes expresiones.

Interactuar al escuchar y relatar narraciones

Introducir el tema del relato

– ¿Sabes .... (he hecho...)?
– No sé si .... sabrás, pero...
– No te puedes .... imaginar...

Controlar la atención del interlocutor

– ¿ .... estás escuchando?
– ¿No .... con el auricular puesto...?
– ¿Ya?
– ¿................. aburro?
– ¿Me sigues?
– ¿Lo ves?

Reaccionar solicitando el comienzo del relato

– Espera/Un momento/momentito, ... te escucho/atiendo.
– Espera, que acabo esto y ya te atiendo.
– Dime.

Indicar que se sigue el relato con interés

– ¡No me .... puedo creer!
– ¡Hala!
– ¿................. serio?
– ¡Me lo puedo imaginar!

6 Ahora, en parejas, vais a pensar en dos mitos que no hayan sido comentados en clase y en las argumentaciones para echarlos por tierra. Pueden ser explicaciones reales o inventadas.

Temas posibles: amor, comida, amistad, cuerpo humano, viajes, trabajo, famosos...

Un mito sobre el precio de los billetes de avión es que son más baratos la primera vez que entras en la página web pero cada vez que vuelves a visitarla el precio sube. Esto no es cierto porque nuestras visitas no quedan guardadas. Podéis hacer la prueba y lo comprobaréis.

6.1 Dividíos y cread nuevos grupos para contar vuestras explicaciones a los compañeros. Ellos deberán deciros si están de acuerdo con ellas o no.

Leyendas urbanas

1 Observa la imagen, ¿qué te sugiere? ¿Sabes cómo se llaman este tipo de noticias? Comentadlo en parejas.

1.1 Leed el titular y los subtítulos sobre la noticia anterior y, en parejas, escribid el relato.

> **Psicosis en un pueblo coruñés por la serpiente que salió de un váter y mordió a una mujer**
>
> Los vecinos de Narón hacen frente al animal con litros de lejía y aguafuerte.
>
> La víctima pasó la noche en un hospital, donde le aplicaron vacunas y corticoides.
>
> Los agentes sospechan que el reptil pertenece a una especie tropical todavía sin identificar.

1.2 Tu profesor/a te va a dar la historia original. Léela y compárala con la vuestra. ¿Qué piensas de este tipo de noticias?

2 Las siguientes imágenes están relacionadas con algunas leyendas urbanas. Obsérvalas e intenta adivinar a cuál corresponde cada una. Comentadlo en parejas.

2.1 Vamos a conocer las leyendas anteriores. Pero primero trabajemos con colocaciones léxicas. Relaciona según la asociación más frecuente.

1	dejar	**8**	recriminar	**a.**	la llamada	**h.**	en la factura
2	producir	**9**	(no) hacer (ninguna)	**b.**	castigados	**i.**	subliminales
3	mensajes	**10**	dar	**c.**	crédito	**j.**	adicción
4	luctuoso	**11**	advertir	**d.**	cantidad	**k.**	atención
5	prestar	**12**	cargarse	**e.**	gracia	**l.**	una acción
6	severamente	**13**	desmedida	**f.**	rastro	**m.**	acontecimiento
7	atender			**g.**	de los peligros		

2.2 **Lee solo el texto que te asigne tu profesor/a y complétalo seleccionando del cuadro anterior las colocaciones adecuadas en el tiempo y la forma correctos.**

Existió un videojuego llamado Polybius que causaba efectos devastadores a sus jugadores

Polybius fue un videojuego arcade lanzado en el año 1981 y que al poco tiempo de su estreno fue retirado sin (1) .... ningún tipo de ....

Este videojuego apareció en varias salas de los suburbios de la ciudad de Portland, en Estados Unidos. Fue fabricado por una empresa alemana llamada Sinneslöschen (en alemán, "pérdida de los sentidos") y consistía en manejar una nave que iba disparando a unos enemigos en diferentes fases. Una de sus peculiaridades consistía en que la nave no era conducida con el mando, sino que era la pantalla la que rotaba alrededor de ella. Rápidamente se hizo muy popular y (2) .... en muchos jugadores. Los relatos de las personas que lo usaban hablaban de la presencia de (3) .... El efecto de todo ello es que producía afecciones neurológicas, tales como mareos, alucinaciones, ataques epilépticos y terrores nocturnos. Incluso un jugador llegó a perder la vida mientras jugaba. Al día siguiente de este (4) ...., unos empleados vestidos de negro acudieron a las salas donde habían sido instaladas las máquinas y se las llevaron para siempre.

Tráfico ha instalado dispositivos para provocar llamadas a móviles y detener a los infractores

Todo el mundo conoce la norma que prohíbe hablar por teléfono mientras se conduce. Pues a partir de ahora todos los conductores deberán (5) .... mayor .... a ello si no quieren ser (6) .... Al parecer, la Guardia Civil de Tráfico ha instalado dispositivos para provocar llamadas a móviles y multar así a los infractores. Para ello, se estarían utilizando aparatos de barrido de frecuencias para hacer sonar teléfonos móviles en un radio de veinte metros. El conductor que (7) .... sería multado con más de 300 euros e incluso con la retirada del permiso de conducir.

El loro de ida y vuelta

Una persona residía en una bonita urbanización de chalés. Cerca de ella vivía una señora que tenía como mascota a un insoportable loro que se pasaba el día fastidiando con sus gritos y silbidos. Un buen día el perro de la familia trajo entre los dientes el cuerpo sin vida del loro de la vecina. Después de (8) .... al animal, su dueño pensó que a la vecina no le iba a (9) .... lo sucedido, por lo que decidió saltar la valla del jardín e introducir de nuevo al loro en su jaula simulando un desenlace natural. Al cabo de unos días, la vecina le contó, visiblemente turbada, lo que no le cabía duda de que había sido un milagro: "No vas a (10) .... a lo que ha pasado", comentó. "Hace unos días murió mi querido lorito, lo enterré en el jardín, donde la piscina, y ¿a que no sabes dónde ha aparecido de nuevo?".

Los fraudes en los móviles

¿Quién no ha recibido un mensaje en donde (11) .... de contestar llamadas o responder a mensajes de números desconocidos? Parece que son estafas muy extendidas y minuciosamente organizadas, de manera que si alguien recibe en su teléfono una llamada desconocida y contesta, inmediatamente se le (12) .... una (13) .... de dinero. De la misma forma, si recibimos un mensaje en nuestro móvil y se nos ocurre abrirlo, habremos entregado a partir de ese momento el control de nuestro aparato al desalmado de turno, que podrá acceder a todos nuestros datos: números de cuenta, claves, contactos, etc.

Oraciones subordinadas de lugar

Destino
- a donde/adonde.
- a dónde/adónde.

Origen
- de donde

Situación
- *en donde*
- *donde* sin antecedente (en este caso es más frecuente el uso sin preposición).

Dirección/Límite o destino final
- hasta donde

Tránsito/Lugar de paso
- por donde

2.3 **Cuenta a tus compañeros con tus palabras lo que has leído. Comentad si os parecen verosímiles o no las historias.**

2.4 **¿Conoces otras leyendas urbanas? Coméntalo con tus compañeros.**

3 **Según la información del cuadro anterior, completa la columna central con los adverbios de lugar adecuados.**

1. Voy a aceptarlo venga .... venga.
2. Podíamos quedar .... la otra vez.
3. Me voy a preparar .... alcancen mis fuerzas.
4. No me apetecería ir .... nos puedan reconocer.
5. Ya puedes volverte .... has venido, venga.
6. Me da igual .... haya encaminado sus pasos.
7. Aquel es el restaurante .... cerramos el acuerdo.

4 [18] **Escucha parte de un programa de radio en el que se habla de las leyendas urbanas y contesta a las siguientes preguntas.**

1. ¿Cómo se llama el documental? ....
2. ¿Qué relación tiene Severina con el Ministerio de Educación? ....
3. ¿Qué animales se citan? ....
4. ¿Cómo se dice que son los medios que publican estas noticias? ....
5. ¿Ha ganado algún premio el documental? ....

4.1 **Comenta con tu compañero/a la siguiente cuestión.**

¿Qué te ha parecido el clima del programa?

¿Y el comportamiento de los participantes en el mismo?

4.2 **En el programa, como hemos visto, los participantes se interrumpen y no desarrollan completamente sus ideas. Lee algunas de ellas y, con tus compañeros, intentad ampliarlas pensando en lo que ellos trataban de decir.**

1

Manolo: A ver... Como iba diciendo..., ya ni me acuerdo. ¡Ah, sí! Decía que las leyendas urbanas modernas no son más que actualizaciones de algo que ha ocurrido siempre. Sin ir más lejos: las serpientes en los inodoros es una modernización de los dragones que... se usaban en la Edad Media...

Jacobo: Lamento interrumpirte, pero es que me parece que son dos cosas muy diferentes.

Manolo: Explícate, adelante.

Jacobo: Los dragones mostraban un mundo mágico, eran una excusa para crear héroes, ya que el dragón siempre era derrotado por el valiente de turno, que era admirado por todos, especialmente por la amada a la cual protegía. Con las serpientes no hay nada de todo esto: ni héroe, ni amada, ni admiración. Además, con los dragones se mezclaba la realidad con la fantasía.

2

Severina: (...) En otro orden de cosas, pienso que existe otro factor de índole económico: las clases sociales menos pudientes tienden a naturalizar estas historias mucho más fácilmente que las más acaudaladas, ya que...

Jacobo: Eso me parece bastante peregrino, y perdona que te interrumpa. No pienso que tenga absolutamente nada que ver con la riqueza.

(...)

Severina: A ver..., estaba diciendo que la publicación de estas noticias por parte de ciertos medios de dudosa credibilidad y prestigio, junto con las pobres expectativas en la vida, crea un cóctel perfecto para que estas historias susciten dudas sobre su veracidad...

4.3 **Fíjate en las siguientes frases utilizadas para organizar el discurso y relaciónalas con su significado.**

Elementos organizadores del discurso

1. Interrumpir.
2. Conceder la palabra o indicar que se puede reanudar el discurso.
3. Indicar a alguien que guarde silencio.
4. Indicar que se desea continuar el discurso.
5. Concluir el relato.
6. Destacar un elemento.
7. Introducir un nuevo tema.
8. Rechazar un tema.
9. Cerrar una digresión.
10. Abrir una digresión.

a. Sin ir más lejos...
b. Con respecto a...
c. Volvamos al tema que nos ocupa...
d. Ese tema mejor lo dejamos, ¿no te parece?
e. Disculpa la interrupción... / Lamento interrumpirte... / Perdona, un inciso...
f. De uno en uno. / No habléis los dos a la vez. / Déjala terminar. / Cierra la boca. (coloq.) / Así no hay quien se entienda.
g. Te concedo la palabra. / Es tu turno. / Explícate, adelante. / Adelante, tienes la palabra.
h. A ver..., estaba diciendo que... / Como iba diciendo...
i. En definitiva...
j. En otro orden de cosas... / Ahora que lo dices...

4.4 **Lee la transcripción del fragmento del programa de radio que te va a dar tu profesor/a y completa los espacios con trece de las expresiones anteriores. Ten en cuenta que podría haber más de una opción.**

4.5 **Escucha de nuevo y comprueba la respuesta anterior.**
[18]

5 **Vamos a crear nuestro propio programa. En grupos de cuatro, escribid el guion de un programa de radio o televisión teniendo en cuenta lo siguiente:**

1. El tema del debate tratará sobre una leyenda urbana que podéis elegir entre las vistas en la sección u otra diferente que queráis incluir.
2. Tiene que haber un presentador-moderador y tres invitados con opiniones no siempre similares.
3. Utilizad el máximo posible de expresiones vistas anteriormente.

Enigmas

1 Intenta resolver este enigma con tu compañero/a.

En el sótano de una casa hay cuatro bombillas y en el piso de arriba hay cuatro interruptores, uno para cada bombilla. Cuando accionamos un interruptor desde la casa, es imposible ver qué bombilla se ha encendido en el sótano.

Sin embargo, el dueño de la casa pudo saber con un solo viaje al sótano qué interruptor enciende cada luz. ¿Cómo lo hizo?

1.1 Lee la solución al enigma. ¿Era lo que habías imaginado?

Existen varias soluciones similares para este problema. La más lógica es apretar dos interruptores durante un buen rato, y después apagar uno de ellos y encender un tercero. Cuando se baje habrá una bombilla apagada y fría (la que no se ha tocado), otra apagada y caliente (la que se encendió y se apagó), una encendida y poco caliente (la que se acaba de encender), y otra encendida y muy caliente (la que lleva todo el rato encendida).

2 Habla con tu compañero/a de las siguientes cuestiones.

1. ¿Qué te parecen este tipo de enigmas?
2. ¿Te gustan o piensas que son una pérdida de tiempo y de energía?
3. ¿Piensas que resolverlos con facilidad implica ser más inteligente?

3 La historia también está rodeada de numerosos enigmas. En parejas, leed las opiniones de estas personas e intentad averiguar a qué enigmas se refieren.

ENIGMAS EN LA HISTORIA

1 Enigma

Sí, siempre se ha sospechado en este sentido, la verdad, pero **¡Vete tú a saber!** Los gobiernos de los estados guardan muchos secretos y actúan fuera de la ley mucho más de lo que pensamos en busca de un supuesto beneficio del país. Cometen atrocidades impunemente, ya que el aparato del Estado se ocupa de ocultar todo. Estamos hartos de verlo en las películas en donde la CIA y el FBI siempre están metidos en asuntos sucios tramando asesinar a este o al otro en aras de la seguridad nacional.

2 Enigma

¡Dale con eso! Estoy un poco cansado ya de escuchar siempre la misma canción. No hay programa de misterio en la tele que no haga un especial sobre ello. Mira, si no es verdad, ¿por qué continúan con el engaño tanto tiempo? Porque en su momento podía tener sentido, pero ahora, ya no estamos en la Guerra Fría ni nada.

3 Enigma

Me interesa mucho este tema, es más, me siento hipnotizada por ese mundo. Me atrae todo: su historia, su estética… ¡hasta los nombres! Todo tiene algo mágico. He ido allí tres veces y cuando las ves en persona sí que piensas **¡Mira que es increíble** que fueran capaces de hacer algo así! Pero de ahí a creer a pies juntillas eso…, no sé.

4 Enigma

Si te digo la verdad, es la primera noticia que tengo. No lo había escuchado en mi vida, pero ahora que lo dices y que veo las fotos **vaya si hay** algo raro, pero superraro. Se nota en la forma de la cabeza, en la nariz, hasta en la altura. Aunque la verdad es que tiene su lógica porque, si lo piensas bien, aquello era una máquina de hacer dinero por el éxito que habían alcanzado ya, y si no lo hubieran hecho, se habrían quedado sin la gallina de los huevos de oro.

5 Enigma

¡Anda ya! Esa es una historia originada intencionadamente en otros países con el único fin de quitarle importancia a España. No creo que debamos estar orgullosos de cómo ocurrió todo después, pero el mérito de apostar por él y conseguirlo no se puede negar. Buscar tres pies al gato diciendo que se ha encontrado una piedra aquí o un documento allí no demuestra nada.

3.1 **Para comprobar vuestras hipótesis, formad grupos de cinco y leed cada uno una explicación.**

JFK pudo no haber sido asesinado por un loco solitario

Que a Kennedy lo matara un solitario e inestable simpatizante comunista, en un simple arrebato, nunca resultó ser suficiente respuesta para una sociedad que quedó conmocionada durante varias generaciones. Por ello, el mismo día del magnicidio nacía uno de los mayores enigmas de la historia reciente, quizá el que mayor número de teorías de la conspiración ha generado en los últimos dos siglos. Los errores en la investigación y las sospechas de ocultación de información por parte de la CIA abonaron el terreno.

El ser humano pudo no haber pisado nunca la Luna

Durante las últimas décadas no cesan las teorías que ponen en duda la llegada del hombre a la Luna. En ellas se sostiene que todo fue un montaje cinematográfico orquestado por EE. UU. para vencer a la Unión Soviética en la carrera espacial. Este argumento se ve reforzado por los supuestos elementos extraños observados en las fotografías del lugar del alunizaje, tales como sombras inexplicables, la presencia de viento o las marcas de letras en el suelo.

Las pirámides de Egipto pudieron no ser construidas por terrícolas

Es quizá la construcción más estudiada de la historia, pero por mucho que se ha especulado al respecto, el modo en que los egipcios construyeron las pirámides sigue siendo hoy en día un auténtico misterio. Teniendo en cuenta que en esa época no existían excavadoras ni grúas, mover bloques de piedra de más de dos toneladas de peso cada una y ensamblarlas con una precisión digna del más sofisticado láser es una empresa para la que no existe explicación. A no ser que recibieran la inestimable ayuda de tecnología de origen extraterrestre…

Paul McCartney pudo haber muerto en un accidente y ser sustituido por un doble

Todo empezó en 1966 cuando, supuestamente, tuvo lugar un accidente en el cual Paul McCartney perdió la vida. El resto de miembros del grupo acordaron reemplazar a Paul por un doble, ya que en el momento en el que se encontraba el grupo no podían permitirse quedarse sin uno de sus iconos. Para ello, llevaron a cabo audiciones en secreto y eligieron a un bajista canadiense muy parecido a Paul al que sometieron a cirugía plástica. A su vez, llegaron a un acuerdo con Scotland Yard para no revelar la desaparición del verdadero McCartney. Las aparentes diferencias físicas entre ambos, unido a la multitud de pistas que se adivinan en las portadas de sus discos, deja abierta la puerta al enigma.

Cristóbal Colón pudo no haber sido el primer europeo que llegó a América

Los libros de historia explican desde hace siglos que Cristóbal Colón fue el primer europeo en pisar suelo americano. Sin embargo, existen sospechas de que pudieron existir otros visitantes anteriores, como pudieran hacer sospechar hallazgos de pictogramas chinos en Norteamérica que datan de más de 2 500 años atrás, posibles evidencias genéticas escandinavas o incluso construcciones medievales que aún se conservan. Sin embargo, parece que los primeros en llegar a suelo americano pudieron ser recolectores siberianos que cruzaron el estrecho de Bering para pasar a Norteamérica en época prehistórica.

3.2 **Contad con vuestras palabras al resto del grupo lo que habéis leído.**

Imperativos lexicalizados

Las siguientes expresiones con imperativo tienen diferentes significados.

Valor	Expresión
1. Resaltar la cualidad.	¡Mira que es increíble!
2. Mostrar incredulidad.	¡Anda ya! / ¡Venga ya!
3. Confirmar un hecho.	¡Vaya si hay! / ¡Anda que no hay!
4. Desconocimiento.	¡Vete tú a saber!
5. Molestia por insistencia.	¡Dale con eso! / ¡Y dale!

4 Observa las siguientes señales y comenta con tu compañero/a qué crees que quieren transmitir. ¿Dónde piensas que podríamos encontrarlas? ¿Alguna de ellas te parece absurda?

4.1 Asocia las siguientes leyendas con los carteles anteriores correspondientes. Sobran dos.

a. **Se prohíbe** hablar.
b. **Queda prohibido** fisgonear.
c. **No está permitido** apropiarse de objetos ajenos.
d. **No se permite bajo ningún concepto** dar portazos.
e. **Queda terminantemente prohibido** armar jaleo.
f. **Está prohibido** el uso de indumentaria formal.

¡Fíjate!

Recuerda que estas expresiones las usamos para prohibir.

4.2 En parejas, elegid una prohibición no convencional y dibujad un cartel en la parte superior de una hoja; después, pegadla en una pared de la clase. Por último, paseaos todos escribiendo debajo de cada cartel la prohibición que os parece que transmite.

5 Las siguientes prohibiciones, excepto tres, existen en alguna parte del mundo. Señala junto con tu compañero/a cuáles pensáis que son las falsas.

1. ☐ Está prohibido tener un pez borracho.
2. ☐ Se prohíbe escupir dentro de un establecimiento donde se vende alcohol.
3. ☐ No se permite vendar los ojos a una persona mientras conduce su vehículo.
4. ☐ Queda prohibido por ley poner de nombre *Napoleón* a un cerdo.
5. ☐ Está prohibido abrir una botella de refresco sin la supervisión de un ingeniero con título.
6. ☐ Está prohibido tocar la armónica si hay luna llena.
7. ☐ Queda terminantemente prohibido salir de un avión en marcha.
8. ☐ No está permitido prestar la aspiradora.
9. ☐ No se permite pasear a los gatos con correa.
10. ☐ Queda prohibido para los hombres llevar pantalones y chaquetas que no vayan a juego.
11. ☐ Se prohíbe llevar armas ocultas que sobrepasen los dos metros de largo.
12. ☐ Está terminantemente prohibido rechazar un vaso de agua que te ofrezcan.
13. ☐ No se permite despertar a un oso para sacarle una foto.

5.1 Vuestro/a profesor/a os va a repartir las leyes reales. Levántate e intercambia con tus compañeros la información para descubrir las prohibiciones que son falsas.

5.2 El origen de estas leyes en ocasiones es un enigma. En grupos pequeños comentad cuál podría ser en cada caso. Después, explicad vuestras hipótesis al resto de la clase.

▸ *Posiblemente esté prohibido salir de un avión en marcha porque en alguna ocasión haya habido alguien que lo intentara.*

Evaluación

Interacción oral

De los enigmas vistos en la actividad 3.1. de la sección anterior, comentad en pequeños grupos cuál es el que más despierta vuestro interés y por qué.

Comprensión auditiva

[19]

1 Escucha y justifica por qué estas afirmaciones no son verdaderas.

1. Se estima que se han perdido unos cuantos cientos de barcos y aviones en esta zona.
2. Conocemos las extrañas experiencias de Colón porque las contó a su vuelta a España.
3. Un avión de rescate desapareció a las dos horas de vuelo.
4. El vuelo de Bruce a Miami duró la mitad de lo previsto.
5. Las luces que vio Colón caían hacia el mar.

2 Vuelve a escuchar e identifica las palabras de la audición que tienen el mismo significado que las palabras o expresiones siguientes.

1. Acción de ver: ....
2. Descubrimiento: ....
3. Mirar: ....
4. Tener una experiencia uno mismo: ....
5. Declaración: ....
6. Dulce redondo: ....
7. Resplandor de luz: ....
8. Camino más corto: ....
9. Tener lógica: ....

Expresión escrita

Escribe un texto en el que expreses tu opinión sobre el enigma que acabamos de escuchar. Usa las expresiones aprendidas en la unidad (extensión 180-220 palabras).

Comprensión lectora

1 Lee el texto sobre enigmas del cerebro humano y relaciona los títulos con el párrafo correspondiente.

a ¿Cómo simula el cerebro el futuro?
b ¿Cómo se guardan y recuperan los recuerdos?
c ¿Por qué el cerebro duerme y sueña?
d ¿Cómo se codifica la información en la actividad neuronal?
e ¿Cómo construye el cerebro el paso del tiempo?

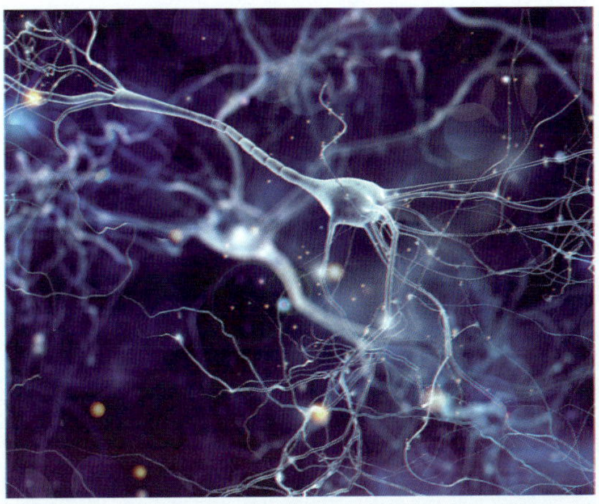

Axones: prolongaciones de las neuronas que conducen el impulso nervioso entre las células.

1 Las neuronas producen pequeñas descargas eléctricas en sus membranas que viajan liberando señales químicas en los axones desde una célula a otra. Es allí donde se retiene todo aquello que sentimos. Pero, ¿cómo se realiza este proceso? Parece que difiere según el lugar del cerebro y el momento en el que se produce, y todavía no se sabe bien qué parte del cerebro está implicada en cada uno de estos procesos. En lo que sí hay acuerdo es que son varias las neuronas que se ponen en funcionamiento, actuando en grupos localizados y en diferentes partes del cerebro a la vez. En todo caso, y esto es lo más desconcertante, parece que los impulsos nerviosos pueden no ser la única forma en que se transmite la información.

2 Cuando alguien aprende algo nuevo, se producen cambios en la estructura del cerebro. Sin embargo, no se sabe muy bien cómo funcionan exactamente esos cambios ni las consecuencias que conllevan. Otra hipótesis es que existen varios tipos de memorias: a corto y a largo plazo; y dentro de la segunda, la memoria declarativa (la que recuerda nombres y hechos) y la no declarativa (la que está relacionada con aprendizajes como montar en bicicleta). A pesar de las diferencias, parece que existe un mecanismo molecular común: cuando se activan varias neuronas al tiempo, la conexión entre ellas es más fuerte y se crean asociaciones; sin embargo, cuando es el cerebro el que tiene que crear esas asociaciones, este codifica las relaciones entre las cosas, pero no los detalles.

3 Es una de las creaciones más sorprendentes del cerebro. Se cree que funciona mediante la creación de un modelo interno del mundo exterior gracias a las experiencias pasadas guardadas en la memoria. Estos modelos son usados para anticipar escenarios y crear una realidad preventiva, manteniéndonos preparados ante lo que nos espera. Sin embargo, esta propiedad no solo sirve para su proyección posterior sino también para funcionamientos corrientes básicos como la visión o la percepción.

4 El cerebro tiene problemas para sincronizar señales diferentes que suceden en el mismo momento pero que se procesan a diferentes velocidades. Los sentidos interpretan las experiencias de un modo distinto, pero nuestro cerebro tiende a entregárnoslas como simultáneas, lo cual puede producir desincronizaciones. Esta falta de sincronía puede conllevar problemas como la dislexia.

5 Lo único demostrado hasta el momento es que la vigilia continuada provoca problemas graves de salud. No obstante, no se conoce a ciencia cierta cuál es el verdadero objetivo del sueño. Se piensa que puede ser regenerativo, pero es cierto que existe una gran cantidad de actividad neuronal que pudiera indicar algo más. Otras teorías defienden que es un momento para que el cerebro pueda resolver problemas antes de hacerlo en el mundo real o que es el momento imprescindible para grabar los conocimientos acumulados cada día.

Adaptado de http://curiosidades.com/10-enigmas-del-cerebro-humano-sin-explicacion-cientifica/

2 **Vuelve a leer y señala si las siguientes afirmaciones son verdaderas o falsas. En caso de que sean falsas, corrige la información.**

1. El proceso que codifica la información en el cerebro es distinto dependiendo de la parte de este en la que se realice. .... V F
2. Existe más de una forma de que la información viaje en el cerebro. .... V F
3. Dentro de la memoria a corto plazo se integra la no declarativa. .... V F
4. El cerebro puede adivinar el futuro. .... V F
5. Los sentidos tienen problemas para sincronizarse. .... V F
6. No se conoce a ciencia cierta la razón de la falta de reposo cerebral durante el sueño. .... V F

Contenidos lingüísticos

Haz el cuestionario que te proponemos en ELEteca

Unidad

6 La creatividad

Contenidos funcionales

Expresar opiniones, actitudes y conocimientos.

Expresar gustos, deseos y sentimientos.

Estructurar el discurso oral y escrito.

Contenidos lingüísticos

Adverbios en *-mente*.

Oraciones subordinadas modales: *Como si* + imperfecto de subjuntivo.

Construcciones pasivas.

Oraciones subordinadas de relativo.

Expresiones con adjetivos y pronombres posesivos.

Contenidos léxicos

Características asociadas a la personalidad.

El mundo laboral.

Acciones poéticas y disciplinas artísticas.

Contenidos culturales

Famosos creativos.

La búsqueda de trabajo y el mundo laboral en España.

Panorama artístico en el entorno urbano.

En **ELEteca** tienes material y actividades complementarias a esta unidad.

Tareas

- Elaborar un test de personalidad.
- Preparar un videocurrículum.
- Debatir sobre la presencia de la creatividad en el entorno urbano.
- Realizar una exposición sobre nuestra palabra favorita.
- Escribir un texto creativo.

En contexto

1 *Creatividad* es una palabra asociada a numerosas ideas, sensaciones y pensamientos. En un minuto, escribe alrededor de esta todos los conceptos que te vengan a la mente.

1.1 Compara tus ideas con las de un/a compañero/a y reflexionad sobre vuestras semejanzas y diferencias. Escribe en el espacio común las ideas que compartís y en los laterales aquellas que son diferentes. ¿Hay algo que os llame la atención?

2 ¿Te consideras una persona creativa? ¿Sabes que hay algunas pruebas que miden el nivel de creatividad? Ellis Paul Torrance y Joy Paul Guilford fueron dos psicólogos estadounidenses especializados en este ámbito. Vamos a realizar dos actividades basadas en sus test. Tienes que realizar cada una de ellas en menos de 3 minutos.

1 Aquí tienes unos trazos. Tienes que completarlos de manera totalmente libre. Puedes dibujar lo que quieras: objetos, personas, situaciones…

2 Escribe todas las palabras que se te ocurran que contengan la letra *z*.

2.1 Compara tus ideas con las de tu compañero/a. ¿Pensáis que habéis sido creativos? ¿Por qué?

3 A continuación tienes una serie de titulares, reflexiones y pensamientos relacionados con la creatividad. Comenta con tu compañero/a qué te parecen y con cuál estás más de acuerdo.

Creatividad y psicosis comparten las mismas raíces genéticas

Un estudio realizado entre más de 150 000 europeos relaciona la creatividad con genes que aumentan el riesgo de esquizofrenia y trastorno bipolar.

(*El País*, 8 de junio de 2015)

"Cuando hablamos de hábitos, incluidos los hábitos creativos, para aprenderlos no has de tener solamente constancia, facilidad, método…; también necesitas un buen entrenador. Eso es lo que tienen que ser los profesores: entrenadores".

(José Antonio Marina, filósofo)

"Todas las personas tienen la disposición de trabajar creativamente. Lo que sucede es que la mayoría jamás lo nota".

(Truman Capote, escritor)

"La creatividad, sin duda alguna, fomenta y favorece la competitividad en las empresas. Por consiguiente, es un factor importantísimo en la economía de cualquier empresa o país".

(Ferran Adrià, cocinero)

"Resisto lo más posible la tiranía del *mainstream*[1]. En la mayoría de las artes que me interesan, prefiero buscar en la periferia: en la pintura, el cine, el teatro, la música… Es fuera de la sociedad convencional donde encuentro la real esencia de la creatividad innovadora y excitante".

(David Bowie, músico)

"La creatividad nace de un conflicto de ideas".

(Donatella Versace, diseñadora y empresaria)

[1] *Mainstream*: cultura de masas. Anglicismo que se utiliza para designar los pensamientos, gustos o preferencias predominantes en un momento determinado en una sociedad.

4 En la siguiente tabla tienes algunas características asociadas a la personalidad. Intenta completar los espacios con los adjetivos correspondientes a estos sustantivos.

Sustantivo	Adjetivo	Sustantivo	Adjetivo
1. creatividad	*creativo/a*	**9.** humildad	
2. altruismo		**10.** vulnerabilidad	
3. egoísmo		**11.** temperamento	
4. perfeccionismo		**12.** locura	
5. versatilidad		**13.** observación	
6. austeridad		**14.** constancia	
7. hipocondría		**15.** originalidad	
8. discreción		**16.** sensibilidad	

4.1 Comenta con tu compañero/a cuáles son los tres rasgos de personalidad que mejor definen a una persona creativa. Intentad llegar a un consenso. Podéis usar el léxico de la actividad 4 y otras palabras que conozcáis.

5 En parejas, preparad una definición para la palabra *creatividad* y escribidla en la tarjeta que os va a entregar vuestro/a profesor/a. Después, mezcladlas junto a la definición que aparece en el Diccionario de la Real Academia de la Lengua Española.

5.1 Leed todas las definiciones anteriores. ¿Cuál os gusta más?

Mentes creativas

1 **Aquí tienes algunas fotografías de personas famosas. Discute con tus compañeros quién crees que es el más creativo de todos y por qué razón.**

Recuerda...

Los siguientes adverbios acabados en *-mente* pueden completar tus opiniones y argumentaciones:

- realmente
- sinceramente
- francamente
- claramente
- visiblemente
- indiscutiblemente
- obviamente
- honestamente
- aparentemente
- personalmente...

▶ *Yo creo que, **indiscutiblemente**, Woody Allen es la persona más creativa de todas.*

▷ ***Sinceramente**, no creo que un político pueda considerarse más creativo que un artista.*

Nacido en Hawái en el seno de una familia afroamericana, ha sido el primer presidente negro de la historia de Estados Unidos. Uno de sus grandes logros personales fue la obtención del Premio Nobel de la Paz por sus esfuerzos en favor del desarme nuclear, del proceso de paz en Oriente Medio o de la lucha contra el cambio climático.

Barack Obama
político

Steve Jobs
cofundador de la empresa Apple

Empresario americano que dedicó su vida al sector tecnológico y del entretenimiento. Fue cofundador y presidente ejecutivo de Apple, empresa que creó junto a un amigo en el garaje de su casa, y máximo accionista de The Walt Disney Company. Falleció en el año 2011 víctima de un cáncer.

Futbolista nacido en Rosario (Argentina) en 1987. Es una de las estrellas de la selección argentina y del Fútbol Club Barcelona. Está considerado por muchos como uno de los mejores deportistas de la historia y ha recibido numerosos reconocimientos internacionales, como el Balón de Oro o el premio al Mejor Jugador del Mundo de la FIFA.

Leo Messi
futbolista

Woody Allen
director, actor y músico

Director, guionista, actor, músico, dramaturgo, humorista y escritor estadounidense. Ha ganado cuatro premios Óscar y es uno de los creadores más prolíficos de la actualidad: ha llegado a dirigir casi una película al año. Su vida personal no ha estado exenta de polémica.

J. K. Rowling
autora de la saga *Harry Potter*

Escritora y productora británica mundialmente conocida por ser la creadora de la saga del mago *Harry Potter*. Se convirtió en multimillonaria en apenas cinco años gracias a las estratosféricas ventas de sus libros. Actualmente dedica parte de su tiempo libre al apoyo de causas humanitarias.

2 **Observa estas fotografías. ¿Qué sensación te producen? Discute con tu compañero/a y compartid vuestras opiniones.**

! Fíjate

Usamos la estructura ***como si*** + imperfecto de subjuntivo para hablar de situaciones hipotéticas:
– *Creo que esta mesa está **como si** nadie la **limpiara** nunca.*

3 **¿Y tú, eres una persona ordenada? Te presentamos un breve test para descubrirlo. Lee las situaciones planteadas y elige la opción que mejor encaje contigo.**

1. Mi lugar de trabajo o estudio…
- ◯ **a. está ordenado y limpio**. Suelo colocarlo todo en su sitio con frecuencia y tirar lo que no necesito.
- ◯ **b.** no es perfecto, pero tampoco está manga por hombro. No soy un maniático del orden, pero tampoco vivo en el caos.
- ◯ **c.** está hecho un desastre. Al menos eso es lo que dice la gente, pero yo me apaño perfectamente y no necesito cambiarlo.

2. Los invitados que van a mi casa tienen que saber que…
- ◯ **a. está prohibido** fumar, sentarse en la cama cuando está hecha, dejar las cosas fuera de su sitio…
- ◯ **b.** no **se siguen** normas demasiado estrictas, pero tampoco se puede actuar como si estuvieras en la calle. Hay unos mínimos, ¿no?
- ◯ **c.** lo importante es que se sientan cómodos, como en su casa. ¿Reglas? ¿Eso qué es?

3. La decoración de mi habitación…
- ◯ **a. fue diseñada** por un especialista en decoración. Para mí la armonía es muy importante y era necesario contar con la opinión de un experto.
- ◯ **b.** es bastante práctica y funcional. **Los muebles los compré** en una gran superficie, pero tienen su encanto.
- ◯ **c. fue creada** por mí mismo/a. Me encanta experimentar y tener objetos únicos que **están hechos** a mano, por mí o por algunos amigos y artistas locales.

4. El armario de mi cuarto…
- ◯ **a. está organizado** por colores. **La ropa la cambio** de sitio según la estación del año para tenerla más a mano.
- ◯ **b. lo ordeno** de vez en cuando, cuando lo necesito. No creo que sea el armario más perfecto del mundo, pero no suelo tener problemas para encontrar lo que busco.
- ◯ **c. lo uso**, pero a veces me resulta más rápido dejar las cosas por el medio, así no pierdo tanto tiempo. Reconozco que muchas veces dejo las cosas encima de las sillas, en la cama…

5. Cuando veo un montón de trastos viejos, …
- ◯ **a.** pienso en cuándo fue la última vez que **se usaron** y para qué **se necesitan**. Si no me sirven…, ¡a la basura!
- ◯ **b.** siento cierta nostalgia. Me produce melancolía ver cosas que **fueron compradas** por mis padres, mis abuelos, antiguos amigos… Me da pena deshacerme de ellas, pero a veces es necesario.
- ◯ **c.** pienso en oportunidades para redecorar mi casa. Siempre viene bien un toque *vintage*, ¿no?

3.1 **Muchas personas consideran que existe una conexión entre el orden y la creatividad. ¿Estás de acuerdo? Habla con tu compañero/a.**

3.2 **Compara tus respuestas del test de la actividad 3 con las de tu compañero/a. ¿Quién pensáis que es más ordenado? ¿Y creativo? Mira las siguientes soluciones para comprobarlo.**

Mayoría de respuestas *a*: el orden es una de tus señas de identidad. No toleras el caos y necesitas que todo esté siempre en su sitio. Los que te rodean suelen decir que eres una persona cuadriculada y poco flexible, y esto hace que la creatividad no tenga un papel destacado en tu vida. ¿Por qué no das rienda suelta a tu imaginación?

Mayoría de respuestas *b*: no soportas el caos absoluto, pero tampoco tienes una obsesión con la organización. Intentas mantener el equilibrio entre tu parte más racional y tu lado creativo. No siempre es fácil, pero por ahora no te va mal, ¿verdad?

Mayoría de respuestas *c*: vives en un mundo caótico y desordenado, o al menos así lo ven los que te rodean. La creatividad domina tu vida y no entiendes a las personas que no se dejan llevar por la imaginación. Está muy bien tener un punto bohemio y diferente, pero recuerda que a veces es necesario poner un poco de orden en tu vida.

4 **En el test que has hecho en la actividad 3 aparecen distintas construcciones pasivas. Mira el siguiente cuadro e intenta completar las reglas seleccionando la opción correcta (1) o escribiendo las palabras que faltan (2). Incluye también algunos ejemplos que aparecen en el test.**

Construcciones pasivas

1. Usamos la voz pasiva cuando la persona o personas que realizan la acción son **más / menos** importantes que la acción en sí misma o el resultado obtenido.
2. a. **Pasiva de proceso:** es la estructura pasiva por excelencia. Más común en la lengua escrita, puede llevar un complemento agente introducido por la preposición ***por***.
   Estructura: verbo .... + ... del verbo principal (es necesaria la concordancia de género y número).
   – ....

   b. **Pasiva de resultado:** habla del resultado existente después de una acción.
   Estructura: verbo .... + ... del verbo principal (es necesaria la concordancia de género y número).
   – ....

   c. **Pasiva refleja:** es muy frecuente en español. No lleva complemento agente. Se usa tanto en la lengua escrita como oral.
   Estructura: .... + verbo principal en .... persona del singular o del plural (según el sujeto paciente).
   – ....

   d. **Anteposición del objeto directo:** recurso muy frecuente en la lengua oral. No es una voz pasiva propiamente dicha, pero su significado equivale a ella.
   Estructura: .... de objeto directo + ... de objeto directo + verbo principal.
   – ....

5 **En parejas, elaborad un test similar al que aparece en la actividad 3. Para ello, seguid las siguientes instrucciones.**

1. Seleccionad el tema (¿Eres una persona romántica/madura/aventurera/intelectual...?).
2. Plantead cinco situaciones con tres opciones en cada una de ellas.
3. Intentad usar al menos una vez las cuatro construcciones pasivas de la actividad 4.
4. En una página diferente, preparad las soluciones del test.
5. Usad vuestra creatividad. 😊

5.1 **Pasad vuestro test a la pareja de la derecha y responded a las preguntas del cuestionario que os entregue la pareja de la izquierda. Cuando terminéis, repetid la dinámica hasta que hayáis respondido a todos los test de la clase.**

5.2 **Es el momento de llegar a conclusiones. Analizad las respuestas de vuestros compañeros al test que habíais preparado en la actividad 5 y decidid quién es "El/La más..." de la clase. Podéis usar vuestra hoja de soluciones para ayudaros.**

6 **¿Qué harías en esas situaciones? Escribe brevemente cómo actuarías en cada una de ellas.**

A

Es el cumpleaños de tu pareja. Lleváis diez años juntos y te gustaría darle una sorpresa, algo que fuera único y original. ¿Qué haces?

....

....

....

....

....

....

B

Tu mejor amigo/a te ha pedido ayuda para organizar una fiesta en su casa. Van a ir muchos amigos comunes, compañeros de trabajo y conocidos. Quieres que sea todo un éxito, pero tu amigo/a no anda muy bien de dinero.

....

....

....

....

....

....

C

Llega el final de curso y tus compañeros de clase y tú queréis preparar un texto de reconocimiento para vuestro/a profesor/a. Queréis algo creativo y diferente, nada cursi ni ñoño. ¿Qué podéis escribir?

....

....

....

....

....

....

D

Trabajas en una tienda de ropa. Últimamente las ventas no van muy bien. Quieres proponer a tu jefe/a alguna iniciativa que llame la atención de los potenciales clientes y que ayude a mejorar la situación.

....

....

....

....

....

....

6.1 **En grupos de tres o cuatro, intercambiad vuestras ideas. ¿Cuáles pensáis que son las más creativas?**

¿Crisis de ideas?

1 **Observa los siguientes objetos. ¿Qué crees que son? ¿Para qué sirven? Coméntalo con tu compañero/a.**

1.1 **Relaciona las imágenes de la actividad anterior con las siguientes frases. Completa también las descripciones con las palabras necesarias según el ejemplo. ¿Sabes cómo se llaman estos objetos? Escribe el nombre a continuación.**

a. Es un recipiente *en el* que se conserva la leche: *cartón de leche.*

b. Es un objeto .... cual se colocan .... de cada jugador en una partida: ....

c. Es un objeto que sirve para .... la página del libro .... que vamos: ....

d. Es un objeto de ...., plástico o papel .... que guardamos cosas: ....

e. Es una especie de hoja de papel gracias .... que podemos ....: ....

! Recuerda...

Las **oraciones de relativo** suelen tener la siguiente estructura:

Sustantivo (al que llamamos *antecedente*) + (preposición) + pronombre relativo + verbo

El verbo de la oración de relativo va en **indicativo** cuando el antecedente es algo **conocido**, concreto:

– *Tengo un compañero de clase* ***que habla*** *chino perfectamente.*

El verbo va en **subjuntivo** cuando el antecedente es algo **desconocido**, no concreto:

– *En mi empresa están buscando a una persona* ***que hable*** *chino perfectamente.*

1.2 **En parejas, preparad definiciones similares a las de la actividad anterior. Después, ponedlas en común con el resto de la clase y adivinad las palabras de vuestros compañeros.**

2 **Aquí tienes algunas frases con pronombres relativos. Decide si son correctas o incorrectas y corrígelas si es necesario.**

1. Mi amiga **que vive** en China es profesora de español para extranjeros. .... C I

   ....

2. **Lo que más me molesta** de Carlos es que siempre se está quejando de su trabajo. .... C I

   ....

3. A Luis le gusta mucho ir a restaurantes con bufé porque puede comer **todo cuanto le apetece**. .... C I

   ....

4. **Las personas quienes** estudien no tendrán ningún problema en aprobar el examen final. .... C I

   ....

5. Podrán asistir al espectáculo **cuanto personas** quepan en el recinto. .... C I

   ....

6. Me escribió un mensaje para preguntarme cómo estaba, **cosa cual me gustó** mucho. .... C I

   ....

7. El amigo **mío que** te presenté el otro día se llama Sergio. .... C I

   ....

8. **Quien lo deseen** pueden mandar su currículum a través del siguiente correo electrónico. .... C I

   ....

2.1 **Lee estas explicaciones sobre algunas construcciones con pronombres relativos y escribe los números de los ejemplos anteriores que se pueden relacionar con cada una.**

Construcciones de relativo

Relativos y posesivos

– Los pronombres relativos son incompatibles con los posesivos, excepto con los pronombres posesivos que van detrás del sustantivo.

Ejemplos: *1,* ....

Quien/Quienes

– El relativo ***quien*** se transforma en ***quienes*** cuando se refiere a más de una persona.

Ejemplo: ....

– ***Quien*** es correcto en oraciones relativas explicativas (aquellas que aparecen después de una coma), pero resulta incorrecto en las relativas especificativas.

Ejemplo: ....

– El uso del relativo ***quien*** es más habitual en la lengua formal, con frecuencia escrita.

Lo que

– ***Lo que*** es habitual para referirse a toda una oración. En ocasiones puede sustituirse por expresiones como *algo que*, *hecho que* o *cosa que* después de una coma.

Ejemplos: ....

Cuanto

– En las oraciones de relativo cuyo antecedente es un sustantivo, ***cuanto*** experimenta variaciones de género y número atendiendo a la concordancia.

Ejemplo: ....

– En ocasiones, cuando ***cuanto*** es invariable (equivalente a *toda la cantidad que*) puede aparecer precedido de la palabra *todo*.

Ejemplo: ....

3 **Observad de nuevo los objetos de la actividad 1: todos ellos servían para presentar, de una forma original, un currículum. En parejas, pensad en algún otro objeto curioso que pudiera servir como soporte de este tipo de texto.**

4 [20]

Buscar trabajo es "un trabajo", ¿estás de acuerdo? Escucha la siguiente audición en la que varias personas comparten sus experiencias laborales y marca la frase que mejor resuma la intervención de cada uno. Hay dos frases que no necesitas usar.

	1. Javier	2. Jana	3. Edurne	4. Miguel	5. Patricia
a. Está deprimido/a por la situación.					
b. Su vida ha cambiado mucho recientemente.					
c. Está cobrando el paro.					
d. Antepone los sueños a la estabilidad.					
e. Su profesión le llena por completo.					
f. Critica la actitud de otras personas que están en su situación.					
g. Quiere ser funcionario/a.					

4.1 [20]

Vuelve a escuchar la grabación y presta especial atención a las expresiones con posesivos que aparecen a continuación. Explica con tus palabras cuándo se usan y qué significan; después, intenta sustituirlas por otras expresiones que signifiquen lo mismo. Trabaja con tu compañero/a.

1. "Realmente esto **es lo mío**".
2. "**Hija mía**, estudia y déjate de tonterías".
3. "Trabajar con adolescentes **tiene su dificultad**".
4. "**Lo suyo es** hacer todo lo que esté en tu mano".
5. "Mis compañeros y yo **pasamos lo nuestro**".
6. "Me gusta **ir a lo mío**".
7. "Mi madre **es muy suya**".

5

¿Qué palabras o expresiones conocéis relacionadas con el mundo del trabajo? Pensad en tipos de trabajo, de contrato, características, expresiones idiomáticas…

5.1

Para ampliar vocabulario, vuestro/a profesor/a os va a dar unas fichas. En grupos, preparad las definiciones de las palabras que recibáis.

6 ¿Quieres conocer mejor la relación de tus compañeros con el mundo laboral? Levántate y habla con ellos para completar la siguiente tabla.

Busca a alguien que...	Nombre	Información adicional
1 esté trabajando de lo suyo.	....	....
2 haya hecho más de diez entrevistas de trabajo en su vida.	....	....
3 tenga su *curriculum vitae* en español.	....	....
4 trabaje a media jornada.	....	....
5 esté o haya estado alguna vez de becario.	....	....
6 alguna vez haya estado en el paro.	....	....
7 se haya tomado un año sabático.	....	....
8 considere que es más importante el sueldo que la realización personal.	....	....
9 use el español en su trabajo.	....	....
10 quiera trabajar en un país de habla hispana.	....	....

7 Más allá de los *curriculum vitae* tradicionales, son muchos los que están apostando por desarrollar su creatividad a la hora de buscar trabajo en tiempos de crisis. Los videocurrículum son una alternativa. ¿Cómo consideras que debe ser un buen videocurrículum para tener éxito? Anota algunas de tus ideas.

7.1 En grupos de tres o cuatro personas, buscad en internet un videocurrículum en español. Tomad nota de los aspectos positivos y mejorables de vuestro vídeo y comentadlos con el resto de la clase.

! Recuerda

En muchas ocasiones, no es necesario entender todas las palabras que aparecen en un texto, audio o vídeo para poder realizar la tarea propuesta. Es importante desarrollar estrategias de comprensión.

7.2 Después del visionado, compartid vuestras conclusiones con el resto de grupos de la clase. ¿Daríais una oportunidad a los candidatos de los vídeos?

8 Vamos a crear un videocurrículum en español. Antes de la grabación, prepara un breve esquema con los aspectos que quieres destacar. La siguiente plantilla puede ayudarte. Toma algunas notas.

- ✓ Datos personales
- ✓ Formación académica
- ✓ Experiencia profesional
- ✓ Idiomas
- ✓ Otros datos de interés

8.1 Después de la preparación del borrador, te recomendamos escribir el guion de tu videocurrículum. Recuerda que debes destacar los aspectos que más te interesen, ser original y sorprendente, y ajustarte a un tiempo limitado.

8.2 Ha llegado el momento de grabar tu videocurrículum. Para ello no necesitas un equipo especial, tu teléfono móvil puede ser suficiente. Cuando lo tengas listo, preséntalo al resto de la clase.

Acción poética

1 Una mañana las calles de un barrio de Barcelona amanecieron decoradas con el siguiente cartel. La imagen se hizo viral en apenas unas horas y las redes sociales se llenaron de mensajes sobre el tema. ¿Qué te parece? ¿Qué sentimientos te provoca? ¿Cómo te imaginas a Alba y a Álex?

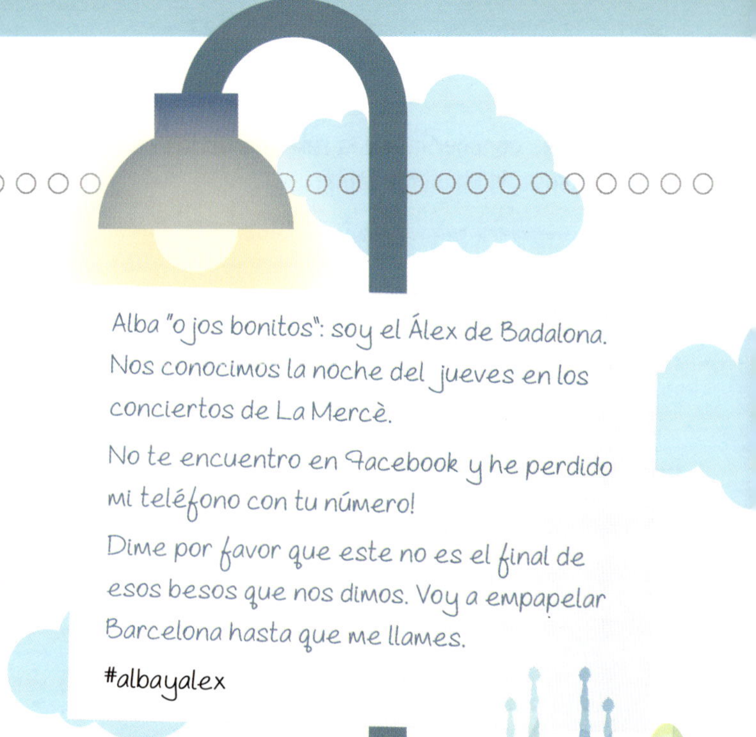

1.1 Para saber algo más sobre Alba y Álex, realiza la actividad que te indicará tu profesor/a.

2 [21] Después de saber que realmente "el Álex de Badalona" era una creación de un escritor uruguayo llamado Damián, Víctor, experto en redes sociales, y Raquel, creativa de una empresa de publicidad, debatieron sobre el fenómeno en un programa de radio. Escúchalos y decide si las siguientes opiniones corresponden a Víctor, a Raquel o a ninguno de los dos.

	Víctor	Raquel	Ninguno
1. Reconoció algo de sí mismo en la acción del Álex de Badalona.	☐	☐	☐
2. Cree que la acción poética pone de manifiesto el poder de nuevas formas de comunicación.	☐	☐	☐
3. Piensa que el autor no tenía un objetivo definido.	☐	☐	☐
4. Considera que la acción de Damián no tiene ningún valor artístico.	☐	☐	☐
5. Sostiene que la reacción de las redes sociales al conocer la verdad ha sido desmesurada.	☐	☐	☐
6. Cree que hay medir el vocabulario que usamos en las redes sociales.	☐	☐	☐
7. Da más valor a la historia del Álex de Badalona ahora que conoce su origen.	☐	☐	☐
8. Opina que volveremos a vivir acciones similares en un futuro cercano.	☐	☐	☐

2.1 ¿Con quién estás más de acuerdo? ¿Con Víctor o con Raquel? Habla con tus compañeros y argumenta tu opinión al respecto.

2.2 En diciembre de 2017, una usuaria de Twitter publicó el mensaje que aparece a continuación. En él alertaba a una chica de los planes de su novio para Nochevieja. El tuit se hizo viral rápidamente y provocó opiniones divididas. Algunos aplaudieron a la tuitera por "abrir los ojos" a la anónima Patri, y otros la acusaron de entrometida. ¿Cuál es tu postura? Coméntalo con tus compañeros.

Inicio

Rosa @RosaTames · 10h

Si te llamas Patri y sales con un chico moreno, delgado, de 1.90 más o menos, que sepas que va delante de mí diciéndole a un tal Jandro que va a contarte una milonga para no verte en Nochevieja para irse con él a un fiestón en Vigo. Patri: si me lees, haz otros planes. De nada 😉

277 · 7.118 · 2.594

2.3 Lee algunas de las frases que aparecen en el audio de la actividad 2 e intenta completarlas con los siguientes adverbios. Ten en cuenta que puede haber más de una opción correcta.

- duramente
- rápidamente
- simplemente
- claramente
- técnicamente
- indiscutiblemente
- desesperadamente
- instintiva(mente)
- exageradamente
- irremediablemente

1. ...., la iniciativa de Damián no ha dejado a nadie indiferente.
2. El primer asunto que me gustaría tratar es la decepción que muchos se han llevado al descubrir que "el Álex de Badalona" es .... una invención de una mente creativa.
3. Fuimos muchos quienes nos identificamos con ese chico de barrio que reaccionó .... y ....
4. Puede considerarse, ..., como un símbolo del extraordinario poder de las redes sociales y de las campañas de *marketing*.
5. .... sí (es una cuestión de suerte), pero nadie puede negar que nos pone sobre la pista de muchos aspectos que debemos tener en cuenta a la hora de llegar al gran público.
6. ¿No conectaste .... con esa historia del chico enamorado dispuesto a dedicar todos sus esfuerzos para intentar volver a ver a una chica con la que apenas se había besado unos minutos?
7. Creo que todos, ..., esbozamos una sonrisa cuando tropezamos con el cartel.
8. Hay personas que han reaccionado demasiado .... contra Damián.
9. ¿Está justificada esa decepción o podemos decir que la gente ha reaccionado ....?

2.4 Escucha de nuevo y comprueba las frases originales.

[21]

3 El colectivo Boa Mistura, nacido en Madrid en 2001, pretende llevar su creatividad a la calle. En 2014 llenó los pasos de cebra de la capital de mensajes poéticos dentro de su proyecto Te Comería a Versos. Aquí tienes algunas de sus creaciones. ¿Qué frase te gusta más? ¿Por qué?

3.1 ¿Estáis preparados para ser creativos? Os proponemos crear una frase que podría incluirse dentro de la serie Te Comería a Versos. Trabajad en parejas y seguid las instrucciones que os dará el/la profesor/a.

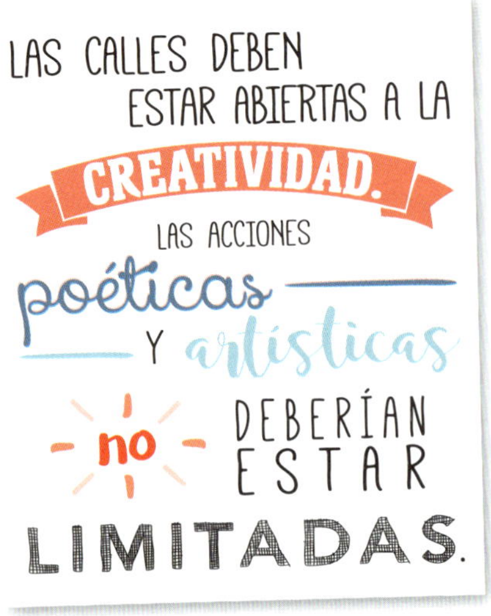

4 Vamos a organizar un debate relacionado con la creatividad y el espacio urbano. Dividid la clase en dos grupos: uno a favor y otro en contra de la afirmación que aparece a la izquierda, y preparad argumentos para defender vuestra posición.

Recuerda...

- En España, los debates son algo vivo.
- Es necesario adoptar una actitud activa y participativa.
- Se puede interrumpir, pero siempre evitando caer en la mala educación.
- Es necesario escuchar todos los argumentos para poder participar de forma coherente.

4.1 Después de preparar los argumentos en grupos, es el momento de llevar a cabo el debate. Vuestro/a profesor/a actuará como moderador/a.

4.2 Tras la realización del debate, reflexiona sobre tu actuación. Para ello, completa la ficha que te va a dar tu profesor/a.

5 ¿Has escrito alguna vez un poema? ¿Te gustaría hacerlo? En parejas, cread vuestra versión del siguiente poema de Óscar Santos Payán. Completad los espacios del texto con palabras que creáis adecuadas.

La vie... c'est une bonne idée

Siempre queda un .... por hacer,
besarte en un ....,
pasear bajo la lluvia sin paraguas,
esconderme con un .... en ningún sitio,
tomar una caña y un ....,
dormir despierto y no soñarme,
cazar un .... con los dedos,
leer un cuento a Paola,
fingir que soy quien soy,
dejar la .... con resaca,
tragar un .... descosido,
esperar un .... en el último segundo,
asaltar el banco del ....

Siempre queda algo por hacer:
Prender fuego a la ....
y fumar sus cenizas.

La vida... Es una buena idea.

Óscar Santos Payán, *Infierno Sostenido*

Fíjate

En esta fase de la actividad es importante usar vuestra creatividad e imaginación. No es necesario encontrar las palabras exactas del poema, sino jugar con el lenguaje y crear vuestra propia versión.

5.1 [22] Comparad vuestras versiones con el texto original.

6 Vamos a continuar jugando con las palabras. En las siguientes figuras, escribe seis palabras en español incluyendo tu favorita. Tienes un minuto para completar la actividad.

6.1 Comparad vuestras palabras en grupos y justificad vuestra selección. ¿Coincidís en alguna? ¿Hay algún término de vuestros compañeros que os haya sorprendido?

6.2 Vamos a realizar una actividad de escritura. En parejas, tenéis que escribir un texto creativo en el que aparezcan todas las palabras favoritas de las personas del grupo. Antes de empezar, pensad qué tipo de texto queréis escribir (relato, poema...) y sobre qué tema.

Evaluación

Comprensión lectora

"El cuento" es un relato corto publicado en el libro *El porqué de las cosas*, del escritor catalán Quim Monzó. Léelo y di si las siguientes afirmaciones son verdaderas o falsas. A continuación, resume el texto con tus palabras.

1. El hombre comienza a escribir de manera ágil. ..... V F
2. Escribe la historia de un tirón. ..... V F
3. El protagonista se emociona con el resultado obtenido. ..... V F
4. Antes de ir a dormir cree que su labor está incompleta. ..... V F
5. Considera que el título es un elemento imprescindible de los relatos. ..... V F
6. A la mañana siguiente su frustración se ha apaciguado. ..... V F

A media tarde el hombre se sienta ante su escritorio, coge una hoja de papel en blanco, la pone en la máquina y empieza a escribir. La frase inicial sale enseguida. La segunda también. Entre la segunda y la tercera hay unos segundos de duda.

Llena una página, saca la hoja del carro de la máquina y la deja a un lado, con la cara en blanco hacia arriba. A esta primera hoja agrega otra, y luego otra. De vez en cuando relee lo que ha escrito, tacha palabras, cambia el orden dentro de las frases, elimina párrafos, tira hojas enteras a la papelera. De golpe retira la máquina, coge la pila de hojas escritas, la vuelve del derecho y con un bolígrafo tacha, cambia, añade, suprime. Coloca la pila de hojas corregidas a la derecha, vuelve a acercarse la máquina y reescribe la historia de principio a fin. Una vez ha acabado, vuelve a corregirla a mano y a reescribirla a máquina. Ya entrada la noche la relee por enésima vez. Es un cuento. Le gusta mucho. Tanto, que llora de alegría. Es feliz. Tal vez sea el mejor cuento que ha escrito nunca. Le parece casi perfecto. Casi, porque le falta el título. Cuando encuentre el título adecuado será un cuento inmejorable. Medita qué título ponerle. Se le ocurre uno. Lo escribe en una hoja, a ver qué le parece. No acaba de funcionar. Bien mirado, no funciona en absoluto. Lo tacha. Piensa otro. Cuando lo relee también lo tacha.

Todos los títulos que se le ocurren le destrozan el cuento: o son obvios o hacen caer la historia en un surrealismo que rompe la sencillez. O bien son insensateces que lo echan a perder. Por un momento piensa en ponerle *Sin título*, pero eso lo estropea todavía más. Piensa también en la posibilidad de realmente no ponerle título, y dejar en blanco el espacio que se le reserva. Pero esta solución es la peor de todas: tal vez haya algún cuento que no necesite título, pero no es este; este necesita uno muy preciso: el título que, de cuento casi perfecto, lo convertiría en un cuento perfecto del todo: el mejor que haya escrito nunca.

Al amanecer se da por vencido: no hay ningún título suficientemente perfecto para ese cuento tan perfecto que ningún título es lo bastante bueno para él, lo cual impide que sea perfecto del todo. Resignado (y sabiendo que no puede hacer otra cosa), coge las hojas donde ha escrito el cuento, las rompe por la mitad y rompe esta mitad por la mitad; y así sucesivamente hasta hacerlo añicos.

Expresión escrita

Escribe dos palabras al azar en los siguientes espacios.

El autor italiano Gianni Rodari creó la técnica del binomio fantástico. Usa las dos palabras que has escrito para crear una historia de entre 180 y 220 palabras. Recuerda que estas dos palabras deben ser el eje central del relato.

[23]

Comprensión auditiva

Vas a escuchar una entrevista con el artista Iván Cerdán. Selecciona la opción correcta en cada caso.

1. Iván prefiere la escritura porque…
   - ◯ **a.** los resultados obtenidos se parecen más a lo imaginado.
   - ◯ **b.** es difícil llevar la mayoría de los proyectos al cine o al teatro.
   - ◯ **c.** le gusta pasar tiempo solo.
2. Su creatividad…
   - ◯ **a.** surgió gracias a la lectura de textos poéticos.
   - ◯ **b.** se empezó a forjar en su adolescencia.
   - ◯ **c.** ha perdido intensidad con el paso de los años.
3. Según el autor, sus obras…
   - ◯ **a.** tratan sobre él mismo.
   - ◯ **b.** dejan una puerta abierta a la esperanza.
   - ◯ **c.** intentan ser un reflejo de la condición humana.
4. *Elsenor*, uno de los textos por los que siente más orgullo,…
   - ◯ **a.** nunca ha llegado a producirse.
   - ◯ **b.** trata sobre la juventud de Hamlet.
   - ◯ **c.** ganó varios premios de carácter nacional.
5. *Fotografías de un hombre triste*…
   - ◯ **a.** está compuesta por varias obras.
   - ◯ **b.** es un texto que escribió hacc tiempo.
   - ◯ **c.** es una obra de campus.
6. Cuando Iván está trabajando…
   - ◯ **a.** necesita desconectar de la escritura.
   - ◯ **b.** saca tiempo para retocar textos incompletos.
   - ◯ **c.** no puede evitar sus pensamientos creativos.
7. En relación con sus planes futuros, a Iván Cerdán le gustaría…
   - ◯ **a.** dirigir junto a Laura López la adaptación de *Sin flores no hay coronas.*
   - ◯ **b.** no perder la inspiración.
   - ◯ **c.** hacer una nueva versión de la película *Desde Rusia con amor.*

Interacción oral

Buscar trabajo no siempre es una tarea fácil. Te presentamos diferentes opiniones en torno a este tema. Léelas y discute con tus compañeros con qué personas estáis más y menos de acuerdo. Argumenta tus ideas.

Isabel "Creo que todo es una simple cuestión de suerte. Si tu currículum llega al lugar adecuado en el momento adecuado, el trabajo es tuyo. Si no, tendrás que seguir buscando. Todo se limita al azar".

Carmen "El factor sorpresa es esencial en la búsqueda de empleo. Las empresas reciben miles de currículums y solo se fijarán en el tuyo si es original y aporta algo diferente. No puede ser un proceso mecánico, sino creativo".

Carlos "Para encontrar un trabajo que se ajuste a tus expectativas hay que tener una actitud proactiva. Es importante ser activo en las redes sociales, tener tu perfil actualizado, navegar por páginas especializadas y cuidar tu red de contactos. El trabajo ideal puede aparecer en cualquier momento".

Alejandro "Cuando buscas trabajo, tienes que tener la mente abierta. Mucha gente da prioridad a cuestiones como la cercanía o el horario, pero yo creo que es un error. La flexibilidad y la capacidad de adaptación son características importantísimas".

Lorena "Encontrar trabajo es fácil si tienes un primo, un tío o un amigo con influencias. Con enchufe puedes ir a cualquier sitio. Si no conoces a nadie, el camino será mucho más difícil y probablemente no encuentres nada que se ajuste a tus expectativas".

Iñaki "No soy partidario de mentir descaradamente en el currículum, pero sí creo que es importante exagerar algunos datos y ocultar otros. Sé que mucha gente no se atreve a reconocerlo, pero estoy seguro de que casi todos lo hacemos. No tiene nada de malo".

Contenidos lingüísticos

Haz el cuestionario que te proponemos en ELEteca

Unidad
7

Lo que nos define

Contenidos funcionales

- Hablar de las relaciones interpersonales.
- Describir personas: aspecto físico, carácter, estilo…
- Hacer comparaciones.
- Expresar gustos, preferencias, aversión…
- Preguntar por gustos y preferencias.
- Saludar y despedirse, disculparse, agradecer… en la correspondencia escrita.
- Usar la ironía en textos escritos.

Contenidos lingüísticos

- Anteposición del adjetivo.
- Oraciones comparativas.
- Adjetivos que admiten usos relacionales y calificativos.

Contenidos léxicos

- Las relaciones interpersonales.
- Descripciones físicas.
- El carácter y la personalidad.

Contenidos culturales

- Tipos de relaciones personales.
- La descripción física en la literatura hispana.

En ELEteca tienes material y actividades complementarias a esta unidad.

Tareas

- Describir y comparar trastornos y síndromes relacionados con la personalidad.
- Realizar una descripción literaria.
- Crear diálogos usando estructuras comparativas.
- Debatir sobre los diferentes gustos.
- Escribir una carta formal haciendo uso de la ironía.

En contexto

1 **¿Sabes de dónde proviene la palabra *persona*? Busca en el texto las palabras correspondientes a las siguientes definiciones según la Real Academia de la Lengua y después contesta a la pregunta.**

1. Figura que representa un rostro humano, de animal o puramente imaginario, con la que una persona puede cubrirse la cara para no ser reconocida, tomar el aspecto de otra o practicar ciertas actividades escénicas o rituales: ....
2. Abertura, agujero: ....
3. Origen de las palabras, razón de su existencia, de su significación y de su forma: ....
4. Actividad mental del propio sujeto que permite sentirse presente en el mundo y en la realidad: ....

En la antigua Grecia los actores utilizaban una máscara que tenía un orificio en la boca y por medio de la cual hablaban. Esta máscara llegó a nosotros por medio de la cultura latina y se llamaba *persona*, cuya etimología es *per sonare*, que significa "sonar a través de".

El término *persona* pasó con el tiempo a designar de manera genérica al sujeto jurídico. Desde la perspectiva cristiana se designó al ser humano señalando su diferencia específica: "sustancia individual de naturaleza racional".

Existe en el término *persona* una conciencia de su existencia como ser humano que busca su realización plena.

Extraído de http://filosofiaminervaruizcardona.blogspot.com.es/2012/06/filosofia-i-concepto-de-persona-e.html

Según la Real Academia de la Lengua, *persona* es todo individuo de la especie humana.

1.1 **Intenta responder a las siguientes preguntas y coméntalo con tus compañeros.**

1. ¿Cómo defines, dentro de las relaciones interpersonales, una relación asimétrica?
2. ¿Podrías definir qué es una relación de apego?
3. ¿Crees que eres una persona a la que las relaciones le afectan demasiado?
4. ¿Hay algo que pienses que podrías aportar tú para mejorar tus relaciones con tu familia o con tus amigos?

2 **Comentad en parejas los significados de estas palabras y las diferencias que creéis que hay entre ellas.**

- el carácter
- la personalidad
- el temperamento

2.1 **Termina de leer y escribe las palabras anteriores en los espacios correspondientes para comprobar tus hipótesis.**

1 .... es el conjunto de características físicas, genéticas y sociales que reúne un individuo, y que lo hacen diferente y único respecto al resto de personas.

2 .... se compone de dos elementos: 3 .... y 4 ....; uno tiene un origen genético y el otro es de tipo social.

5 .... es la base biológica del carácter y está determinado por el proceso fisiológico y factores genéticos que inciden en las manifestaciones conductuales.

6 .... es un componente que se ve fuertemente influido por el ambiente en el cual vive el individuo: la cultura, la educación, el entorno social y familiar, el núcleo de amistades o de trabajo, etc.

1.2 **Continúa leyendo y compara lo que dice el texto con vuestras respuestas anteriores.**

Las relaciones interpersonales

Desde su inicio como especie, casi todos los desarrollos conseguidos por el ser humano han sido gracias a su vida en sociedad: el tecnológico, el cultural, la civilización y el conocimiento.

Sin embargo, este desarrollo también ha creado una dependencia, una necesidad de vivir de este modo social. Esto se puede ver fácilmente si tenemos en cuenta que la mayoría de las alegrías y las tristezas de todo ser humano tienen que ver con sus relaciones interpersonales.

Para el ser humano, es fundamental el contacto físico con otros semejantes, el sentido de pertenencia, de intimidad y, sobre todo, cubrir las necesidades afectivas.

En cualquier tipo de relación se establece un juego de equilibrio entre las intenciones de las distintas partes que intervienen en ella. En función de esto, se puede distinguir entre:

- **Relaciones íntimas/superficiales:** las primeras aparecen cuando se busca satisfacer una necesidad afectiva o básica a partir del vínculo con otra persona.

  En este tipo de relaciones pueden producirse asimetrías, como en la que se da entre un paciente y su médico, ya que mientras que para el paciente esta será posiblemente una relación íntima, para el médico tal vez sea, por obvias razones profesionales, más superficial. Si las relaciones entre ambos no están bien afianzadas, podrá surgir un conflicto.
- **Relaciones personales/sociales:** la identidad personal suele perder peso ante los modelos que la sociedad a menudo impone sobre el sujeto. El ejemplo anterior, del conflicto que puede surgir entre médico y paciente, se aplica también en este sentido, ya que el paciente necesita y espera una atención personalizada, pero suele suceder que el médico se comporta como un trabajador que solo está allí por un vínculo social y no personal. Es decir, los enfermos componen un grupo social y los médicos, otro, y entre ellos predomina la identidad social por encima la individual.
- **Relaciones amorosas:** los componentes de intimidad, pasión y compromiso se agrupan para dar con el tipo de relación que se tendrá. Esta podrá ser formal, de amistad, romántica, de apego o plena, si se equilibran perfectamente. Si vamos al mismo ejemplo de antes, puede decirse que la relación que busca el paciente con el médico es de apego, es decir, de cariño, empatía o afecto, mientras que la que puede ofrecer el médico es formal, dado que debe estar en contacto con muchos pacientes.

Adaptado de http://www.tiposde.org/ser-humano/842-tipos-de-relaciones-interpersonales/

3 [24] **Algunos individuos sufren ciertos trastornos de personalidad. ¿Conoces el caso de Shirley Mason, llevado al cine con el título de *Sybil*? Escucha un programa que habla sobre ella. ¿Qué tipo de trastorno sufría? ¿Qué síntomas padecía?**

3.1 [24] **Vuelve a escuchar e indica cuáles de las siguientes afirmaciones son ciertas.**

1. Sybil sufría el rechazo de personas de su entorno que no la veían como a alguien normal. .... V F
2. Sybil padecía la misma enfermedad mental que su madre. .... V F
3. La doctora Cornelia logrará ensamblar las piezas del misterio de la personalidad de Sybil. .... V F
4. Desde un principio, la doctora siente inclinación por Sybil debido a su fragilidad e indefensión. .... V F
5. La amnesia de Sybil ante diferentes sucesos vividos se debe a un mecanismo de defensa. .... V F
6. A pesar de los avances obtenidos por la doctora Cornelia, Sybil nunca llegó a recuperarse. .... V F
7. La terapia se hizo más difícil porque Sybil no era capaz de confiar en nadie. .... V F

4 **El caso de Sybil es uno de los más extremos en psiquiatría, aunque existen otros síndromes o trastornos menos graves pero no menos interesantes. ¿Conoces el síndrome de Peter Pan? ¿Y el de Wendy? ¿Y el complejo de Pigmalión? Busca información sobre tres tipos de síndromes o trastornos de personalidad y escribe sus definiciones y lo que los diferencia. Luego, comparte tu información con tus compañeros.**

Las personas a través de la literatura

1 **Las relaciones, tanto familiares como de cualquier otro tipo, nos marcan de tal modo que guardamos una imagen exacta en nuestra mente de las personas que han sido importantes en nuestras vidas. Los escritores así lo reflejan en sus obras. Lee estas descripciones literarias y contesta a las preguntas.**

"Mi padre se llamaba Esteban Duarte Diniz, y era portugués, cuarentón cuando yo niño, y alto y gordo como un monte. Tenía la color tostada y un estupendo bigote negro que se echaba para abajo. Según cuentan, cuando joven le tiraban las guías para arriba, pero, desde que estuvo en la cárcel, se le arruinó la prestancia, se le ablandó la fuerza del bigote y ya para abajo hubo que llevarlo hasta el sepulcro.

Yo le tenía un gran respeto y no poco miedo, y siempre que podía escurría el bulto y procuraba no tropezármelo; era áspero y brusco y no toleraba que se le contradijese en nada, manía que yo respetaba por la cuenta que me tenía".

Adaptado de *La familia de Pascual Duarte*, Camilo José Cela

"Era Rosita perfectamente proporcionada de cuerpo: ni alta ni baja, ni delgada ni gruesa. Su tez, bastante morena, era suave y finísima, y mostraba en las tersas mejillas vivo color de carmín. Sus labios, un poquito abultados, parecían hechos del más rojo coral, y cuando la risa los apartaba, lo cual ocurría a menudo, dejaba ver, en una boca algo grande, unas encías sanas y limpias y dos filas de dientes y muelas blancos, relucientes e iguales. Sombreaba un tanto el labio superior de Rosita un bozo sutil, y, como su cabello, negrísimo. Dos oscuros lunares, uno en la mejilla izquierda y otro en la barba, hacían el efecto de dos hermosas matas de bambú en un prado de flores.

Tenía Rosita la frente recta y pequeña, como la de la Venus de Milo, y la nariz de gran belleza plástica, aunque más bien fuerte que afilada. Las cejas, dibujadas lindamente, no eran ni muy claras ni muy espesas, y las pestañas larguísimas se doblaban hacia fuera formando arcos graciosos".

Las ilusiones del Doctor Faustino, Juan Valera

"El tío Lucas era más feo que Picio[1]. Lo había sido toda su vida, y ya tenía cerca de cuarenta años. Sin embargo, pocos hombres tan simpáticos y agradables habrá echado Dios al mundo. Lucas era en aquel entonces de pequeña estatura, un poco cargado de espaldas, muy moreno, barbilampiño, narigón, orejudo y picado de viruelas. En cambio, su boca era regular y su dentadura inmejorable. Dijérase que solo la corteza de aquel hombre era tosca y fea; que tan pronto como empezaba a penetrarse dentro de él aparecían sus perfecciones, y estas perfecciones principiaban por los dientes. Luego venía la voz, vibrante, elástica, atractiva, varonil y grave algunas veces, dulce y melosa cuando pedía algo, y siempre difícil de resistir. Llegaba después lo que aquella voz decía: todo oportuno, discreto, ingenioso, persuasivo".

El sombrero de tres picos, Pedro Antonio de Alarcón

[1] Expresión que hace referencia a la fealdad de un personaje del siglo XIX llamado Francisco Picio.

¡ Fíjate

En la descripción literaria encontramos en muchas ocasiones los adjetivos antepuestos al sustantivo:

"*... era de **pequeña** estatura*". (El tío Lucas)

"*Dos **oscuros** lunares...*", "*... dos **hermosas** matas de bambú*". (Rosita)

1. ¿De qué país era Esteban Duarte Diniz?
2. ¿Qué pasó con su bigote después de salir de la cárcel?
3. ¿Tenía una relación cariñosa con su hijo? ¿Cómo lo sabes?
4. ¿El tío Lucas era un hombre apuesto?
5. ¿Qué expresión define en el texto su apariencia física?
6. ¿Cómo era la personalidad del tío Lucas?
7. ¿Cómo era la cara de Rosita?
8. ¿Qué tenía encima del labio superior?
9. ¿En qué parte del texto el autor hace referencia a ese tema?

1.1 **Indica con qué personaje de la actividad anterior, Esteban Duarte (E), el tío Lucas (L) o Rosita (R), se relacionan las siguientes palabras y expresiones.**

rudo/a	E	L	R	corpulento/a	E	L	R
narigudo/a	E	L	R	achaparrado/a	E	L	R
rechoncho/a	E	L	R	narigón/ona	E	L	R
con/de mejillas rosadas	E	L	R	con/de cuerpo armonioso	E	L	R
orejón/ona	E	L	R	tosco/a	E	L	R
con/de bigote tupido	E	L	R	menudo/a	E	L	R
un cardo	E	L	R	un adefesio	E	L	R
con/de mostacho oscuro	E	L	R	imberbe	E	L	R
barbilampiño	E	L	R	con/de buen tipo	E	L	R
orejudo/a	E	L	R	de piel morena	E	L	R

1.2 **Existen muchas otras palabras o expresiones para describir físicamente a una persona. Clasifica las siguientes en su lugar correspondiente.**

rasgados ■ gruesos ■ como un tonel ■ remolino ■ duro ■ rechoncho/a ■ respingona ■ caspa
carnosos ■ tersa ■ arrugada ■ rellenito/a ■ lunar ■ bolsas ■ recortada ■ amable ■ hundidos
caracol ■ chata ■ franco ■ corpulento/a ■ como una vaca ■ ojeras ■ cejijunto ■ saltones
aguileña ■ robusto/a ■ rizos ■ como un fideo ■ pecas ■ regordete/a ■ frío ■ esquelético/a
finos ■ fuerte ■ en los huesos ■ canoso ■ cicatriz ■ poblada

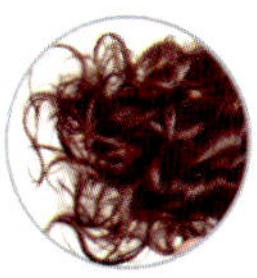
pelo

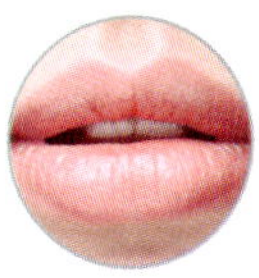
labios

piel

constitución

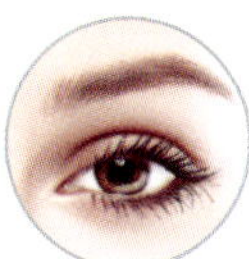
ojos / cejas

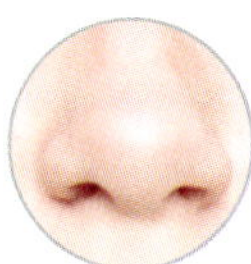
nariz

barba

expresión o gesto

2 **Elige una persona real o ficticia e imagina que es un personaje de tu propio libro. Utiliza los adjetivos aprendidos y escribe su descripción. ¡Puede ser el comienzo de una nueva pasión en tu vida!**

Fragmento del Poema V

Para que tú me oigas
1 mis palabras
se adelgazan a veces
como las huellas de las gaviotas en las playas.

Collar, cascabel ebrio
para **2** tus manos suaves como las uvas.

Y las miro lejanas mis palabras.
Más que mías son tuyas.
3 Van trepando en mi viejo dolor como las yedras.

20 poemas de amor y una canción desesperada, Pablo Neruda

3 **Y continuamos con un poco de literatura. Lee este fragmento de un poema de Pablo Neruda, fíjate en las frases destacadas y selecciona la opción correcta teniendo en cuenta lo que quiere expresar el poeta. Justifica tu elección.**

Pablo Neruda (1904-1973)

fue un poeta chileno, considerado uno de los más destacados e influyentes artistas de su siglo.

1. A veces el autor...
   - ◯ **a.** siente la necesidad de que las palabras sean concisas cuando habla con ese *tú*.
   - ◯ **b.** dice palabras que para ese *tú* resultan inapropiadas.
   - ◯ **c.** dice palabras relacionadas con las gaviotas.
2. El autor compara la suavidad de las manos con...
   - ◯ **a.** la jugosidad de las uvas.
   - ◯ **b.** el tacto de la piel de las uvas.
   - ◯ **c.** las pepitas resbaladizas que tienen dentro las uvas.
3. Se hace referencia a...
   - ◯ **a.** la yedra como símbolo de huida del viejo amor que se ha transformado en dolor.
   - ◯ **b.** la fuerza de la naturaleza para presentar la idea de que le surgen muchas palabras dolorosas.
   - ◯ **c.** que el autor se sienta bajo una yedra a pensar en su amada.

! Fíjate

En la literatura hay un tipo de comparación denominada ***símil***. Se trata de una figura retórica que consiste en establecer una relación explícita entre un término real y uno alegórico o imaginario.

- "... *como las huellas de las gaviotas en las playas*".
- "... *tus manos suaves como las uvas*".
- "*Van trepando en mi viejo dolor como las yedras*".

3.1 [25] **Como has podido ver, la literatura recurre a la comparación a la hora de describir; sin embargo, también lo hacemos en nuestra vida cotidiana. Escucha los diálogos y completa las frases comparativas.**

1.
1. Puedo presumir de ser tan valenciano ....
2. He traído tantas fotos ....
3. Era tan simpático ....

2.
1. Es menos alto de lo que pensaba.
2. Es tan rápido ....
3. Metió tantas canastas ....

3.
1. Come tanto ....
2. Carlos no es tan tonto ....
3. .... los que se preparan maratones.

4.
1. Es más astuto ....
2. .... que méritos propios.
3. Miente más ....

5.
1. .... Michael Jackson.
2. Siempre llevaba menos libros ....
3. Va para los treinta y actúa como si ....

3.2 **Completa los ejemplos del cuadro con las oraciones comparativas de la actividad anterior.**

Oraciones comparativas

De igualdad o equivalencia

1. Introducidas por ***tan... como...*** (invariable)

– Compara diferentes cualidades de un sujeto:

– Es tan simpático como espabilado.

– ....

2. Introducidas por ***tanto/a/os/as... como***

– Compara la cantidad de objetos:

– ....

– ....

3. Introducidas por ***tanto... como*** (invariable)

– Compara acontecimientos o acciones realizadas por un sujeto:

– Come tanto como respira.

– Compara la frecuencia o intensidad de las acciones:

– ....

De superioridad

Introducidas por ***más... que*** (invariable)

– Compara diferentes cualidades de un sujeto:

– ....

– Compara la cantidad de objetos diferentes referidos a un sujeto:

– Antonio García tiene más amigos dentro de la política que méritos propios.

– Compara acontecimientos o acciones realizadas por un sujeto:

– ....

De inferioridad

Introducidas por ***menos... que*** (invariable)

– Compara cualidades referidas a un sujeto:

– Es menos antipático que mala persona.

– Compara cantidad de objetos referidos a un sujeto:

– ....

– Compara acontecimientos o acciones realizadas por un sujeto:

– Come menos que duerme.

De modo o cualidad

Introducidas por ***a lo*** *(a la manera de, como)*:

– ....

De cantidad

1. Introducidas por ***más... de***, ***menos... de***:

– ....

2. Introducidas por ***como si***, ***igual que si***:

– ....

Comparativas con valor consecutivo

Introducidas por ***como para***:

– Carlos no es tan tonto como para abandonarse así.

! Fíjate

Recuerda que en ocasiones el término de la comparación puede ser una oración subordinada:

– Puedo presumir de ser tan valenciano como ***el que más****.*

– Soy menos egoísta que ***los que te han dicho eso****.*

4 **Selecciona la propiedad a la que se refieren las siguientes comparaciones.**

1. Su voz era una suerte de melodía.
- ◯ **a.** elocuencia
- ◯ **b.** sonidos distorsionados
- ◯ **c.** sonidos armónicos

2. Se sorprendía de todo lo que veía como un niño.
- ◯ **a.** juventud
- ◯ **b.** inocencia
- ◯ **c.** bondad

3. Sus labios son rojos como fresas.
- ◯ **a.** textura
- ◯ **b.** colorido
- ◯ **c.** sabor

4. Era como un loro, no dejaba de repetir lo que yo decía.
- ◯ **a.** reiteración
- ◯ **b.** fealdad
- ◯ **c.** habilidad

5. Sus ojos eran como dos luceros.
- ◯ **a.** luminosidad
- ◯ **b.** inteligencia
- ◯ **c.** bondad

6. Aquella casa era tenebrosa como el laberinto del terror.
- ◯ **a.** oscuridad
- ◯ **b.** pobreza
- ◯ **c.** complejidad

4.1 **En parejas, escribid dos breves diálogos en los que podáis contextualizar algunas de las oraciones comparativas aprendidas.**

Las personas y su personalidad

1 **Como ya vimos, nuestra personalidad es lo que nos hace diferentes y únicos respecto a los demás. Lee cómo se describen estas personas e indica qué características encajan mejor con cada una de ellas.**

1. perfeccionista
2. seguro/a de sí mismo/a
3. razonable
4. amante de las cosas sencillas
5. solidario/a
6. capaz de controlar sus emociones
7. exigente
8. autónomo/a
9. sociable
10. arraigado/a a su lugar de origen
11. independiente
12. serio/a
13. inseguro/a
14. dependiente
15. sin grandes aspiraciones
16. deportista
17. odia que hablen de él/ella
18. reflexivo/a

Luisa

Soy pintora y escritora de temas históricos. Me gustan las cosas bien hechas, diría que casi perfectas. Soy muy rigurosa conmigo misma y no me gusta que mis emociones se desborden. Casi siempre llevo puesto algo amarillo porque es mi color favorito.

1, ...

Susana

No me importa lo que los demás piensen; yo vivo de acuerdo a lo que siento y creo. Por otro lado, me desenvuelvo por mis propios medios y tengo mi opinión personal sobre las cosas. Yo suelo estar tranquila, porque confío en que al final las cosas siempre salen bien. Mi único anhelo o pretensión en la vida es ser feliz. El azul es un color que me apasiona.

....

2 **Según diferentes estudios, los colores afectan a nuestro comportamiento y a nuestras sensaciones, por lo que también definen nuestra personalidad. Lee los textos y relaciónalos con el color y la persona correspondiente de la actividad anterior.**

1 Color:........................ / Persona:........................

¿Eres un/a apasionado/a de este alegre color? Es característico de personas **1** **extravertidas** pero que saben mantener los límites, sin sobrepasarse. Suele gustarles ante todo estar rodeados de gente, pero manteniendo **2** **cierta sensatez y equilibrio**. Son individuos comprensivos y muy accesibles con las personas que los rodean. **3** **Les encanta la actividad física, el contacto con la naturaleza** y emprender pequeños retos cada día. No son impulsivos y **4** **les gusta estar involucrados en proyectos sociales**.

2 Color:........................ / Persona:........................

Muy característico de las personas **5** **creativas**. De todos modos, a pesar de su creatividad, mantienen el sentido de la lógica; **6** **no se trata de una imaginación desbordante** sino más bien racional y práctica. Son también de perfiles analíticos y muy **7** **críticos consigo mismos**, de ahí que en muchas ocasiones caigan en una autoexigencia un poco exagerada. Si te identificas con este color, pregúntate si eres de los que **8** **controla muy bien sus emociones**, porque suele ser algo habitual.

3 Color:................ / Persona:................

Por lo general, quienes prefieren este color son personas a las que les gusta aportar, consiguiendo siempre que quienes las rodean se sientan bien. Buscan la cercanía de las personas y **9** **ansían compartir su vida y poder confiar en alguien que las quiera**. En el fondo, se trata también de personas con cierta dependencia, ya que necesitan de los demás y **10** **a veces temen ser lastimadas**. También **11** **les gusta que les reconozcan sus esfuerzos y logros**.

4 Color:................ / Persona:................

Este es el tono del equilibrio y la paz interior. Las personas que aman este color **12** **suelen vivir siempre de acuerdo a sus principios**. **13** **Son individualistas y autosuficientes**, y no les importa en absoluto la opinión de los demás. Ante todo, son personas serenas y que irradian optimismo y ganas de vivir.

Daniela

Me gusta ayudar y orientar a los demás; por las tardes trabajo en una escuela de adultos dando clases de español a inmigrantes.

Me molesta la gente que critica mi forma de ser, de actuar o de vestir; eso me pone muy nerviosa. Por supuesto, si sé que alguien lo hace, antes de contestarle reflexiono y medito lo que le voy a decir. El morado es mi color; cuando lo llevo, me siento bien.

....

Mario

Me encanta salir con mis amigos y conocer a gente nueva, aunque soy una persona bastante seria. Practico fútbol, tenis, escalada y montañismo. Además, trabajo para una ONG, me siento feliz ayudando a la gente y, en verano, viajo a algún lugar necesitado para colaborar en la construcción de escuelas y hospitales. El naranja es mi color preferido.

....

Alberto

Yo necesito tener una pareja, estar con alguien que me ame y me haga sentir seguro. Tuve una experiencia muy mala en el pasado y a veces tengo miedo de que vuelvan a herirme, aunque creo que hay que ser optimista.

También trabajo en una ONG, el mes pasado me nombraron voluntario del mes y fue uno de los días más felices de mi vida. He pintado mi habitación de color verde porque es un color que me encanta.

....

Nicolás

Lo que más me gusta hacer es pasear por el campo e incluso estoy pensando en dedicarme a la agricultura en el futuro. Mi sueño es tener una esposa, varios hijos y dedicarme a la vida rural, ya que es el entorno donde nací y donde quiero morir. No busco nada más en la vida. A casi nadie le gusta, pero a mí me encanta el color marrón.

....

5 Color:...................... / Persona:......................

Es el color del orden, del sentimentalismo y la espiritualidad. Son personas bastante sensibles a las que **14 les afecta lo que los demás piensen o digan de ellas**; sin embargo, lejos de actuar de modo impulsivo, **15 razonan bien la situación y actúan con cabeza y equilibrio**. Suelen meditar, pensar mucho las cosas... Destacar que, además, se muestran muy abiertas a la hora de ayudar y orientar a otros. Suelen estar envueltos en temas humanitarios.

6 Color:...................... / Persona:......................

¿Sientes una indefinible fascinación por los tonos terrosos? Tiene una explicación: eres de esas **16 personas muy arraigadas a la tierra**, a lo físico y a lo natural. Personas que aman la vida sencilla, sin elementos artificiales, y que **17 no desean más que compartir su vida con su familia y amigos**.

2.1 **Fíjate en las palabras y expresiones que aparecen destacadas para cada color de la actividad 2 y subraya en la actividad 1 las que tengan relación con esa idea.**

Ejemplo: (2) cierta sensatez y equilibrio ➜ (Mario) ▸ *Soy una persona bastante seria.*

2.2 **Y tú, ¿tienes predilección por algún color? ¿Te identificas en algo con la información que has leído? Habla con tus compañeros.**

3 **Según algunos estudios de psicología, el color que elegimos a la hora de vestir puede decir bastante de nuestra personalidad. El siguiente texto trata sobre ello, léelo y escribe los colores que aparecen debajo de las imágenes.**

Tu ropa trae consigo todo un sistema de comunicación con el que hablas sin necesidad de decir una palabra. Los colores que llevas en la ropa están cargados de sensaciones y sentimientos, y, según los expertos, en muchas ocasiones revelan nuestra personalidad.

Así, la ropa blanca es sinónimo de pureza, castidad y pulcritud. El color blanco, ya sea blanco porcelana, blanco seda, blanco plata, hueso o marfil, es muy usado por mucha gente en una gran variedad de ocasiones, sobre todo en verano, porque combina con todo.

La ropa azul transmite sensación de tranquilidad, autoridad, confianza y lealtad. Es bastante usado por los hombres en tonalidades oscuras (como el azul noche o el azul marino); el azul es, además, el principal color transmisor de poder.

La ropa marrón transmite estabilidad. En sus variedades canela o arena, el marrón es un color tierra relajante; esta sensación ayuda a reducir el estrés e invita a las personas a acercarse hacia quien lo lleva para conversar.

Por último, la ropa verde transmite éxito, salud y seguridad. El verde oliva es masculino y conservador.

Adaptado de http://psicologiayautoayuda.com/psicologia/consejos-psicologia/la-psicologia-del-color-en-tu-ropa/

1 

2 

3 

4 

5 

6 

7 

8 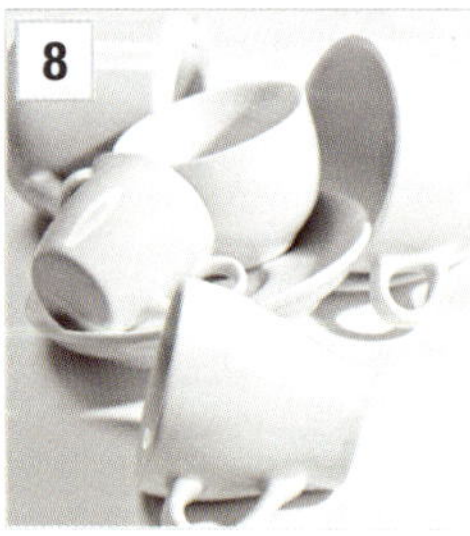

9 

10 

! Fíjate

Si, para designar matices, un nombre de color se halla a su vez modificado por otro o por un adjetivo como *claro*, *oscuro* o similares, lo normal es mantener ambos elementos invariables en singular, de acuerdo con el uso mayoritario: *pantalones verde botella, ojos azul claro...*

3.1 **Después de todo lo que habéis leído, comentad en parejas las siguientes cuestiones.**

1. ¿Crees que es acertado decir que los colores que llevamos a la hora de vestir reflejan nuestro carácter y que definen nuestra personalidad?
2. ¿Piensas que los colores de la ropa que llevamos influyen en la percepción que tienen los demás sobre nosotros?
3. ¿Conoces alguna tribu urbana que lleve unos colores determinados en su forma de vestir? ¿Qué connotaciones tienen estos colores?

4 [26] **Las relaciones que establecemos con la familia son también fundamentales para desarrollar nuestra personalidad. Escucha un fragmento de la entrevista a un emprendedor y responde a las preguntas.**

1 ¿Qué papel jugó su familia en la vida del entrevistado?

2 ¿Cómo era la relación que tenía con su hermano?

3 ¿Cuáles son las características principales de la empresa que posee?

4 ¿Cómo fue el proceso de creación de la compañía?

4.1 [26] **Ahora, en parejas, intentad relacionar los siguientes sustantivos aparecidos en la audición con sus correspondientes adjetivos. Después, escuchad de nuevo y confirmad vuestra respuesta.**

1	empresa	**a.** presupuestario
2	conversación	**b.** vacuno
3	decreto	**c.** fraternal
4	debate	**d.** espacial
5	energía	**e.** familiar
6	ganado	**f.** presidencial
7	investigación	**g.** solar
8	carrera	**h.** policial

4.2 **Los adjetivos de la actividad anterior se conocen como *adjetivos relacionales*. Lee su definición y sus características y selecciona la opción correcta en cada caso.**

Adjetivos relacionales

Frente a los adjetivos calificativos, que expresan una cualidad o característica propia del nombre al que acompañan, los **adjetivos relacionales** clasifican el sustantivo en relación con otro objeto o entidad, como el origen, la pertenencia o la procedencia:

Ejemplos: *mesa presidencial* (de la presidencia); *junta provincial* (de la provincia)...

Estos adjetivos presentan unas características propias:

1. No son graduables ni cuantificables, es decir, no admiten un grado comparativo o superlativo:
- ◯ **a.** el ganado muy vacuno/vacunísimo
- ◯ **b.** el ganado vacuno

2. Van pospuestos al sustantivo:
- ◯ **a.** la empresa familiar
- ◯ **b.** la familiar empresa

3. No pueden transformarse en adverbios en *-mente*:
- ◯ **a.** policialmente
- ◯ **b.** policial

4. No admiten modificadores adverbiales de modo o frecuencia:
- ◯ **a.** decreto presidencial
- ◯ **b.** decreto suficientemente presidencial

4.3 **Después de haber escuchado el testimonio de la actividad 4, comenta con tus compañeros tu opinión sobre las siguientes cuestiones.**

1 ¿Crees que es positivo mezclar las relaciones laborales con las familiares? ¿Qué ventajas o inconvenientes tiene?

2 Cuando se trabaja con otros miembros de la familia, ¿crees que es necesario establecer medidas legales (contrato laboral, etc.) o piensas que, al tratarse de una relación de confianza, no es necesario?

3 ¿Conoces algún caso de familiares que mantengan una relación laboral entre ellos? ¿Ha sido fructífera o un fracaso?

▸ *Es innegable que el apoyo familiar es imprescindible cuando decides poner en marcha un proyecto...*

También nos definen los gustos

1 **Los gustos o aversiones compartidos, en la mayoría de los casos, generan relaciones exitosas entre las personas. En parejas, leed las siguientes citas sobre los gustos e intentad explicar con vuestras palabras qué significan.**

1. "En el amor no hay crímenes ni delitos, solo falta de buen gusto". (Paul Géraldy)

2. "El principal enemigo de la creatividad es el buen gusto". (Pablo Picasso)

3. "Para encontrar gusto a la vida, no hay nada como morirse". (Enrique Jardiel Poncela)

4. "No puede el hombre sentirse a gusto sin su propia aprobación". (Mark Twain)

5. "El que quiere en esta vida todas las cosas a su gusto, se llevará muchos disgustos". (Anónimo)

6. "El que por su gusto corre, nunca se cansa". (Anónimo)

7. "Nunca llueve a gusto de todos". (Anónimo)

8. "Sarna con gusto no pica". (Anónimo)

9. "Me siento tan a gusto en mi vida, que mi doble personalidad se copia de la original". (Anónimo)

10. "No hagas ni digas nada que no quieras solo para darle gusto a los demás". (Anónimo)

11. "No dejes nunca a quien te ama por aquel que te gusta, porque ese que te gusta te dejará por quien ama". (Anónimo)

12. "No siempre me gustan mis sueños, pero siempre me gusta soñar". (Anónimo)

1.1 **Poned en común vuestras ideas con el resto de la clase.**

2 **Ordena el siguiente diálogo entre una pareja. Después, escucha y comprueba tu respuesta.**

[27]

- ☐ – ¡Ay no! **No me llaman nada la atención**. Me parecen un poco ridículos, ¿no?
- ☐ – ¿Por quéeee? **A mí me encantan**.
- ☐ – Sí, mujer, si **a mí me gustan** todas las películas.
- ☐ – Sí, podríamos ir al cine…
- ☐ – Una mezcla un poco extraña de géneros, pero igual está bien…
- ☐ – ¡Ufff! ¡Para nada! **Me espantan** las películas de acción.
- ☐ – Bueno, depende. Hay musicales que son muy buenos, pero vale, buscamos otra cosa. A ver…, mira, estrenan también otras dos: *La torre oscura* y *Un italiano en Noruega*.
- ☐ – Bueno, podemos mirar otra cosa. A ver… **¿Te interesan** los musicales?
- ☐ – Uf, no sé… Nunca nos ponemos de acuerdo.
- ☐ – Pues a mí no, **me desagrada** que haya tanta violencia gratuita, y además, me ponen nerviosa, todo el rato en tensión…
- ☐ – Que sí, que no te lo discuto, pero yo **cuanto más** cine de acción veo, **menos me gusta**.
- ☐ – **Pues si tengo que elegir** entre esas dos, **me quedo con** la comedia, creo, las películas de miedo no me van, **me da náuseas** ver tanta sangre.
- ☐ – Mujer, no solo hay violencia, algunas están muy bien hechas, los efectos especiales, la trama…
- ☐ – ¿Y de qué van?
- ☐ – Bueno, entonces al final **¿por cuál te decides?**
- ☐ – Yo **opto por** la comedia. Además, **adoro** las comedias italianas. Pero a ti, ¿te apetece también?
- ☐ – Bueno, en esta no parece que vaya a salir mucha sangre, la verdad, aquí pone que está basada en una novela de Stephen King y combina el terror, el *western* y las aventuras.
- ☐ – Verás que hoy sí… Voy a mirar las películas que hay en cartelera… ¡Estamos de suerte! Parece que hay un montón de estrenos. **¿Te gusta** el cine de acción? Echan *Fast and Furious 8*, me han dicho que es buenísima.
- ☐ – *La torre oscura* creo que es de miedo y *Un italiano en Noruega* es una comedia.
- ☐ – ¿Te apetece hacer algo hoy?

2.1 **Completa el cuadro gramatical con las frases destacadas del diálogo anterior.**

Expresar gustos, intereses y preferencias

Preguntar por gustos e intereses

- ¿Te llama la atención...?
- ¿Te agrada...?
- ....
- ....

Expresar gustos e intereses

- A mí me encantan...
- Me agrada...
- Mi pasión es...
- ....
- .... /menos..., más/..................
  ....
- ....

Preguntar por preferencias

- ¿Optas/Te decides por...?
- ¿Con qué (+SN)/cuál te quedas?
- ..../optas?

Expresar preferencia

- Si me dan a elegir/..................................
- Me quedo con/Me decido por/..........................
- No cambiaría... por nada del mundo.

Expresar aversión

- ....
- ..../Me repugna...
- ....
- Aborrezco...

3 **Hay quien dice en clave de humor que hay solo dos tipos de personas en el mundo y que estas se definen por sus preferencias o por determinadas maneras de actuar. Teniendo en cuenta las siguientes sugerencias, comentad en parejas vuestras preferencias. ¿Se os ocurren otras opciones que añadir a la lista?**

1 Los que toman café. / Los que toman té.

2 Los que comen el chocolate por onzas. / Los que lo comen a bocados.

3 Los que se comen toda la porción de *pizza*. / Los que se dejan el borde.

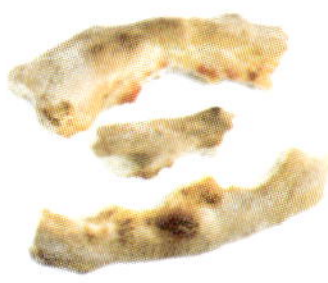

4 Los que aman a los perros. / Los que aman a los gatos.

5 Los que se sirven el kétchup a un lado de las patatas. / Los que lo mezclan con las patatas.

6 Los que desayunan en la mesa. / Los que desayunan en la cama.

7 ....

8 ....

9 ....

▶ *¿Tú eres de los que toman café o té?*

▷ *Yo prefiero el café, sin duda, como buena italiana. Me encanta el ristretto, bueno, el cortado en España. Y tú, ¿qué prefieres?*

4 Una de las relaciones que más afecta al individuo y a su personalidad es el amor. A veces nos fijamos en las personas equivocadas e iniciamos una relación abocada al fracaso. A continuación tienes el principio de una carta que envía Roberto a su exesposa. ¿Cómo crees que continuará? ¿Qué crees que contendrá la lista? Comentadlo en parejas.

1 **Estimada compañera:**
2 **Gracias de antemano** por haberte acordado de mí. Ayer recibí una misiva de tu abogado donde me invitaba a enumerar los bienes comunes, con el fin de comenzar el proceso de disolución de nuestro vínculo matrimonial.
A continuación te remito dicha lista, para que puedas solicitar la certificación al notario y tener listos todos los escritos antes de la comparecencia ante el tribunal...

4.1 **Ahora lee la continuación de la carta y contesta a las preguntas.**

1. ¿Qué tipo de carta crees que es? ◯ **a.** De rechazo. ◯ **b.** De disculpas. ◯ **c.** De amor.
2. ¿Qué tipo de lenguaje utiliza Roberto? ◯ **a.** Formal. ◯ **b.** Informal.
3. ¿Qué recurso utiliza para dirigirse a su exesposa? ◯ **a.** La burla. ◯ **b.** La ironía. ◯ **c.** El enfado.
4. ¿Cuáles crees que son los sentimientos de Roberto?
5. ¿Crees que la relación puede cambiar en el futuro a partir de esta carta?

3 ... **Tienes que perdonarme** pero he tenido el atrevimiento de elaborar una lista dividida en dos partes. Básicamente, un apartado con las cosas de nuestros cinco años de matrimonio con las que me gustaría quedarme y otra con las que te puedes quedar tú. De antemano te digo que 4 **estás disculpada** si quieres hacer algún cambio.
Para cualquier duda o comentario, ya sabes que puedes llamarme al teléfono de la oficina (de ocho a cuatro) o al móvil (hasta las once) y estaré encantado de repasar la lista contigo.
COSAS QUE DESEO CONSERVAR:
El leve rastro de perfume que quedó flotando en el ascensor una mañana, cuando te bajaste en la segunda planta, y yo aún no me atrevía a dirigirte la palabra.
El movimiento de cabeza con el que aceptaste mi invitación a cenar.
Las gotas de lluvia que se enredaron en tu pelo durante nuestra luna de miel en Londres.
COSAS QUE PUEDES CONSERVAR TÚ:
Los silencios.
El sabor acre de los reproches.
La sensación de angustia al estirar la mano por la noche para descubrir que tu lado de la cama estaba vacío.
Jorge y Cecilia... Los nombres que nos gustaban para los hijos que tendríamos algún día.
Con respecto al coche, la casa y otros bienes; solo comunicarte que puedes quedártelos todos. Por último, recordarte que 5 **seguimos en contacto** a través de mi abogado. Dejo su número de teléfono para que tu letrado pueda contactar con él y ambos se ocupen de presentar el escrito de divorcio para ratificar nuestro convencimiento.
Por cierto, 6 **mis mejores deseos** para la nueva etapa en la vida que comienzas.
7 **Espero que sepas disculparme si me olvido de algo.**
8 **Tu amigo de siempre, Roberto.**

Adaptación de la carta ganadora de la III edición del certamen de cartas de amor Antonio Villalba, organizado por la Escuela de Escritores

4.2 **Las frases que aparecen destacadas en la carta son habituales en la correspondencia por escrito. Relaciónalas con la función que desempeñan. ¿Cuáles te parecen más propias de un registro formal? ¿Conoces otras fórmulas para expresar lo mismo?**

a. Despedirse: ....
b. Responder a una disculpa: ....
c. Saludar: ....
d. Disculparse: ....
e. Desear éxito: ....
f. Agradecer: ....

4.3 **Imagina que eres la persona que recibe esta carta y contesta. Intenta utilizar la ironía pero escribiendo una carta formal en la que incluyas las expresiones anteriores.**

Evaluación

Comprensión auditiva

[28]

1 **Escucha la audición y responde a las siguientes preguntas.**

1. ¿Qué aporta de novedoso, respecto a otros estudios sobre música, el de los psicólogos de la Universidad de Cambridge?
2. ¿Cuáles fueron las principales conclusiones del estudio de Adrian North y David Hardgraves?
3. ¿Qué aportó el estudio de Samuel Gosling y Peter Rentfrow?

2 **Vuelve a escuchar y, de acuerdo a la entrevista, escribe qué características de personalidad se relacionan con las siguientes tendencias musicales.**

Jazz

Country

Heavy metal

Música clásica

Hip-hop

Expresión escrita

Teniendo en cuenta los temas vistos a lo largo de la unidad, escribe una descripción minuciosa sobre ti mismo o sobre alguien a quien conozcas muy bien (entre 180 y 200 palabras).

Incluye los siguientes aspectos:

1. Apariencia externa: rostro, constitución, parecido, estilo al vestir… Destaca sus rasgos sobresalientes.
2. Rasgos de personalidad, gustos y preferencias.

Interacción oral

Actualmente existen relaciones más o menos novedosas que se establecen a través de internet. En parejas, responded a las siguientes preguntas.

1. ¿Qué crees que tienen de positivo o de negativo este tipo de relaciones?
2. ¿A qué tipo de persona crees que le puede funcionar?
3. ¿Crees que te podrías enamorar a través de internet? ¿Por qué?
4. ¿Piensas que las personas retraídas o desconfiadas se sentirán más seguras y se arriesgarán a ir más allá mediante esta forma de relacionarse?
5. ¿Conoces a alguien que tenga adicción a las relaciones a través de las redes sociales?

Comprensión lectora

1 **Lee el texto y contesta a las preguntas justificando tu respuesta.**

1. ¿A quién se refiere la descripción?
2. ¿Qué tipo de relación tienen los personajes que aparecen?
3. ¿Qué edades aproximadas crees que tienen?

El doctor Urbino la encontró sentada frente al tocador, bajo las aspas lentas del ventilador eléctrico, poniéndose el sombrero de campana con un adorno de violetas de fieltro. El dormitorio era amplio y radiante, con una cama inglesa protegida por un mosquitero de punto rosado, y dos ventanas abiertas hacia los árboles del patio por donde se metía el estruendo de las chicharras aturdidas por presagios de lluvia. Desde el regreso del viaje de bodas, Fermina Daza escogía la ropa de su marido de acuerdo con el tiempo y la ocasión, y la ponía en orden sobre una silla desde la noche anterior para que la encontrara lista cuando saliera del baño. No recordaba desde cuándo empezó también a ayudarlo a vestirse, y por último a vestirlo, y era consciente de que al principio lo había hecho por amor, pero desde unos cinco años atrás tenía que hacerlo de todas maneras porque él no podía vestirse por sí solo. Acababan de celebrar las bodas de oro matrimoniales, y no sabían vivir ni un instante el uno sin el otro, o sin pensar el uno en el otro, y lo sabían cada vez menos a medida que se recrudecía la vejez. Ni él ni ella podían decir si esa servidumbre recíproca se fundaba en el amor o en la comodidad, pero nunca se lo habían preguntado con la mano en el corazón, porque ambos preferían desde siempre ignorar la respuesta. Ella había ido descubriendo poco a poco la incertidumbre de los pasos de su marido, sus trastornos de humor, las fisuras de su memoria, su costumbre reciente de sollozar dormido, pero no los identificó como los signos inequívocos del óxido final, sino como una vuelta feliz a la infancia. Por eso no lo trataba como a un anciano difícil sino como a un niño senil, y aquel engaño fue providencial para ambos porque los puso a salvo de la compasión.

Extraído de *El amor en los tiempos del cólera*, Gabriel García Márquez

2 **Relaciona las frases extraídas del texto que están de la columna izquierda con las que expresen aproximadamente lo mismo de la columna derecha.**

1. ... escogía la ropa de su marido de acuerdo con el tiempo y la ocasión...
2. No recordaba desde cuándo empezó también a ayudarlo a vestirse...
3. Ni él ni ella podían decir si esa servidumbre recíproca se fundaba en el amor o en la comodidad.
4. Ella había ido descubriendo poco a poco la incertidumbre de los pasos de su marido...
5. ... dos ventanas abiertas hacia los árboles del patio por donde se metía el estruendo de las chicharras aturdidas por presagios de lluvia.
6. ... y aquel engaño fue providencial para ambos porque los puso a salvo de la compasión.

a. Ella descubrió a lo largo del tiempo que su marido caminaba cada vez con más inseguridad.

b. La época del año y la actividad que iba a realizarse determinaba la elección de lo que el hombre se ponía.

c. Del exterior procedía un ruido ensordecedor, señal de que podría llover.

d. A ella la ayudó no darse cuenta de la vejez de él y de ese modo no le tuvo lástima.

e. No sabían determinar la causa de la dependencia que tenían el uno del otro.

f. Le proporcionaba asistencia desde hacía mucho tiempo a la hora de ponerse la ropa.

Contenidos lingüísticos

Haz el cuestionario que te proponemos en ELEteca

Unidad 8

Transformar la realidad

Contenidos funcionales

Hablar sobre las capacidades personales.

Expresar concesión: énfasis e indiferencia.

Pedir, denegar y conceder permiso (con y sin objeciones).

Contenidos lingüísticos

Verbos con preposición.

Concesivas intensivas y reduplicadas.

Conectores condicionales: *a no ser que/a menos que/solo si.*

El presente histórico.

Contenidos léxicos

Retos del siglo XXI.

Léxico sobre retos, aptitudes, cualidades y capacidades personales.

La genialidad y la excentricidad.

Contenidos culturales

El concepto de *liderazgo.*

Líderes mundiales.

El recubrimiento del *Reichstag.*

El *coaching.*

En **ELEteca** tienes material y actividades complementarias a esta unidad.

Tareas

- Realizar un mapa conceptual sobre los retos del siglo XXI.
- Hacer una presentación de una persona influyente en mi país.
- Diseñar un anuncio publicitario para promocionar un objeto original.
- Preparar una presentación de un edificio con relevancia histórica.
- Escribir una carta solicitando llevar a cabo una iniciativa cultural.
- Escribir a un periódico para opinar sobre una noticia.

En contexto

1 **En parejas, intercambiad vuestra experiencia sobre las preguntas que os planteamos.**

– ¿Tienes algún reto en mente?

– ¿Te planteas retos arduos y difíciles, o asumibles?

– ¿Encaras los desafíos con ilusión o, por el contrario, intentas rehuirlos? ¿Puedes poner algún ejemplo?

– ¿Cuáles crees que son los retos que tenemos que afrontar en el siglo XXI? ¿Piensas que son abordables o inalcanzables?

2 **Para abordar estos desafíos necesitamos nuevas aptitudes y competencias. Aquí tenéis las habilidades que necesita el líder mundial del siglo XXI. ¿Estáis de acuerdo? ¿Añadiríais o quitaríais alguna?**

mente global ▪ creatividad ▪ respeto ▪ flexibilidad ▪ carisma
comunicación ▪ trabajo en equipo ▪ motivación ▪ sensibilidad

2.1 **Algunas personas han opinado en un foro sobre las nuevas capacidades que necesitamos para enfrentarnos a estos nuevos retos. Relaciona cada opinión con alguna de las palabras anteriores.**

1 Es cierto que ahora vivimos más años, pero también es verdad que tenemos que estar constantemente aprendiendo y formándonos. Además, todo cambia de manera tan vertiginosa que si no estás al día, te quedas fuera del sistema. Para mí, todo esto supone un reto apasionante y lo asumo con ilusión, no puedo soportar caer en la rutina.

....

2 Nos hemos liberado de los trabajos rutinarios y repetitivos, las máquinas ocupan nuestro lugar. Ahora las tareas son más inteligentes y requieren iniciativa y capacidad de adaptación. Tenemos que ser personas tolerantes y versátiles capaces de amoldarnos a los cambios.

....

1.1 **En el siglo XXI, ¿cuáles son los retos a los que tendremos que enfrentarnos? Leed cada uno el texto que os dé vuestro/a profesor/a y, después, completad entre todos el siguiente mapa conceptual.**

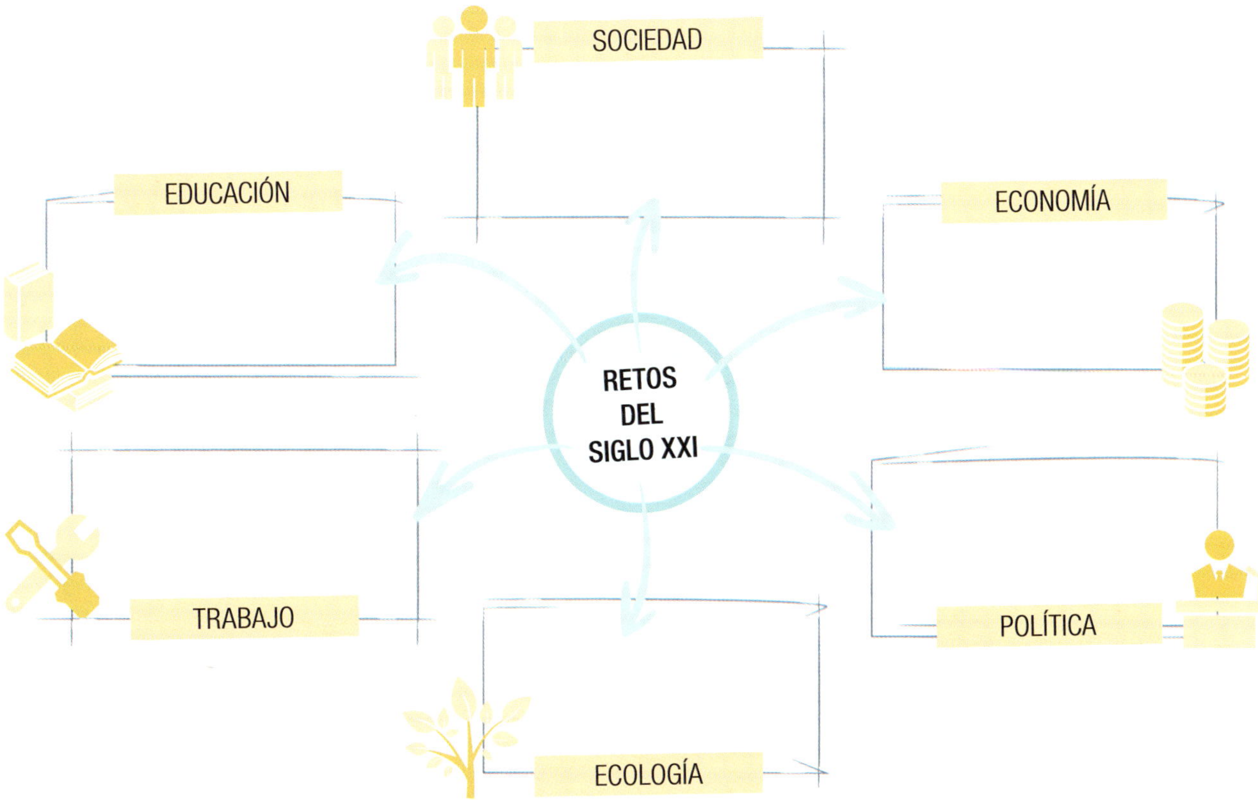

3 La apertura es fundamental. Tenemos que ampliar y diversificar nuestra manera de pensar para entender las relaciones internacionales de nuestro mundo. Concebir la realidad de forma diversa con toda la riqueza cultural que conlleva nos permitirá entender los comportamientos y diferencias culturales.

....

4 Los nuevos retos implican generar nuevas ideas, crear asociaciones entre ideas y conceptos ya conocidos y, de esta forma, producir soluciones originales.

....

5 Lo que verdaderamente necesitamos son personas que tengan una personalidad fuerte, que puedan atraer y aglutinar a los ciudadanos para, entre todos, conseguir una sociedad mejor.

....

2.2 **Añade tú una entrada más que se corresponda con alguno de los términos que no se hayan mencionado.**

....
....
....
....
....
....
....

2.3 **Comentad entre todos si los líderes de vuestros países reúnen las características anteriores.**

- *El presidente de mi país no tiene carisma, sin embargo está muy motivado a la hora de llevar a cabo cambios sociales…*

Líderes carismáticos

1 ¿Conoces a estas personas? Puedes buscar información en internet. Todas ellas tienen algo en común. ¿Qué característica comparten? Coméntalo con tu pareja.

1

2

3

4

5

2 ¿Qué palabras de las siguientes asocias con el término *liderazgo*? Habladlo en parejas y escribidlas en el recuadro.

poder apoyar fuerza
supervisión grupo
influir objetivos
aconsejar autoridad
aglutinar coacción
gestión creencias gurú
guiar control demagogia
confianza

Liderazgo

2.1 Lee los siguientes textos que hablan sobre liderazgo y piensa si está bien justificada vuestra elección en la actividad anterior o si cambiarías algunas de las conclusiones a las que habéis llegado.

Liderazgo: capacidad de la que dispone una persona y por la cual es capaz de influir en su grupo de pertenencia o en un determinado público ante el cual se expresa y dirige su mensaje. La situación de liderazgo implica influir en las creencias, valores y acciones de los otros, y también apoyarlos para que trabajen con entusiasmo en el logro de los objetivos comunes del grupo al que pertenecen.

Extraído de www.definicionabc.com

El liderazgo es un fenómeno que se produce en todos los grupos humanos. Todavía no se ha logrado una definición consensuada del concepto. En la actualidad ya no se concibe el liderazgo como una característica estática de la personalidad que reside únicamente en el líder, sino como un proceso, que tiene lugar a lo largo del tiempo, en el que están implicados de forma interactiva el líder, los seguidores y la situación en la que se ejerce el liderazgo.

Extraído de *Psicología de las organizaciones*, Sanz y Torres, UNED

6 7

1.1 Encuentra en las siguientes definiciones el término que identifica a todas las personas de las imágenes. Escribe la palabra en el espacio en blanco.

◯◯◯◯◯

1. ◯ Persona a la que un grupo sigue, reconociéndola como jefe u orientadora.
2. ◯ Persona o equipo que va a la cabeza de una competición deportiva.

3 Entre toda la clase vamos a leer la biografía de los tres líderes más carismáticos del siglo XX. Formad tres grupos, cada uno leerá un texto de la página 126 y marcará la información que le parezca más importante.

3.1 A continuación, cada equipo seleccionará qué datos biográficos de los que aparecen en la siguiente tabla corresponden a su líder y explicará la información al resto de la clase dando detalles claros. En algunos casos hay varios líderes que comparten los mismos datos.

Información sobre líderes carismáticos

1. Se ausentó de la vida pública durante veintisiete años a causa de la privación de libertad que sufrió. ....
2. Accedió a un puesto de poder gracias a sus dotes de liderazgo y alcanzó a ver su sueño hecho realidad en vida. ....
3. No se doblegó ante las trabas que se iba encontrando en su camino. ....
4. Se topó con muchos escollos y, sin embargo, nunca cedió ante las injurias y los insultos. ....
5. Incitó a la no violencia. ....
6. Intercedió ante el gobierno de su país para abolir las leyes segregacionistas. ....
7. Mostró predisposición a la escucha. ....
8. Indujo a la desobediencia civil. ....
9. No se conformó con el *statu quo* y dio la vida por cambiarlo. ....
10. Pese a ser abogado, no se libró de la cárcel. ....
11. Prescindió de cualquier pompa que estuviera asociada a su estatus. ....
12. Incurrió en delitos como forma de lucha por su causa. ....
13. Compareció ante los tribunales en más de una ocasión. ....
14. Acabó con la segregación racial. ....
15. Mostró abiertamente su disconformidad con los lujos del poder y de la clase política. ....

A

Su condición de hijo del jefe de una tribu de la etnia xosha propició que desde adolescente asistiera al consejo tribal y se aficionara a escuchar a los jefes tribales, lo que le hizo tomar conciencia del sentido de la justicia. Mandela llegó a ser presidente del Congreso Nacional Africano, movimiento de lucha pacífica contra la opresión racial. En la época de mayor represión, la organización pasó a la clandestinidad y adoptó el sabotaje como medio de lucha contra el sistema de segregación y discriminación social, económica, cultural, política y territorial que había implantado la República Sudafricana.

Fue juzgado en dos ocasiones y condenado a cadena perpetua, por lo que estuvo prisionero en pésimas condiciones desde 1963 a 1990. El gobierno sudafricano hizo caso omiso de las reiteradas peticiones de su puesta en libertad.

Finalmente, fue el presidente Frederik de Klerk quien hubo de ceder ante la evidencia. En 1990 legalizó el Congreso Nacional Africano y liberó a Mandela, que se convirtió en su principal interlocutor para negociar el desmantelamiento del *apartheid* y la transición a una democracia multirracial.

Extraído y adaptado de varias fuentes

B

Pastor baptista que aplicó el principio de la no violencia a la lucha por la igualdad de derechos de la minoría negra en Estados Unidos. Asimismo, participó como activista en numerosas protestas contra la guerra de Vietnam y la pobreza en general. Esta dedicación le costó la vida, pero su figura se convirtió en un ejemplo para la humanidad.

La decimocuarta enmienda de la Constitución estadounidense en 1968 garantizaba a los afroamericanos los derechos civiles y la igualdad con los blancos ante la ley; sin embargo, la realidad era distinta, principalmente en el sur. Martin Luther King fue consciente de esta injusticia y desde muy joven organizó y llevó a cabo diversas actividades pacíficas reclamando el derecho al voto, la no discriminación y otros derechos civiles básicos para la gente de raza negra de los Estados Unidos.

Entre sus acciones más recordadas destacan el boicot de autobuses en Montgomery y la marcha sobre Washington por el trabajo y la libertad, al final de la cual pronunciaría su famoso discurso "I have a dream".

Extraído y adaptado de varias fuentes

C

Desarrolló un método de acción social directa basado en los principios del sacrificio, la verdad y la no violencia llamado *satyagraha*. Renunció a los placeres y a los lujos como abogado británico y juró concentrar todo el calor de su pasión en la lucha contra los prejuicios y la discriminación racial.

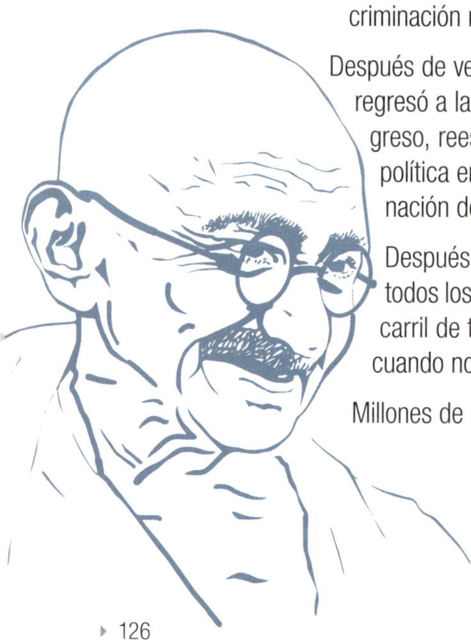

Después de veinte años de encabezar con éxito la lucha de los indios en África del Sur, Gandhi regresó a la India. Al terminar la Primera Guerra Mundial asumió el mando supremo del Congreso, reescribió su constitución y transformó aquel grupo de presión a favor de la reforma política en un poderoso movimiento de masas que exigía el fin de la explotación y la dominación de la India por el Imperio británico.

Después de adquirir más poder político que cualquier otro indio del siglo anterior, rechazó todos los privilegios que otros codiciaban. Insistía en viajar solo a pie o en vagones de ferrocarril de tercera clase y se retiraba a la sencillez espartana de remotos *ashram*[1] aldeanos, cuando no se encontraba encerrado en alguna cárcel británica.

Millones de personas seguían sin titubear a Mahatma el "Alma Grande" de la India.

Extraído de www.historiaybiografias.com/gandhi/

[1] Lugar de meditación y enseñanza hinduista en el que los alumnos conviven bajo el mismo techo que sus maestros.

3.2 Vuelve a leer la información sobre los líderes de la página 125 y completa el cuadro con el verbo adecuado.

Verbos con preposición

A	Ante	Con	De
Tendencia / Disposición	**Fracaso**	**Enfrentamiento**	**Liberación / Abandono**
– mostrar/tener predisposición a	–	– toparse con	– ....
–	– ceder ante	–	– ausentarse de
– alcanzar a	– claudicar ante	– enfrentarse con	– prescindir de
– aficionarse a	– someterse ante	– enemistarse con	– desligarse de
Influencia	**Estar presente/delante**	**Cooperación**	**En**
–	–	– confabularse con	**Insistencia**
– incitar a	– interceder ante	– cooperar con	– ....
– alentar a	– personarse ante	– aliarse con	– insistir en
– exhortar a	– presentarse ante	**Resultado**	– empeñarse en
– instar a		– conformarse con	– fijarse en
		– saldarse con	
		–	

4 En parejas, elegid A o B y completad las frases con la preposición adecuada. Después, hacedle las preguntas a vuestro/a compañero/a.

Estudiante A

1. ¿Alguna vez te has ausentado .... tu trabajo durante una larga temporada?
2. ¿ .... qué escollos te has topado a lo largo de tu vida?
3. ¿Eres de los que se doblegan .... las dificultades o persistes hasta alcanzar .... ver tu sueño hecho realidad?
4. ¿ .... qué objeto prescindirías en este momento sin que te supusiera una pérdida?
5. ¿Te conformarías .... ganar un pequeño sueldo y vivir sencillamente o tienes miras más amplias?
6. ¿Acostumbras a ceder .... las exigencias de tu familia o amigos?

Estudiante B

1. ¿Piensas que últimamente te has librado .... algo?
2. ¿Recuerdas a algún líder que haya incitado .... la violencia?
3. ¿Te acuerdas de algún político que haya tenido que comparecer .... los tribunales por algún asunto turbio?
4. Di el nombre de un personaje público cuya conducta te induce .... pensar que no es de fiar.
5. Piensa en alguien más que haya incurrido .... delitos por defender una causa justa.
6. ¿Te atreverías a mostrar abiertamente tu disconformidad .... las acciones de un jefe de gobierno dictatorial de tu país?

5 Escucha la noticia sobre una de las "marchas de la libertad", toma notas en tu cuaderno y, con tu compañero/a, reescríbela utilizando el mayor número posible de verbos con preposición.

29]

6 Piensa en algún líder carismático de tu país, recopila información sobre él/ella y escribe un breve texto para hacer una presentación ante la clase.

Genios

1 **Las siguientes imágenes se refieren a los diferentes significados de la palabra *genio*. Hablad en parejas sobre ello y escribid debajo de las fotos qué tipo de persona están representando en cada caso.**

Personaje mágico. ....

....

....

1.1 **Vamos a realizar un test. ¿Qué sabéis de los genios? Habladlo en parejas y decidid con qué opción os quedáis.**

1. ¿Qué es un genio?
- ◯ **a.** Un personaje sobrenatural que vive en el interior de una lámpara y tiene el poder de hacer realidad los deseos propios y ajenos.
- ◯ **b.** Una persona que posee una inteligencia fuera de lo común, que ha concebido algo excepcional y ha conseguido llevarlo a cabo contribuyendo de esta forma al progreso de la humanidad.
- ◯ **c.** Una persona ingeniosa que tiene la capacidad de inventar o imaginar cosas y que es capaz de combinar con habilidad los conocimientos que posee y los medios de los que dispone.

2. Ser un genio implica...
- ◯ **a.** tener un coeficiente intelectual notablemente superior a la media.
- ◯ **b.** ser un trabajador infatigable que se esfuerza hasta dar con una solución admirable.
- ◯ **c.** ambas cosas.

3. ¿Qué tienen en común todos los genios?
- ◯ **a.** Eran los más empollones de la clase y sacaban las mejores notas.
- ◯ **b.** Muchos fracasaron en sus estudios porque pensaban de forma diferente y se salían de la norma.
- ◯ **c.** Siempre obtenían matrículas de honor en sus notas.

4. ¿Qué disciplinas cultivan los genios?
- ◯ **a.** Las ciencias.
- ◯ **b.** Las artes.
- ◯ **c.** Todo tipo de disciplinas.

5. Para llegar a ser un genio reconocido es importante...
- ◯ **a.** alcanzar el éxito en alguna ocasión.
- ◯ **b.** atreverse a fracasar.
- ◯ **c.** salirse de los caminos trillados y ser capaz de reinventar la realidad.

Extraído y adaptado de *Ingenios*, Philippe Brasseur

1.2 **Piensa en una persona que...**

– posea una inteligencia fuera de lo común, privilegiada o superior;
– sea un trabajador empedernido/infatigable/incansable;
– haya dado en el clavo o acertado con la solución de un problema;
– siempre se salga de los caminos trillados o del orden establecido;
– tenga tan mal genio que no haya quien la aguante.

Después, comparte tu opinión con tus compañeros.

2 **Una página web ha colgado curiosidades sobre algunos famosos y varias personas han dejado su opinión. Lee la información sobre estos personajes y escribe al lado de cada comentario a quién se refiere.**

CURIOSIDADES SOBRE FAMOSOS

A los padres de Albert Einstein les dijeron que su hijo padecía un trastorno de desarrollo intelectual. Sin embargo, hoy en día es reconocido como uno de los mayores genios que ha dado la historia de la humanidad.

En 1947, un productor de la 20th Century Fox se deshacía de Marilyn Monroe tras unos años de contrato. Consideraba que era "poco atractiva y que tampoco sabía interpretar".

Steve Jobs conoció el fracaso al cumplir treinta años. Las desavenencias con su socio provocaron la separación entre ambos y el despido de Jobs. Pese a todo, volvió a empezar, creó NeXT y adquirió Pixar antes de regresar a Cupertino como salvador y convertir la empresa de la manzana en lo que es hoy.

La discográfica Decca rechazó un contrato con Los Beatles: no les gustaba su sonido y creía que los grupos de guitarra pronto se pasarían de moda. Pero EMI sí creyó en ellos.

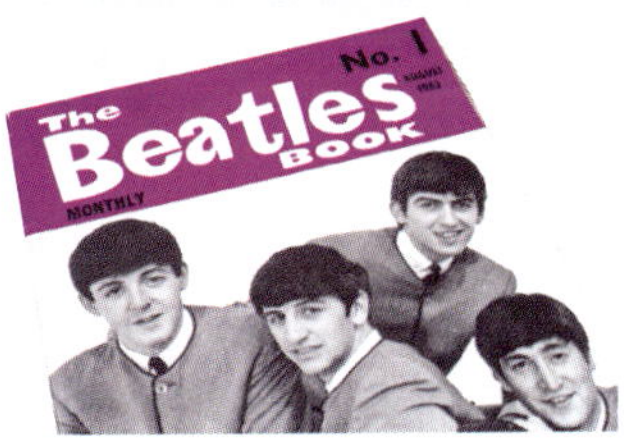

J. K. Rowling, la creadora de la serie de libros de Harry Potter, no lo tuvo fácil al principio. Fue rechazada en repetidas ocasiones por al menos una docena de editores que no creyeron en su trabajo.

Vincent van Gogh entró a trabajar como marchante de arte, pero fue despedido porque no podía soportar la idea de que el arte fuera tratado como una mercancía. Quiso aprender a dibujar, pero se desesperaba ante las dificultades técnicas. Tuvo que romper cientos de dibujos hasta que logró alcanzar un estilo más personal.

1 Es increíble. **Con lo que valía** y la pusieron de patitas en calle. *Marilyn Monroe.*

2 Lo admiro. **Con la edad que tenía** y no le asustó empezar de cero.

....

3 ¡Qué tenacidad! **Con la de veces que echaron por tierra su trabajo** y ella no se rendía.

....

4 No doy crédito, **con lo brillante que era**...

....

5 ¡Las vueltas que da la vida! **Con lo que se cotizan ahora sus cuadros...**

....

6 Se tirarían de los pelos. **Con el éxito que cosecharon después,** y ellos sin valorarlos.

....

Oraciones concesivas intensivas

En un registro informal, para expresar con énfasis que no se comprende el desajuste entre dos ideas contradictorias, usamos las estructuras concesivas intensivas:

- ***Con lo que*** + verbo
  - *Con lo que sabe...*
- ***Con lo*** + adjetivo/adverbio + ***que*** + verbo
  - *Con lo brillante que era...*
- ***Con el/la/la de*** + sustantivo + indicativo:
  - *Con el éxito que cosecharon después,...*
  - *Con la de veces que echaron por tierra su trabajo...*

2.1 **En parejas, elegid dos frases de las propuestas a continuación e inventad un contexto y una conversación donde aparezcan transformadas en concesivas intensivas. Fijaos en el ejemplo.**

1. Me he sacrificado mucho por ti y no veo que me lo agradezcas.
2. Te he invitado todos los meses a mi chalé y yo todavía no he estado en tu apartamentito de la playa.
3. ¡Qué envidia! Te pones ciego a comer y sin embargo estás en los huesos.
4. ¡Eras tan mono de pequeño y tan cariñoso...! ¡Qué pena que ahora te hayas vuelto tan arisco!
5. Tenías muchísimas opciones para el Erasmus y al final te has decidido por la ciudad más peligrosa.
6. He invertido un dineral en la casa y no consigo que me luzca.
7. Mario está forrado, pero viste como si fuera un indigente.
8. Has salido con un montón de chicas y te acabas casando con la más muermo.
9. Me he quedado de piedra: el vecino del quinto tiene ochenta años y sigue corriendo maratones.
10. El mercado automovilístico ofrece muchos coches asequibles y tú has elegido el que más contamina.

Contexto

Unos padres preocupados por los malos resultados académicos y la actitud de su hija ante los estudios.

*¡Qué disgusto tenemos! ¡Menudas notas has vuelto a sacar! Es que no estudias, te pasas el día enganchada al móvil y a los videojuegos. ¡**Con lo que nosotros nos sacrificamos por ti**, y así es como nos lo agradeces!*

*¡**Con lo que yo estudio, mamá!** Si solo cojo el móvil o el ordenador después de hacer los deberes. Lo que pasa es que los profes me tienen manía y además son superexigentes.*

*Normal, ¡**con lo que pagamos**, ya pueden exigir...!*

2.2 [30] **Escucha a estas personas que hablan sobre la constancia de los personajes del ejercicio 2 y completa las frases con sus comentarios.**

1. ...., no estoy a la altura de una *sex symbol*.
   Interprete a mi personaje como lo interprete, nada les parece bien.
   Pero yo voy a seguir intentándolo, ... que soy una buena actriz.
2. ▶ **Le salga mejor o peor**, lo importante ahora es luchar por conseguir sus metas.
   ▷ Desde luego, ..., no le queda otro remedio.
3. **Les pese o no**, ya no hay vuelta atrás, ...
4. ▶ **Hable con quien hable**, todos acaban diciéndome lo mismo.
   ▷ ...., nuestro hijo es un genio.
5. ▶ ...., los últimos diez años de su vida se los pasó pintando.
   ▷ **Gustaran (los cuadros) o no**, él seguía adelante.
6. ...., ella seguía presentando su manuscrito a las diferentes editoriales.

2.3 **Vuelve a leer las frases que has escrito en el ejercicio anterior y relaciona su significado con dos de los siguientes conectores.**

☐ gracias a que ☐ aunque ☐ de ahí que ☐ a pesar de que

2.4 **Completa la tabla con las frases del ejercicio 2.2.**

Oraciones concesivas reduplicadas

Para expresar indiferencia usamos las siguientes estructuras **concesivas reduplicadas**:

1. Verbos de significados opuestos:

a. Verbo + *o* + verbo:

- *Vengas o te vayas,...*
- *Rías o llores,...*

b. Verbo + adverbio/adjetivo/nombre + *o* + adverbio/adjetivo/nombre:

- *Le salga mejor o peor,...*

¡Fíjate!

El verbo también puede ir en imperfecto de subjuntivo si se refiere al pasado:

- *La aceptaran o la rechazaran,...*
- ....

2. Se repite el mismo verbo en forma negativa:

- *Venga o no venga,...*
- *Crean o no crean,...*
- *Les pese o no,...**

* En todos estos casos el segundo verbo, por sobreentenderse, puede elidirse:

- *Les pese o no (les pese),...*
- *Gustaran los cuadros o no,...*
- ....

3. Verbo en subjuntivo + *quien* / *como* / *donde* / *lo que* / *cuando...* + el mismo verbo en subjuntivo:

- *Pase lo que pase,...*
- *Hable con quien hable,...*
- *Se pongan como se pongan,...*
- *Le dijeran lo que le dijeran,...*
- *Lo mires como lo mires,...*
- ....

2.5 **¿Has vivido situaciones parecidas a las de los famosos del ejercicio 2? ¿Puedes contarnos qué pasó? Intenta usar las estructuras que acabas de aprender.**

▶ *Pues mi tía era muy estricta conmigo; hiciera lo que hiciera, nunca le parecía bien y me decía que era una chapuza; ¡con lo que yo me esforzaba!...*

3 **En las siguientes imágenes puedes ver algunos inventos geniales. Elegid dos o tres de ellos y, en parejas, diseñad un anuncio para publicitarlos en la televisión o en prensa.**

1

Una hamaquita para el gato que se engancha a las patas de las sillas.

2

Una bici que funciona también como sierra para cortar árboles.

3

Una silla pelota para hacer ejercicio.

4
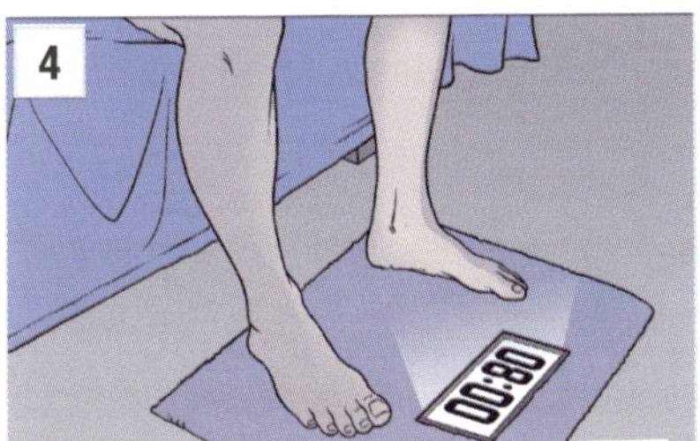

Una alfombra despertador que deja de sonar cuando le pones los pies encima.

5
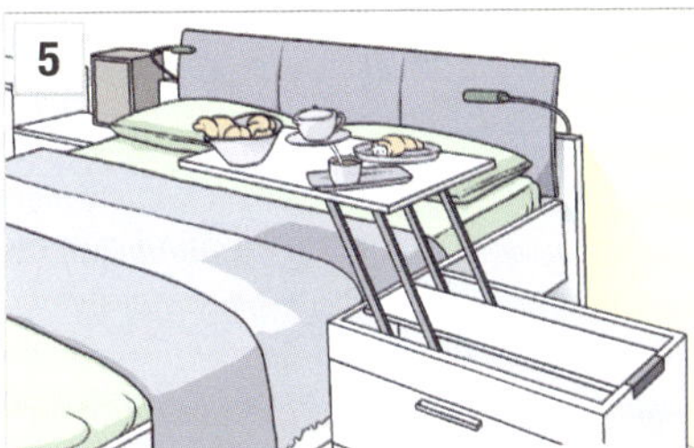
Una mesilla de noche con bandeja incorporada para los desayunos en la cama.

6

Una hamaca para el jardín con iluminación que funciona con energía solar.

Salirse de los caminos trillados

1 **Mira las imágenes y comenta con tu compañero/a cuál te parece más curiosa. Elegid después entre los dos cuál de las frases propuestas resume la idea que transmiten ambas imágenes.**

Salirse de los caminos trillados.

Reinventar la realidad.

Sorprender y provocar.

Convertir en extraordinario lo ordinario.

Sondear el misterio.

2 **Lee esta carta y responde a las preguntas.**

Berlín, 5 de enero de 1995

Excelentísimos Señores Diputados:

Me dirijo a ustedes para hacerles llegar una petición inusual, pero no por ello descabellada. Con el fin de que no consideren mi atrevimiento como un abuso, me gustaría explicarles brevemente mis razones.

Mi nombre es Christo y, junto con mi mujer, Jeanne-Claude, me dedico a crear instalaciones artísticas en espacios públicos.

Por todos es sabido que mi trabajo como artista consiste en cubrir monumentos históricos y que, con esta acción, mi intención es descubrir otra cara nueva del inmueble.

Considero que el *Reichstag*[1] es un edificio emblemático de la historia reciente de Alemania y que, justo en este momento en el que va a ser remodelado, convendría que recuperara una mirada nueva que le permita asumir su futuro papel limpio del peso de la historia.

Por todo lo anterior, **solicito su permiso para** cubrirlo con tela con la finalidad de que la edificación deje de ser acaparada por historiadores y políticos y en el futuro también pertenezca al arte.

En caso de aceptar mi propuesta, **¿tendrían inconveniente en que** el color de la tela fuera el plateado? Una construcción tan singular no merecería algo de menor valor.

Finalmente, **pido su autorización para** ser yo mismo, junto con mi equipo, quien proceda a cubrirlo, ya que este rito, para que surta efecto, solo puede ser llevado a cabo por un artista. **No quisiera abusar, pero me gustaría mucho** llevar a cabo esta acción.

Sin otro particular, les doy las gracias de antemano y me pongo a su entera disposición para aclararles cualquier duda que les pueda surgir.

Atentamente,
Christo Vladimirov Javacheff

[1] *Reichstag*: Parlamento alemán.

1. ¿Quiénes son el destinatario y el emisor de la carta?
2. ¿Qué tipo de carta es y con qué finalidad se escribió?
3. ¿Piensas que la petición cayó en saco roto o que, por el contrario, surtió efecto?
4. ¿Consideras que la argumentación que se hace es adecuada?
5. El asunto de la carta es un hecho real, ¿puedes aportar más datos sobre lo que sucedió?

2.1 **Hemos recogido las respuestas que recibió Christo y la polémica que suscitó entre los ciudadanos alemanes. Lee los fragmentos e identifica cuáles podrían corresponder al gobierno de Berlín y cuáles a los ciudadanos.**

1 **Sintiéndolo mucho**, tenemos que comunicarle que, en estos momentos difíciles para Alemania, **no es posible satisfacer su petición**, ya que consideramos que el empaquetado del edificio significa una violación de la historia de nuestro país. **Nos tememos que va a ser imposible** llevar a cabo el recubrimiento, pues el acto sería entendido como un escarnio público.

2 **Se ponga como se ponga**, no lo vamos a aceptar.

3 **Haga lo que haga**, no nos va a convencer.

4 No aceptaremos la propuesta **a menos que nos prometa** que a los contribuyentes alemanes no les costará ni un solo marco.

5 **Lamentamos tener que darle una negativa, pero no es posible**, por el momento, **satisfacer su petición**, ya que la consideramos una acción de dudoso contenido artístico.

6 Daremos nuestra conformidad **solo si nos aseguran** que las aves que anidan en el edificio no sufrirán ningún daño.

7 **El pueblo alemán no tiene la menor intención de dejar** que envuelvan sus edificios. ¡**Ni lo sueñe** que va a conseguirlo!

8 **Ni por todo el oro del mundo te dejarían llevar** a cabo semejante atrevimiento.

9 No habrá acuerdo **a no ser que nos garanticen** que los materiales empleados en el empaquetado serán reciclados como es debido.

10 ¿**Cómo que quieren cubrir** nuestro Parlamento? **Ni pensarlo**, ¡qué locura es esa!

....

....

2.2 **Vuelve a leer la carta y las respuestas y completa el cuadro con los ejemplos que faltan.**

Pedir, conceder y denegar permiso

Pedir permiso (situación formal)

- *Pido su autorización para* + infinitivo / + *que* + subjuntivo (diferente sujeto)
- *Solicito su permiso para* + infinitivo / + *que* + subjuntivo (diferente sujeto):
  - ....
- *¿Tiene/n / Tendrían inconveniente en* + infinitivo / + *que* + subjuntivo? (diferente sujeto):
  - *¿Tendrían inconveniente en que el color fuera plateado?*
- *¿Hay inconveniente con…* + nombre?

Denegar permiso (situación formal)

- Lamentamos tener que darle una negativa.
- Nos tememos / Me temo que va a ser imposible.
- No es posible satisfacer su petición.

Denegar permiso (situación informal)

- *¿Cómo que* + repetición de la petición?
  - ....
- *No tengo la menor intención de* + infinitivo
- Espera sentado/a.
- Con *ni*: *Ni hablar / Ni lo sueñes / Ni pensarlo…*

Conceder el permiso con reservas

- *Solo si* + presente
  - ....
- *A no ser que/A menos que* + subjuntivo
  - ....
  - ....

3 [31]

Elige una de las fichas siguientes, escucha la audición sobre el *Reichstag* y completa con los datos que te piden.

A

EL PROYECTO

1. En 1972 ....
2. Número de desplazamientos a Alemania de la pareja: ....
3. En 1987 ....
4. En 1994 *Christo se reúne en Bonn con el Consejo de Ancianos del* Bundestag.
5. El 24 de junio de 1995 ....
6. Días que permanece cubierto: ....
7. Financiación del proyecto: ....

B

RECORRIDO HISTÓRICO DEL *REICHSTAG*

1. En 1884 ....
2. En 1894 *Guillermo II, el último káiser, lo inaugura.*
3. Desde 1918 hasta 1933 ....
4. En .... sufre un incendio.
5. A partir de 1945 ....
6. Personas que participan en el recubrimiento: ....

! Fíjate

Usamos el **presente histórico** cuando hablamos de acciones que acontecieron en el pasado y que al ser mencionadas en presente adquieren mayor interés o actualidad.

3.1 **Poned en común todos los datos que tenéis y hablad sobre lo que os ha llamado más la atención. ¿Hay en vuestros países algún edificio de la importancia histórica del *Reichstag*? Buscad información y presentad la construcción a vuestros compañeros.**

4 **Elige una de las dos iniciativas culturales y escribe una carta al ayuntamiento de la localidad pidiendo permiso para llevarla a cabo o para utilizar los inmuebles de los que hablan.**

Iniciativa A

La asamblea de organizaciones políticas y ciudadanas constituida para exigir la apertura de un espacio cultural en la antigua cárcel de Palencia reforzará mañana su presencia pública con la celebración de un encuentro de creación artística en plena calle. El objetivo es que todos los creadores de la ciudad muestren al público palentino sus iniciativas alrededor del edificio de la antigua cárcel.

Se pretende que músicos, grafiteros, poetas, escritores, pintores y actores desarrollen sus obras para evidenciar al Ayuntamiento la necesidad que existe en Palencia de contar con espacios destinados a la creación cultural.

Iniciativa B

Vivimos en un momento social en el que es necesaria la creación de espacios teatrales en los barrios para revitalizarlos desde el plano cultural. Así lo entienden iniciativas como Kubik Fabrik, un espacio dedicado a la creación artística y al apoyo escénico en Madrid ubicado en una nave industrial en pleno corazón del barrio de Usera. "En los tiempos que corren necesitamos reinventar la manera de hacer las cosas, trabajando a nivel local con los vecinos del barrio y compartiendo con ellos nuestra experiencia artística", indica Fernando Sánchez-Cabezudo, promotor del proyecto. De este modo, el barrio se convierte en un componente esencial en torno al teatro y al desarrollo cultural.

Evaluación

Interacción oral

Te presentamos dos estilos diferentes de liderazgo. Lee las definiciones, interpreta el gráfico y, en grupos, responded a las preguntas.

El liderazgo autocrático es aquel en el que el poder, la fuerza y el gobierno residen en una persona, es decir, hay un líder que dirige el grupo. Él toma todas las decisiones, no permite la participación y, además, es el dueño de la información. En ningún momento delega responsabilidades, en él recae la misión de fijar los objetivos que cumplir, y las recompensas son premios o castigos. En definitiva, tiene control sobre todo y todos.

El liderazgo en el contexto social actual: el liderazgo auténtico.
El concepto de *autenticidad* (ser fiel a uno mismo) posee una larga tradición que se remonta a los antiguos griegos y pasa por la psicología humanista. La aplicación de esta idea al campo del liderazgo surge hace aproximadamente una década. El auge de esta noción se debe principalmente a dos razones: por un lado, la situación de crisis económica y el comportamiento decepcionante de los líderes políticos y del sector financiero a la hora de afrontar la situación; desde este punto de vista, la pérdida de confianza en los dirigentes pone de manifiesto la importancia de los aspectos éticos y morales del liderazgo. Por otro lado, el auge en los últimos años de la psicología positiva ha supuesto cambiar el enfoque para construir cualidades positivas.

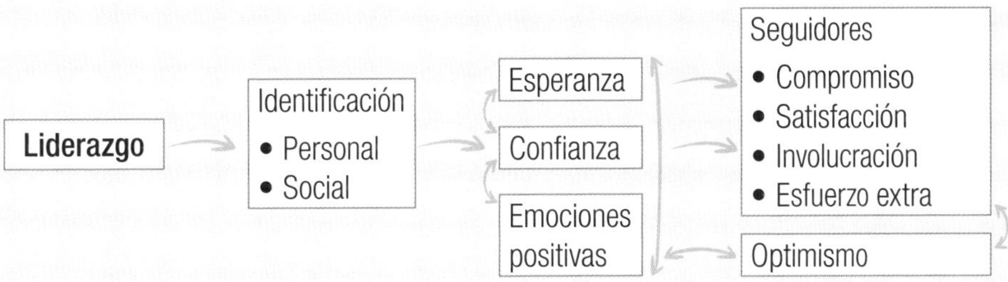

Extraído de *El proceso del liderazgo auténtico* (adaptado a partir de Avolio *et al.*, 2004. En *Psicología de las organizaciones*)

1. ¿Has tenido algún profesor, jefe o compañero que reuniera las características de un líder autocrático?
2. ¿Puedes nombrar a algún político de tu país que haya ejercido control sobre todo?
3. ¿En qué estilo de liderazgo situarías a los líderes vistos en esta unidad?
4. ¿Qué puntos fuertes y débiles tienen los dos liderazgos?
5. ¿Qué mujeres líderes recuerdas?

Comprensión auditiva

[32]

Como una nueva herramienta para encarar los retos surgió el *coaching*. ¿Sabes qué es? Escucha la entrevista a un experto sobre el tema y marca las respuestas correctas.

1. Para Francisco Amado, lo fundamental del *coaching* es...
   - **a.** definir la escuela a la que se adscribe.
   - **b.** entender que es una herramienta que ayuda a alcanzar retos.
   - **c.** la utilidad que tiene para el mundo empresarial.

2. La forma de trabajo del *coaching* es...
   - **a.** realizar una terapia.
   - **b.** ofrecer soluciones.
   - **c.** ayudar a que cada persona valore lo que es.

3. La forma de trabajar el *coaching*...
   - **a.** es similar en todos los continentes.
   - **b.** es solo distinta entre América del Norte y América del Sur.
   - **c.** varía mucho de un lugar a otro.

4. Francisco Amado...
   - **a.** niega que se valore positivamente su labor.
   - **b.** no entiende el empeño generalizado de relacionar el *coaching* solo con las empresas.
   - **c.** afirma que todas las opiniones coinciden.

Comprensión lectora y expresión escrita

Lee el siguiente artículo y escribe un comentario al periódico en el que se publicó. Expresa tu punto de vista sobre el tema y señala las ideas con las que coincides o discrepas (220-250 palabras).

LA EDUCACIÓN EN EL SIGLO XXI: LA CIENCIA DEL APRENDIZAJE

¿Por qué podemos lanzar móviles y coches mejores cada pocos meses, pero no somos capaces de decir que hemos mejorado el sistema educativo incluso a lo largo de varias décadas? La pregunta es pertinente en casi todos los países del mundo.

Creo que hay una respuesta simple a la pregunta: reconocemos que fabricar móviles, coches y edificios requiere establecer una profesión formal relacionada con el cuerpo de conocimiento en cuestión y un ecosistema de competencias sinérgico. Tenemos expertos que entienden la electrónica por detrás de la pantalla del móvil y su diseño; de hecho, todo un ejército de investigadores y tecnólogos trabajan, por ejemplo, para crear módulos inalámbricos más eficientes.

Si hiciéramos lo mismo en educación, tendríamos en todos los países muchas entidades investigando sobre cómo aprenden los niños a leer en su idioma materno, cómo se entienden los conceptos científicos, qué impacto tiene el tamaño de la clase en el aprendizaje y en qué puntos se equivocan los niños cuando aprenden a resolver las ecuaciones lineales. Muy a nuestro pesar, no lo hacemos. Y por eso la tecnología mejora mientras que la educación sigue languideciendo década tras década.

No solo se puede cambiar esto, sino que es nuestro deber cambiarlo, si queremos un futuro mejor para nuestros hijos. Y la respuesta, en mi opinión, es crear y fomentar de forma sistemática una "Ciencia del Aprendizaje" que genere un cuerpo de conocimiento.

Un mito persistente de la educación es que enseñar a los niños no es física cuántica, que tenemos todas las respuestas y nos falta la voluntad política o que los profesores son ineficientes, o que hay un defecto administrativo tras el fracaso de nuestros sistemas educativos. La verdad es que probablemente nadie en el mundo hoy sepa cómo solucionar nuestros problemas educativos. Admitir esto es un paso importante.

Pongamos un ejemplo: todos los niños necesitan aprender los números decimales y por eso tenemos miles de textos sobre ello. Pero al mismo tiempo, todo profesor necesita información sobre cómo enseñarlo: debería saber a qué dificultades se enfrentan los niños para entender el concepto y qué soluciones y estrategias funcionan para resolver dichas dificultades con distintos tipos de estudiantes. Sin embargo, esta es una falta de la que adolece el sistema.

Una Ciencia del Aprendizaje sería un campo interdisciplinar, con elementos de la educación, la psicología, las ciencias cognitivas, la informática, la inteligencia artificial y la neurociencia. Concretamente, estudiaría las ideas falsas que tienen los estudiantes respecto a distintos conceptos y qué estrategias servirían para atajarlas. Intentaría contestar a preguntas sobre sus dificultades con la lectura y qué estrategias son útiles. Se adentraría en la teoría, pero estando firmemente afincada en la práctica.

Se ha argumentado que la institución social más parecida a la escuela es la cárcel. El problema de aprender de memoria, el énfasis en ciertas aptitudes (muchas veces a costa de otras), el sinsentido de la educación formal, los títulos, las notas... son problemas que plagan la educación en la mayoría de sociedades. Irónicamente, el objetivo de la educación es despertar pasiones y hacer florecer los talentos individuales ayudando a que cada uno los descubra.

La educación del futuro tiene que prepararse para un mundo diferente. Aptitudes como la colaboración y la conciencia de distintas culturas (algo que no se recalca lo suficiente en los planes de estudio actuales) deberían tenerse en cuenta. El aprendizaje personalizado tendrá que dejar de ser un término de moda y convertirse en algo que permita a cada uno descubrir y desarrollar su propio talento.

El aprendizaje personalizado significa que no se agrupará a los estudiantes en clases por estricto orden de edad, sino que se promoverán y desarrollarán los intereses individuales. Un plan de estudios elemental, troncal, consistiría en ciertas asignaturas ya conocidas: Lenguaje, Matemáticas y Ciencias, e incluiría aspectos olvidados en el aula tradicional, como la creatividad y las artes, y otros nuevos como el pensamiento emprendedor.

Una vez completadas las clases obligatorias, el estudiante se adentraría en las materias de su elección, pudiendo profundizar más en fracciones, en las pirámides de Egipto o en las barreras de coral. Todo ello será posible cuando se utilice de verdad la tecnología para que el aprendizaje se entreteja de pasión.

Adaptado de http://elpais.com/tecnologia/2012/05/17/actualidad/1337257486_541128.html

Contenidos lingüísticos

Haz el cuestionario que te proponemos en ELEteca

Unidad
9

La banda sonora de nuestras vidas

Contenidos funcionales

- Referirse a algo anteriormente mencionado.
- Preguntar por estados de ánimo y expresar empatía.
- Expresar que se recuerda o no algo.
- Expresar ideas que se confirman o no.
- Realizar comentarios irónicos.
- Dar consejos y hacer recomendaciones.

Contenidos lingüísticos

- Uso coloquial y anafórico de los pronombres neutros.
- Expresiones para mostrar estados de ánimo y sentimientos.
- Contraste entre ausencia y presencia del artículo y su valor sustantivizador.
- La anáfora como recurso expresivo.
- Oraciones condicionales para expresar realidades contrapuestas o introducir reproches.

Contenidos léxicos

- Léxico relacionado con los estados de ánimo y las sensaciones físicas.

Contenidos culturales

- La melodía de las lenguas.
- Poesía: Blas de Otero y Luis García Montero.
- Refranes y dichos populares.

En **ELEteca** tienes material y actividades complementarias a esta unidad.

Tareas

- Hacer un álbum de recuerdos musicales e identificarse con una época musical.
- Dibujar un mapa con las canciones del mundo.
- Participar en un concurso de radio.
- Escribir un poema.
- Crear un mural con canciones históricas.

En contexto

1 En un programa de radio de Cadena SER, en España, ha comenzado una campaña titulada “La música conecta a las personas”. Lee estas citas y relaciónalas correctamente. Por cada frase completa, podrás unir los puntos para completar la imagen relacionada con el eslogan que la acompaña.

1.1 ¿Con cuál de las citas te quedas? Explica tu elección al resto de la clase.

- *Yo me quedo con lo que dice Wilde, porque me gusta* ***eso de que*** *la música está unida a los recuerdos.*
- *Pues yo me he decidido por la de Platón, porque me gusta* ***lo de que****...*

¡Fíjate!

Para hacer referencia a algo anteriormente mencionado en el discurso, coloquialmente, usamos el pronombre ***eso*** o ***lo*** + *de que* + oración.
Eso comunica la recuperación poco clara de una idea, mientras que ***lo*** indica una recuperación más clara.

2 ¿Creéis que la música conecta a las personas? En parejas, pensad en tres situaciones en las que lo haga.

1 .... 2 .... 3 ....

2.1 Lee esta entrada de blog y pon un título que resuma su significado principal.

....

La música evoca recuerdos, vivencias que hemos tenido. Todos guardamos en nuestra memoria alguna canción que marcó algún período de nuestras vidas. Incluso hay canciones que han marcado a toda una generación y que se identifican con un período concreto de la historia más reciente. Un ejemplo es la famosa canción de Bob Dylan *Blowing in the Wind*, que se convirtió en un himno durante la década de los sesenta y fue una canción protesta a favor de la paz y la libertad. Una década más tarde, en los setenta, otra canción marcó a la sociedad de aquel entonces; se trata de la célebre canción de John Lenon *Imagine*, considerada una de las 100 mejores canciones del siglo XX. Estos son dos ejemplos claros de canciones que marcaron una época de manera colectiva y que influyeron claramente en la forma de vida, ya que se utilizaron como instrumento para expresar un sentimiento y una ideología en aquellos tiempos convulsos.

Pero todos tenemos a un nivel individual nuestra propia banda sonora que ha marcado momentos y etapas de nuestras vidas, ya que podemos identificar una música o una canción e, incluso, podemos ver con nuestra imaginación en esa melodía imágenes de otros tiempos o situaciones concretas que han quedado grabadas en nuestra retina. Por eso, la música no está hecha solo para escuchar, sino que incluso podemos sentirla y ver en ella nuestras propias imágenes como si se tratara de un álbum fotográfico.

En definitiva, la música es algo más que un sonido o una melodía: forma parte de nuestra vida, de nuestros recuerdos y vivencias, y nos hace sentir y vivir emociones. Yo soy de la generación de Bob Dylan, así que si tengo que elegir entre todas las canciones, *Blowing in the Wind* sería la escogida. ¿Y tú? ¿Con cuál te quedarías?

Adaptado de https://angelmaillo.wordpress.com/2013/04/23/la-musica-es-la-banda-sonora-de-nuestras-vidas/

2.2 Ahora, responde a estas preguntas y comparte tus respuestas con tus compañeros. ¿Hay coincidencias?

1. ¿Qué cita de la actividad 1 elegirías como otro posible título del texto que acabas de leer? Señala la parte del texto que justifica tu preferencia.
2. Piensa en una canción que haya marcado un momento de tu vida y dinos las imágenes que se te vienen a la mente.
3. ¿Cuál sería la banda sonora de tu vida?

1	El arte de la música es el que más cercano...	a.	y alivia los trabajos que nacen del espíritu. (Cervantes)
2	La música es para el alma...	b.	lo que la gimnasia para el cuerpo. (Platón)
3	La música es el verdadero...	c.	donde se acaba el lenguaje. (E. T. A. Hoffmann)
4	La música compone los ánimos descompuestos...	d.	se halla de las lágrimas y los recuerdos. (O. Wilde)
5	La música empieza...	e.	lenguaje universal. (C. M. von Weber)
6	No basta con oír la música;...	f.	además, hay que verla. (Í. Stravinski)

3 En parejas, hablad y completad vuestra biografía musical sobre el siguiente pentagrama.

▶ *¿Con qué canción te quedarías para recordar tu infancia?*

▷ *Si tengo que elegir una canción para mi infancia, me quedaría con la banda sonora de* Barrio Sésamo.

	DO	RE	MI	FA	SOL
Momento de tu vida	infancia	escuela	vacaciones de verano	Navidad	primer amor
Canción					

3.1 Comparte la información de tu compañero/a con el resto de la clase y di a qué generación pertenece.

▶ *El álbum de las bandas sonoras de mi compañero/a suena a...*

4 En grupos, vamos a crear el álbum musical de la generación ELE. Elaborad un listado con las canciones que os han servido para mejorar o aprender diferentes aspectos del español. No olvidéis poner un título al álbum.

Contenido gramatical	subjuntivo	pasados	....	....	....
Canción					

Título del álbum: ....

5 Escuchar música muchas veces es viajar por el tiempo y el espacio sin movernos de casa. Cierra los ojos, piensa en un país y trata de relacionarlo con una canción. Luego coméntalo en clase. Entre todos vamos a hacer el mapamundi de nuestros viajes a través de las canciones.

▶ *A mí, la canción de Pink Floyd* Another Brick in the Wall *siempre me recuerda mi viaje a Alemania.*

5.1 [33] Vamos a participar en el concurso que han organizado en la página web de Cadena SER para la campaña "La música conecta a las personas". Escucha y toma nota de lo que tienes que hacer para concursar.

5.2 Piensa y cuenta a tu compañero/a cuál es tu mejor banda sonora. Después, elegid cuál es la más interesante o divertida para enviar al concurso.

Emocionate

1 En parejas, “leed” las imágenes que os va a mostrar vuestro/a profesor/a y debatid: ¿qué relación creéis que hay entre la lengua y la música? Señalad, al menos, cuatro similitudes.

1.1 [34] Hoy ha venido a clase una especialista en inteligencia musical, la profesora Fonseca, que nos va a hablar de la relación entre la música y la lengua. Toma nota de las cuatro similitudes que menciona y compáralas con tus respuestas anteriores.

1 ....

2 ....

3 ....

4 ....

2 En grupos de tres, leed el texto que os asigne vuestro/a profesor/a y resumid su idea principal.

A

El sonido y la música siempre han estado ligados al ser humano y, por tanto, ligados a las emociones. Ya nuestros primeros antepasados empleaban los sonidos y la música como herramientas de supervivencia y de comunicación: crearon asociaciones que les permitían predecir situaciones de peligro y con las que desarrollaron habilidades sociales comunicándose con un lenguaje común. De hecho, y según explicó Darwin en *El origen de las especies*, los sonidos musicales pudieron haber sido la base para el desarrollo del lenguaje, y a la vista está que el ritmo y la cadencia del discurso oral poseen rasgos musicales.

Nuestra relación con la música llega hasta tal punto que esta es capaz de alterar nuestro estado emocional. Nuestro cerebro ha ido evolucionando y, a lo largo de este proceso, ha ido incluyendo los sonidos como pieza fundamental con la que crear patrones o modelos junto a las emociones, permitiendo descodificar nuestro entorno. Así, las emociones son las encargadas de convertir los sonidos que percibimos en algo comprensible. Por ejemplo, detectamos la alegría o la tristeza en una persona solo con el sonido de su voz e independientemente de sus palabras.

Extraído y adaptado de http://universodeemociones.com/musica-y-emociones/

3 [35] Escucha estas conversaciones entre amigos y marca la emoción o emociones que se expresan en cada situación.

E. enfado **A.** alegría **M.** miedo o ansiedad **N.** nerviosismo **T.** tristeza

Conversación 1	E	A	M	N	T
Conversación 2	E	A	M	N	T
Conversación 3	E	A	M	N	T
Conversación 4	E	A	M	N	T

3.1 En parejas, clasificad estas expresiones según los estados de ánimo de la actividad anterior que expresan.

1. [T] Me entristece / Me pone muy triste que...
2. [ ] Siento pena/tristeza/pesar...
3. [ ] Estoy hasta la coronilla/las narices/aquí (de)...
4. [ ] Me pongo/Me pone enfermo/de un humor de perros...
5. [ ] Estoy como loco / Estoy loco de contento.
6. [ ] Me pongo a dar saltos de alegría.
7. [ ] Me agobio/agobia...
8. [ ] Se me pone la carne de gallina / Se me ponen los pelos de punta.
9. [ ] Me pongo/pone de los nervios...
10. [ ] Me saca de quicio...

¡Fíjate!

El verbo ***ponerse*** y el verbo ***estar*** se combinan con los mismos adjetivos o expresiones relacionados con el estado físico o anímico. Sin embargo, mientras que *ponerse* describe un cambio, un “llegar a ser”, *estar* expresa un resultado.

proceso	resultado
Ponerse de un humor de perros.	*Estar de un humor de perros.*

proceso	resultado
Ponerse contento.	*Estar muy contento.*

B Desde la antigüedad la música se ha considerado como un arte. Es un código, un lenguaje universal, que está presente en todas las culturas de la historia de la humanidad. Curiosamente, en China, los dos ideogramas que la representan significan "disfrutar del sonido".

Posiblemente, los orígenes de la utilización terapéutica de los sonidos y la música se remonten al principio de la humanidad. Ya Platón citaba que "la música era para el alma lo que la gimnasia para el cuerpo", reconociendo que esta poseía cualidades o propiedades que incidían en nuestras dimensiones emocional y/o espiritual.

La American Music Therapy Association (AMTA) define la musicoterapia como "una profesión en el campo de la salud que utiliza la música y actividades musicales para tratar las necesidades físicas, psicológicas y sociales de personas de todas las edades".

Extraído y adaptado de
https://lamenteesmaravillosa.com/musica-y-emociones/

C Este artículo me lo inspiró un fado portugués; mientras lo escuchaba, sentía cómo se llenaba mi alma de una forma poderosa, entonces pensé que tenía que escribir un artículo sobre la música porque... ¿cuántos recuerdos nos vienen asociados a una melodía o a una canción?

La música son cajas para el recuerdo y para la memoria. Como los perfumes, esta tiene el poder de trasladarnos al pasado, de hacernos volver a vivir con nostalgia la primera vez que nos enamoramos, de recordarnos a nuestra madre haciendo las tareas de la casa mientras escuchaba esas canciones o a nuestros viejos amigos bailando entre risas en aquel viejo bar que ya no existe. La música es capaz de ponernos nostálgicos, alegres, tristes, melancólicos..., tiene el poder de evocar emociones.

La música y el lenguaje comparten la misma red; sobre todo en los niños, el cerebro no distingue entre música y lenguaje. De ahí la importancia de que estos, incluso desde que son bebés, escuchen música. Con la música, los niños aprenden más rápido los procesos del lenguaje, la habilidad de escucha, y tienen menos problemas de dislexia.

Extraído y adaptado de
https://lamenteesmaravillosa.com/el-poder-de-la-musica-2

2.1 **Ahora, formad grupos con representantes de los tres textos e intercambiad la información. ¿Qué es lo que más os ha llamado la atención? Contestad a estas preguntas.**

1. ¿En qué sentido música y lenguaje están relacionados con las emociones?
2. ¿Música y lenguaje puede tener propiedades curativas?
3. ¿Hay alguna relación entre música y memoria?

2.2 **Teniendo en cuenta la influencia de la música en las emociones, escribid entre toda la clase las canciones que componen la siguiente lista:**

"Grandes éxitos
para ser feliz".

4 **¿Cuál es tu canción favorita para animarte? Imagina que la escuchas y escribe las imágenes que vienen a tu mente.**

4.1 **Pregunta a tu compañero/a qué tipo de música cambia su estado anímico y, después, comparte la información con la clase.**

Una canción que le pone...

- triste
- alegre
- de mal humor
- a cien
- de los nervios
- la carne de gallina

5 [35] **En parejas, volved a escuchar el audio de la actividad 3 y completad el cuadro. Luego, comparad con el resto de compañeros hasta tener toda la información.**

Preguntar por el estado de ánimo

1. ¿Cómo va eso?/¿Cómo lo llevas?
2. ....
3. ....
4. ....
5. ....

Expresar empatía

1. Me imagino por lo que estás pasando.
2. ....
3. ....
4. ....

6 Escuchar música se considera una actividad pasiva, pero hay muchos tipos de escucha. Señala aquellas que conozcas y trata de explicar su significado.

☐ apreciativa ☐ selectiva ☐ analítica ☐ sintetizada ☐ empática ☐ activa

6.1 El profesor Alfredo Oigote es un psicólogo especialista en inteligencia emocional. Antes de escuchar su explicación, contesta si las afirmaciones son verdaderas o falsas según tu opinión.

1. La escucha apreciativa es aquella que realizamos sin esfuerzo, cuando oímos algo para nuestra propia relajación y placer. .... V F
2. La escucha selectiva es un tipo de escucha que realizamos sin poner atención, simplemente escogemos escuchar de la música lo que nos apetece. .... V F
3. En la escucha analítica prestamos atención a la secuencia de contenidos que se nos comunica para entender cómo se relacionan las ideas. .... V F
4. La escucha sintetizada es un tipo de escucha en que intervenimos para dirigir la conversación y obtener la información que deseamos. .... V F
5. La escucha empática es un tipo de escucha centrada solamente en comprender lo mismo que expresa nuestro interlocutor para que no haya malentendidos. .... V F
6. La escucha activa significa escuchar con total atención e interactuar para entender bien el mensaje y demostrar a nuestro interlocutor que se siente bien interpretado. .... V F

6.2 [36] Escucha al profesor Alfredo Oigote y comprueba tus respuestas.

6.3 Además de las escuchas citadas, el especialista menciona otra más, ¿cuál?, ¿en qué consiste o se diferencia de las demás?

....

7 Vamos a practicar la escucha activa. Observa detenidamente este cuadro. Imagina que estás frente a la protagonista y que hablas con ella. Trata de averiguar qué le preocupa y consuélala mostrando empatía. En parejas, escribid el diálogo que mantenéis mientras escucháis una melodía.

Q Train, Nigel Van Wieck.

7.1 En grupos de cuatro, comparad vuestros diálogos y elegid el que más os guste o haced una versión con los dos. Luego, estudiadlo y representadlo en clase. Todos tendréis que votar la mejor interpretación dando una puntuación de 1 a 5.

Ficha de evaluación	Puntos
Expresión corporal, gestos y expresión no verbal	☐
Entonación	☐
Corrección gramatical	☐
Corrección léxica	☐
Fluidez verbal	☐

7.2 Vuestro/a profesor/a os va a entregar unas fichas para practicar la escucha activa y las expresiones de empatía.

8 En parejas, observad la imagen y responded a las preguntas.

1 ¿Quién es ella?

2 ¿Qué hace ahí?

3 ¿Cómo crees que se siente?

8.1 **Ahora, observa de nuevo la imagen pero acompañada de la melodía musical que te pondrá tu profesor/a. Después, con tu misma pareja, decide en qué contexto ocurre e inventa la historia que cuentan imagen y melodía.**

Se trata de...

1. ☐ una pesadilla. 2. ☐ una película. 3. ☐ un recuerdo. 4. ☐ otro contexto: ....

8.2 [37] **La protagonista de esta historia, Anabel Li, tiene un problema. La semana pasada sufrió una crisis de ansiedad cuando volvía a casa por el camino del bosque. En parejas, escuchad la conversación con su musicoterapeuta y anotad en vuestro cuaderno qué cosas recuerda y cuáles no.**

9 **Fíjate en las frases que se dicen en el diálogo que has escuchado y compáralas con aquellas frases junto a las que aparecen ahora. ¿Qué diferencia crees que hay entre ellas? Comentadlo en parejas.**

1. – Recuerdo **la cara de susto que tenías** en la primera consulta con solo hablar del tema.
– Recuerdo que tenías cara de asustada en la primera consulta con solo hablar del tema.

2. – **Lo asustada** que estabas no te permite recordar bien.
– Como estabas asustada, no puedes recordar bien.

3. – **Lo mal** que lo pasé me impide tener recuerdos precisos.
– Haberlo pasado mal me impide tener recuerdos precisos.

4. – En la sesión anterior me dijiste que eres muy sensible a las películas de miedo.
– En la sesión anterior me dijiste **lo sensible** que eres a las películas de miedo.

9.1 **Leed la información del cuadro y comprobad vuestra respuesta anterior.**

Función enfática o intensificadora del artículo

En muchos casos, la **presencia o uso del artículo** cumple una **función enfática** o **intensificadora**. Así, una misma idea puede ser comunicada con más o menos intensidad dependiendo de si usamos o no el artículo:

1. Uso del **artículo neutro** seguido de adjetivo o de adverbio:
- *Me impresionó que fuera tan despistada.* ➔ *Me impresionó **lo despistada** que era.*
- *La música en tu coche suena muy bien.* ➔ *¡Madre mía, **lo bien** que suena la música en tu coche!*

2. Uso del artículo en una **proposición relativa**:
- *Anabel Li tenía cara de susto después de su experiencia.* ➔ *¡**La cara de susto que tenía** Anabel Li después de su experiencia!*

10 **A veces nuestros recuerdos son borrosos; por eso, en su conversación con su musicoterapeuta, Anabel Li usa algunas de las siguientes expresiones para hablar de lo que recuerda y de lo que no. En parejas, preparad un diálogo similar al de la actividad 8.2 y representadlo en clase. Usad las expresiones del cuadro y los artículos para enfatizar.**

Cosas que recuerda	Cosas que no recuerda
– Si mal no recuerdo,... – Que yo recuerde... – Si la memoria no me falla,...	– No consigo recordar... – Pues no me dice nada. – No caigo.

Cuestión de ritmo

1 **Cada lengua tiene un patrón melódico propio. Las melodías de las lenguas también originan estereotipos. Lee las preferencias que tenía el rey de España Carlos I y cuéntale a tu compañero/a tus preferencias.**

"Hablo el español con Dios,
el italiano con las mujeres,
el francés con los hombres y
el alemán con mi caballo".

▸ *Pues, si yo fuera rey, hablaría...*

1.1 **Antes de conocer la gramática o el vocabulario, tenemos una idea de cómo son las lenguas por su entonación. Piensa en idiomas que no hables y decide cuál elegirías según su musicalidad para estas situaciones. Coméntalo con tus compañeros explicando por qué.**

Para...

- una discusión en el trabajo.
- enamorar a un/a chico/a.
- hablar de fútbol o algún deporte.
- hablar de política.
- hablar de temas complejos.
- hablar con un niño.
- hablar con un animal/una mascota.

▸ *Yo elegiría el italiano para discutir porque me suena más expresivo y muy intenso.*

2 **¿Crees que lloramos de diferente manera según nuestra lengua materna? Lee el siguiente texto para descubrirlo.**

Desde sus primeros días de vida, los bebés lloran en francés, inglés o español, ya que el llanto de los recién nacidos lleva la impronta del idioma de sus padres, según un estudio publicado en la edición digital de *Current Biology*. El descubrimiento sugiere que los bebés captan elementos de lo que será su idioma materno ya en el vientre de su madre, mucho antes de sus primeros balbuceos.

"El hallazgo más espectacular de este estudio es que los neonatos humanos no solo son capaces de reproducir distintos tonos cuando lloran, sino que prefieren las pautas sonoras típicas del idioma que han oído durante su vida fetal, en el último trimestre de gestación", señala una de las autoras del estudio, Kathleen Wermke.

Según Wermke, contrariamente a lo que indican las interpretaciones más ortodoxas, estos datos subrayan la importancia del llanto para el futuro desarrollo del lenguaje.

El equipo de Wermke grabó y analizó el llanto de sesenta recién nacidos sanos, treinta de ellos de familias francófonas y los otros treinta de familias germanófonas, entre tres y cinco días después de su alumbramiento. El análisis reveló claras diferencias, basadas en el idioma materno.

En el experimento, los bebés franceses tendieron a llorar en un tono ascendente, mientras que los alemanes lo hicieron en un tono descendente, unas diferencias características entre los dos idiomas, explicó Wermke.

Estos resultados demuestran el impacto temprano del idioma nativo, según los investigadores. Estudios anteriores habían demostrado que los fetos humanos son capaces de memorizar sonidos del mundo externo ya en el último trimestre de gestación. Pero, aunque se sabía que la exposición prenatal al idioma materno influye en la percepción de los recién nacidos, se pensaba que sus efectos sobre la pronunciación de sonidos se daban de forma mucho más tardía.

Los recién nacidos prefieren la voz de su madre a todas las demás, perciben el contenido emocional de los mensajes que les envía esta mediante la entonación y sienten una fuerte motivación a imitarla para atraerla y crear lazos afectivos. Y la entonación de la madre es el único aspecto del lenguaje que son capaces de imitar, lo que explicaría los resultados del estudio, coinciden en señalar la mayoría de los científicos.

http://www.elmundo.es/elmundo/2009/11/05/ciencia/1257440249.html

Expresar ideas que se confirman o no

▸ Para expresar una idea que no se confirma

- Contrariamente a lo que yo pensaba,...
- Al contrario de lo que yo creía,...

▸ Para expresar una idea que se confirma

- Coincidiendo con lo que yo pensaba,...
- Al igual que lo que yo creía,...

2.1 **Resume la noticia en tres o cuatro líneas, indicando:**

1. La idea principal.
2. ¿Qué se pensaba antes?
3. La importancia de este hallazgo.

2.2 **Busca en el texto palabras con el mismo significado que las siguientes.**

1. barriga: ....
2. recién nacido: ....
3. descubrimiento: ....
4. nacimiento: ....
5. marca: ....
6. destacar: ....
7. percibir: ....

3 [38] La entonación es el gran patrón musical de la lengua. A veces la usamos para expresar ironía. ¿Sabes reconocerla en español? Escucha y marca en qué intervenciones la usa la persona que habla en segundo lugar.

1. ☑ Para lo que hay que ver .... S M N
2. ☐ Sí, sabes que sí .... S M N
3. ☐ ¡Qué buen jugador eres! .... S M N
4. ☐ Sí, sí, canta muy bien, como un ángel .... S M N
5. ☐ Vale, mañana a las diez .... S M N
6. ☐ Sí, seguro, mañana a las diez.......... S M N
7. ☐ A buenas horas.............................. S M N
8. ☐ Ya sabes que no .... S M N

3.1 [38] Vuelve a la actividad 3, escucha de nuevo e indica, en los que diálogos en los que hay ironía, de qué manera se produce: por suspensión de frase (S), por mentiras irónicas (M) o por negación irónica (N).

El uso de la ironía

La **ironía** es un elemento más de la musicalidad del lenguaje. Existen muchos recursos para expresarla; entre ellos, la entonación y el contexto cumplen una función muy importante.

Así, la ironía se puede producir por:

1. Suspensión de una frase:
   - ▶ *Me he comprado un coche nuevo.*
   - ▷ *Mira qué bien...*
2. Mentiras irónicas:
   - ▶ *¿Verdad que es bonito mi jersey?*
   - ▷ *Precioso.*
3. Negación irónica (afirmar lo contrario o *contradictio in terminis*):
   - ▶ *Luego me recoges, ¿verdad?*
   - ▷ *Sí, claro. Y te llevo bombones también.*

4 En el periódico dominicano *Diario Libre* hay una sección dedicada al uso correcto de la lengua y las particularidades del lenguaje. Vas a leer un artículo que se titula "La melodía del lenguaje", ¿de qué crees que trata?

1. ☐ De la importancia de la buena entonación para la comunicación.
2. ☐ Del aprendizaje de las propiedades melódicas de diferentes lenguas.
3. ☐ De la importancia de la gramática en la lengua materna.

4.1 Ahora, lee el artículo y comprueba tu respuesta.

LA MELODÍA DEL LENGUAJE

Los hablantes suelen quejarse de la dificultad de los verbos. No podemos negarlo, el español posee un sistema verbal complejo y difícil. Es precisamente esta complejidad la que nos permite expresar infinitos matices –temporales, sentimentales, de actitud personal, de punto de vista– y enriquecer nuestra comunicación. Pero las cosas complejas nos exigen conocimiento y habilidad en el uso.

El condicional simple *(cantaría, bebería, iría...)* y el compuesto *(habría cantado, habría bebido, habría ido...)* son protagonistas de algunos errores muy frecuentes en los titulares de periódico. Hoy quiero llamarles la atención sobre un uso incorrecto del condicional que encontramos cada vez con más frecuencia. Analicen, si no, titulares como este: "Los negociadores firmarían el contrato hoy". Para que la expresión sea correcta, nos falta completar la idea con una oración que exprese la condición necesaria para que la firma llegue a producirse; algo así como: "Los negociadores firmarían el contrato hoy si llegaran a un acuerdo".

Algo similar sucede con el condicional compuesto en casos como este: "Durante la protesta habrían detenido a diez personas". Si la intención es expresar la probabilidad de las detenciones, el redactor ha elegido la forma menos adecuada porque, precisamente, lo que esta frase significa es que, al final, no las detuvieron.

Podemos evitar estos errores gramaticales echando mano de otros recursos para expresar la probabilidad o la posibilidad, como por ejemplo: "Es probable que los negociadores firmen el contrato hoy" o "Al parecer detuvieron a diez manifestantes".

Estos pequeños matices marcan la diferencia de una expresión correcta. Imaginen un instrumento musical de gran calidad que debemos aprender a tocar para obtener los mejores resultados. Y eso es nuestra lengua: precisión, complejidad, versatilidad y riqueza que nos exigen entrenamiento y sensibilidad para interpretar la melodía del lenguaje.

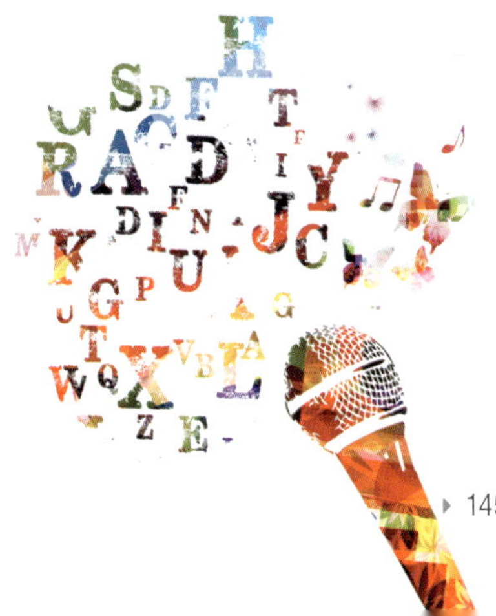

4.2 ¿Qué significa "la melodía del lenguaje" en este texto? ¿Con qué elemento se compara el uso que hacemos de la lengua?

5 En parejas, enumerad por orden de importancia los elementos de la siguiente lista para dominar bien un idioma.

☐ Tener un buen conocimiento gramatical. ☐ Tener muchísimo vocabulario. ☐ Dominar la entonación.
☐ Tener una buena ortografía. ☐ Leer con fluidez y corrección. ☐ Tener conocimiento cultural.

6 [39] **Vas a oír un poema de Blas de Otero, uno de los principales representantes de la poesía social de los años cincuenta. Escúchalo con atención y señala el elemento que consigue aportar valor significativo al texto.**

1. ☐ la repetición
2. ☐ las oraciones condicionales
3. ☐ el vocabulario
4. ☐ la rima

6.1 **En parejas, llegad a un acuerdo: ¿es un poema de amor? ¿Cuál es el verso que mejor recuerdas? ¿Es un texto optimista o pesimista?**

– Según yo... *– Como yo lo veo...*

! Fíjate

La anáfora se asocia a la **repetición de palabras**. En poesía, es un recurso destinado a aumentar la potencia expresiva de un mensaje. Como toda figura del lenguaje, se trata de un **elemento estético**, cuya intención primera es generar una sensación de ritmo y sonoridad en el lector. Se suelen repetir las palabras a principio de un verso o de una estrofa.

Sin embargo, también se recurre a la **anáfora** fuera de la poesía o de la prosa literaria, en situaciones en las que tan solo se pretende expresar insistencia en el marco de la comunicación.

http://www.ejemplos.co/20-ejemplos-de-anafora/#ixzz4XRAw425T

7 **El poema que has escuchado, "En el principio", habla de volver a empezar a partir de algo que el poeta considera de gran valor: la palabra. Imagina que en tu último viaje te han abierto la maleta y te han robado algo que para ti es fundamental. Escribe un texto basándote en el poema del autor, pero sin la rima.**

EN EL PRINCIPIO

Si he perdido la vida, el tiempo, todo
lo que tiré, como un anillo, al agua,
si he perdido la voz en la maleza,
me queda la palabra.
Si he sufrido la sed, el hambre, todo
lo que era mío y resultó ser nada,
si he segado las sombras en silencio,
me queda la palabra.
Si abrí los labios para ver el rostro
puro y terrible de mi patria,
si abrí los labios hasta desgarrármelos,
me queda la palabra.

EN EL AEROPUERTO

Si he perdido ...., ..., todo
lo que ....,
si he perdido ....,
me queda ....
Si ...., ..., todo
lo que era mío y resultó ser nada,
si he ....,
me queda ....
Si abrieron mi maleta para ....
....,
si abrieron mi maleta hasta ....,
me queda ....

7.1 **Observa las oraciones introducidas por *si* que aparecen en el poema. Si te fijas, la primera parte siempre aparece en el verso 1 y la última en el verso 4. ¿Qué expresan en el texto estas oraciones?**

☐ condición ☐ contraste
☐ deseo

7.2 **Lee la información del cuadro y confirma tu respuesta.**

! Fíjate

Según algunos expertos en gramática, en las frases introducidas por ***si*** predomina el sentido condicional, pero no siempre su referencia consiste en mostrar una condición. Muchas veces, por ejemplo, cuando la construcción con ***si*** va acompañada de tiempos del pasado de indicativo, señala solo una contraposición o contraste:

– Si ayer llovía, hoy hace sol.

7.3 **Hemos visto que hay oraciones con *si* que expresan contraste, por eso podemos sustituirlo por *aunque* o *pero*. Recupera tu poema de la actividad 7 y sustituye *si* por *aunque* o *pero* haciendo las modificaciones necesarias. Luego, comparte tu respuesta con el resto de la clase: ¿apreciáis los matices?**

8 **¿Sabes qué es un reproche? A veces, las oraciones introducidas por *si* se utilizan para hacerlos. Observa los pares de imágenes y marca la opción correcta. Luego, relaciona cada oración con el refrán o dicho popular adecuado.**

1. Si tenías que estudiar tanto en la universidad,
   - **a.** no aceptarías otro trabajo en la cafetería.
   - **b.** no haber aceptado trabajar en una cafetería.

2. Si hoy has llegado tarde,
   - **a.** haberte acostado temprano.
   - **b.** no te acostaras tarde.

3. Si querías haber visto la Sagrada Familia,
   - **a.** ¿por qué no fuiste antes de ir al Camp Nou?
   - **b.** no irías al Camp Nou.

4. Si había mucho tráfico,
   - **a.** podrías haber ido en bicicleta al trabajo.
   - **b.** ibas a la oficina en bicicleta.

Refrán o dicho popular

a. ☐ ..., porque hombre previsor, vale por dos.

b. ☐ ..., el que mucho abarca poco aprieta.

c. ☐ ..., porque a quien madruga Dios le ayuda.

d. ☐ ..., habrías matado dos pájaros de un tiro.

8.1 **Por lo general, la rima o musicalidad del refrán refleja una técnica de la tradición oral que ayuda a recordar mejor estas sentencias. Se dice que cuando los refranes no tienen rima en español es porque son traducciones. Si usamos el criterio de la rima, ¿cuál de las expresiones anteriores no es un refrán?**

8.2 **¿Existen estos refranes en tu lengua materna? Intenta traducirlos a tu idioma. Según tu cultura, ¿tendrían sentido?**

1. Hombre previsor vale por dos.
2. Hasta el 30 de mayo no te quites el sayo.
3. A quien madruga Dios le ayuda.

8.3 ***Matar dos pájaros de un tiro* es un dicho popular. Une estos otros dichos populares con su explicación correspondiente.**

1	Matar la gallina de los huevos de oro.
2	Matar moscas a cañonazos.
3	Matar el gusanillo.

a. Expresión que significa "aliviar el hambre momentáneamente".

b. Con este modismo se da a entender que una persona, llevada por la codicia, echa a perder su mayor fuente de riqueza.

c. Esta frase da a entender que se están usando de forma absurda medios desproporcionados y costosos para resolver una cuestión menor.

Quien canta su mal espanta

1 **En parejas, contestad a las siguientes preguntas. Después, compartid vuestras respuestas con el resto de la clase.**

1. ¿Te gusta cantar? ¿Cantas bien? ¿Sueles cantar o canturreas?
2. Cuando cantas, ¿por qué lo haces?
3. ¿En qué lugares cantas?
4. ¿Has ido alguna vez a un karaoke? ¿Te gusta?

2 **¿Te imaginas un mundo sin canciones? En parejas, leed algunas frases extraídas de un blog y escribid, después, vuestra propia respuesta.**

¿CÓMO SERÍA EL MUNDO SI LA MÚSICA NO HUBIERA EXISTIDO?

Sin canciones, sin descripción de sentimientos, sin poder gritar lo que deseas, la vida sería como una película sin sonidos. Sin la música, el acercarse a otras personas sería aún más complicado.

Sin melodías, no habría instrumentos que nos ayudaran a construir sonidos que consiguen hacernos sonreír, llorar y amar. No tendríamos besos y abrazos recordados por canciones que decían lo mismo que podíamos llegar a sentir...

De no haber existido la música, tendríamos menos amigos. No habríamos ido a conciertos o a bares donde terminar cantando con un desconocido. Esos lugares abarrotados de gente unida por la música, donde los roces no importan y donde una melodía nos aleja de la realidad, no existirían.

El vivir acompañado de más o menos música es una elección personal, pero la presencia de la música en nuestras vidas parece un hecho irresistible.

TÚ **¿Cómo sería tu vida si no hubiera existido la música?** ....
....

Extraído de https://quepasariasinoexistiera.wordpress.com/2012/05/03/que-pasaria-si-la-musica-no-existiera/

2.1 **Lee el siguiente de cuadro y busca en la actividad 2 algunos ejemplos para completarlo.**

Ausencia y presencia del artículo

Aparentemente, el artículo posee un significado estrictamente gramatical y su uso normalmente se debe a la voluntad de determinar al nombre al que acompaña.

La presencia del artículo definido indica la referencia a un objeto ya conocido:

▶ *La taza de Luis era verde, ¿no?*

▷ *No, **la taza** de María era verde. La de Luis es roja.*

1. Una de sus funciones gramaticales es la de nominalizar elementos que no pertenecen a la categoría *nombre*, como por ejemplo los adjetivos o los infinitivos:
– ***El rojo** es su color favorito.*
– ***El pintar** mejor o peor es una cuestión de entrenamiento.*

2. En el caso de los infinitivos, la presencia del artículo suele ser opcional y cumple una función enfática frente a su ausencia:
– *Ø Pintar / El pintar mejor o peor es una cuestión de entrenamiento...*
– ....

Hay algunos infinitivos que han sido nominalizados, es decir, el uso los ha transformado en sustantivos masculinos: *el amanecer, el atardecer, el anochecer, el poder, el saber, el deber...*

3. La ausencia del artículo sirve para referirnos a algo de manera genérica:
– *Se busca secretaria.*
– *María es Ø jefa de Recursos Humanos.*
– *Sin Ø jefe de Recursos Humanos, la empresa no podía funcionar correctamente.*
– ....

4. Por lo general, los nombres propios no llevan artículo, salvo que se trate de un contexto en el que queremos especificar algo:
– *Luis ha sido siempre muy simpático.*
– *El Luis que yo conozco siempre ha sido muy simpático.*

2.2 En parejas, leed estos pares de frases y tratad de explicar el efecto que produce el uso o la ausencia de artículo.

1. El saber no ocupa lugar. / Juan no quiere saber más.
2. Juan siempre lleva pantalón de lino y camisa de flores. / Juan siempre lleva el pantalón de lino y la camisa de flores.
3. Ana es jefa de estudios. / Ana es la jefa de estudios.
4. Estos son diccionarios. / Estos son los diccionarios.
5. Madrid es la capital de España. / El Madrid de los Austrias se conserva bien.

3 Dicen que "quien canta sus males espanta". Escucha y explica con tus palabras el significado de este refrán.

40]

3.1 En parejas, resumid al menos cuatro razones por las que cantar es bueno para la salud según la audición.

4 Relaciona estas expresiones sobre el malestar físico con frases sinónimas. Luego, comprobad entre todos.

1	Tengo el estómago cerrado.
2	Me caigo de sueño.
3	Me encuentro fatigado.
4	¡Me muero de hambre!
5	Tengo molestias en la pierna.
6	Tengo la garganta seca.

a. No puedo con mi alma.
b. Me muero por dormir.
c. Siento pinchazos en la rodilla.
d. Tengo un agujero en el estómago.
e. Tengo carraspera.
f. No tengo apetito.

4.1 En parejas, poneos de acuerdo en recomendar una solución para cada síntoma físico de la actividad 3.2. Luego, compartid vuestras recomendaciones con la clase.

▸ *Si tienes el estómago cerrado, lo más recomendable es que tomes antes unos encurtidos o unas aceitunas. Verás que eso te dará ganas de comer.*

Dar consejos o hacer recomendaciones

– Lo más aconsejable/recomendable (en estos casos) es que...
– Te sugeriría que...
– Lo único que puedo aconsejarte/recomendarte/sugerirte es que...
– *Ni se te ocurra* + infinitivo

! Recuerda

Cuando el consejo o recomendación aparecen introducidos por un verbo en condicional, el verbo en subjuntivo irá en imperfecto:

– *Te **sugeriría** que **tomaras** antes unos encurtidos o unas aceitunas.*

5 Lee este breve texto sobre la "canción curativa" en la infancia y comparte con tus compañeros una canción de tu país que los padres cantan a sus hijos para aliviar el dolor.

Sana, sana, culito de rana

A más de uno le sonará la expresión "sana, sana, culito de rana, si no sana hoy sanará mañana" (o variantes de la misma) que suele emplear un adulto para calmar el dolor que sufre un niño cuando se ha dado un golpe. La frase suele pronunciarse mientras se acaricia, frota o besa la zona dolorida. Muchos padres han tratado de calmar así el dolor de sus hijos durante mucho tiempo, pero, ¿realmente funciona? ¿hay alguna explicación científica?

Extraído de http://www.hablandodeciencia.com/articulos/2012/08/30/sana-sana-culito-de-rana/

5.1 ¿Por qué crees que este tipo de canciones alivian el dolor de los niños? Habla con tus compañeros y después comprueba tu respuesta con el texto que te va a dar tu profesor/a.

6 **Las canciones también tienen un valor social y están relacionadas con momentos importantes de la vida en sociedad. Lee este mural y escucha las canciones que te va a poner tu profesor/a. Trata de relacionar cada canción con su texto correspondiente.**

De 1936 a 1939 España vivió una Guerra Civil. La canción *Suspiros de España* simboliza una época difícil y comunica muchas emociones. Pertenece al género musical conocido como pasodoble y se baila.

Canción n.º: ....

Hasta 1978 no hubo ejercicio de la democracia en España. En aquel año, y después de años de lucha social, los españoles por fin fueron a las urnas para votar una constitución democrática. La canción *Libertad sin ira*, del grupo Jarcha, representa la transición de la dictadura a la democracia en España.

Canción n.º: ....

En los años ochenta, ya en plena democracia, en España hubo todo un movimiento musical, cultural y artístico conocido como "la movida madrileña". La canción de Alaska *A quién le importa lo que yo haga* defendía el derecho a ser "libremente" libre.

Canción n.º: ....

6.1 **Haz un mural como el de la actividad anterior y explica a tus compañeros un poco de la historia de tu país. Elige tres imágenes y tres canciones.**

6.2 **La movida madrileña fue un movimiento cultural que unió a músicos, poetas, cineastas y todo tipo de artistas de toda España que tenían muchos puntos en común. Lee estos fragmentos del poema de Luis García Montero y de la canción de Quique González. Luego, trata de adivinar el título del poema y el de la canción.**

....

Como la luz de un sueño,
que no raya en el mundo pero existe,
así he vivido yo
iluminando
esa parte de ti que no conoces,
la vida que has llevado junto a mis pensamientos.

Y aunque tú no lo sepas, yo te he visto
cruzar la puerta sin decir que no,
pedirme un cenicero, curiosear los libros,
responder al deseo de mis labios
con tus labios de whisky,
seguir mis pasos hasta el dormitorio.

También hemos hablado
en la cama, sin prisa, muchas tardes
esta cama de amor que no conoces,
la misma que se queda
fría cuanto te marchas.

....

Aunque tú no lo sepas
me he inventado tu nombre,
me drogué con promesas
y he dormido en los coches.

Aunque tú no lo entiendas
nunca escribo el remite en el sobre
por no dejar mis huellas.

Aunque tú no lo sepas
me he acostado a tu espalda
y mi cama se queja
fría cuando te marchas.

He blindado mi puerta
y al llegar la mañana
no me di ni cuenta
de que ya nunca estabas.

6.3 **Vas a escribir en un papel un secreto que empiece por el primer verso de la canción de Quique González. Escribe qué has aprendido en esta unidad pero no escribas tu nombre, después dáselo a tu profesor/a para que lo meta en una caja.**

▶ *Aunque tú no lo sepas, en esta unidad he aprendido a…*

Evaluación

Interacción oral

Observa la imagen y participa en este juego de roles. Imagina que eres la chica del cuadro y que tienes un problema. Prepara un diálogo con tu compañero/a. Él/ella te escuchará con atención y tratará de consolarte al igual que hicimos en la actividad 7.1 de la página 142.

Elementos que serán evaluados

- Expresión corporal, gestos y expresión no verbal
- Entonación
- Corrección gramatical
- Corrección léxica
- Fluidez verbal

Automat, Edward Hopper (1927).

Comprensión auditiva

[41]

Vas a escuchar una entrevista al neurocientífico Patrik Nils Juslin. Luego, responde a las preguntas.

1. En la entrevista, se menciona que canturrear es…
   - ◯ **a.** cantar repetidamente una canción porque nos gusta y nos trae recuerdos.
   - ◯ **b.** repetir de manera inconsciente una canción sin importar que nos guste o no.
   - ◯ **c.** repetir inconscientemente una canción mediante silbidos.
2. En el audio, se dice que una canción hortera es una canción…
   - ◯ **a.** que se pone de moda.
   - ◯ **b.** que se considera mala.
   - ◯ **c.** que se considera buena.
3. ¿Qué es la amusia?
   - ◯ **a.** Tener buen oído y buen gusto para cantar una canción.
   - ◯ **b.** Tener mal oído y mal gusto para cantar una canción.
   - ◯ **c.** Tener poca o nula capacidad emocional respecto a la música.
4. ¿Por qué el oído es el sentido más poderoso que tenemos?
   - ◯ **a.** Porque es el primero que se desarrolla en el vientre materno.
   - ◯ **b.** Porque es el primero que se desarrolla una vez que nacemos.
   - ◯ **c.** Porque es el primero que usamos en el mundo exterior.

Comprensión lectora

1 **Lee el siguiente texto en el que se habla de la relación entre música y literatura y señala si estas afirmaciones son verdaderas o falsas.**

1. Según el texto, ser un melómano significa no saber tocar ningún instrumento. .... V F
2. Leer la obra de Marcel Proust en su lengua original permite percibir su estilo musical. .... V F
3. El escritor fue acusado de tener una excesiva afición musical y de copiar composiciones. .... V F
4. En sus novelas hay una estructura musical de fondo que se aprecia en algunos recursos. .... V F
5. Fortuny citó muchas más veces a Wagner que el propio Proust. .... V F
6. Según el texto, Proust alteraba el plan original de su obra una vez que la acababa. .... V F

PROUST SUENA A MÚSICA

Si Alejo Carpentier llevaba un músico dentro y Paul Klee era un consumado violinista a la vez que pintor genial, Marcel Proust no tocaba instrumento alguno y su formación no permite señalarlo más que como un melómano refinado, es decir, un apasionado por la música con buen gusto. Sin embargo, su obra magna, *En busca del tiempo perdido*, es en sí misma una gigantesca construcción musical para quien conoce la lengua francesa y quien lo ha leído en buenas traducciones.

La Fundación Juan March inicia a partir de este miércoles un nuevo ciclo de conciertos dedicados al universo musical de diversos escritores que, como Proust, acusaron en su obra gran influencia de la más temporal de las artes sin tenerla como oficio.

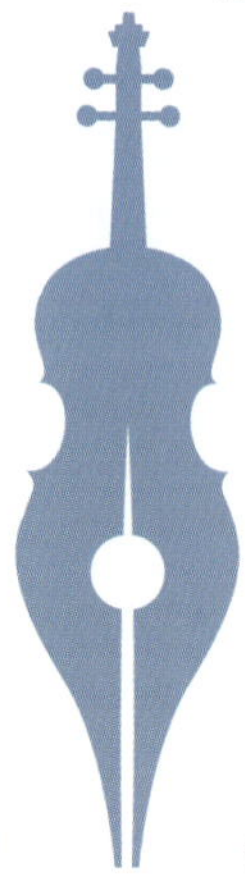

En busca del tiempo perdido no solo es música, sino que está atravesada de parte a parte de música, menciones a compositores, comparaciones y pasajes sobre la misma cuestión. Ejemplos de ello son la descripción recurrente de la imaginaria *Sonata* del compositor ficticio Vinteuil, personaje central de la obra, que funciona como mecanismo de recuperación de la memoria, así como la aún más célebre "magdalena de Proust", ese pasaje célebre en el que el sabor de un trozo de magdalena hace al personaje evocar recuerdos, emociones y sentimientos de su pasado.

Hay quien ha querido ver en el ciclo de novelas incluso una estructura musical subyacente, pero, sin ir tan lejos, resulta obvia la utilización por parte del novelista de recursos típicamente musicales como el *leitmotiv*, tomado de su admirado Wagner al igual que su concepción monumental del arte.

Wagner es el artista más citado en la heptalogía de Proust, más incluso que en la obra de nuestro Mariano Fortuny, otro creador marcado a su vez por la pretensión de obra de arte total o *Gesamtkunstwerk* del compositor alemán.

Jean-Jacques Nattiez, destacado estudioso de Proust, sostiene que tanto este como Wagner sienten "la misma insatisfacción ante cada resultado alcanzado provisionalmente, con el deseo de englobar cada obra acabada en un conjunto más vasto". De ahí que la novela del francés sea, como la tetralogía wagneriana, "un *work-in-progress* que desdice su plan original y se reformula" en el acto mismo de escribirse.

Adaptado de http://www.elmundo.es/cultura/2017/05/14/591849a622601d6e558b463f.html

2 **Elige la opción que consideres correcta.**

En el texto, la frase "Si Alejo Carpentier llevaba un músico dentro y Paul Klee era un consumado violinista a la vez que pintor genial, Marcel Proust no tocaba instrumento alguno" expresa:

○ **a.** una condición. ○ **b.** un contraste. ○ **c** un deseo.

3 **Busca en el texto un sinónimo para estas definiciones o palabras.**

1. Saga literaria o de cine, música, pintura, etc. que está formada por siete entregas: ....
2. Término acuñado por los analistas de los dramas de Richard Wagner; es el tema musical recurrente en una composición y, por extensión, el motivo central recurrente de una obra literaria o cinematográfica: ....
3. Obra, trabajo o acción que está en marcha o se va haciendo sobre la marcha: ....
4. Amante de la música, especialmente de la clásica: ....
5. Dicho de una obra principal, que supera a las demás: ....
6. Amplio, dilatado, extenso: ....

Expresión escrita

Elige tres de estos refranes o dichos populares y escribe una historia haciendo uso de ellos (200-220 palabras).

– A quien madruga Dios le ayuda.
– Hombre previsor vale por dos.
– Quien mucho abarca poco aprieta.
– Matar moscas a cañonazos.
– Matar el gusanillo.
– Matar la gallina de los huevos de oro.

Contenidos lingüísticos

Haz el cuestionario que te proponemos en ELEteca

Unidad 10 El arte de conversar

Contenidos funcionales

- Mantener una conversación: estructurar la información, reformular, interrumpir, citar, reanudar el discurso...
- Expresar amenazas.
- Hacer reproches.
- Expresar cambios y transformaciones.

Contenidos lingüísticos

- Tácticas para la construcción de la interacción.
- Usos de *se*: involuntariedad y énfasis.
- Estructuras para expresar amenazas y para hacer reproches.
- Verbos de cambio.

Contenidos léxicos

- Verbos y expresiones relacionados con infortunios y accidentes.
- Léxico sobre juegos de mesa, libros y fotografía.

Contenidos culturales

- La ley de Murphy y otras leyes populares.
- Los juegos de mesa y los videojuegos.
- El Día del Libro.
- PHotoESPAÑA.

En **ELEteca** tienes material y actividades complementarias a esta unidad.

Tareas

- Debatir sobre las claves para mantener una conversación.
- Mantener una conversación sobre temas mundanos.
- Contar un mal día.
- Inventar leyes populares.
- Echar una partida al tres en raya.
- Escribir un texto para el blog de la escuela.

En contexto

1 **¿Cuáles crees que son las claves para mantener una buena conversación? Lee este texto, basado en una conferencia de la periodista estadounidense Celeste Headlee, y coloca los títulos de cada consejo que da en los espacios en blanco.**

- No te repitas
- Escucha
- Sé breve
- Ayúdate del periodismo
- No seas intransigente
- No des demasiada información
- No compares tu experiencia con la de la otra persona
- Respeta el ritmo de la conversación
- Si no sabes algo, dilo
- No hagas mil cosas a la vez

10 claves para mantener una buena conversación

Muchas veces nos vemos envueltos en conversaciones que no queremos tener. En una charla TED, la escritora y presentadora Celeste Headlee te explica cómo dejar a un lado lo personal y cómo concentrarse para conversar eficientemente. Todo está en ti. Con estos sencillos pasos podrás sacar el máximo de información de los que te rodean y usarlo en tu desarrollo personal.

1. .... Mantenemos conversaciones mientras pensamos en lo que nos ha dicho el jefe o lo que vamos a hacer después del trabajo, e incluso hablamos mientras contestamos a un wasap. Concéntrate en la conversación y haz sentir al otro que estás ahí.

2. .... "Si quieres dar tu opinión sin que nadie responda, te lleve la contraria, te cuestione o te rebata, escribe un blog", dice Headlee.

3. .... Para que la conversación sea útil, piensa en el quién, el qué, el cómo, el cuándo y el por qué: las cinco W de una buena noticia.

2 **Según algunas estadísticas, estos son los temas de conversación más frecuentes. Piensa en una ocasión en la que hablaste sobre ellos y en qué situación fue. Después, coméntalo con dos compañeros.**

1. Aficiones y entretenimiento: películas, libros, juegos, programas...
2. Trabajo y estudios.
3. Cultura en general: historia, literatura, deportes, geografía, ciencias...
4. Viajes y características de otros lugares.
5. Comida y cocina.
6. Política, economía y sociedad.
7. Eventos culturales: exposiciones, ferias, congresos, presentación de un libro...
8. Familia, relaciones personales y salud.
9. Anécdotas de un día feliz, sorprendente, fatal...
10. Tiempo atmosférico.

2.1 **¿En qué situación o situaciones consideras adecuados o inadecuados los temas anteriores? Habladlo en parejas.**

- En una reunión de trabajo con personas de otra empresa.
- En un transporte público con tu compañero/a de viaje.
- En la sobremesa de una comida familiar.
- En la fiesta de cumpleaños de un buen amigo.
- En una conversación de cortesía con un/a compañero/a de trabajo o estudios que acabas de conocer.
- En un bar con amigos.

4 .... Suele pasarnos que cuando se nos ocurre algo brillante lo retenemos en la cabeza porque no sabemos cómo interrumpir al interlocutor e incluso dejamos de escucharlo; esto hace que perdamos el hilo de la conversación y que esta no sea fluida.

5 .... Es muy aburrido y todos lo hacemos. Pero cámbialo, es una verdadera tortura para los que te rodean... Todos hemos visto a ese tertuliano diciendo una y otra vez lo mismo en un debate.

6 .... Si alguien ha perdido a un familiar o tiene problemas en el trabajo, no le expongas tu caso. "No va sobre ti. No tienes que aprovechar ese momento para demostrar lo genial que eres o lo mucho que has sufrido", dice Headlee.

7 .... A la gente no le importan los años, los nombres, los detalles... Solo tiene interés en ti y en lo que podéis tener en común.

8 .... Buda dijo: "Si tu boca está abierta, no estás aprendiendo".

9 .... No pasa nada porque no sepas el último cotilleo del barrio, o porque no recuerdes quién inventó la penicilina o la alineación del equipo de fútbol de tu ciudad de una temporada pasada.

10 .... Headlee parafrasea a su hermana cuando opina que una buena conversación es como una minifalda: lo suficientemente corta para captar el interés y lo suficientemente larga para abarcar lo importante.

Adaptado de https://as.com/ocio/2016/03/12/conectados/1457809866_138468.html

1.1 **¿Estás de acuerdo con los consejos anteriores? Coméntalo con el resto de la clase.**

3 **Elige uno de los temas de conversación de la actividad 2 para hablar con tus compañeros. Piensa antes en lo que quieres decir.**

Tácticas para la construcción de la interacción

Marcadores del discurso

- **Aditivos:** ni... ni... / no solo... sino también.
- **Justificativos:** puesto que / ya que...
- **Consecutivos:** de manera/forma/modo que...
- **Contraargumentativos:** a pesar de que / no obstante / mientras que / en cambio / de todas maneras / de todos modos...

Estructuradores de la información

Lo primero / para empezar / por un lado / por otra parte / de otro lado...

Focalizadores

Respecto a / en relación con / incluso...

- **De concreción o especificación:** en especial / concretamente...
- **De refuerzo argumentativo:** desde luego / por supuesto...

Destacar elementos

Hay que tener en cuenta...

- **Citar:** como ha dicho...
- **Adverbios:** especialmente / particularmente / justamente / precisamente...

Reformuladores

- **Explicativos:** en otras palabras / dicho de otro modo...
- **Recapitulativos:** resumiendo / en fin / en definitiva / total...
- **Rectificativos:** mejor dicho...
- **De distanciamiento:** de todas maneras / de todas formas / en cualquier caso...
- **Digresores:** por cierto / a propósito / en cualquier caso / una cosa...

Interrumpir

Antes de que se me olvide / sí, ya..., claro, pero... / espera un momento / perdona que te interrumpa, pero... / oye un momento, ¿puedo decir algo/una cosa?

Abrir y cerrar una digresión

Por cierto / a propósito / volvamos a lo que hablábamos / ¿de qué hablábamos? / eso no tiene nada que ver con nuestro tema / esto se aparta, se aleja del tema...

Reanudar el discurso

Adelante / sigue, te escucho / espera un momento / déjame terminar / un momento, ya termino / espera, que no he terminado / como decía / solo me queda por decir una cosa...

Un mal día

1 Lee la siguiente frase. ¿Te suena de algo? ¿Sabes a qué ley popular se refiere?

1.1 **La frase anterior se refiere a la conocida como "ley de Murphy". Lee este texto con información sobre su origen, en el que aparecen estas cuatro palabras: *infortunio*, *fatalismo*, *imponderable* e *impericia*. Antes, coloca los siguientes sinónimos de estas palabras en la columna correspondiente. Usa el diccionario si lo necesitas.**

- pesimismo
- calamidad
- desánimo
- desdicha
- desgracia
- desventura
- torpeza
- adversidad
- desilusión
- ineptitud
- imprevisibilidad
- riesgos
- eventualidad
- inexperiencia
- infelicidad
- derrotismo
- desaliento
- azares
- incapacidad
- incompetencia

Infortunio	Fatalismo	Imponderable	Impericia

La frase "Si algo puede salir mal, saldrá mal" se le atribuye al ingeniero Edward A. Murphy Jr., contratado por la Fuerza Aérea de los Estados Unidos en la primera década del siglo pasado para llevar a cabo algunos experimentos, pero no hay acuerdo a la hora de establecer su origen.

Se trata de una ley pesimista que pone en evidencia la tendencia de nuestra mente a recordar aquello que ha provocado un infortunio. Es lo que los psicólogos llaman prejuicios cognitivos, esto es: si algo sale bien, no le damos mayor importancia porque es lo que esperamos. No es así cuando sale mal, de manera que por efecto de este fatalismo parece que las cosas siempre tienden a suceder de la peor manera posible.

Pero esta cuestión que habla de aquellos imponderables que al final siempre terminan por suceder estaría inspirada en un hecho real que sucedió en 1949, cuando la impericia de uno de los colaboradores de Edward A. Murphy Jr. provocó que el experimento que estaban llevando a cabo fracasase.

El ingeniero Edward Murphy investigaba la fuerza que una persona era capaz de resistir en una frenada muy brusca. Las pruebas usaban un cohete sobre rieles con una serie de frenos en un extremo; en una de estas pruebas, uno de sus colaboradores colocó los cables al revés. La justificación de Murphy fue: "Si una persona tiene una forma de cometer un error, lo hará".

Esta "ley", a pesar de su base negativa, nos ha enseñado que debemos tener en cuenta todos los posibles errores que alguien puede cometer y a anticiparlos, de manera que podamos solucionarlos antes de que ocurran.

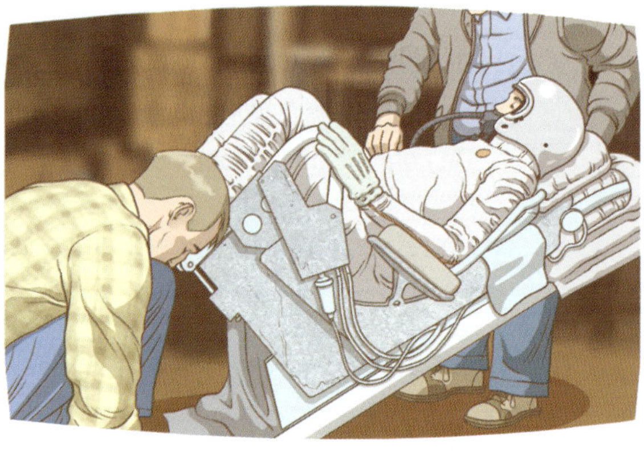

(Texto adaptado de varias fuentes)

1.2 ¿Estás de acuerdo con las siguientes ideas del texto? ¿Crees que tú piensas así?

1 "Si algo sale bien, no le damos mayor importancia porque es lo que esperamos. No es así cuando sale mal, de manera que por efecto de este fatalismo parece que las cosas siempre tienden a suceder de la peor manera posible".

2 "... nos ha enseñado que debemos tener en cuenta todos los posibles errores que alguien puede cometer y a anticiparlos, de manera que podamos solucionarlos antes de que ocurran".

1.3 Estas son algunas frases derivadas de la anterior ley de Murphy. En parejas, relacionad las dos partes y explicad con vuestras palabras su significado.

1. Un atajo es siempre...
2. Cuando un trabajo está mal hecho...
3. Las partes de un aparato que requieren más mantenimiento...
4. Si tiraste algo que habías guardado durante mucho tiempo,...
5. No siempre se encuentra lo que se está buscando. En su lugar,...
6. Casi todo es más fácil de romperse...
7. Cualquier esfuerzo por agarrar un objeto en caída...
8. No importa lo bien que hagas el trabajo,...
9. Fases de un proyecto: el entusiasmo, la desilusión, la angustia, la búsqueda de culpables, el castigo de los inocentes...
10. El ochenta por ciento del examen final que vas a hacer se va a basar...
11. Cada vez que se habla de algo,...
12. El carril de al lado...
13. Nada es tan fácil como parece...

a. el jefe siempre encontrará algo para criticar.
b. siempre va más rápido.
c. cualquier intento de mejorarlo, lo empeora.
d. vas a necesitarlo inmediatamente.
e. causará más destrucción que si dejamos que el objeto caiga naturalmente.
f. y la gloria a los no participantes.
g. encontramos cosas que no buscábamos.
h. en la única clase que te perdiste.
i. si es bueno, se termina y si es malo, ocurre.
j. son las más inaccesibles.
k. la distancia más larga entre dos puntos.
l. ni tan difícil como explica el manual.
m. que de abrirse.

1.4 Marca las situaciones anteriores con las que te hayas encontrado alguna vez y cuéntaselo a tu compañero/a.

1.5 ¿Conoces otras leyes de este tipo? Habla con tus compañeros.

▸ *Sí, me acuerdo de una que dice algo así como "La probabilidad de que la tostada caiga con la mantequilla hacia abajo es directamente proporcional al precio de la alfombra".*

2 Las siguientes imágenes muestran cosas que pueden ocurrirte en un mal día. ¿Qué infortunio están mostrando? Habla con tu compañero/a.

2.1 Completa las siguientes frases con el verbo que falta en el tiempo adecuado y relaciona cada infortunio con una de las imágenes anteriores.

enfadarse ■ quedarse ■ perderse ■ resbalarse ■ mancharse ■ darse ■ perder ■ averiarse(le)
quedarse dormido/a ■ mojarse ■ dejarse ■ descongelarse

- **a.** ☐ A pesar de las prisas, llegué tarde. Estaba a punto de salir y .... la camisa de café.
- **b.** ☐ No sé cómo pero cuando fui a devolverle a Luis su libro, vi que ....
- **c.** ☐ Nunca me había pasado, pero ayer estaba tan cansado que .... en el metro.
- **d.** ☐ Acaba de llamar Paco para decir que no le esperemos. .... el coche.
- **e.** ☐ No sé qué me pasó, pero me caí y .... un golpe contra la farola.
- **f.** ☐ Creo que .... las llaves dentro de casa.
- **g.** ☐ ¡Corre!, que .... el tren.
- **h.** ☐ Ahora te ayudo a buscarlo, pero no ...., no merece la pena.
- **i.** ☐ ¡Si es que no tengo nada de orientación! .... en todos los sitios.
- **j.** ☐ Una caída de lo más tonta: .... con una cáscara de plátano y aquí me tienes, con la pierna escayolada.
- **k.** ☐ Lo de .... sin gasolina en mitad de la carretera pensé que a mí no me ocurriría en la vida. No se puede decir nunca "de esta agua no beberé".
- **l.** ☐ ¡Vaya atasco! Como no arranquemos, ... todo lo que hemos comprado.

2.2 Fíjate en la siguiente reflexión y trata de explicar con tus palabras las diferencias entre las frases que tienes debajo.

Se para expresar involuntariedad

El pronombre ***se*** a veces sirve para expresar un acto involuntario.

1. El sujeto del verbo puede o no ser el agente de la acción, pero sufre las consecuencias: *mancharse, dejarse, resbalarse, enfadarse, darse un golpe, mojarse, descongelarse, perderse, averiarse...*
2. Expresa el resultado de una acción: *quedarse dormido, quedarse sin gasolina...*

1 Manchó la ropa. **VS.** Se manchó la ropa.

2 Se enfada por no encontrar el móvil. **VS.** Enfada a su padre por usar el móvil en la mesa.

3 Se enfada si llego tarde **VS.** Le enfada que llegue tarde.

Un ~~mal~~ día

4

5

6

10

11

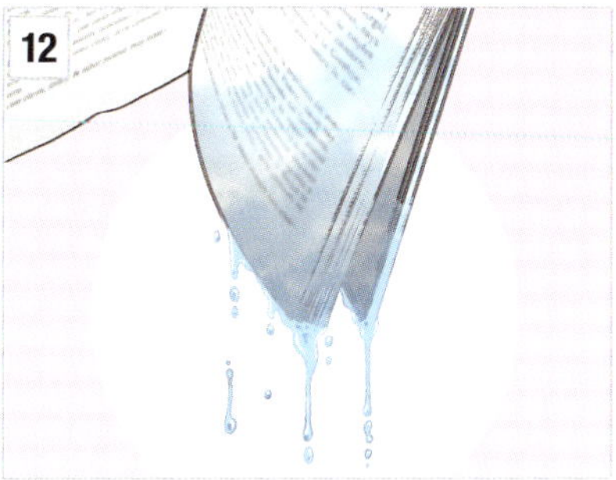
12

3 42] **Escucha la siguiente conversación entre unas amigas. ¿De qué infortunios hablan? Toma nota de las palabras que resuman estos infortunios.**

3.1 **¿Te suenan estas historias? ¿Te ha ocurrido algo similar? Cuéntaselo a tu compañero/a.**

3.2 **Lee la siguiente explicación y después habla con tu compañero/a sobre un mal día. Mira las situaciones que tienes debajo.**

Se enfático

1. Refuerza la idea de que la acción no es intencionada, sino accidental. No varía, siempre se usa en tercera persona: ***se***. El pronombre que le sucede muestra quién es el afectado por la acción verbal:
   – ***Se me*** *ha caído el café.*
2. El verbo existe sin el pronombre ***se***, pero con este indica el comienzo de la acción:
   – ***Se*** *ha dormido por fin.*
3. El uso del pronombre intensifica el significado del verbo:
   – ***Se*** *comió todo el plato.*

Un mal día es ese en el que...

– te has quedado dormido/a.
– se te mancha la ropa.
– se te escapa el tren.
– se te han perdido o se te han olvidado las llaves.
– se te avería el coche.

4 **Vamos a inventar nuevas "leyes". Tu profesor/a te dará algunas ideas. Trabajad en grupos y después poned vuestras leyes en común.**

¿Qué sabes de...?

1 **¿Sabes qué es un juego de *trivia*? ¿Conoces alguno? ¿En qué consiste? ¿Juegas a menudo? Comentadlo en parejas. Después, leed el texto y comprobad vuestras respuestas.**

¿Qué es un juego de *trivia*?

La *trivia* es un juego de habilidad donde el jugador debe contestar a preguntas sobre conocimientos generales. Cada pregunta tiene un valor en puntos dependiendo de su dificultad y distintas opciones para elegir como respuesta; además, debe ser contestada dentro de un determinado tiempo.

Actualmente existen múltiples aplicaciones que están triunfando en nuestros *smartphones*. Algunas de las más populares son Atriviate, Trivia 360, QuizUp o IMDb Trivia. Parecen un simple entretenimiento, pero puede que le vayan bien a nuestra mente, manteniéndola ágil y joven.

Fuentes: https://www.unocero.com/noticias/gadgets/smartphones/android/5-juegos-de-trivia-para-tu-smartphone/ y https://www.definicionabc.com/general/trivia.php

1.1 **Vamos a leer las diferentes razones por las que una *trivia* puede agudizar tu mente. Lee el texto que te asigne tu profesor/a y explícaselo a tus compañeros. ¿Qué razón os parece la más importante?**

Trivia

1

Mejoran nuestro pensamiento

Nuestra capacidad de aprendizaje se va deteriorando con el tiempo; sin embargo, mantenerla relativamente entrenada es posible. Gracias a los juegos de preguntas como el Trivial podemos ir mejorando nuestros conocimientos casi sin enterarnos, ya que nos ayudan a retener mejor la información. Así pues, simplemente jugando, podemos ir aprendiendo y manejando nueva información, a la vez que aumentamos nuestra capacidad de concentración.

Trivia

2

Propician una inteligencia más fluida

Nuestro cerebro es una verdadera máquina de ingeniería que es capaz de adaptarse a múltiples situaciones, entre ellas el aprendizaje y la creación de nuevas conexiones neuronales, para dar cabida a la nueva información. Cuando utilizamos juegos de preguntas como el Trivial, nuestro cerebro se va adaptando al juego, cada vez nos apetece más jugar y, al mismo tiempo, hacemos que nuestro cerebro se ponga en funcionamiento y se vuelva más agudo y rápido para responder.

Trivia

3

Disminuyen el cortisol

Este tipo de juegos de entretenimiento también puede resultarnos de gran ayuda en lo que respecta a nuestra salud, ya que disminuye nuestras concentraciones de cortisol (la hormona responsable del estrés) en la sangre. Y esto, a su vez, hará que mejore nuestra capacidad de concentración, aprendizaje y pensamiento, ya que tener unos niveles elevados de cortisol dificulta todas estas capacidades.

Trivia

4

Aumentan la felicidad y la autoestima

El hecho de responder a las preguntas, y sobre todo de responderlas correctamente, puede hacernos bastante felices. Competir de forma amistosa eleva nuestro estado de ánimo, aumenta nuestro ego y nos hace sentir bien en general. Cuando ganamos, experimentamos una sensación de satisfacción que provoca la liberación de hormonas responsables de que nuestro cerebro se sienta bien.

Trivia

5

Permiten hacer un "entrenamiento cruzado"

Como es conocido, los juegos tipo *trivia* tienen preguntas de diversos temas (música, historia, deportes, geografía, ciencia...). Esto implica que debemos ejercitar nuestra mente para tener la habilidad, memoria y lógica necesarias para manejar todas estas materias a la vez. Al manejar diferentes temáticas de forma simultánea, estas se recuerdan mejor, solo por el hecho de cruzarse entre ellas, que si las quisiéramos aprender de forma separada. Esto, que se puede aplicar en técnicas de estudio, es una idea proveniente del deporte; es el llamado "entrenamiento cruzado": distintas actividades deportivas combinadas entre sí mejoran el rendimiento de una de ellas.

Fuente: http://omicrono.elespanol.com/2013/03/las-5-razones-por-las-que-jugar-al-trivial-agudiza-tu-mente/

[43] **2** A pesar de los beneficios anteriores, parece que estas aplicaciones de juegos también tienen sus puntos negativos. Vas a escuchar tres diálogos; imagina la situación de cada uno: escena, relación entre personajes, sentimientos… Toma notas en la columna de la izquierda.

	Situación	Amenazas
1.		
2.		
3.		

[43] **2.1** Vuelve a escuchar los diálogos y escribe en la columna de la derecha las frases que contienen amenazas.

2.2 Observa las frases de amenaza que acabas de escribir y completa las explicaciones del cuadro.

Expresar amenazas

1. Para expresar amenazas podemos utilizar las siguientes estructuras:

a. .... + subjuntivo. Se puede utilizar con diferentes tiempos verbales y con oración suspendida:

– Como no guardes el móvil ahora mismo, me voy y aquí te quedas.

– ....

– ....

b. Frases fijas: .... tú (con…)/......................... (de…)/.........................:

– Allá tú con lo que haces, pero luego no me llores.

– ....

– ....

c. Interrogaciones introducidas por verbos como *querer* y *poder*: *¿Podrías/* .... + infinitivo?:

– ....

2. ¿Con cuál de las tres opciones te parece que se puede atenuar la amenaza?

◯ a ◯ b ◯ c

3 ¿Cuáles de los siguientes elementos son amenazas según tu opinión? ¿En qué circunstancias podrían serlo? Discútelo con tu compañero/a.

1 un enorme tornado
2 un suelo mojado
3 una carta del banco
4 un pastel industrial de chocolate y nata
5 una persona con un cuchillo en la mano
6 un perro cuidando de un rebaño de ovejas

3.1 Escribe en tu cuaderno una frase de amenaza para cada una de las situaciones que habéis pensado en la actividad anterior.

4 En grupos de tres, discutid estas cuestiones sobre los juegos de mesa y los videojuegos.

1. ¿Conoces algún juego de mesa tradicional?
2. ¿En qué situaciones suelen utilizarse estos juegos?
3. ¿Crees que han sido totalmente reemplazados por los videojuegos?
4. ¿Qué influencia han tenido los juegos de mesa tradicionales en las diferentes modalidades de videojuegos?
5. ¿Qué características comparten juegos de tablero y videojuegos?

4.1 Lee este texto y compara vuestras respuestas anteriores con la información que se da en él.

Del tablero a la pantalla

Los juegos han servido como entretenimiento para la humanidad durante siglos. Los tableros improvisados con piedras dieron lugar a otros más complejos, con piezas esculpidas. No tardaron en convertirse en un plan en sí mismo que, además, incentivaba las reuniones sociales. Sin ir más lejos, cuesta entender esas comidas familiares sin ellos. El Monopoly y el Trivial, entre otros, han formado parte de las reuniones en familia de muchos de nosotros, con sus correspondientes momentos de risa, de nerviosismo o incluso de rabia por los resultados adversos.

Dado que no siempre resulta sencillo rememorar aquellas intensas tardes y noches alrededor de un tablero tras los deliciosos banquetes, existen versiones de esos juegos gratis que se pueden disfrutar en su modalidad en línea. Competir contra jugadores de cualquier rincón del mundo se convierte en una experiencia recomendable para los nostálgicos de estas reuniones, no exenta de emoción. Ahora bien, ¿continúan siendo tan importantes estos clásicos hoy en día? ¡Por supuesto! Los juegos tradicionales no solo siguen aportando momentos de diversión, sino que, en ocasiones, se echan de menos tras unos meses compitiendo frente a la pantalla de un dispositivo.

Estos juegos de mesa tradicionales han influido en gran medida en los modernos videojuegos de autor que han proliferado en los últimos años. Muchos de ellos no existirían de no haberse inspirado en las mecánicas de juegos como el dominó, las damas o el tres en raya. Con ello, los actuales juegos tienden a recurrir a la intensa competición creada en los antiguos, ya sea para llegar a la meta antes que el rival, para deshacerse de todas las piezas a tiempo, para obtener combinaciones o para lograr la mayor cantidad de puntos. La combinación entre estrategia y azar, la rapidez mental, el hecho de idear y ocultar hasta el momento apropiado una jugada maestra, el análisis exhaustivo de la situación de los rivales y el arte del despiste son otros de los elementos heredados.

Sea alrededor de la mesa, sea frente a la pantalla, no faltan las miradas de complicidad, el engaño ni la posibilidad de conducir al contrario al terreno propio. Al margen de estas particularidades, que pueden variar de unos títulos a otros, encontramos las tres características de las que nunca se prescinde: las pataletas, los reproches y las excusas. Todas ellas, aplicables tanto a los juegos individuales como a los cooperativos, no tardan en aparecer al finalizar un reto de la peor forma posible.

Con todo ello, podemos decir que los juegos tradicionales están más vivos que nunca, ya sea por todo lo bueno que continúan aportando, por la herencia dejada o porque siguen siendo fuente de inspiración para los nuevos autores de videojuegos.

Adaptado de http://consolaytablero.com/2017/12/13/juegos-mesa-tradicionales-juegos-mesa-autor/

4.2 **Mira estas fotos y subraya en el texto anterior la frase con la que están relacionadas.**

1

2

3

4.3 **En parejas, pensad en situaciones que pueden llevar a reproches durante el juego en reuniones familiares o de amigos.**

Perder un juego en parejas, no estar concentrado/a...

4.4 **Además de las oraciones condicionales que estudiaste en la unidad 9, hay otras estructuras que sirven para hacer reproches. Aquí tienes algunos ejemplos, complétalos pensando en las situaciones anteriores.**

1. ¿Se puede saber por qué *no te concentras? Así no vamos a ganar nunca.*
2. Es/Me parece vergonzoso/lamentable... ....
3. Si (no) hubieras... ...., (no)... ....
4. ¿Qué haces que (todavía)... ....?
5. (Está claro que) no tienes vergüenza. ....
6. .... ¿No te da vergüenza?
7. .... La culpa es tuya/Tú tienes la culpa (de todo).

5 **En tríos, elegid una casilla y discutid sobre la afirmación que hay en ella. Quien dé los argumentos más convincentes al expresar su opinión escribirá su nombre en la casilla. Gana el primero que logre hacer tres en raya.**

1. Los juegos de mesa refuerzan los vínculos entre las personas.	**4.** Es más cómodo jugar en línea que personalmente.	**7.** Aunque hay varios tipos de videojuegos, al final todos son iguales.	**10.** Un juego de mesa es el mejor regalo que puedes hacer a un amigo. ....
2. Los videojuegos influyen negativamente en la educación de los niños.	**5.** Las largas sesiones de juego rompen las relaciones humanas.	**8.** Los juegos en línea agrían el carácter de los jugadores.	**11.** Los juegos fomentan el respeto hacia las normas sociales. ....
3. Todos los juegos fomentan la competitividad entre personas.	**6.** Los juegos clásicos aumentan la concentración y la memoria.	**9.** Los videojuegos fomentan la creatividad.	**12.** Se aprende más rápido con juegos que con libros. ....

Eventos culturales

1 **Contesta a las siguientes preguntas sobre el Día del Libro. Háblalo con tus compañeros.**

1. ¿Te gusta leer?
2. ¿Cuál es el último libro que has leído?
3. ¿Has leído algún libro más de una vez?
4. ¿Qué libro/s has regalado más veces?
5. ¿Hay algún libro que te haya hecho llorar? ¿Y reír?
6. ¿En qué formato prefieres leer: en papel o digital?
7. ¿Qué escritores hispanoamericanos y españoles conoces?
8. ¿En tu país se celebra el Día del Libro? ¿Qué día? ¿Qué se hace?

1.1 [44] **Escucha la información relacionada con el Día del Libro y contesta a las siguientes preguntas.**

1. ¿Por qué se celebra el día del libro el 23 de abril?
2. ¿Qué se puede hacer en Madrid y Barcelona ese día?
3. ¿Qué se regala en Cataluña?
4. ¿Cuál es el origen de uno de los regalos?

1.2 **Las siguientes frases están relacionadas con cinco famosos escritores. Lee los textos en los que estos autores hablan de por qué se dedican a la escritura y relaciona las frases con cada uno de los textos.**

1. ☐ No sabría vivir sin escribir.
2. ☐ La escritura siempre se complementa con la lectura.
3. ☐ Nunca se ha puesto a pensar en ello.
4. ☐ Jugar con la imaginación.
5. ☐ Compara escribir con el amor.

a. Sinceramente, no lo sé. Nunca me lo he preguntado, ni al principio, que fue espontáneo, ni a lo largo de todos estos años. Hacerlo a estas alturas no creo que tenga interés, ni para mí ni para nadie. No es una respuesta bonita, pero es la que más se aproxima a la verdad.

b. Escribo desde los nueve años. Desde muy joven empezaron a pagarme en la radio por guiones, cuentos y *sketches*. A los treinta y un años comencé a escribir libros. Pensé que escribir era mi oficio hasta que me di cuenta de que se trataba de algo más. Es un oficio pero también una forma de vida. Todo lo que hago al cabo del día, lo que veo y escucho, lo que me provoca asombro, alegría o desdicha es material para ser contado. Escribo todos los días. Cuando no escribo me siento una inútil, así que he llegado a una conclusión radical: nunca podré dejarlo.

c. ¿Se acuerda de cuando era niño y jugaba? ¿Inventando historias disparatadas con figuritas de indios o vaqueros? ¿O simplemente imaginando en la bañera que era el capitán de un barco pirata que buscaba un tesoro en medio de la tormenta? ¿Se acuerda de cómo se sentía cuando jugaba con otros niños en la calle y vivían increíbles aventuras haciendo de exploradores, cazadores o agentes secretos, luchando contra dinosaurios, monstruos o supermalos que querían destruir la tierra con rayos mortales? Pues bien, todo eso es lo que yo hago todavía. Cada día de mi vida. Y lo seguiré haciendo hasta que me muera. O me vuelva loco. Es lo que me gusta. Y por eso escribo. ¿¡Hay alguna otra cosa mejor!?

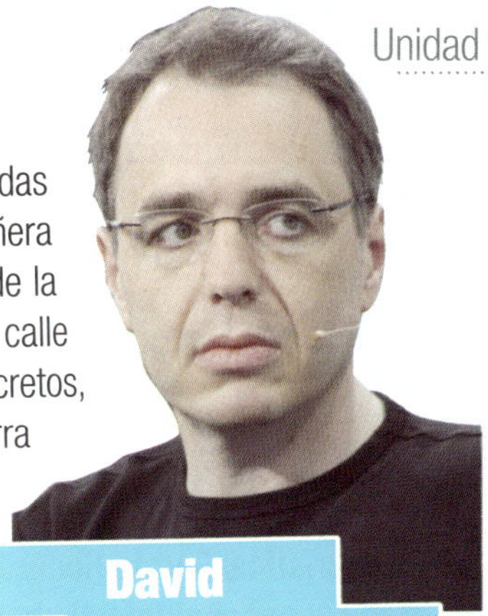

d. Me preguntan por qué elegí escribir. Yo no lo elegí. Es igual que enamorarse. Se sabe que no es una buena idea y uno no sabe cómo ha llegado ahí, pero, al menos, hay que intentarlo. Se le dedica toda la energía, todos los pensamientos, todo el tiempo. Escribir es un acto y, al igual que el amor, es algo que se hace. Se desconoce su modo de empleo, así que se inventa porque necesariamente hay que encontrar un medio para hacerlo, un medio para conseguirlo.

e. Escribo porque aprendí a leer de niño y la lectura me produjo tanto placer, me hizo vivir experiencias tan ricas, transformó mi vida de una manera tan maravillosa que supongo que mi vocación literaria fue como una transpiración, un desprendimiento de esa enorme felicidad que me daba la lectura.

En cierta forma la escritura ha sido como el reverso o el complemento indispensable de esa lectura, que para mí sigue siendo la experiencia máxima más enriquecedora, la que más me ayuda a enfrentar cualquier tipo de adversidad o frustración. La famosa frase de Flaubert que siempre cito: "Escribir es una manera de vivir". En mi caso ha sido exactamente eso. Se ha convertido en el centro de todo lo que yo hago, de tal manera que no concebiría una vida sin la escritura y, por supuesto, sin su complemento indispensable, la lectura.

Textos adaptados de *El País*

1.3 **¿Qué sabes de los escritores mencionados en la actividad anterior? Coméntalo con un compañero/a. Después, lee las siguientes frases y escribe el nombre del autor que corresponda a cada una de ellas.**

1. El 30 de noviembre de 2016 se le concede el Premio Cervantes porque, según destacó el jurado, "posee una lengua literaria llena de sutilezas e ironía": ....
2. Muchas de sus obras están influidas por la percepción del escritor sobre la sociedad peruana y por sus propias experiencias como peruano; sin embargo, de forma creciente ha tratado temas de otras partes del mundo: ....
3. Ha escrito la serie compuesta por ocho novelas de literatura infantil *Manolito Gafotas*: ....
4. Desde el año 1992 ha publicado una novela cada año: ....
5. Además de escritor, es guionista de televisión: ....

2 Todos los años se celebra en España un evento cultural muy importante: PHotoESPAÑA. ¿Sabes qué es? Busca información en internet y compártela con tu compañero/a.

2.1 [45] **Cristina García Rodero es una conocida fotógrafa española que en 2017 recibió el premio PHotoESPAÑA en reconocimiento al conjunto de su obra. Escucha la entrevista que le hicieron y contesta verdadero o falso.**

1. Desde el principio Cristina García Rodero fue muy reconocida por sus compañeros españoles. .... V F
2. Antes de ser fotógrafa ejerció como profesora. .... V F
3. Le dieron una beca de fotografía en Florencia. .... V F
4. La serie de fotografías "España oculta" está dedicada a fiestas españolas. .... V F
5. Según Cristina García Rodero, la fotografía le ha dado la vida. .... V F
6. Hace fotografías basándose en sus emociones. .... V F

2.2 **Observa los verbos de cambio que aparecen en algunas de las frases extraídas de la entrevista anterior y relaciónalos con la idea que expresan.**

1. Cristina García Rodero ha sido la primera mujer española que **ha llegado a ser** miembro de la Agencia Magnum de fotografía.
2. También fue profesor mío Manuel Villaseñor, que luego **se convirtió en** amigo.
3. Que no **se pongan** furiosos cuando algo no les sale.
4. ¿Cómo fue cambiarse a la fotografía y **hacerse** fotógrafa?
5. **Me he vuelto** más tolerante con la fotografía.
6. Y al contar las cosas con libertad es cuando realmente **me quedo** satisfecha y me siento bien.

a. Expresa un cambio de situación momentáneo en el ánimo, el aspecto físico o el comportamiento.
b. Expresa cambio de profesión, ideología o creencias que afectan al estilo de vida.
c. Alude a la culminación de una transformación progresiva (carácter, profesión...).
d. Expresa cambio de carácter, aspecto o estado físico.
e. Expresa cambio o transformación. Solo aparece con sustantivos o adjetivos sustantivados.
f. Expresa el estado en el que se encuentra el sujeto tras el cambio. Indica el resultado.

2.3 **Completa las siguientes frases con los verbos de cambio necesarios.**

1. He decidido cambiar de hábitos alimentarios y .... vegetariano.
2. El otro día mi hijo .... enfermo y lo llevé a urgencias.
3. Después de hacer una dieta, Juan .... delgadísimo.
4. Amancio Ortega .... en el empresario más famoso de España.
5. De pequeño era muy hablador pero después .... poco comunicativo.
6. Empezó siendo diputado de su ciudad y .... ministro.

2.4 **Comenta con un compañero/a qué cambios has experimentado en tu vida en relación con tus estudios, vocación o trabajo.**

Evaluación

Comprensión lectora

1 **David Trueba, escritor y director de cine español, escribió en 1999 la novela *Cuatro amigos*. Lee el resumen del libro que aparece en su contraportada e indica cuáles de las siguientes afirmaciones son correctas. Subraya en el texto las palabras que te han dado la pista.**

1. ☐ El protagonista quiere pasárselo bien y olvidar sus problemas.
2. ☐ Cuatro amigos hacen un viaje sin sus padres.
3. ☐ Cuando terminan las vacaciones solo guardan bonitos recuerdos.
4. ☐ Cuatro amigos hacen un viaje lleno de locuras.
5. ☐ El protagonista huye con Bárbara.
6. ☐ Durante las vacaciones descubrirán los aspectos negativos de su vida.

Detrás del desmadrado viaje de vacaciones de cuatro amigos veinteañeros, se esconde una historia de amor. El protagonista, Solo, se suma a la juerga continua y al gamberrismo andante de sus inseparables compañeros, tratando de huir del recuerdo de Bárbara, pero cada paso lo acerca más a ella, al amor de su vida. La exaltación de la libertad, de la juventud, de la adolescencia eterna termina por recordarles que todo se acaba, que tras las carcajadas asoman las frustraciones. *Cuatro amigos* es el relato agridulce del final de una época, de una edad.

Contraportada de *Cuatro amigos*, David Trueba

2 **Este es comienzo de *Cuatro amigos*. Léelo y coloca las siguientes frases extraídas del original en el espacio adecuado.**

a. pero claro, para él cualquier asomo de humanidad era pura sensiblería.
b. y, sin embargo, aquel verano no habría podido concebir los días sin Blas, sin Claudio, sin Raúl. Mis amigos.
c. esperar a Claudio era una parte fundamental de la relación con Claudio.
d. de ahí que la amistad aparezca representada por pactos de sangre, lealtades eternas e incluso mitificada como una variante del amor más profunda.
e. Raúl, tan inseguro como puntual, era el más cabreado por el retraso.

Siempre he sospechado que la amistad está sobrevalorada. Los seres humanos elevamos ciertos tópicos a las alturas para esquivar la poca importancia de nuestras vidas; (1) .... No debe de ser tan sólido el vínculo cuando la lista de amigos perdidos es siempre mayor que la de amigos conservados. El padre de Blas solía decirnos que la confianza en los otros era un rasgo del débil, (2) ....

La amistad siempre me ha parecido una cerilla que es mejor soplar antes de que te queme los dedos (3) ....

A Claudio lo esperábamos desde hacía más de una hora en El Maño y, aunque en principio habíamos optado por la prudencia (una Coca-Cola y dos aguas), un rato después ya se alineaban los vasos de cañas vacíos y habíamos dado cuenta de tantas raciones de alitas de pollo que en cualquier instante seríamos capaces de echar a volar. Un día lo calculamos y llegamos a la conclusión de que pasábamos más tiempo esperando a Claudio que con él; (4) ....
Esperar a Claudio era nuestro modo más habitual de estar con Claudio. –Yo nunca llego tarde porque el rato que la gente emplea en esperarte lo dedica a pensar en ti y seguro que te descubren todos los defectos. A lo mejor cuando llegas han preferido largarse–. (5) .... Alto, pelo moreno con entradas que ocultaba gracias al esmerado desorden de su peinado, ojos oscuros como la pizarra agazapados detrás de sus gafas negras de pasta que se caló una vez más con gesto nervioso.

[46]

Comprensión auditiva

Escucha algunos de los diálogos del libro entre los cuatro amigos y elige la opción más adecuada.

1. Sobre el equipaje…
   - ◯ **a.** Uno de los amigos lleva pocas cosas en la maleta.
   - ◯ **b.** No saben cuál es el destino.
   - ◯ **c.** Van a un sitio donde refresca por la noche.
2. Sobre el medio de transporte…
   - ◯ **a.** Uno de los amigos no ha puesto dinero para comprar la furgoneta.
   - ◯ **b.** Llevan queso para el viaje.
   - ◯ **c.** Uno de los amigos huele demasiado a queso.
3. Sobre el trabajo…
   - ◯ **a.** Le han echado del trabajo.
   - ◯ **b.** Vive con sus padres.
   - ◯ **c.** Los padres saben que se ha ido del trabajo.
4. Sobre las chicas…
   - ◯ **a.** Estuvo en el bar con una chica, pero no puede llamarla porque perdió el móvil.
   - ◯ **b.** Acompañó a Anabel a un hotel porque se le habían olvidado las llaves de su casa.
   - ◯ **c.** La chica quizás se una al viaje.

Interacción oral

Piensa en un viaje que recuerdes especialmente y cuéntaselo a tus compañeros.

Habla de…

- dónde fuiste;
- con quién;
- por qué decidiste hacer ese viaje;
- qué ocurrió y por qué fue importante para ti.

Interésate por los viajes que cuentan tus compañeros y hazles preguntas.

Expresión escrita

Tienes que escribir acerca de una película, un libro o un juego que conozcas para el blog de la escuela (180-220 palabras).

Escribe el texto siguiendo el siguiente esquema:

1. Presentación de lo que vas a escribir y por qué.
2. Resumen del argumento de la película, libro o de la descripción del juego.
3. Opinión personal.
4. ¿Lo recomendarías? ¿Por qué?

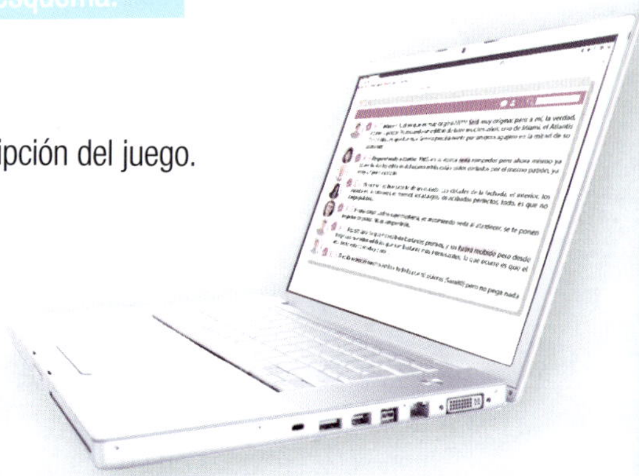

Contenidos lingüísticos

Haz el cuestionario que te proponemos en ELEteca

Unidad

11 Cambios

Contenidos funcionales

Proponer, aceptar y rechazar planes.

Expresar énfasis.

Dar órdenes e instrucciones, pedir favores y rogar.

Atenuar la intención.

Contenidos lingüísticos

Perífrasis verbales de participio.

El artículo definido: valor enfático y valor sustantivador (II).

El artículo indefinido: valor enfático y otros usos.

Incorrecciones en el uso de los pronombres átonos: laísmo, leísmo y loísmo (repaso).

Valores de las formas no personales del verbo.

Contenidos léxicos

Palabras relacionadas con los cambios sociales.

Expresiones coloquiales.

Nuevos términos incorporados en el DRAE.

Contenidos culturales

Cambios en los hábitos sociales.

La Real Academia Española.

En ELEteca tienes material y actividades complementarias a esta unidad.

Tareas

- Organizar planes.
- Redactar un texto relacionado con un cambio personal.
- Escribir una opinión sobre los cambios sociales.
- Proponer nuevas palabras que deberían incorporarse al Diccionario de la Real Academia Española.

En contexto

1 **Comenta con tu compañero/a qué cambios se han producido relacionados con los siguientes temas en las últimas décadas.**

2

El coche

1

La familia

2 **Lee los siguientes fragmentos de cinco textos diferentes y relaciónalos con los temas anteriores.**

a El gran progreso se inició en los años setenta y continuó en los noventa con los controles electrónicos sobre ciertos elementos. Sin embargo, es en los últimos lustros cuando la microelectrónica se ha puesto al servicio de la conducción, sustituyendo a los antiguos sistemas mecánicos y dotando al conjunto de una mayor seguridad.

b Debido a que las labores se han vuelto casi en su totalidad digitales, el empleado puede realizarlas en cualquier lugar, con el único requisito de una conexión inalámbrica. Sin embargo, esa misma flexibilidad trae consigo que la eternización en un mismo puesto se haya convertido en una reminiscencia del pasado. Ahora hay que estar dispuesto a variar con frecuencia de destino e incluso de oficio, sin importar la edad del individuo.

c La constatada merma en el volumen de los glaciares desvela que el hielo que se derrite en verano no es totalmente reemplazado en invierno, provocando una pérdida de masa de los mismos. El consiguiente efecto es la subida del nivel de los mares y la amenaza a los ecosistemas litorales esenciales.

d Los cambios durante los últimos cuarenta años en los países occidentales han sido los más profundos y convulsos de los últimos veinte siglos, apareciendo hoy nuevos modelos que alteran la concepción que de ella se tenía hasta ahora.

e Otro aspecto a tener en cuenta es la tendencia hacia la individualización del disfrute, fruto de la multiplicidad de dispositivos, la libertad que procura la movilidad de estos y la floreciente diversidad de ofertas.

2.1 **Tu profesor/a te va a dar el resto de fragmentos de los textos anteriores. Ordénalos.**

2.2 **En parejas, comentad lo que os ha llamado la atención de lo que habéis leído.**

3

El trabajo

4

El clima

5

El entretenimiento

3 [47] **¿Y qué cambios nos deparará el futuro? Escucha a este sociólogo y contesta a las siguientes preguntas.**

1. ¿Cómo funcionan las familias grupales?

....

....

2. ¿Por qué podrá haber solo un 20 % de los coches que existen actualmente?

....

....

3. ¿Qué problema conllevaría que los robots coparan los empleos?

....

....

4. ¿Cuál es la mayor amenaza del cambio climático?

....

....

5. ¿Qué les ocurrirá a la radio y la televisión?

....

....

3.1 **Comenta con tu compañero/a las opiniones del sociólogo con las que no estés de acuerdo.**

Cambios personales

1 Lee las siguientes frases en las que diversas personalidades hablan de cambios. ¿Con cuál te identificas más? ¿Por qué? ¿Hay alguna con la que no estés de acuerdo?

"Este mundo no va a cambiar a menos que estemos dispuestos a cambiar nosotros mismos". **Rigoberta Menchú**

"Si algo he aprendido en la vida es a no perder el tiempo intentando cambiar el modo de ser del prójimo". **Carmen Martín Gaite**

"Discúlpeme, no le había reconocido: he cambiado mucho". **Oscar Wilde**

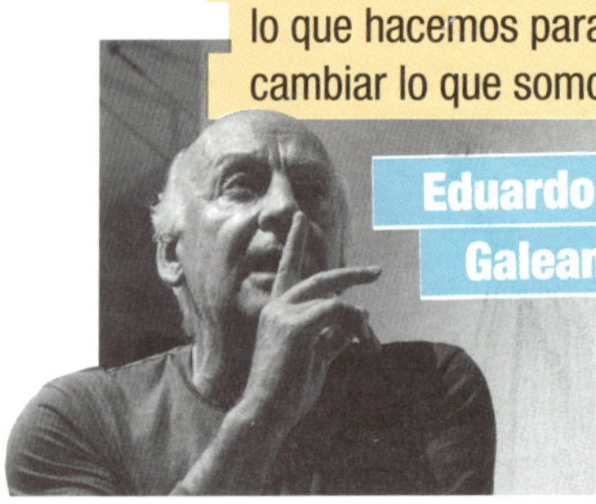

"Al fin y al cabo, somos lo que hacemos para cambiar lo que somos". **Eduardo Galeano**

"Las especies que sobreviven no son las más fuertes ni las más rápidas ni las más inteligentes, sino aquellas que se adaptan mejor al cambio". **Charles Darwin**

"No hay nada como volver a un lugar que sigue sin cambios para descubrir cómo has cambiado tú". **Nelson Mandela**

"No hay nada tan estable como el cambio". **Bob Dylan**

1.1 ¿Crees que los cambios llegan sin buscarlos o que hay que trabajar para lograrlos? Comenta tus ideas con tu compañero/a.

2 A continuación tienes una conversación de WhatsApp entre dos amigos. Léela y escribe en la tabla todas las expresiones coloquiales que aparecen. Después, en parejas, pensad qué significan estas expresiones.

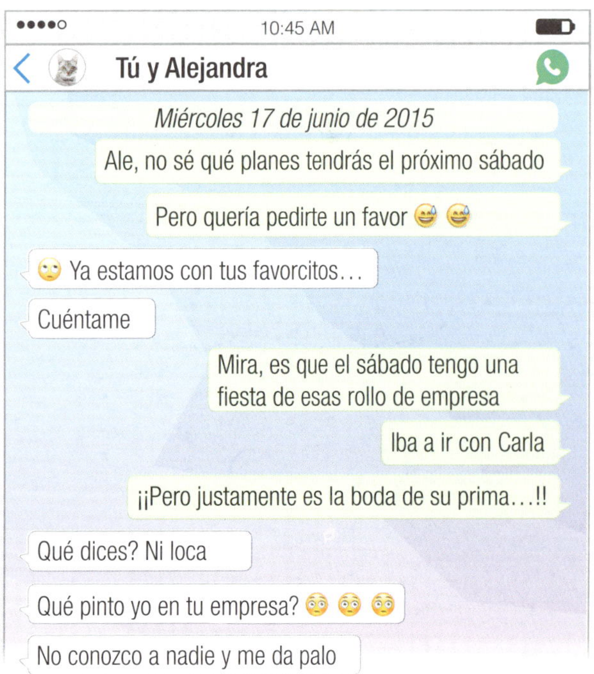

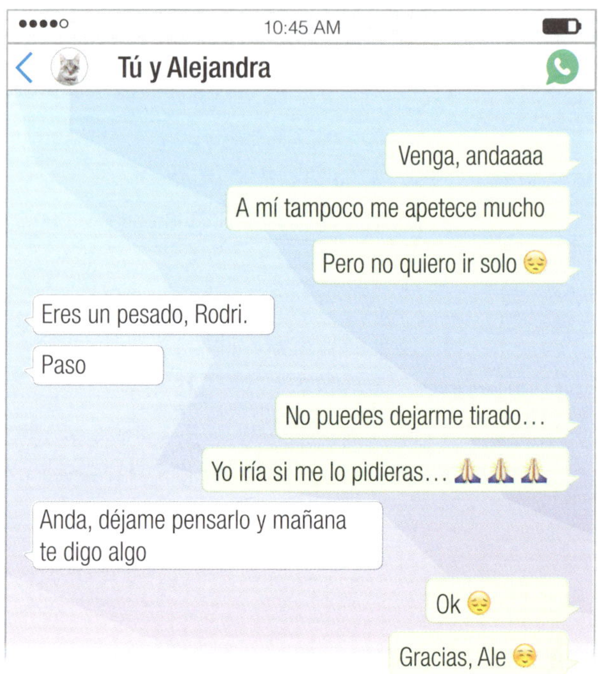

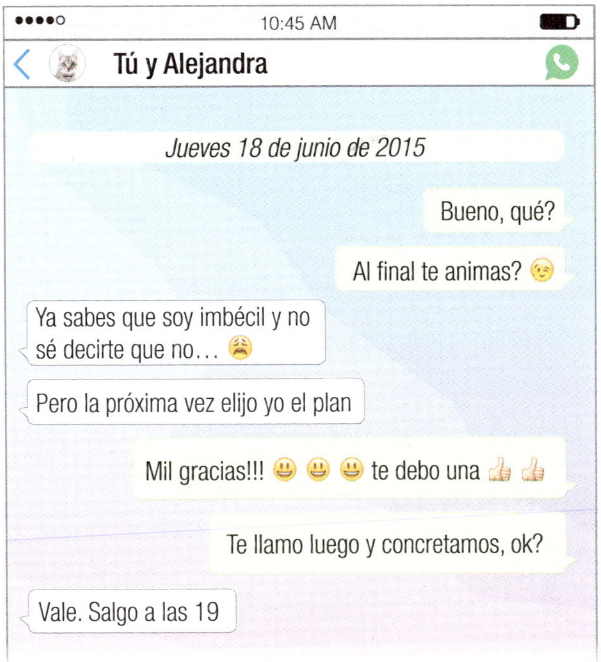

Expresión coloquial	Significado

¡ Fíjate

En muchas ocasiones, el lenguaje que utilizamos en algunas redes sociales o aplicaciones de mensajería es más próximo a la comunicación oral que a la lengua escrita.

2.1 **Después de la fiesta, la vida de Alejandra dio un giro radical. ¿Cuál crees que fue el cambio? Coméntalo con tu compañero/a.**

2.2 [48] **Escucha a Alejandra explicando su experiencia en un programa de radio y comprueba tu hipótesis.**

3 **Vuelve a leer la conversación de la actividad 2. En ella aparecen diferentes expresiones para proponer, aceptar y rechazar planes. Clasifícalas en la tabla.**

Proponer	Aceptar	Rechazar

3.1 **En parejas, intentad añadir otras expresiones a la tabla anterior. Pensad en estructuras que pueden usarse tanto en situaciones informales como formales.**

4 **Lee la tarjeta que va a darte tu profesor/a. Después habla con tu compañero/a. Recuerda usar algunas de las expresiones de la tabla de la actividad 3.**

5 **Piensa en ti mismo/a o en alguna persona cercana que, como Alejandra, haya experimentado algún cambio personal importante. Redacta un breve texto explicando en qué consistió el cambio.**

Un gran cambio

¿Qué ocurrió?

....

¿Cuándo fue?

....

¿Por qué se produjo?

....

¿Cómo era tu vida (o la vida de la persona que experimentó el cambio) antes y después?

....

5.1 **Comparte el cambio con el resto del grupo. ¿Cuál de ellos pensáis que es el más radical? ¿Os atreveríais a hacer algo similar?**

6 **A continuación tienes los testimonios de seis personas cuya vida ha cambiado radicalmente. Léelos y conecta cada uno de ellos con el enunciado adecuado. Hay testimonios que debes seleccionar más de una vez.**

1 ....: en un primer momento, su cambio le provocó sentimientos encontrados.

2 ....: casi se rinde en algún momento de su proceso de cambio.

3 ....: siente el rechazo de su familia.

4 ....: durante un tiempo decidió esconder su cambio a su entorno.

5 ....: un nuevo entorno fue determinante para realizar su cambio.

6 ....: desde hacía tiempo era consciente de la necesidad de realizar un cambio importante.

7 ....: tuvo el apoyo incondicional de varios miembros de su familia.

8 ....: un familiar fue el artífice principal de su cambio.

Carolina García (39 años)

Desde hace años sentía que algo en mi vida no funcionaba. Trabajaba como directora ejecutiva en una empresa internacional y ganaba bastante. Aparentemente, todo iba sobre ruedas, pero apenas podía dormir y cada vez comía menos. Tampoco sacaba tiempo para mis aficiones y mis amigos. Un día el médico me dijo que tenía que parar porque mis niveles de estrés eran alarmantes. Dejé mi trabajo y monté una tienda de artesanía en el centro de Madrid. En los primeros meses no noté mucho apoyo por parte de mis padres, estaban preocupados y no entendían mi decisión. Además, la tienda no daba muchos beneficios y pensé en tirar la toalla. Ahora gano menos, pero me siento completamente realizada y creo que todo mereció la pena. Además, mis padres han entendido que soy mucho más feliz y están conmigo al cien por cien.

Antonio Vázquez (27 años)

Hasta hace un par de años yo era lo que todo el mundo considera "un chico normal". Llevaba seis años con mi novia de toda la vida y teníamos planes de boda. No puedo decir que no fuera feliz, pero no llevaba una vida que me llenara. Un día, después de una fiesta familiar, conocí a Luisa, una amiga de mi hermana que me sacaba doce años. Fue algo inesperado, pero a partir de ese día supe que quería estar con ella. Di por terminado mi noviazgo y me fui a vivir con Luisa. En mi familia fue un auténtico cisma. Mis padres me dejaron de hablar. Me acusaban de ser el hazmerreír del pueblo y de estar en boca de todos. Todavía seguimos enfadados. Ahora Luisa está embarazada y pienso que quizá todo cambie cuando nazca el bebé, aunque lo que más me importa son mis sentimientos, no lo que piense la gente.

7 **¿Recuerdas qué es una perífrasis verbal? Busca en los testimonios de la actividad anterior perífrasis verbales de participio y completa el cuadro que aparece a continuación.**

Perífrasis verbales de participio

1.	7.	+ participio
2.	8.	
3.	9.	
4.	10.	
5.	11.	
6.	12. .... + prep.	

! Fíjate

Una **perífrasis verbal** es una construcción compuesta por dos verbos. El primero de ellos, en ocasiones denominado **verbo auxiliar**, suele aparecer conjugado. El segundo verbo, también llamado **verbo principal**, aparece en forma no personal (infinitivo, gerundio o participio). A veces, entre ambos verbos se inserta una preposición o conjunción.

7.1 **Vuelve a leer los ejemplos del texto y piensa qué significan exactamente las perífrasis de la actividad anterior. Discute con tu compañero/a y, a continuación, habla con el resto de la clase.**

Elena Fernández (33 años)

Mi padre está metido en política y siempre ha sido muy de derechas. Cuando era adolescente, casi por inercia, me inscribí en una de esas asociaciones de jóvenes conservadores. Iba a mítines y manifestaciones donde se defendían ideas muy tradicionales. Cuando empecé la facultad y entré en contacto con nuevas realidades, me di cuenta de que mi forma de entender las cosas era otra. Empecé a moverme en un ambiente muy progresista y con veintitrés años me fui a vivir de okupa. Mi madre se puso a llorar y decía que había acabado hecha una delincuente. Mi vida en la comunidad duró cinco años y fue una etapa maravillosa, única. Ahora, con más de treinta, vivo de alquiler, pero sigo siendo muy activa socialmente. Mis padres lo llevan regular e intentan convencerme de que cambie de postura, pero si piensan que voy a volver al redil a estas alturas, van apañados...

Francisca Llanos (81 años)

En mi juventud era muy activa, no podía estar quieta ni un momento. Luego me casé, tuve hijos, me ocupé de mi casa y de mi familia... Vamos, lo típico. Hace un año, Julia, mi nieta mayor, me dijo que quería hacer un vídeo sobre mí para un trabajo del instituto. Preparamos el vídeo juntas y, cuando lo presentó en clase, el profesor quedó encantado y la animó a crear un canal de YouTube. Mi nieta es igual que yo de joven, no para, y dos días después ya estaba el canal en marcha. Yo no tenía ni idea de qué era eso, pero Julia me dijo que en unos días habíamos conseguido cientos de seguidores y muchísimos comentarios. Desde entonces, casi todas las semanas grabamos un vídeo nuevo sobre temas sociales o de actualidad. Llevamos hechos más de cuarenta. Hasta me han entrevistado en algún periódico y he salido en la tele. ¡Quién me lo iba a decir a mí!

Marc Parada (51 años)

Cuando era más joven no me preocupaba nada por mi alimentación. Hace unos diez años vi un reportaje sobre la industria cárnica que me dejó impactado. Fue entonces cuando decidí hacerme vegano. Al principio no se lo comenté a casi nadie. De hecho, los primeros meses, cuando quedaba con mis amigos o compañeros de trabajo para cenar o tomar algo, simplemente les decía algo así como "No voy a comer nada, ya vengo cenado". No quería dar explicaciones. En aquel momento, casi nadie sabía lo que era el veganismo. Cuando empecé a contarlo, algunas personas de mi alrededor pensaron que era un bicho raro. Por suerte, hoy es algo completamente normal y ahora hay más facilidades y oferta en supermercados y restaurantes. Desde que no como carne ni productos de origen animal, me siento mejor conmigo mismo y con mi entorno.

Karlos Garitano (42 años)

La verdad es que mi vida cambió de la noche a la mañana sin apenas buscarlo. Mi novia y yo nos planteamos la idea de ser padres y nos pusimos a buscarlo. Ella se quedó embarazada enseguida y empezamos a pensar en cómo organizarnos cuando naciera el bebé. Cuando el ginecólogo nos dijo que íbamos a ser padres de trillizos, casi me da algo. Fue una mezcla de felicidad con bloqueo absoluto. No teníamos pensado cambiar de casa, pero vivíamos en un piso pequeñito del centro de Bilbao y nos vimos obligados a buscar algo más grande. Los primeros meses después del nacimiento de Irati, Markel y Jon fueron una locura absoluta. Mis padres fueron un pilar esencial, se vinieron a vivir con nosotros un par de meses hasta que conseguimos acostumbrarnos. Al principio estábamos un poco sobrepasados, pero ahora los trillizos están a punto de cumplir un año y no lo cambiaríamos por nada del mundo.

6.1 **Después de leer los textos de la actividad anterior, ¿con qué persona te identificas más? ¿Cuál de todas ellas te parece la más valiente? ¿Por qué? Comentadlo en parejas.**

7.2 **En grupos de tres o cuatro, comentad cuándo fue la última vez que hicisteis alguna de las siguientes cosas. Añadid dos situaciones más.**

¿Cuándo fue la última vez que...

1. ... diste algo por terminado?
2. ... te quedaste impactado con algo?
3. ... te viste obligado a cambiar algo por circunstancias externas?
4. ... estuviste muy preocupado?
5. ....?
6. ....?

8 **Si mañana pudieras cambiar cualquier cosa en tu vida, ¿qué sería? Prepara un breve texto en la ficha que te va a dar tu profesor/a.**

8.1 **Tu profesor/a va a leer los textos que habéis escrito. ¿A cuál de tus compañeros crees que corresponde cada uno de los cambios? Comentadlo en parejas.**

Cambios sociales

1 **Lee estas nuevas realidades y comenta con tu compañero/a cómo han influido en la sociedad.**

1. el culto al cuerpo
2. las redes sociales
3. los vuelos baratos
4. internet
5. el teletrabajo
6. la globalización
7. el móvil
8. el aumento de la esperanza de vida

1.1 **¿Cuál de estas realidades pensáis que ha cambiado más la vida de las personas? ¿Añadiríais alguna otra?**

1.2 **Lee las siguientes opiniones y asócialas con las realidades anteriores.**

a **El poder trabajar** en pijama es algo que me encanta: no necesito prepararme ni pintarme; además, si tengo que salir a comprar, puedo hacerlo sin necesidad de dar explicaciones.

b Es que las cuentas no salen. Por eso me preocupa **lo poco que voy a cobrar** de pensión cuando llegue yo a viejo, después de estar contribuyendo cuarenta y cinco años.

c El mundo se ha hecho más pequeño. **El que haya productos** de todos los rincones del planeta en la tienda de la esquina hace que puedas viajar sin salir de tu calle.

d Es una manera de saber de la gente sin necesidad de quedar en un sitio a una hora. Eso sí, ¡**la de tiempo que perdemos** en tonterías!

e Está claro que si no fuera por ellos, mucha gente no podría viajar al extranjero. Un truco es comprar **lo antes posible** para poder conseguir el precio más barato.

f No es que sea una forma de estar conectado, **es la forma de estar conectado**, ya que estás localizable en todo momento estés donde estés.

g Hay que ver **los sacrificios que hago** para conseguirlo, pero no podría dejar de hacerlo, es una filosofía de vida.

h Es un universo en sí mismo, empiezas con algo y al rato ya no te acuerdas de por qué empezaste. Es **de las pocas cosas** que hacen que pierda la noción del tiempo.

1.3 **Fíjate en las combinaciones con artículos definidos que aparecen en negrita en el texto anterior. ¿Recuerdas sus funciones? Habla con tu compañero/a y completa el siguiente cuadro con ellas.**

Usos del artículo definido

Valor enfático

- Con frase relativa:
  - *... los sacrificios que hago...*
- Valor de grado máximo:
  - ....
- Seguido de ***de***, valor cuantitativo:
  - ....

Valor sustantivador

- El neutro ***lo*** con adverbios:
  - ....
- Con infinitivo (opcional cuando se sobreentiende el sustantivo *hecho* [*el hecho de*]):
  - ....
- Delante de proposición con verbo conjugado:
  - ....

Con *poco, mucho*

- A diferencia de lo que sucede con otros determinantes, en algunos casos es compatible con cuantificadores como ***poco*** y ***mucho***:
  - ....
  - ....
  - *Lo mucho que nos facilita la vida.*

1.4 **Elige uno de los elementos de la actividad 1 y escribe un breve texto en el que expreses tu opinión sobre su influencia en la sociedad. Intenta usar el máximo número de las combinaciones con artículo del cuadro.**

2 [49] **Escucha a una chica llamada Vanesa hablar por el móvil y contesta a las siguientes preguntas.**

1. ¿Dónde está? ¿Con quién habla?

   ....

2. ¿Por qué quiere retrasar la hora de la cita? Escribe la frase que lo expresa.

   ....

3. ¿Conoce Vanesa al artista que quiere ver? Escribe la frase que lo expresa.

   ....

4. ¿Le parece bien que finalmente no vayan a recogerla? Escribe la frase que lo expresa.

   ....

Usos del artículo indefinido

1. Valor enfático:

–Es un encanto.

2. Valor enfático con significado consecutivo:

–Hay una cola que te mueres.

–Tienes un morro que te lo pisas.

3. Convierte el nombre propio en nombre común:

–Tienen un Picasso.

4. Da un sentido indeterminado al nombre propio:

–Un tal Perico...

2.1 **La conversación de Vanesa es un ejemplo de cómo el móvil ha cambiado nuestra vida en sociedad. En parejas, comentad el porqué e imaginad qué hubiera pasado en esta situación sin él.**

2.2 **¿Eres de los que envían mensajes a todas horas o te molesta que te interrumpan constantemente con ellos? Coméntalo con tu compañero/a.**

3 **¿Qué te sugieren estas imágenes? Coméntalo con tus compañeros.**

3.1 [50] **Otro de los cambios recientes en nuestra sociedad tiene que ver con la manera de comprar debido al auge del comercio electrónico. Escucha las descripciones de los tipos de compradores electrónicos que existen e indica qué intervención corresponde a cada uno.**

El crítico	El buscador de ofertas	El impulsivo
Intervención	Intervención	Intervención
El mixto	**El detective**	**El práctico**
Intervención	Intervención	Intervención

3.2 Lee las opiniones de estos usuarios y, en parejas, identificad en qué perfil de comprador encajarían.

1 ....

Yo suelo ir a probarme la ropa a las tiendas y luego, cuando sé la prenda que me gusta y la talla que mejor me queda, ... compro por internet porque casi siempre .... encuentro mejor de precio. Sé que no es muy ético, pero así .... hago.

2 ....

Vi un secatoallas para el baño que estaba en oferta y no .... di más vueltas, ... compré porque todas las críticas que aparecían en los foros eran positivas. La verdad es que no tengo espacio en el servicio, así que .... tengo guardado en el trastero y sin abrir pero ya veré dónde .... hago un hueco.

3 ....

La semana pasada dejó de funcionar la lavadora y, como ya .... habían cambiado el motor hacía poco más de un año, no me .... pensé dos veces: .... dije a mi mujer que no se preocupara y que yo me encargaba. Miré en la página en la que suelo entrar y compré una nueva. A las 48 horas ya nos .... habían instalado en casa.

4 ....

El mes pasado compré un móvil en una página que ya conocía, pero llegó con la caja abierta. Fui a correos y .... devolví el paquete; a los pocos días me .... enviaron de nuevo, esta vez en perfecto estado. Aun así, escribí a la página y .... puse a caldo.

5 ....

Yo, cuando veo un producto que me gusta por el precio, ... guardo en favoritos y sigo buscando. Si al cabo de unos días su precio ha subido, ... doy de baja; pero si ha bajado, ... pongo una etiqueta de prioritario y espero unos días más; si vuelve a bajar, ... compro inmediatamente, ya que nunca hay más de dos bajadas de precios en un mismo producto.

6 ....

Cuando necesito comprar algo, puedo tirarme semanas o incluso meses mirando. Hago una primera selección de tres o cuatro productos y miro ofertas. Leo opiniones de los usuarios y .... escribo al correo privado si es necesario. Incluso a alguno .... he llegado a llamar por teléfono y .... he preguntado dudas. Después, voy reduciendo candidatos hasta que me quedo con uno y entonces veo qué hago.

3.3 Y tú, ¿qué tipo de comprador eres? Coméntalo con tus compañeros.

3.4 Vuelve a leer las experiencias de la actividad 3.2. y completa los espacios con el pronombre *(lo, la, los, las, le, les)* correspondiente. Ten en cuenta que en algunos casos son posibles dos opciones.

3.5 Lee la información del siguiente cuadro y comprueba si has cometido alguna de estas incorrecciones en tu respuesta anterior.

Incorrecciones en el uso de los pronombres átonos

Recuerda las explicaciones que viste en la unidad 1:

1. El **laísmo**: es el uso de los pronombres personales ***la*** y ***las*** en función de complemento indirecto para referentes del género femenino, en lugar de las formas ***le*** y ***les***.
2. El **leísmo**: es la sustitución del pronombre personal ***lo*** *o* ***la*** por ***le**** en la posición de complemento directo y en los verbos transitivos.

   *La RAE admite su uso para el caso de persona masculina singular.
3. El **loísmo**: consiste en sustituir el pronombre personal ***le*** en función de complemento indirecto por ***lo*** para referente masculino.

4 Escribe en tu cuaderno cinco frases entre las cuales haya dos que contengan errores como los descritos.

4.1 Siéntate con dos compañeros y muéstrales tus frases. Deberán adivinar los errores y explicar el porqué.

51] **5** **En un programa de radio han invitado a ciudadanos a opinar sobre un tema: la desaparición de las tiendas físicas. Escucha la discusión y contesta a las preguntas; justifica tu respuesta tomando nota de algunas ideas.**

	Cristina	Carlos	Moderadora	Ninguno
1. ¿Quién está más a favor del comercio electrónico?	☐	☐	☐	☐
2. ¿Quién está más en contra?	☐	☐	☐	☐
3. ¿Quién se sitúa en un punto medio?	☐	☐	☐	☐
4. ¿Quién no se posiciona?	☐	☐	☐	☐

[51] **5.1** **Vuelve a escuchar la grabación y presta atención a las frases que usan los hablantes para manifestar las intenciones que aparecen en el cuadro. Completa con las palabras que faltan.**

Dar una orden o instrucción	Pedir un favor	Rogar
– Espera un momento, ... – Déjame que acabe, ... – ¿...................................... que me dejaras terminar el argumento?	– .... que hables por ti. – ¿.. de no generalizar? – Hazme un favor, ... cosas que yo no he dicho.	– Tengamos una visión más global, ...

5.2 **Las siguientes expresiones aparecen en la conversación que has escuchado. Relaciónalas con su significado.**

1 ☐ No poder permitirse el lujo.	**4** ☐ Repetir.	**7** ☐ A marchas forzadas.
2 ☐ Todo hijo de vecino.	**5** ☐ Demonizar.	**8** ☐ Encima.
3 ☐ Cada dos por tres.	**6** ☐ Cargarse (coloq.).	**9** ☐ Que conste.

a. Con bastante frecuencia.	**d.** Destruir.	**g.** Asignar cualidades malas.
b. Además.	**e.** Decir que he dicho.	**h.** Muy rápidamente.
c. No poder afrontar.	**f.** Que quede claro.	**i.** Cualquier persona.

5.3 **Fíjate en los elementos que se usan para atenuar la intención y transforma las frases atenuadas en órdenes directas. En algunos casos, basta con eliminar la parte atenuante.**

Atenuar la intención

1. Te pido por favor que hables por ti. ➔ *Habla por ti.*
2. ¿Quieres hacer el favor de no generalizar? ➔ ....
3. Espera un momento, ¿quieres? ➔ ....
4. Déjame que acabe, si no te importa. ➔ ....
5. ¿Sería mucho pedir que me dejaras terminar el argumento? ➔ ....
6. Hazme un favor: no pongas en mi boca cosas que yo no he dicho. ➔ ....
7. Tengamos una visión más global, te lo pido por favor. ➔ ....

! Fíjate

Fíjate que en esta frase la **orden** está formulada de manera **no explícita**.
– Carolina, no estás dormida, ¿no? ➔ Carolina, habla.

Cambios lingüísticos

1 **Ampliar nuestro vocabulario es muy importante cuando aprendemos un idioma. ¿Qué haces cuándo lees o escuchas una palabra que no conoces? Márcalo.**

1. ☐ Nada, continúo leyendo/escuchando y no me preocupo por ello.
2. ☐ Intento comprenderla por el contexto, pero no me obsesiono con el vocabulario nuevo.
3. ☐ Pregunto el significado a una persona nativa (un amigo, mi profesor/a, etc.).
4. ☐ La busco en un traductor.
5. ☐ Utilizo un diccionario monolingüe y leo su definición en el idioma original.
6. ☐ Otros (explica qué): ....
....
....

1.1 **Comenta tus respuestas con tu compañero/a. ¿Tenéis la misma actitud ante el nuevo vocabulario? ¿Compartís alguna estrategia para el aprendizaje de léxico?**

2 **En anteriores unidades hemos hablado de la RAE. ¿Recuerdas qué es? Lee el siguiente texto extraído de su página web oficial. ¿Existe alguna institución similar en tu país?**

La Real Academia Española, fundada en 1713 por iniciativa de Juan Manuel Fernández Pacheco y Zúñiga, marqués de Villena, "es una institución con personalidad jurídica propia que tiene como misión principal velar por que los cambios que experimente la lengua española en su constante adaptación a las necesidades de sus hablantes no quiebren la esencial unidad que mantiene en todo el ámbito hispánico", según establece el artículo primero de sus actuales estatutos.

3 **Algunos términos aceptados por la RAE han sido objeto de polémica. Una de estas situaciones controvertidas surgió en julio de 2017. Lee la pregunta de este usuario de Twitter al escritor y miembro de la RAE Arturo Pérez-Reverte y piensa cuál fue su respuesta.**

NeitH @Neith1122
@perezreverte Estamos mi hermano y yo en un debate sin fin, a ver si puede ayudarnos usted. ¿Cuál es el imperativo de *ir*: *iros*, *idos* o *íos*?
15 · 15.235 · 5.000

3.1 **Lee la respuesta de Pérez Reverte y comprueba tu hipótesis anterior.**

Arturo Pérez-Reverte @perezreverte
La RAE acaba de aceptar *iros*, tras mucho debate, pues nadie decía *idos* o *íos*. Ya se puede usar sin complejos. Será oficial en otoño.
45 · 23.111 · 7.000

(Comentarios extraídos de Twitter)

3.2 **Estas son algunas reacciones aparecidas en Twitter ante el anuncio. Comentad en parejas a qué se refiere cada una y cuál os parece más ingeniosa.**

la vecina rubia @lavecinarubia
Los que decimos *idos* en vez de *iros* somos la resistencia.

Dios @diostuitero
La RAE está a un paso de dar por buenas las letras de Mecano.

Paul O'Herrerita @Herrerita16
La RAE acepta *regulinchis* como término médico.

Anacleto Panceto @Xuxipc
Podrán quitarnos lo de *idos*, pero jamás nos quitarán... ¡la tilde en *sólo*!

Quique Peinado @quiquepeinado
La RAE acepta *iros* porque nadie lo decía bien. Como escuchen a mi madre decir *FNAC* van a flipar.

Tuan @__tuan__
Yo, borracho a las 5:00 de la mañana, soy más exigente que la RAE.

Olalá de fua @olaladefua
La RAE acepta "*Haber* si me muero".

TeMaPiCo @temapico
La RAE acepta las sandalias con calcetines.

4 Ante polémicas lingüísticas de este tipo, surgen dos tipos de posturas, los "puristas" y los "todovalistas". ¿Qué crees que defiende cada uno de ellos?

4.1 [52] A continuación vas a escuchar una discusión entre Gonzalo y Eva. Realiza una primera escucha y confirma tus hipótesis anteriores. ¿Qué posición adopta cada uno?

4.2 [52] Escucha la conversación una vez más y decide qué información corresponde a Gonzalo, a Eva o a ninguno de los dos.

	Gonzalo	Eva	Ninguno
1. Estudió Filología en la universidad.	☐	☐	☐
2. Le parece fenomenal que la RAE haya aceptado *iros*.	☐	☐	☐
3. Cree que la frontera entre lo correcto y lo incorrecto no es nítida.	☐	☐	☐
4. Piensa que la corrección lingüística no tiene nada que ver con el origen de los hablantes.	☐	☐	☐
5. Considera que en algunos lugares se habla mejor que en otros.	☐	☐	☐
6. Reconoce que comete algunos errores gramaticales.	☐	☐	☐
7. Cree que instituciones como la RAE deberían tener un valor normativo.	☐	☐	☐
8. Escribe *solo* con tilde.	☐	☐	☐

5 A continuación aparecen diez frases. Decide en cada una si crees que los dos términos están aceptados por la RAE o si solo uno de ellos es correcto.

1. Mi cumpleaños es el 29 de **octubre** / **otubre**.
2. Si te pica, te **rascas** / **arrascas**.
3. Ayer mi abuela me trajo una tartera con **albóndigas** / **almóndigas**.
4. Hazlo **así** / **asín** y seguro que funciona.
5. Hace muchísimo calor aquí dentro, ¿por qué no te **remangas** / **arremangas** un poco?
6. ¡**Idos** / **Iros** de aquí inmediatamente!
7. Me da muchísima pena cuando veo a un **vagabundo** / **vagamundo** por la calle.
8. **Solo** / **Sólo** tengo 10 euros en la cartera, creo que debería pasarme por un cajero.
9. Las **croquetas** / **cocretas** son una de mis comidas favoritas.
10. El **fraticida** / **fratricida** llegó a la casa armado con una escopeta.

5.1 Compara tus ideas con las de tu compañero/a y, entre los dos, intentad llegar a un consenso acerca de los términos aceptados.

5.2 Finalmente, buscad la solución a través del Diccionario de la Real Academia Española (DRAE). ¿Hay algo que os haya sorprendido?

6 La polémica respecto a la aceptación de *iros* como imperativo de *vosotros* surge de su carácter de infinitivo. Como sabes, el infinitivo, al igual que el gerundio y el participio, es una forma no personal del verbo. Para recordar estas formas no personales, piensa en un verbo cualquiera y completa la siguiente tabla con ellas.

Verbo	Infinitivo	Gerundio	Participio
....	....	....	....
	Infinitivo compuesto	Gerundio compuesto	
	....	....	

6.1 **Lee el siguiente cuadro que contiene algunos de los valores de las formas no personales del verbo.**

Valores de las formas no personales del verbo

Temporal

Funciona como una oración subordinada temporal o como parte de una subordinada temporal:

– ***Aparcando*** *el coche vi a Laura.* (gerundio)

– ***Concluido*** *el proyecto, decidieron no renovar al becario.* (participio)

Nominal

Funciona como un sustantivo:

– *El* ***saber*** *no ocupa lugar.* (infinitivo)

Condicional

Funciona como una oración subordinada condicional:

– *Solo* ***trabajando*** *conseguirás ascender.* (gerundio)

Relativo

Funciona como parte de una oración subordinada relativa:

– *Tengo algunas gestiones que* ***hacer*** *esta semana.* (infinitivo)

Independiente

Funciona de forma modalizada, habitualmente con valores exclamativo o interrogativo:

– *¿**Decirle** la verdad? ¡Ni de broma!* (infinitivo)

– *¡Todo el día* ***trabajando**! ¡Qué mujer!* (gerundio)

– *¿**Sorprendido**? Pues no, la verdad es que me lo esperaba.* (participio)

6.2 **Sustituye la parte destacada de las frases con la forma no personal adecuada y escribe su valor o significado.**

		Valor
1	¡Qué suerte que viajes *viajar* tanto!	*independiente*
2	De verdad, es terrible ir contigo a ningún sitio, siempre tienes que protestar .... por todo.	
3	Marta tiene muchos problemas que necesitan ser resueltos	
4	Cuando terminaron .... el proceso, seleccionaron al mejor candidato.	
5	Hasta que no pasen .... tres días, no podrá valorarse el efecto del antibiótico.	
6	Si estudias .... más, aprobarás.	
7	La capacidad de saber dibujar .... bien es uno de los talentos que más admiro.	
8	Nos encontramos cuando salíamos .... del bar.	

7 **En parejas, pensad en una palabra o expresión no aceptada por la RAE que consideréis que debería formar parte del diccionario. Podéis seleccionar una expresión informal, un extranjerismo o una palabra inventada por vosotros mismos.**

7.1 **Explicad al resto de la clase la palabra o expresión que habéis seleccionado. Argumentad por qué consideráis necesario que la RAE acepte ese término.**

7.2 **Finalmente, entre todos los miembros de la clase, elegid la palabra o expresión que más os gusta. Deberéis preparar un vídeo o un texto explicando por qué debería formar parte del Diccionario de la Real Academia Española.**

Evaluación

Interacción oral

Otro de los cambios importantes habidos en los últimos tiempos ha sido la popularización de los vuelos baratos. Comentad en pequeños grupos en qué medida han afectado a la sociedad y cómo creéis que sería la vida sin ellos.

Dar y pedir una opinión

- A mi entender/parecer...
- A mi juicio...
- (A mí) me da la impresión/sensación...
- En mi modesta/humilde opinión...
- ¿Qué piensas/opinas de lo que...?
- ¿Qué te parece lo de/que...?
- A tu parecer/entender...
- ¿Dirías que...?

Aspectos positivos

- Democratización de los viajes.
- Posibilidad de conocer muchos países.
- Activar la economía global.
- Procurar ingresos a países con menos recursos.

Aspectos negativos

- Saturación de ciertos destinos.
- Pérdida de identidad de las ciudades más turísticas.
- Reducción de derechos de los viajeros.
- Incremento de la contaminación y del uso de recursos naturales.

Comprensión auditiva

[53]

1 **Los cambios globales han creado un mundo sin fronteras, pero también con más desigualdad. Fennis es una fundación que busca conseguir mayor justicia entre los territorios. Escucha sus valores y escribe el título correspondiente a cada uno de ellos según el orden en que los escuches.**

FENISS
FUNDACIÓN ENERGÍA E INNOVACIÓN SOSTENIBLE SIN OBSOLESCENCIA PROGRAMADA

■ Respeto ■ Compromiso ■ Solidaridad ■ Igualdad

1. ....
2. ....
3. ....
4. ....

2 **Vuelve a escuchar y anota las palabras o frases que te han hecho decidirte por cada opción.**

1. ....
2. ....
3. ....
4. ....

3 **En la audición hay algunas palabras que tienen un significado similar al de las siguientes. Escucha de nuevo y escríbelas junto a cada una de ellas.**

1. Alcanzar ➔ ....
2. Apoyar ➔ ....
3. Contener ➔ ....
4. Deseado ➔ ....
5. Dominio ➔ ....
6. Ambición ➔ ....

Comprensión lectora

1 Lee las respuestas de una psicóloga que habla sobre el aspecto emocional del culto al cuerpo y escribe las preguntas que piensas que le hicieron.

1 ....

En realidad, no acuden en un primer momento por iniciativa propia. Lo más habitual es que peregrinen por nutricionistas, educadores físicos o cirujanos plásticos. Si lo hacen, es por presión familiar al interpretar que están atrapados por una obsesión o bien porque han perdido el norte y comienzan los síntomas de ansiedad, depresión o descontrol alimentario.

2 ....

Dicen que lo perfecto es enemigo de lo bueno. Una talla 36 o una nariz pequeña no nos otorga la plenitud vital. Se trata más bien de un bienestar interior en el que la persona se siente valiosa pese a sus defectos. La fortaleza mental implica estar tranquilo, flexible y en paz con uno mismo. El culto al cuerpo, como obsesión que es, implica tensión, agarrotamiento y disconformidad.

3 ....

La imagen es la tarjeta de presentación de una persona a la que no conocemos de antemano. Por lo tanto, sí que es relevante, ya que sugiere cosas de ella: si es más o menos aseada, más o menos conservadora, si le gusta llamar la atención o no, etc. Digamos que es un elemento informativo más que se suma a muchos otros.

4 ....

Sin lugar a dudas. Y esta es precisamente la mayor fuente de frustraciones, presiones e infelicidad para muchas personas. Pero también es verdad que nosotros dictaminamos sumarnos a unas corrientes o a otras, es decir, montarnos en el tren que nos lleve a la dirección que más nos satisfaga.

5 ....

Aunque seguramente existan muchos antecedentes históricos que hacen la respuesta muy compleja, creo que uno de los factores más trascendentes actualmente son los pingües beneficios que obtienen muchos sectores del culto al cuerpo. La perfección en la belleza es difícilmente alcanzable; si fuera fácil, no sería rentable. Cuanto más sofisticado, continuado y caro sea un tratamiento, más candidato al éxito parece ser, y esto es lo que se busca. Por otro lado, cuanto más obsesionados estemos por el aspecto del cuerpo, más acríticos seremos como ciudadanos, de ahí que existan sectores de poder a nivel mundial a quienes interesa esta anestesia.

6 ....

Pues bastantes. En primer lugar, la comparación entre un ideal que anhelamos y la realidad de nuestro aspecto puede provocar ansiedad, baja autoestima y depresión. Como consecuencia de ello, si utilizamos todas nuestras energías en perseguir ese objetivo, aparecen las obsesiones y el maltrato a nuestro cuerpo. Cuando la dinámica se agrava, vienen los trastornos de la nutrición y la alimentación. En este momento es cuando se despiertan todas las "exias": anorexia, vigorexia, pregorexia y un largo etcétera.

Adaptado de https://www.apai-psicologos.com/culto-al-cuerpo

2 Encuentra en el texto sinónimos de las siguientes palabras o expresiones.

1. Ir de un lado a otro ➜ ....
2. A pesar de ➜ ....
3. Rigidez ➜ ....
4. Anteriormente ➜ ....
5. Evocar ➜ ....
6. Decidir ➜ ....
7. Abundante ➜ ....
8. Ofuscado/a ➜ ....
9. Desear mucho ➜ ....
10. Meta ➜ ....

Expresión escrita

Escribe un texto de unas 200 palabras sobre algún otro tipo de cambio que no se haya mencionado en la unidad.

Contenidos lingüísticos

Haz el cuestionario que te proponemos en ELEteca

Unidad

12 Imágenes

Contenidos funcionales

- Describir la imagen o estilo personal de uno.
- Reaccionar ante un cotilleo o chisme.
- Expresar oposición o contraste.
- Expresar acuerdo y desacuerdo total o parcial en el registro formal.
- Expresar concesión (III)

Contenidos lingüísticos

- Repaso de *ser* y *estar*.
- Usos anafóricos.
- Expresiones para introducir y seguir un cotilleo.
- Conectores del discurso y nexos concesivos.

Contenidos léxicos

- Expresiones metafóricas del lenguaje cotidiano.
- Metáforas de animales.
- Léxico relacionado con la imagen personal.

Contenidos culturales

- Poesía: Ángel González.
- Microrrelato: Eduardo Galeano
- El sexismo en el lenguaje.
- Cultura visual.
- Estereotipos culturales.

En **ELEteca** tienes material y actividades complementarias a esta unidad.

Tareas

- Hacer una rueda de la identidad para presentarse metafóricamente.
- Representar conversaciones sobre alguien en su ausencia.
- Debatir y redactar un artículo de opinión sobre la desigualdad de género.
- Reflexionar sobre la importancia de la imagen social.
- Crear una imagen personal con un estilo propio.

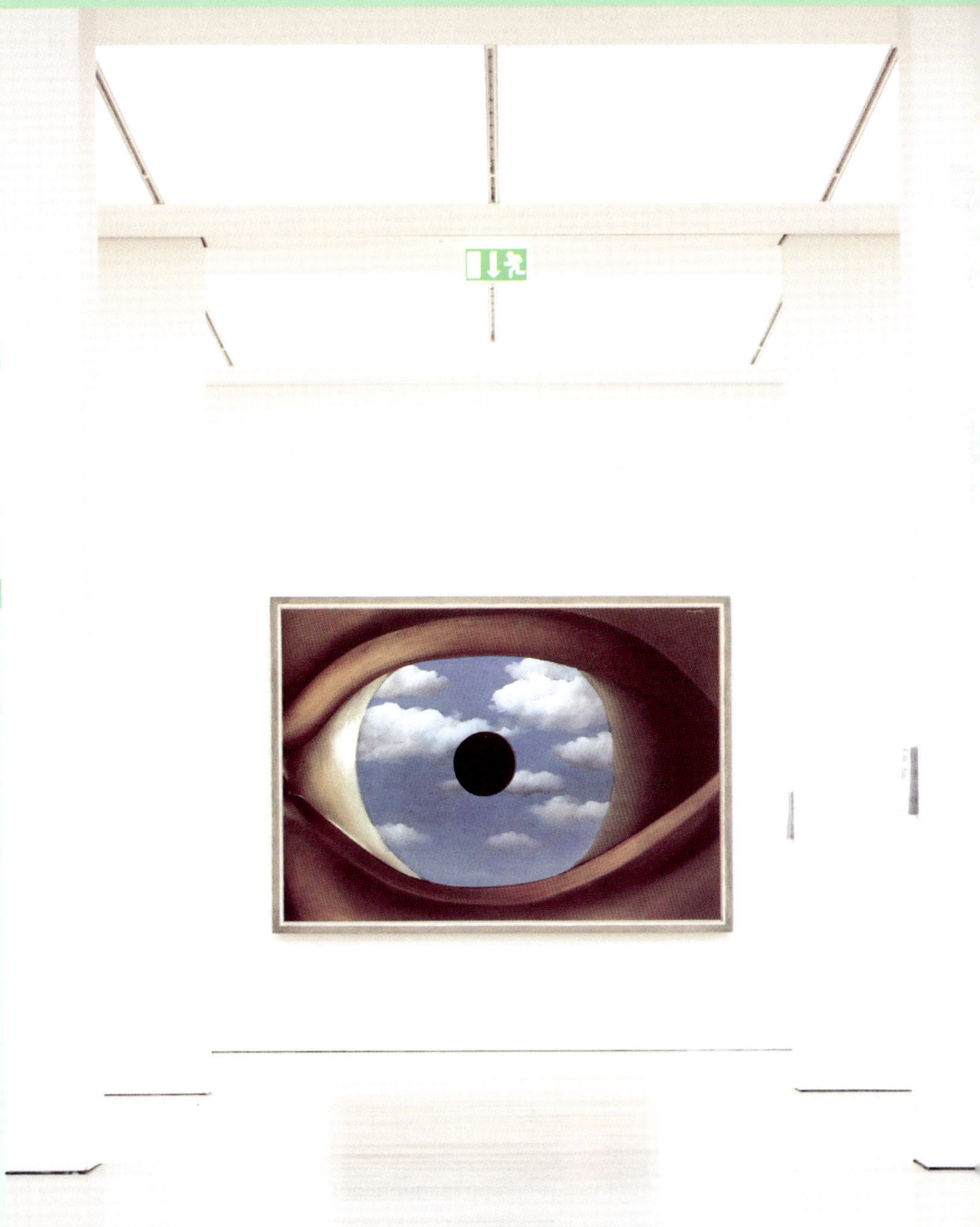

El falso espejo, René Magritte.

En contexto

1 **La metáfora es la gran imagen del lenguaje verbal y es también una figura esencial en la poesía. Lee este poema de Ángel González, resume en unas líneas su significado principal y coméntalo con tus compañeros.**

Muerte en el olvido

Yo sé que existo
porque tú me imaginas.
Soy alto porque tú me crees
alto, y limpio porque tú me miras
con buenos ojos,
con mirada limpia.
Tu pensamiento me hace
inteligente, y en tu sencilla
ternura, yo soy también sencillo
y bondadoso.
Pero si tú me olvidas
quedaré muerto sin que nadie
lo sepa. Verán viva
mi carne, pero será otro hombre
–oscuro, torpe, malo– el que la habita...

Ángel González, *Áspero mundo*

- *Según yo...*
- *Como yo lo veo...*
- *Para mí, el poema habla de...*

....
....
....

! Fíjate

La imagen no es solo una fotografía, también hay imágenes verbales: **la metáfora**. Una manera expresiva y emotiva de describir a otros y a nosotros mismos es a través del uso metafórico. Usamos el mundo físico, la experiencia sensorial y nuestra manera de percibir las cosas para construir imágenes mentales que nos ayudan a dar un nuevo sentido a la realidad.

1.1 **Comparad vuestras respuestas y llegad a un acuerdo sobre las siguientes cuestiones.**

1. ¿Es un poema de amor?
2. ¿Cuál es el verbo más importante de este poema?
3. ¿Cuál es la "moral" o filosofía que hay en este texto?
4. ¿Qué tienen en común el cuadro de René Magritte que aparece en la portada de la unidad y el poema de Ángel González?

2 **La rueda de la identidad es un símbolo con información con la que alguien se identifica. Lee la del autor de esta unidad y luego haz preguntas para adivinar algo más sobre él. Tu profesor/a conoce las respuestas, pero solo te puede decir *sí* o *no*.**

- *"Buenos días por la tarde" tal vez signifique que le gusta levantarse tarde.*
- *Sí, respuesta correcta. Al autor de esta unidad le gusta levantarse tarde.*

2.1 **Ahora crea tu propia rueda de la identidad: piensa en objetos, acciones habituales o cosas importantes para ti y escribe en la rueda aquello con lo que te identificas. Luego, compártela para que tus compañeros traten de adivinar qué significa.**

3 Las metáforas están presentes también en los textos narrativos, no solo en la poesía. Vas a escuchar un microrrelato de Eduardo Galeano, pero antes escribe cuál crees que puede ser el significado de la metáfora "El mundo es un mar de fueguitos".

....

....

....

3.1 [54] **Escucha el microrrelato y confirma tu respuesta.**

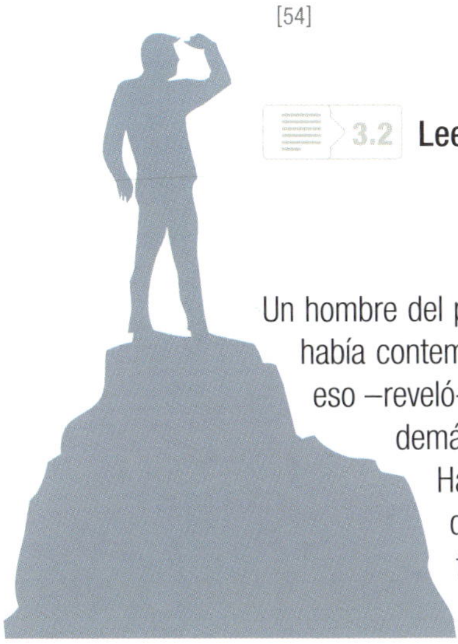

3.2 **Lee el texto y subraya la frase que explica el significado de la metáfora.**

EL MUNDO

Un hombre del pueblo de Neguá, en la costa de Colombia, pudo subir al alto cielo. A la vuelta, contó. Dijo que había contemplado, desde allá arriba, la vida humana. Y dijo que somos un mar de fueguitos. El mundo es eso –reveló–. Un montón de gente, un mar de fueguitos. Cada persona brilla con luz propia entre todas las demás. No hay dos fuegos iguales. Hay fuegos grandes y fuegos chicos y fuegos de todos los colores. Hay gente de fuego sereno, que ni se entera del viento, y gente de fuego loco, que llena el aire de chispas. Algunos fuegos, fuegos bobos, no alumbran ni queman; pero otros arden la vida con tantas ganas que no se puede mirarlos sin parpadear, y quien se acerca, se enciende.

El libro de los abrazos, Eduardo Galeano

3.3 **En parejas, rodead con un círculo los tipos de fuego que aparecen en el texto. Luego, pensad en tipos de fuego que puede haber en el mundo. ¿Puedes citar a personajes famosos para cada uno de esos tipos de fuego?**

4 **En español tenemos varias expresiones metafóricas en el lenguaje cotidiano relacionadas con la luz. Lee las siguientes, escríbelas junto a su definición correspondiente y completa las frases con ellas.**

Tener muy pocas luces ■ Ser brillante ■ Salir a la luz ■ Dar a luz

1

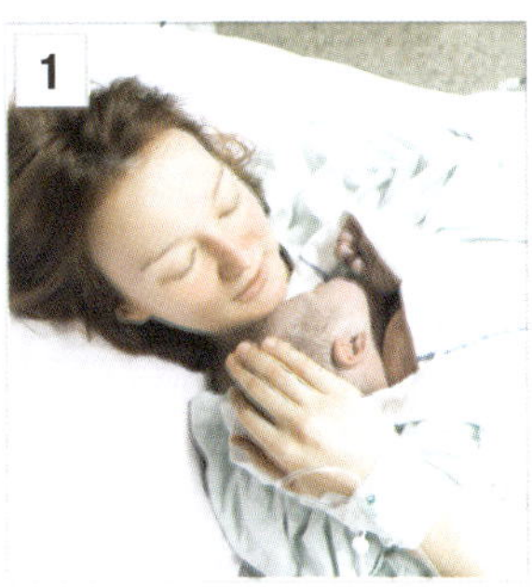

.................................:

se dice de la acción de tener hijos. Sinónimo de *parir*.

▶ Marta .... a dos niñas preciosas.

2

.................................:

se dice de quien realiza acciones poco inteligentes o adecuadas.

▶ No sé cómo se le ocurrió hacer una foto en medio de la carretera. Este chico ....

3

.................................:

se dice de personas que tienen una inteligencia y conocimientos extraordinarios.

▶ Juan .... desde pequeño.

4

.................................:

se dice cuando un acontecimiento que estaba oculto o en privado es conocido públicamente.

▶ El escándalo político .... el pasado verano.

¡Eres un animal!

1 **Con frecuencia usamos las metáforas en el lenguaje coloquial. Por ejemplo, en los cotilleos. ¿Sabes qué es un cotilleo? Lee estas definiciones y señala la opción que consideres correcta.**

◯ **1.** Es una noticia verdadera que se dice de alguien que está ausente.

◯ **2.** Es una noticia falsa que se dice de alguien que está ausente.

◯ **3.** Es una noticia verdadera o falsa que se dice de alguien ausente.

1.1 **¿Conoces alguna de estas metáforas cotidianas? Léelas y relaciónalas con su significado.**

1. Morir de risa.
2. Ser un pozo de sabiduría.
3. Estar en pañales.
4. Estar en la flor de la vida.
5. Ser un lince.
6. Perder un tornillo.
7. Ser un gusano.
8. Ser un buitre.
9. Estar hecho polvo.

Se dice...

a. de una persona que se encuentra en el mejor momento.
b. de una persona que está agotada mental o físicamente.
c. de las personas que son desagradables.
d. de una persona que no está bien mentalmente.
e. cuando algo o alguien nos hace reír mucho.
f. cuando una persona tiene mucho conocimiento y experiencia.
g. cuando una persona se aprovecha de la mala situación de otra.
h. de algo que está en un estado inicial o incipiente.
i. cuando una persona es muy hábil en algo.

1.2 **Escucha y comprueba tus respuestas de la actividad anterior.**

[55]

1.3 **Observa de nuevo las metáforas de la actividad 1.1 y responde.**

1. ¿Con qué verbos se forman estas metáforas?
2. ¿Tienen un significado positivo o negativo?

2 **Hay muchas maneras de introducir un cotilleo o chisme y modos distintos de reaccionar. Vuelve a escuchar el audio de la actividad 1.2. y clasifica cada expresión en el lugar correspondiente según su uso.**

[55]

1. Eso que dices es una tontería.
2. Francamente, me dejas de piedra.
3. ¡No me lo hubiera imaginado!
4. ¡Eso no puede ser! ¡Qué fuerte!
5. ¿Me estás escuchando?
6. ¿Te has enterado de que...?
7. No te lo vas a creer...
8. Ajá.
9. Vaya.
10. ¿Sabías que...?
11. ¿Me sigues?
12. ¡Increíble!

Introducir un cotilleo .... ▶

Mostrar seguimiento e interés .. ▶

Reclamar interés .... ▶

Reaccionar ante el cotilleo........ ▶ *1,*

! Fíjate

El **pronombre demostrativo** puede sustituir a un sustantivo con el que concuerda en género y número, pero también puede sustituir a toda una oración y en ese caso empleamos el pronombre neutro ***esto***, ***eso*** o ***aquello***:

▶ *Me han dicho que Pedro rompió su relación con María.* ▷ ***Eso*** *que dices es una tontería.*

2.1 **Tu profesor/a te va a dar unas fichas para crear una conversación de puro cotilleo. Preparad en parejas un guion y representadlo en clase. No olvidéis usar algunas de las metáforas cotidianas que estamos aprendiendo.**

3 **Muchas metáforas cotidianas son de animales. Observa la imagen: ¿crees que la expresión tendrá un valor positivo o negativo referida a personas? ¿Cuál piensas que es la característica del animal que utiliza?**

Ser un lagarto: **+/–**
Característica: ....

3.1 **Lee el texto y trata de explicar qué significa la expresión *ser un lagarto* en Colombia.**

En Colombia ser clasificado como un *lagarto* es poco deseable porque posee un significado muy negativo. Pero lo grave es que es un estilo de comportamiento, y casi una forma de vida que consiste en buscar amistades con doble intención y hacer todo lo que se crea necesario para escalar posiciones, no por méritos precisamente. Este tipo de individuos se dan especialmente en sociedades estratificadas, donde se concentra la riqueza, el poder y las buenas posiciones en unos pocos privilegiados.

Por eso no debe sorprender que en Colombia abunden los lagartos. Esos que llegan a cócteles sin ser invitados y que son íntimos amigos de todos los personajes; aquellos que por un saludo cordial de alguien destacado son capaces de cruzar un salón de lado a lado. No siempre son individuos que se clasificarían como perdedores, precisamente, porque en sociedades como la nuestra, a muchos les funciona de maravilla el arte de lagartear. Además, el lagarto, si no es muy inteligente, es un *vivo*, es muy hábil para encontrar espacios, y esta característica produce grandes rendimientos en nuestra sociedad. Estos comportamientos para ascender en la escala social son entendibles, aunque no aceptables.

Adaptado de http://www.las2orillas.co/que-es-ser-lagarto

4 **En parejas, decidid si las características de estos animales pueden ser positivas o negativas referidas a personas. Pensad también cuál podría ser esa característica.**

1 Burro +/–

Característica: ....

2 Gallina +/–

Característica: ....

3 Víbora +/–

Característica: ....

4 Pájaro +/–

Característica: ....

5 Cordero +/–

Característica: ....

6 Pavo +/–

Característica: ....

7 Foca +/–

Característica: ....

8 Toro +/–

Característica: ....

3.2 **Busca en el Diccionario de la RAE el significado de la palabra *lagarto* y responde a las preguntas.**

a ¿*Ser lagarto* significa lo mismo en Colombia que en España?

b ¿En qué países tiene otro significado?

c ¿En qué registro se usan estas acepciones (formal o informal)?

d ¿Qué significado negativo tiene su uso en femenino?

4.1 **Lee ahora las explicaciones de las expresiones metafóricas con animales que te va a dar tu profesor/a y comprueba tu respuesta anterior.**

5 Las expresiones de animales pertenecen a la tradición cultural y suelen caer en estereotipos. ¿Existen expresiones similares en tu lengua? Piensa en los contrastes en relación con el español y comparte tu opinión.

! Fíjate

Las **metáforas de animales** son metáforas muy habituales, utilizadas desde antiguo en jergas y en el argot común. A veces se resaltan cualidades positivas y otras, defectos, usándose para insultar.

Fíjate en el uso del género en estas expresiones:
Ser una hormiguita (se usa solo en femenino para referirnos a ambos sexos).
Ser un/una fiera (cambia el género del artículo dependiendo del sexo).
Ser un lince (se utiliza solo en masculino para referirnos a ambos sexos).

6 ¿Qué crees que significa la expresión *lenguaje sexista*? ¿Existe un término igual en tu lengua materna?

Es una expresión para referirse a...

- ◯ **1.** las personas que solo piensan en sexo.
- ◯ **2.** las personas que tienen problemas con su sexo.
- ◯ **3.** la discriminación sexual en la lengua.

6.1 Lee el artículo de opinión de la revista *Smoda* que habla del sexismo en el lenguaje y confirma tu respuesta.

El sexismo en el lenguaje: estereotipos del hombre y de la mujer

Siendo un zorro un hombre astuto, una zorra es una prostituta. Y, por supuesto, nada tiene que ver un respetable hombre público con una mujer pública, una prostituta. Es que, además, un fulano es alguien sin identificar, **mientras que** una fulana es una prostituta; un golfo es un pillo, un juerguista, en cambio una golfa es una prostituta; un cualquiera es un pobre don nadie, **mientras que** una cualquiera es una prostituta; y aquel que no tiene un destino determinado y está perdido nos produce cierta compasión, **mientras que** una perdida es una prostituta. ¿¡Qué ocurre en nuestra cultura para que tantas palabras de uso común, en femenino, designen invariablemente a una prostituta!?

Más allá de los insultos y tacos, la imagen estereotipada y negativa de las mujeres se extiende al refranero y llega a expresiones tan coloquiales y repetidas como "esto es un coñazo". El hombre, **sin embargo**, sale bastante mejor parado. Ciertas palabras tienen distintas connotaciones dependiendo del sexo al que hagan referencia (gobernante/gobernanta, verdulero/verdulera) y hasta los animales salen ganando cuando se escriben en masculino (un gallo es un hombre fuerte y valiente; **en cambio**, un gallina define a una persona cobarde, pusilánime y tímida). Todo ello alimenta el debate de si el castellano es o no un idioma machista. Guerrero Salazar lo tiene claro: "La lengua española no es machista, como no es racista, ni homófoba. Es el uso que hacemos de ella lo que determina el carácter del discurso. Es una herramienta y, como tal, podemos utilizarla bien o no. Por tanto, reflexionar sobre la lengua desde la perspectiva de género sirve para aprender a evitar los usos sexistas".

Adaptado del artículo de Clara Ferrero en http://smoda.elpais.com/moda/por-que-ser-una-zorra-es-malo-y-ser-un-zorro-es-bueno-y-otros-ejemplos-del-lenguaje-sexista

! Fíjate

La **anáfora** es un mecanismo de repetición que empleamos en textos escritos y en conversaciones para expresar, por ejemplo, enfado o malestar hacia algo, y por eso hacemos ver nuestra actitud mediante la repetición de estructuras.

6.2 ¿Qué metáforas de animales aparecen en el artículo? ¿Cuál es su significado?

6.3 Mira las palabras resaltadas del texto anterior y completa la siguiente reflexión gramatical.

Expresar oposición o contraste

En español usamos ...., ... y .... para expresar contraste entre personas, cosas o ideas.

1. .... es una locución adverbial que expresa oposición o contraste completo. Tiene un significado que se acerca a *por el contrario, contrariamente...*
2. La locución .... tiene el mismo significado que *en cambio*, aunque se puntúa de forma diferente (antecedida de coma y sin signo después, a menos que sea necesario por otras razones).

6.4 **Te mostramos un termómetro emocional. Después de haber leído el artículo, ¿qué actitud crees que mantiene la autora? Colorea el termómetro indicando un nivel del 1 al 10 según su grado emocional.**

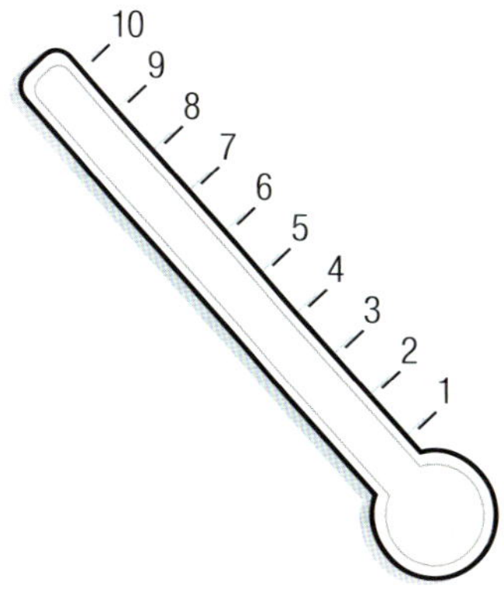

De 1 a 4: la actitud de la autora es indiferente.
De 5 a 7: la actitud de la autora es de cierto malestar.
De 8 a 10: la actitud de la autora es de gran enfado.

56]

7 **Una *mesa redonda* es una metáfora, porque la mesa no tiene por qué ser redonda y a veces no hay ni mesa. Es un modelo de debate académico en el que hay un moderador y unos expertos analizan un tema, pero el debate está abierto al público. Vamos a asistir a una mesa redonda sobre sexismo en el lenguaje. Escucha y marca quién cree que sí hay sexismo y quién no. Toma nota de algunos de sus argumentos.**

¿Existe sexismo en el lenguaje?

◯ Sí ◯ No
Pedro (abogado)

....
....
....

◯ Sí ◯ No
Marta (periodista)

....
....
....

◯ Sí ◯ No
Berta (pedagoga)

....
....
....

◯ Sí ◯ No
Antonio (profesor)

....
....
....

7.1 **Estas son las reacciones que han aparecido en la mesa redonda y algunas más. Clasifícalas según lo que expresen.**

1 Estoy de acuerdo en todo salvo en que…
2 Comparto tu idea/postura.
3 Yo no comparto tu idea/postura.
4 (Yo) no estoy para nada de acuerdo.
5 Yo coincido plenamente.
6 Yo coincido en parte con…
7 (Yo) no digo que…, pero…
8 ¡En absoluto!

Acuerdo total	Acuerdo parcial	Desacuerdo parcial	Desacuerdo total
	1		

7.2 **¿Y tú? ¿Con qué opinión estás de acuerdo?**

8 **Además de en el lenguaje, el sexismo o la desigualdad entre hombres y mujeres es un aspecto que podemos percibir también en el ámbito profesional. Observa las imágenes que te va a mostrar tu profesor/a y redacta un artículo de opinión sobre algún ámbito en el que sientes que hay sexismo.**

▸ *La mayoría de los líderes políticos suelen ser hombres, mientras que apenas hay mujeres que estén gobernando…*

Cultura visual: yo y el mundo

1 "Ser o parecer, esa es la cuestión". ¿Eres una persona que se deja llevar por las apariencias? ¿Te preocupa qué imagen tengan de ti? Indica en una escala de un metro a un kilómetro cuánto te importa tu imagen y señala con qué afirmación estás de acuerdo. Después, coméntalo con tus compañeros.

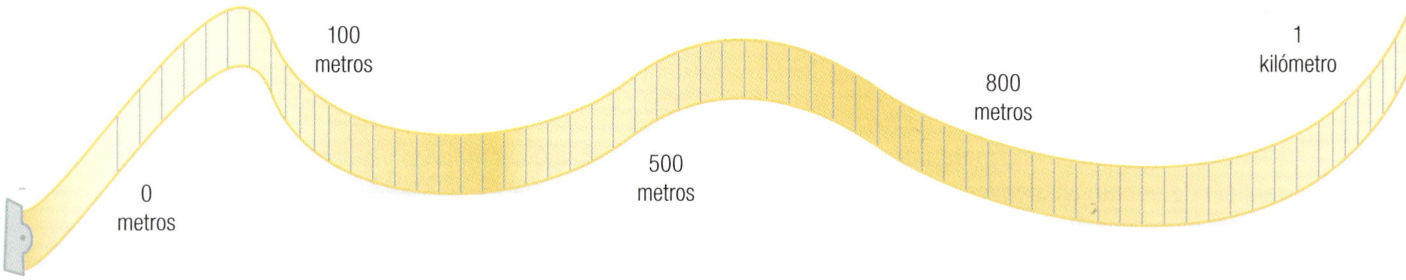

- ◯ **1.** En mi opinión, lo que realmente importa es la apariencia para causar una buena impresión.
- ◯ **2.** Opino que lo que importa es cómo eres, ya que la apariencia puede ser falsa.
- ◯ **3.** Opto por el término medio, lo que importa es cómo eres pero también hay que cuidar la imagen.

2 ¿Conoces el corto *A Social Life*? Este es el resumen de su argumento. ¿De qué crees que trata? Comentadlo en parejas.

El corto *A Social Life* aborda cómo mostramos nuestra vida en internet.

2.1 Lee esta crítica referida al cortometraje *A Social Life* y marca cuál es la opinión del autor del artículo. Después, señala en el texto la parte que lo justifica.

- ◯ **1.** Opina que la película es buena porque exagera la realidad.
- ◯ **2.** Cree que la película no es original porque ya hay otros cortos que tratan el tema.
- ◯ **3.** Opina que la película va a tener mucho éxito.

2.2 Vuelve a leer el texto de 2.1 y completa el cuadro con ejemplos de este.

El valor de superación de las expresiones concesivas

Recuerda...

1. Las frases con ***aunque*** y ***si bien*** expresan una dificultad (real o no) o un impedimento con respecto a la oración principal, sin llegar a modificarla completamente. Es decir, en oraciones afirmativas sirven para expresar superación.
   Desde un punto de vista formal, las expresiones con *aunque* o con *si bien* se diferencian en que:
   - **a.** Las oraciones con ***aunque*** pueden ir en indicativo y/o subjuntivo dependiendo de la relevancia que el hablante le dé al impedimento o dificultad (**relevancia** = indicativo / **no relevancia** = subjuntivo). Se usan en registros formales e informales:
     – ....
   - **b.** Las oraciones con ***si bien*** siempre van en indicativo. Se usan en registros formales:
     – ....
2. Las **oraciones reduplicativas** son aquellas en las que el hablante no da ninguna relevancia (considera la proposición totalmente **irrelevante**) a la dificultad que se plantea para la realización de la acción principal. Van siempre en subjuntivo (subjuntivo + *lo que* + subjuntivo):
   – ....

3 **En las oraciones concesivas es el hablante el que construye el significado, pudiendo expresar matices de importancia desde "relevante" a "totalmente irrelevante". Transforma libremente las frases en oraciones concesivas de acuerdo con el nivel de relevancia que quieras expresar.**

R relevante
N no relevante
T totalmente irrelevante

1. R N T EE. UU. y China ya han firmado el protocolo de Kioto. Seguimos teniendo un problema serio con el cuidado del medioambiente.
   Firmen lo que firmen EE. UU. y China, seguiremos teniendo un problema con el cuidado del medioambiente.
2. R N T En el último año la descarga gratuita de películas ha aumentado. La industria del cine no peligra.
   ....
3. R N T La mayoría de las personas hace lo posible por comer sano. Los restaurantes de comida rápida siguen creciendo.
   ....
4. R N T Cuidar la imagen importa mucho. Las personas deberíamos pensar no solo en el físico.
   ....
5. R N T Internet está cambiando los hábitos de las personas. Las escuelas deberían educar a los más jóvenes.
   ....

¿Eres lo que *posteas*? Una reflexión sobre la imagen que reflejamos en las redes

Meredith es una joven que hace deporte, come sano, trabaja duramente y, por las noches, sale a tomar algo. ¿El problema? Todo esto solo ocurre en sus redes sociales: después de fotografiar sus zapatillas de deporte, su comida sana y su portátil, se queda observando cómo llegan los *Me gusta*. Esa es la historia del cortometraje *A social life*.

Aunque la historia de Meredith es exagerada, hasta el punto de comenzar a preparar una cena sana para después abandonarla y alimentarse de comida china a domicilio, el cortometraje es una reflexión importante acerca de cómo proyectamos en las redes una imagen que no se corresponde con la real.

"Quería provocar un debate para concienciar a la gente", explica la autora, la norteamericana Kerith Lemon, en una entrevista a *Los Angeles Magazine*. "La situación se vuelve complicada cuando el tiempo y el esfuerzo que dedicamos a nuestra imagen en las redes se apodera del tiempo que dedicamos a nuestra vida real".

A social life, juego de palabras entre *"a social life"* (una vida social) y *"asocial life"* (vida asocial), ha conseguido el premio a la Mejor Actriz en el Festival Internacional de Cortometrajes de Canberra y al Mejor Debut en el Lady Filmmakers Festival.

Si bien esta misma temática ha sido trabajada anteriormente en otros cortometrajes, como *What's on Your Mind?* o *Look Up*, esta versión sigue aportando una visión original del fenómeno de las redes y su impacto en la sociedad. Digan lo que digan, *A Social Life* es un cortometraje que va a tener buena aceptación en el público.

Adaptado de http://verne.elpais.com/verne/2016/04/21/articulo/1461235270_731887.html

4 **Está claro que internet es un medio que podemos usar para comunicar una imagen y relacionarnos con el mundo. ¿Qué opinas sobre el efecto de comunicarnos con imágenes falsas? En parejas, buscad ideas en común o con las que no estáis totalmente de acuerdo. Luego, compartid vuestra opinión con el resto de la clase.**

- *Aunque coincidimos poco, estamos de acuerdo con que...*
- *Si bien coincidimos mucho..., no estamos de acuerdo con que...*

4.1 **Formad dos equipos. Cada uno tiene que escribir cinco aspectos negativos y cinco positivos sobre el uso de las redes y nuestra imagen personal. Luego, un grupo tendrá que decir un aspecto negativo y el equipo contrario tendrá que superar ese obstáculo con un aspecto positivo indicando la relevancia. Gana el debate el equipo que acumule menos tiempo en responder.**

Equipo A

- *Las personas no son sinceras en internet.*

Equipo B

- *Aunque haya gente que no es sincera, podemos elegir nuestras amistades.*

5 [57] **Vamos a asistir a la conferencia de una experta en cultura visual. Escucha su charla y utiliza la imagen de la rueda para elaborar un esquema de las ideas que te parezcan importantes.**

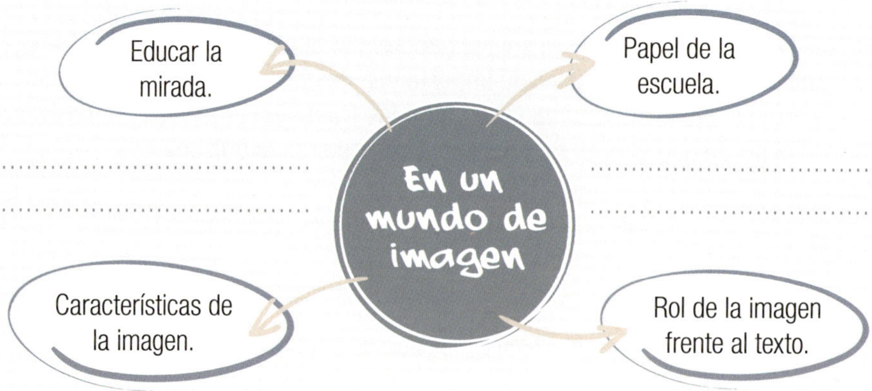

....

....

....

....

....

....

....

....

6 **Alterar una imagen e identificar un objeto A con los rasgos de un objeto B es lo que se llama *metáfora visual*. Este tipo de metáfora está muy presente en el mundo de la publicidad. En parejas, decidid cuáles de estas imágenes son metáforas y cuáles no.**

1

2

3

4

6.1 **La intención de la metáfora visual es hacernos pensar e interactuar más con la imagen. ¿Conoces el refrán "una imagen vale más que mil palabras"? ¿Qué piensas después de ver estas imágenes publicitarias?**

7 **Dicen que cada imagen contiene una historia; "lee" la foto y cuenta la suya. ¿De qué nos habla?**

7.1 **Lee la noticia sobre la historia de Daniel que te dará tu profesor/a y responde.**

1. ¿Qué significó la imagen del niño para la autora?
2. ¿Qué significó para los internautas?
3. La historia de Daniel es una historia de superación, ¿qué nos enseña?

7.2 **En el texto que has leído aparecen dos nexos para introducir oraciones concesivas: *a pesar de que* y *aun cuando*. Lee el cuadro y complétalo con los nexos y ejemplos correspondientes.**

Otros nexos concesivos

1. .... Pone el foco en el obstáculo añadiendo el valor semántico de la gravedad. Puede ir con indicativo o subjuntivo, dependiendo de la relevancia que le demos al obstáculo o impedimento:

   – ....

   ....

2. .... Pone el foco en la noción de situación temporal, dibujando un escenario en el tiempo. Puede ir en indicativo (expresa hecho constatado) o en subjuntivo (expresa un hecho no constatado):

   – ....

   ....

5.1 **En grupos, compartid vuestros esquemas e intercambiad ideas hasta completar la información entre todos.**

5.2 **Escucha de nuevo la conferencia y responde a estas preguntas. Compara después con tus compañeros.**

[57]

1. ¿Qué quiere decir la expresión "vivimos en un mundo de imagen"?

   ....

2. ¿Qué significa que la escuela es "hija de la imprenta"?

   ....

3. ¿Qué crees que significa eso de "educar la mirada"?

   ....

4. ¿Cuáles son los cuatro aspectos de la imagen importantes para "educar la mirada"?

   ....

8 **El especialista en cultura visual Nicholas Mirzoeff dijo: "Ver no es creer, sino interpretar". ¿Qué pensáis que quiso decir?**

> "Ver no es creer, sino interpretar. Las imágenes visuales tienen éxito o fracasan en la medida en que podemos interpretarlas satisfactoriamente".

8.1 **Solo aprendemos a leer una vez en la vida, en la escuela. Sin embargo, aprendemos otras lenguas, leemos mapas, gestos, cuadros, fotos, planos… Y nadie nos enseña a leer de esta otra manera. ¿Cuáles de estas imágenes sabes leer mejor en tu vida cotidiana? ¿Cuáles sabes leer peor?**

▸ *A mí se me da bien leer planos, me oriento bien. Y también sé leer los gestos y expresiones faciales, sé cuándo alguien es sincero. Pero se me da fatal leer estadísticas.*

1
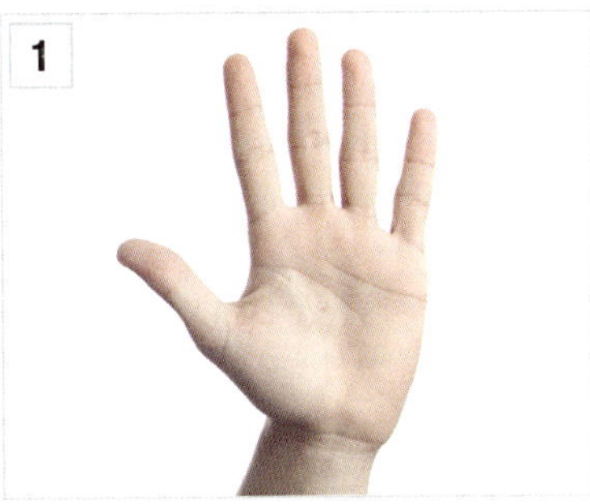

2
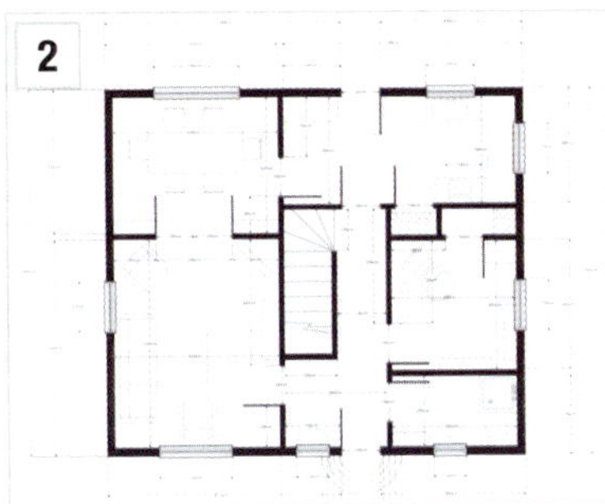

3
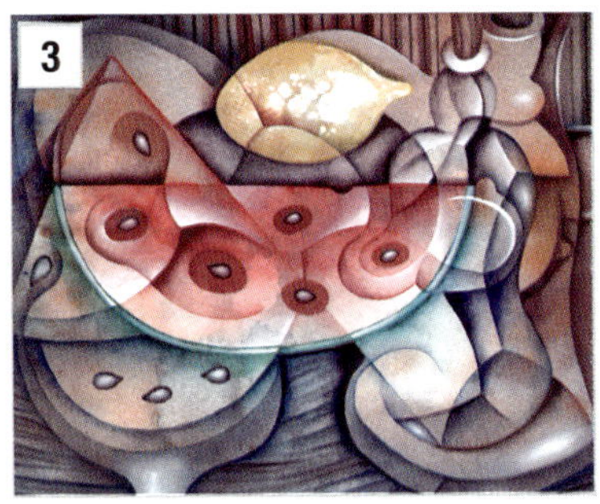

4
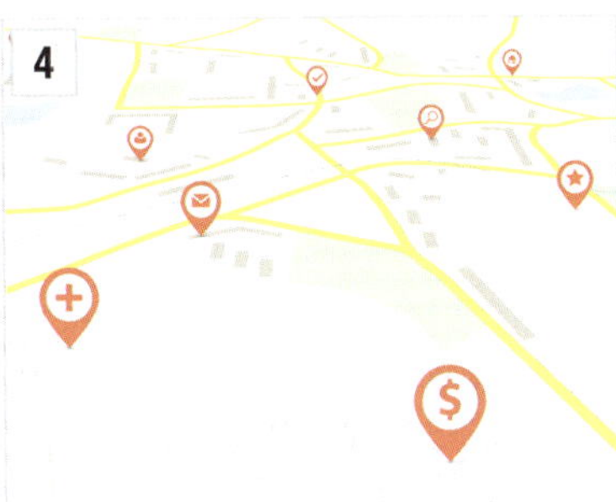

5

6
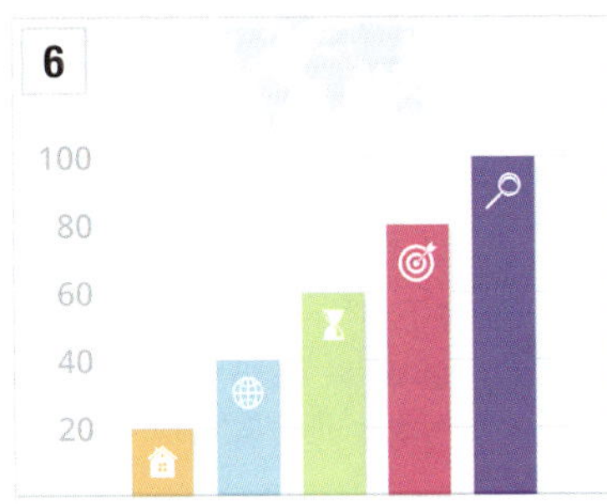

8.2 **Vivimos en un mundo de imágenes y educar la mirada significa que podemos leer las imágenes como si fueran textos escritos. Leed con atención las imágenes que os va a mostrar vuestro/a profesor/a mientras escucháis una melodía. Luego, escribid un titular (una palabra o una frase) para cada una de ellas.**

8.3 **Ahora escribe la noticia que acompañaría a la foto que has elegido. No olvides utilizar los recursos que has aprendido para expresar superación ante la dificultad.**

Imagen personal y prejuicios

1 En parejas, leed estas imágenes de huellas dactilares y explicad qué creéis que ha querido expresar su autor.

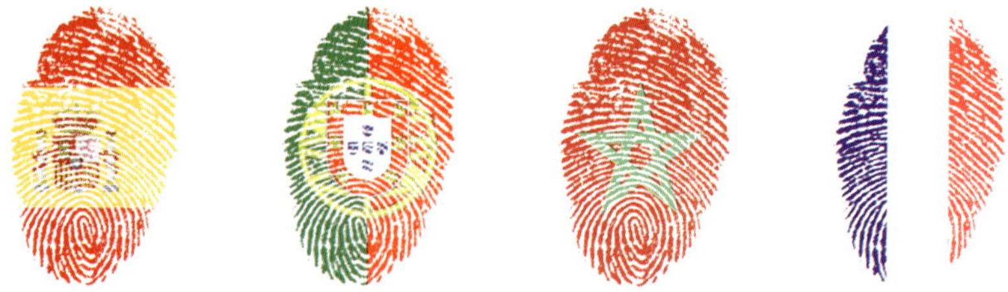

2 Lee la siguiente noticia que apareció en el diario *El País* con motivo de los Juegos Olímpicos de Londres y, en parejas, responded a esta pregunta: ¿Es posible conocernos solo sabiendo nuestra nacionalidad?

GUÍA DE ESTEREOTIPOS PARA 2012

• Reino Unido adoctrina sobre el trato a los turistas según su nacionalidad con vistas a los Juegos Olímpicos •

Los españoles gritan y gesticulan al hablar, pero eso no es señal de arrogancia. No le guiñes el ojo a un turista de Hong Kong. Evita el contacto físico si viene de la India… Esto puede parecer un catálogo de tópicos, pero es una guía para que los londinenses no metan la pata durante los Juegos Olímpicos de 2012 y el Reino Unido mejore posiciones en la tabla que mide la calidad de la bienvenida que 50 países dan a sus visitantes. España está bien colocada: cuarta, empatada con Nueva Zelanda y solo superada por Canadá, Italia y Australia. Pero los británicos están en la posición 14.

VisitBritain, un organismo que trabaja en colaboración con el Gobierno y la industria para promover el turismo, quiere así "ayudar desde los hoteleros a los taxistas a proporcionar un servicio más eficiente y útil que tenga en cuenta las necesidades culturales de los extranjeros". ¿Y qué mejor para ello que tener una idea más clara del visitante y alguna pista sobre lo que no hay que hacer?

"Los japoneses tienden a sonreír cuando están furiosos, avergonzados, tristes o decepcionados", advierte VisitBritain. Además, les puede parecer de mala educación que te dirijas a ellos con las manos en los bolsillos, que los mires a los ojos o que te suenes la nariz. Si el turista viene de Hong Kong, es mejor no guiñarle un ojo porque se considera grosero; tampoco hay que señalarlos con el dedo porque es como si te dirigieras a un animal: hay que hacerlo con la mano abierta. Los chinos de Hong Kong son muy supersticiosos, y mencionarles la pobreza o la muerte les puede ofender. Tampoco es adecuado hablarles de pobreza a los mexicanos, ni de inmigrantes *sin papeles* o de la guerra que perdieron contra Estados Unidos y que les significó la entrega de Texas al vecino del norte. Con un brasileño es mejor no hablar de cosas personales como edad, salario o algo parecido a un elogio a Argentina. No le llames americano a un canadiense ni le des las gracias a un chino cuando te haga un cumplido: hay que demostrar humildad. "Los chinos son famosos por comunicarse diciendo las cosas sin decirlas. Tendrás que aprender a leer entre líneas. Usa solo blanco y negro en las presentaciones gráficas porque los colores tienen significados importantes en la cultura china", dice el texto.

Adaptado de http://elpais.com/diario/2010/08/15/revistaverano/1281823202_850215.html

2.1 En parejas, señalad los estereotipos que más os hayan llamado la atención y explicad por qué. Después, completad la noticia con estereotipos de otras nacionalidades.

3 [58] Escucha esta breve intervención del profesor Froilán, doctor en Psicología, durante la presentación de su libro y señala verdadero o falso.

1. Nuestro lugar de nacimiento explica nuestra identidad. .... V F
2. Nuestra imagen personal se construye con el tiempo. .... V F
3. Los estereotipos reafirman nuestra identidad. .... V F

4 La identidad y la imagen personal van de la mano. En grupos, debatid sobre estos cuatro aspectos que suelen definirnos ante los demás. ¿Cuál consideráis más importante?

1. Dime con quién andas y te diré quién eres.
2. Dime cómo te vistes y te diré quién eres.
3. Dime cómo hablas y te diré quién eres.
4. Dime de dónde eres y te diré quién eres.

5 Lee esta entrada de blog donde una especialista en imagen personal opina que "la primera impresión es la que cuenta". ¿Añadirías o cambiarías algo de tus respuestas en la actividad 4?

La importancia de la imagen personal: la primera impresión es la que queda

La imagen personal es nuestra carta de presentación. Refleja la manera en que queremos relacionarnos con el mundo y con los demás. Decimos más con el cuerpo que con las palabras y somos más sinceros. El cuerpo es un magnífico elemento de comunicación y es la tarjeta que nos presenta ante el mundo, y como tal debe ir acompañado del control del lenguaje verbal y no verbal. Cuando hablamos de imagen personal, no nos referimos solo a la vestimenta sino a algo mucho más amplio que incluye también la postura, los movimientos, los rasgos físicos, la manera de caminar, la mirada, la risa, el tono de voz, la higiene, la cortesía, la educación, etc. Es decir, es un estilo de vida, una forma de ser y actuar, y cada persona tiene la suya.

Es muy importante cuidar nuestra imagen personal porque es lo primero que los demás ven de nosotros y, aun sin pronunciar palabra, podemos transmitir datos y proyectamos nuestra personalidad a través de la imagen que ofrecemos al exterior. Según los psicólogos sociales, cuando se produce el encuentro con una persona, el período crítico son los primeros cinco minutos, y las impresiones que se forman durante ese tiempo persisten y se refuerzan. Como dicen las frases populares, "la primera impresión es la que cuenta" y "no existe una segunda oportunidad para causar una primera impresión". La regla de oro para transmitir una buena imagen es estar a gusto y seguro con uno mismo y ser coherentes con nuestra imagen, porque, si no, ya conocen el refrán: "aunque la mona se vista de seda, mona se queda"...

Adaptado de http://www.actiweb.es/imagenpersonal/imagen_integrada.html

5.1 Según el texto, ¿qué crees que significa el refrán "aunque la mona se vista de seda, mona se queda"? ¿Alguien en clase conoce un refrán similar en otro idioma?

6 La prestigiosa empresa Te Damos Imagen nos habla en su página web de diferentes estilos de imagen personal. Léelos y di con cuál te identificas más.

Es el estilo más *sport* y casual. **Apropiado para** personalidades enérgicas, optimistas, alegres y amables. Les gusta ser sencillos, y eso se refleja tanto en su trato como en su estilo personal. La imagen que proyecta el estilo natural es de accesibilidad, sencillez, de trato fácil.

Es el estilo conservador, serio, discreto, moderado, de negocios. **Adecuado para** aquellas personas tradicionales en sus cimientos y en sus valores. Sus familiares y amigos opinan de ellos que son personas muy fiables, en las que te puedes apoyar, con valores muy sólidos y muy leales.

Es el estilo refinado, distinguido, formal, de alto estatus. Propio de las personas cultas, de aire sereno y calmado, y siempre preparadas para la ocasión. **Suelen ser personas** extremadamente perfeccionistas, que reflejan en su apariencia la búsqueda interior de armonía y equilibrio.

Es el estilo de persona que todos quieren como mejor amigo. Gentil, cercano, cálido, empático, protector, siempre al servicio de los demás. Es el perfil de persona en quien todos confían. Suelen ser enormemente sensibles, muy detallistas y se relacionan fácilmente con los niños y con los mayores.

Es el estilo propio de las estrellas, de los que quieren llamar la atención y ser el blanco de miradas y comentarios. Estas personas se saben atractivas y les gusta mostrarlo. Suelen ser atrevidas, sensuales, llamativas y divertidas. Se ven con confianza en sí mismas y provocan sensaciones.

Estilo personal imaginativo, artístico y poco convencional, responde a personalidades diferentes, innovadoras, a las que les gusta ir a su propio aire y en sus propios tiempos, sin reglas ni pautas. Su vestuario no sigue ninguna regla, porque son auténticos.

Es el estilo de la fuerza, la imposición, **característico de** personalidades excéntricas, seguras de sí mismas, que pisan fuerte, que tienen opinión propia y la quieren hacer valer. Son personas que llaman la atención, sofisticadas. La imagen que proyectan es de poder, severidad, exigencia, seguridad, modernidad, experiencia o cosmopolitismo.

Adaptado de http://www.accimagen.com/el-estilo-personal-y-el-mensaje-que-proyecta/

7 Leer una imagen no es tarea fácil. Vamos a seguir un recorrido visual. En parejas, tratad de crear una historia siguiendo la información que nos ofrece cada punto visual de esta imagen y, por último, ponedle un título.

Título ....

1. ¿Qué parte del día es?
2. ¿Qué momento del año es?
3. ¿Qué relación existe entre esas personas?
4. ¿De dónde crees que viene ese avión?

7.1 **Elige uno de los personajes de la foto y escribe su historia. Luego, compártela con el resto de la clase.**

8 [59] **Escucha la opinión de esta especialista en imagen personal y responde a esta pregunta: ¿crees que nuestra profesión determina nuestra imagen?**

9 **Fíjate otra vez en las personas de imagen de la actividad 7. ¿A qué profesiones crees que se dedican?**

9.1 **Vuelve a leer los estilos de la actividad 6. Inventa y describe un estilo diferente (por ejemplo, un estilo para los despistados, para los dormilones, etc.). Luego, compártelo con el resto de la clase. Votaremos el más original y divertido.**

! Fíjate

Para describir un estilo o imagen personal podemos usar expresiones como:

- Es un estilo apropiado/adecuado para aquellas personas que son…
- *Es el estilo propio de las personas* + adjetivo
- Suelen ser personas…

10 **¿Conoces la expresión *llevarse una falsa impresión*? ¿Qué significa? Lee este texto y confirma tu hipótesis.**

UN MALENTENDIDO

Estamos en el comedor estudiantil de una universidad europea. Una chica rubia, probablemente estudiante, adquiere su bandeja con el menú en el mostrador del autoservicio y luego se sienta en una mesa. Entonces advierte que ha olvidado los cubiertos y vuelve a levantarse para cogerlos. Al regresar, descubre con sorpresa que un chico, probablemente de otro país por su aspecto físico, claramente diferente, se ha sentado en su lugar y está comiendo de su bandeja. De entrada, la muchacha se siente desconcertada y agredida; pero enseguida corrige su pensamiento y supone que el chico no está acostumbrado al sentido de la propiedad privada y de la intimidad del europeo, o incluso que quizá no disponga de dinero suficiente para pagarse la comida. De modo que la chica decide sentarse frente al tipo y sonreírle amistosamente. A lo cual el chico contesta con otra blanca sonrisa. A continuación, ella comienza a comer de la bandeja intentando aparentar la mayor normalidad y compartiéndola con exquisita generosidad y cortesía con el chico. Y así, él se toma la ensalada, ella coge la sopa, ambos pinchan del mismo plato de carne estofada hasta acabarla y mientras uno comienza el yogur, la otra se toma la pieza de fruta. Todo ocurre con múltiples sonrisas educadas, tímidas por parte del muchacho, suavemente comprensivas por parte de ella. Acabado el almuerzo, la chica se levanta en busca de un café. Y entonces descubre, en la mesa vecina detrás de ella, su propio abrigo colocado sobre el respaldo de una silla y una bandeja de comida intacta.

Dedico esta historia deliciosa, que además es auténtica, a todos aquellos que, en el fondo, recelan de las personas de otras culturas. A todos los que, aun bienintencionados, las observan con condescendencia y paternalismo. Será mejor que nos libremos de los prejuicios o corremos el riesgo de hacer el mismo ridículo que la pobre chica.

Adaptado de http://elpais.com/diario/2005/05/17/ultima/1116280802_850215.html

10.1 **¿Cuál fue el error de la protagonista de esta historia? ¿Alguna vez te has llevado una falsa impresión de alguien? Comparte la anécdota con el resto de la clase.**

10.2 **Llevarse una falsa impresión de alguien es algo que a todos nos puede pasar. Escribe una guía con consejos para no caer en un error así.**

Evaluación

Interacción oral

1 **Elige dos personas de las que aparecen a continuación e invéntate un cotilleo sobre ellas. Tu compañero/a tendrá que expresar sorpresa. Luego, intercambiad los papeles.**

a. abogada

b. modelo

c. profesor

d. pedagoga

2 **Describe el estilo personal de una de estas cuatro personas y coméntalo con tu compañero/a.**

Comprensión auditiva

[60]

La consultora de imagen de la actividad 8 del apartado anterior nos habla ahora de diferentes estilos de imagen personal. Escúchala y relaciona los estilos con las profesiones que se mencionan.

1 dramático	**3** elegante	**5** creativo	**7** tradicional
2 seductor	**4** natural	**6** romántico	

a. Profesionales del mundo de las finanzas, la banca, la educación (privada/universidad), los seguros, el gobierno, administrativos, abogados, políticos…

b. Consultores de grandes firmas, abogados corporativos, altos dignatarios, ejecutivos, jefes de Estado y de Gobierno, figuras políticas…

c. Ingenieros, periodistas, fotógrafos, arquitectos, profesionales de la construcción, deportistas, instructores de actividades deportivas…

d. Profesionales de la publicidad, arquitectos, diseñadores, profesionales del mundo artístico, fotógrafos…

e. Todas las profesiones que implican relación o cuidado de los demás, como consejeros, profesionales de la salud, profesionales de organizaciones benéficas, profesores de infantil, trabajadores sociales…

f. Actrices y actores, profesionales del mundo del entretenimiento, estilistas del cabello y maquilladores, músicos, representantes del mundo artístico, modelos, instructores de *fitness*…

g. Ejecutivos, abogados de alto perfil, portavoces de Gobierno o de grandes instituciones, profesionales del mundo de la moda y artículos de lujo…

Comprensión lectora

1 **Lee el siguiente texto sobre la imagen e identidad corporativa de las empresas y decide si las afirmaciones son verdaderas o falsas. En el caso de ser falsas, corrígelas.**

1. En *marketing* se trabajan igualmente la imagen y la identidad de la empresa como una misma cosa. .... V F
2. En el diseño de una buena estrategia de *marketing* es importante entender que lo visual es más importante que lo verbal. .... V F
3. El concepto de marca corporativa incluye las señas de identidad de la empresa. .... V F
4. La imagen corporativa consiste en todos los elementos visuales que representan a esa marca. .... V F
5. La idea que un consumidor tenga de una empresa dependerá de la imagen de esa empresa y de los valores de su identidad corporativa. .... V F

¿CUÁL ES LA DIFERENCIA ENTRE IDENTIDAD E IMAGEN CORPORATIVA?

Uno de los aspectos en los que más se detienen las empresas de *marketing* a la hora de diseñar una estrategia bien encauzada es el concepto de identidad corporativa unido al de imagen corporativa. Muchas empresas tienden a confundir ambos términos y a creer erróneamente que son similares o intercambiables, pero lo cierto es que son conceptos que en *marketing* se trabajan de manera muy diferente.

La identidad corporativa va ligada al nombre de la empresa, un nombre que debe escogerse bien para permanecer en la mente del cliente potencial. Son varias las herramientas, tanto a nivel visual como psicológico, que se pueden utilizar para la consecución de este objetivo. Por un lado, encontramos la identidad verbal (el nombre propiamente dicho) y, por otro, la identidad visual (logotipo y códigos de conducta de la marca). De esta forma, podríamos concluir que la fórmula de la identidad corporativa es la suma de la identidad verbal y la identidad visual.

Dentro de la identidad corporativa nos encontramos con quizá el aspecto más importante de la empresa a la hora de comunicarse con los consumidores, lo que llamamos "marca corporativa".

Aquí están incluidas las señas de identidad fácilmente reconocibles por el cliente, como son el logotipo e isotipo (imagen que nos permite reconocer la marca), el descriptor de la marca (a lo que se dedica la marca) y el *claim* o eslogan (la frase que transmite los valores de la marca). En todos estos elementos, el color y la tipografía son muy importantes para que impregnen la mente del consumidor y que este asocie rápidamente un color a una marca. Un ejemplo claro es el rojo intenso de Coca-Cola.

En la identidad corporativa es muy importante tener muy bien marcada la línea creativa y los estímulos sensoriales mediante el logotipo y la estética elegida, para lograr un impacto importante en el receptor y que reconozca con rapidez la marca. Todos estos elementos son muy visuales y tienden a confundirse con **la imagen corporativa**, la cual realmente se centra en la concepción psicológica de la marca, es decir, en la opinión que el consumidor se forma de la empresa una vez que se ha impregnado de la identidad corporativa. En este caso, la entidad debe ser coherente con los valores que pretende representar, y mostrar una actitud que convenza al cliente.

La imagen corporativa se refiere a los aspectos de posicionamiento y percepción que poseen los consumidores con respecto a una empresa: cómo se proyecta la empresa, qué valores se le atribuyen, qué perciben los usuarios, qué sensaciones evoca... Tomemos como ejemplo la marca Zara. Esta marca proyecta en la mente de sus consumidores unos valores concretos de precios bajos, de servicio atento, de tono cercano, de moda actual...

Tanto empresas como clientes deben hacer una distinción clara entre identidad corporativa e imagen corporativa para tener muy claro unos lo que quieren ofrecer al mercado y otros lo que quieren consumir con todas las garantías de obtener aquello que la marca les promete.

Fuentes: http://www.iomarketing.es/blog/cual-es-la-diferencia-entre-identidad-e-imagen-corporativa-2/ y http://www.brandemia.org/hablemos-con-propiedad-logotipo-isotipo-imagotipo-isologo-imagen-corporativa-identidad

2 **Busca en el texto sinónimos para las siguientes palabras.**

1. Dirigido/a: ....
2. Unido/a: ....
3. Cliente: ....
4. Persuadir: ....
5. Empapar: ....
6. Impresión: ....

Expresión escrita

Esta imagen es una metáfora; se titula "mundo interior". Escribe un texto que refleje tu opinión sobre la importancia de la imagen (180-220 palabras).

Contenidos lingüísticos

Haz el cuestionario que te proponemos en ELEteca

ETAPAS PLUS

Curso de español por módulos

Libro de ejercicios

Nivel C1

Índice

Las claves y las transcripciones de los ejercicios puedes consultarlas en **eleteca.edinumen.es**

Edi numen

Unidad 1
Talento y aprendizaje

1.1 **Lee este perfil y responde a las preguntas.**

1. ¿Quién es el jefe de Ahmed? ....
2. ¿Cuántas lenguas crees que habla? ....
3. ¿Qué dificultades tiene con el español? ....
4. ¿Qué aspiraciones tiene para sus hijos? ....

facebook

Ahmed El Mansouri

Biografía | Información | Amigos | Fotos | Más

Información personal: Nací en Casablanca el 11 de octubre de 1982.

Trabajo y formación académica: Soy dentista y trabajo por cuenta propia. Estudié en la Universidad Hassan II y he estudiado tres idiomas: inglés, alemán y español.

Familia y relaciones: Estoy casado y tengo tres hijos.

Detalles sobre Ahmed: Soy bastante serio y mi mujer dice que un poco aburrido. No me gusta mucho salir, prefiero quedarme en casa y navegar por internet o escuchar música clásica.

El español y tú: Llevo ocho años estudiando español, empecé en el Instituto Cervantes de Casablanca. Al principio me resultaba muy difícil la pronunciación, pero cuanto más practico, menos problemas encuentro. Ahora que vivo en España tengo alguna dificultad para entender ciertas expresiones, pero no me da corte preguntar por su significado. Decidí estudiar español porque es una de las lenguas más habladas y quiero que mis hijos lo hablen como los nativos, por eso he abierto una clínica dental aquí.

1.2 61 **Escucha cómo se presentan cuatro estudiantes de español y escribe en la columna del centro el nombre de la persona que cumple esas características (en algunos casos puede haber más de una opción).**

		¿Quién...	Información relacionada
1	tiene inquietud social y es altruista?		
2	no ha ido a la universidad?		
3	tiene especial preocupación por su aspecto físico?		
4	no encontró dificultades con las variantes del español para reforzar su conocimiento de la lengua?		
5	está totalmente seguro/a de qué es lo más fácil del español para él/ella?		
6	ha estudiado español dos veces?		
7	tiene pareja de habla española?		

1.2.1 61 **Vuelve a escuchar y toma nota en la columna de la derecha de los datos que te han ayudado a saberlo.**

1.3 **¿Tienes algo en común con los estudiantes de las actividades anteriores? ¿O eres muy diferente? Escríbelo en estas líneas.**

▶ *Soy igualito que Linda, también estoy jubilado y…*

....

....

....

....

....

1.3.1 **Escribe tu propio perfil.**

facebook

Nombre: ....

Biografía | Información | Amigos | Fotos | Más

Información personal: ....

Trabajo y formación académica: ....

....

Familia y relaciones: ....

....

Detalles sobre mí: ....

El español y yo: ....

....

....

....

....

1.4 **Lee este perfil del buen aprendiente de idiomas elaborado por el lingüista neozelandés Rod Ellis y completa con las siguientes palabras. Sobran cinco.**

preferencia ■ hasta ■ correr ■ posee ■ andar ■ con ■ aprovecha ■ negativos
dificultades ■ adaptarse ■ tareas ■ asume ■ presentan ■ contradictorios

1. Responde positivamente a la dinámica del grupo en la situación de aprendizaje y no desarrolla sentimientos .... de ansiedad ni inhibiciones.
2. .... todas las ocasiones que se le ofrecen para usar la lengua meta.
3. Explota al máximo todas las ocasiones que se le .... para practicar la comprensión del discurso en la lengua extranjera –tanto si va dirigido a él como a otras personas– y para dar una respuesta.
4. Complementa el aprendizaje logrado mediante el contacto directo con hablantes de la lengua extranjera .... el aprendizaje logrado mediante técnicas de estudio (como, por ejemplo, la elaboración de listas de vocabulario).
5. Está en la adolescencia o en la edad adulta con .... a la infantil, al menos en lo que se refiere a los momentos iniciales del desarrollo de la gramática.
6. .... la capacidad de análisis necesaria para observar, categorizar y almacenar los rasgos lingüísticos de la lengua extranjera, así como para pensar en sus errores.
7. Tiene una gran motivación para aprender la lengua extranjera y también para realizar las .... que le han sido propuestas.
8. Está dispuesto a experimentar y .... riesgos, sin temor a hacer el ridículo.
9. Es capaz de .... a diferentes condiciones de aprendizaje.

Adaptado del *Diccionario de términos clave de ELE*

1.4.1 **¿Qué otras características crees que son importantes en el buen estudiante de lenguas? Escribe tres más.**

1. ....

2. ....

3. ....

1.5 **Clasifica estas expresiones en la columna correspondiente según su función.**

- Te lo voy a presentar...
- Parece que la mala racha ha pasado.
- La verdad es que no nos podemos quejar.
- ¿Qué ha sido de tu vida en estos meses?
- Ya tenía ganas de conocerte.
- ¿Cómo estamos?
- ¿Qué quieres que te diga?
- ¿Tú no querías conocer a Germán?
- Para qué te voy a contar...
- ¿Qué hay?

Saludar a alguien que conoces	Responder a un saludo	Presentar a alguien y responder a una presentación

1.5.1 **Lee estos diálogos y complétalos con las expresiones de la actividad anterior.**

Alberto: ¡Hola, Elena! **1** ....

Elena: Bien, ¡qué alegría verte! **2** .... Pues ha venido conmigo, espera que **3** .... ¡Germán! Ven un momento, que está aquí Alberto, mi amigo del instituto.

Germán: **4** ...., Elena me ha hablado mucho de de ti.

Alberto: Espero que te haya hablado bien.

Elías: **5** ....

Carlos: Pues ya ves, aquí estamos, **6** .... No hay mucho que contar. Y tú, ¿qué tal vas con tus problemas de salud?

Elías: Voy mejor, **7** .... Ya he terminado con el tratamiento de la piel y la pierna está totalmente recuperada.

Carlos: Me alegro, de verdad.

Elías: Pues sí porque ¡menuda temporadita!

Begoña: ¡Hombre! ¡Cuánto tiempo sin verte! Ya te echaba de menos. **8** ....

Susana: Me ha pasado de todo: he roto con mi novio, me he quedado sin trabajo, tengo a mi madre en el hospital... ¡En fin, **9** ....!, así que mejor me cuentas tú cómo lo lleváis por aquí.

Begoña: **10** .... El negocio no va mal y mantenemos a las clientas habituales.

1.6 62 **Escucha a estas personas hablar de uno de sus profesores y piensa si el recuerdo es bueno, malo o neutro.**

1. .... 2. .... 3. ....

1.6.1 **En el audio aparecen varias expresiones relacionadas con la descripción física. Escribe las que corresponden a estas explicaciones.**

1. [ ] ▶ Unos cuarenta años.
2. [ ] ▶ Pelo ni largo ni corto.
3. [ ] ▶ Pelo no muy bien peinado (femenino).
4. [ ] ▶ Tipo de montura de gafas que se hace con una masa moldeable.
5. [ ] ▶ Eufemismo para decir que alguien no es delgado.
6. [ ] ▶ Pelo que se ha vuelto blanco.
7. [ ] ▶ Tipo de montura de gafas que se hace con el hilo de un metal.
8. [ ] ▶ Forma despectiva de decir que alguien es muy delgado (femenino).
9. [ ] ▶ Pelo recogido en la nuca.

1.6.2 62 **Vuelve a escuchar y comprueba tu respuesta anterior.**

1.6.3 **Lee estos fragmentos de las descripciones que acabas de escuchar, busca incorrecciones lingüísticas y corrígelas.**

1 No tengo duda que mi mejor profesora fue María Luisa, me daba inglés en el colegio. (...) A mí nunca se me ha dado bien el inglés y me daba mucha vergüenza hablarlo delante de toda la clase. (...) Estábamos en un aula pequeño en el que empezamos a hacer actividades con un compañero con el que tenías que hablar. (...) los alumnos que acumulaban más puntos a final de mes tenían un regalo, los daba un libro, un chocolate, un lápiz... ¡Cuánto me acuerdo de sus palabras! "Estudiar bien inglés, que en el futuro le vais a necesitar".

2 (...) había un profesor en la universidad de aspecto muy tradicional, iba mucho con la época, siempre con traje, le llevaba bien planchado y de colores oscuros. (...) Esa pinta de intelectual la completaban unas gafas redondas de alambre. Era un hombre muy estricto, no explicaba nada en clase y luego exigía mucho en los exámenes, les ponía muy difíciles; como era lógico, no aprobaba nadie.

3 ... La gustaba mucho contarme cosas de su escuela, me decía que todos los niños iban juntos, daba lo mismo la edad, eso sí, niñas en un aula y niños en otra. (...) Tenía una profesora en la escuela que no la enseñaba nada. (...) Con el alboroto que debían de montar no sé cómo no se daba cuenta que tenía varias personas detrás de su mesa. Cuando se espabilaba, les decía con voz somnolienta: "Copiar las frases de la pizarra", y todas las niñas se echaban a reír.

1.7 **Escribe la descripción de un profesor especial que recuerdes, tuyo o de otra persona que te haya hablado de él o ella.**

....
....
....
....
....
....
....
....

1.8 **Uno de los mecanismos lingüísticos que empleamos para evitar repetir palabras en un texto es el uso de sinónimos o de vocabulario con un significado parecido. Busca en el texto 1.1 de la página 16 del libro los sinónimos empleados para no repetir las siguientes palabras. Trabaja con tu compañero/a.**

1. confundir: ....
2. (el) cerebro: ....
3. (el) mensaje: ....
4. filtrar: ....
5. (los) despistes: ....
6. (las) técnicas: ....
7. (la) atención: ....

1.9 **Lee la primera parte de este texto sobre Marie Curie y completa los huecos con los verbos que te damos en un tiempo del pasado.**

estar ■ aumentar ■ perder ■ ganar ■ ser

Marie Curie, la científica que **1** .... dos Premios Nobel, siempre me ha parecido una mujer interesante, pero mi fascinación por ella **2** .... tras leer un libro de Rosa Montero, *La ridícula idea de no volver a verte.* En él, la escritora habla del enorme dolor que una persona atraviesa cuando alguien querido muere; Rosa Montero y Marie Curie **3** .... a sus maridos cuando **4** .... en la cumbre de su gran amor y cuando estos todavía **5** .... jóvenes, lo que lo convierte en algo más terrible todavía.

Estos son algunos párrafos extraídos de su libro:

La santa de este libro es Marie Curie: un personaje anómalo y romántico que parece más grande que la vida. Una polaca espectacular que fue capaz de ganar dos Premios Nobel, uno de Física en 1903 junto con su marido, Pierre Curie, y otro de Química, en 1911, en solitario.

empezar ■ saber ■ comprar

6 .... *media docena de biografías de Madame Curie, de la que antes ya* **7** .... *cosas, pero no tanto. Y* **8** .... *a crecer algo informe en mi cabeza. Ganas de contar su historia a mi manera.*

salvar ■ estar ■ llegar ■ cobrar ■ haber ■ vivir ■ enfermar ■ tener

De pequeña **9** .... *de tuberculosis.* **10** .... *sin ir al colegio de los cinco a los nueve años y, según consta en la leyenda familiar, me* **11** .... *un pediatra llamado don Justo, que era un médico maravilloso y una gran persona y que no* **12** .... *cuando no* **13** .... *dinero. Recuerdo bien las múltiples visitas a don Justo;* **14** .... *lejos,* **15** .... *que coger un autobús y yo siempre* **16** .... *mareada.*

1.9.1 **Sigue leyendo el texto sobre Marie Curie y busca un verbo en indefinido o imperfecto que podría admitir cualquiera de los dos tiempos verbales, dependiendo de la perspectiva.**

Al fondo de su consulta, don Justo tenía una especie de cuartito en donde estaba la máquina de rayos X. Una y otra vez, en cada ocasión que fui a verle, durante la enfermedad y las revisiones de los años posteriores, don Justo me ponía de pie en la máquina, desnuda de cintura para arriba porque acababa de auscultarme. Hacía que me colocara bien derecha, con la espalda pegada al metal helado, y luego acercaba a mi pecho la pantalla de rayos, también desagradablemente fría. Yo apoyaba la barbilla en el borde superior: el aparato tenía un ligero aroma como a hierro. Don Justo y mi madre se instalaban delante de la máquina sin ninguna protección y, tras apagar la lámpara, empezaba el espectáculo; recuerdo la penumbra del gabinete, y cómo las caras del pediatra y de mi madre se iluminaban con el resplandor azulado de los rayos. "¿Ve usted, doña Amalia? -decía don Justo, señalando con el dedo hacia algún rincón de mi pecho-, esa parte aparece más blanca porque la lesión se está calcificando". Miraban y conversaban animadamente durante un tiempo que a mí me parecía larguísimo, fascinados por el espectáculo de mis interiores.

1.9.2 **El texto anterior es descriptivo y en él aparecen dos expresiones comparativas que se usan cuando queremos explicar con detalle las características o cualidades de algo. Encuéntralas.**

- ....
- ....

1.9.3 **Termina de leer el texto de Marie Curie y coloca las palabras en el lugar correspondiente haciendo los cambios de género y número pertinentes. Busca tres usos del pasado que no siguen la norma.**

guerrero ■ profundo ■ nocivo ■ tranquilizador ■ pertinente

Hoy calculo la cantidad de radiaciones que debimos de recibir todos y se me hiela la sangre, aunque resulta **1** .... *saber que don Justo fallecía con casi cien años y que mi madre sigue viva y* **2** .... *a los noventa y uno. Todo esto fue a finales de los cincuenta y principios de los sesenta; Marie Curie había muerto, destrozada por el radio, un cuarto de siglo antes. Ahora pienso en el brillo frío que salió de mi pecho como un ectoplasma y en el zumbido de la máquina y siento una* **3** .... *cercanía, una rara intimidad con aquella ceñuda científica polaca. De algún modo, su trabajo ayudó a que me diagnosticaran y me curaran. Por no mencionar que la madre de Marie murió de tuberculosis.*

Curie enfermó y murió en 1934 a causa de una anemia aplásica, probablemente contraída por las radiaciones a las que estuvo expuesta en sus trabajos. Los efectos **4** .... *de la radiación ionizante no se conocieron en ese momento y los experimentos se realizaban sin las medidas de seguridad* **5** ....*.*

1.9.4 **Vuelve a leer la última parte del texto y elige la expresión adecuada para cada frase. Sobran tres.**

fastidiarla ■ arreglárselas ■ dárselas de ■ tomárselo mal
tomarla con ■ cargársela ■ tirarse ■ mosquearse

1. Rosa Montero no hubiera podido .... sin el descubrimiento de Madame Curie. Gracias a él, pudieron diagnosticarle su enfermedad.
2. Si Don Justo viviera y actuara de la misma manera hoy en día, sin usar las medidas de seguridad adecuadas, ...
3. Rosa Montero .... tener mucho en común con Marie Curie.
4. Curie murió a consecuencia de la cantidad de horas que .... trabajando en sus investigaciones y expuesta a las radiaciones.
5. A pesar de lo desagradable de la máquina de rayos X, Rosa Montero no .... ella.

1.10 **Escribe el sustantivo de los siguientes adjetivos.**

1. locuaz ▶	8. espontáneo/a ▶
2. parco/a ▶	9. inteligente ▶
3. optimista ▶	10. diligente ▶
4. pesimista ▶	11. perezoso/a ▶
5. introvertido/a ▶	12. ambicioso/a ▶
6. extravertido/a ▶	13. conformista ▶
7. vergonzoso/a ▶	14. seguro/a ▶

1.10.1 **Elige cinco sustantivos de los anteriores y escribe cinco frases donde quede claro su significado.**

1. ....
2. ....
3. ....
4. ....
5. ....

Unidad 2
La vivienda

2.1 **Lee el siguiente texto y completa los espacios en blanco con las palabras cuyas definiciones te proponemos.**

1. Expulsar, hacer salir a alguien de un lugar: *Echar.*
2. Que está firme, sujeto y no puede moverse: ....
3. Depositar confianza en algo: ....
4. Persona que forma parte de un grupo: ....
5. Hacer pruebas con algo: ....
6. Dimensión de una cosa: ....
7. Acomodar una cosa a otra o cambiar algo para que se adapte a las circunstancias: ....
8. Extenso, que ocupa o tiene mucho espacio: ....

Paredes que se mueven: una solución para casas pequeñas o con problemas de espacio

Cuando no hay espacio suficiente en casa, cuando es demasiado pequeña para vivir todos…, ¿qué hacer? ¿Mudarse? ¿ **1** .... a alguien? ¡Frío, frío! La solución no pasa por sacrificar algo (la casa) o a alguien (al que echas), la solución pasa por cambiar las paredes: de **2** .... a móviles.

Es lo que plantean los cuatro arquitectos que forman el estudio madrileño PKMN Architectures, que a principios de 2014 crearon el proyecto Pequeñas Grandes Casas, desde donde defienden que "cada metro cuadrado es oro" y donde **3** .... por paredes y muebles móviles que permitan hacer crecer los espacios.

"Nuestra primera Pequeña Gran Casa fue la Casa de Yolanda. Nos conoció en una conferencia que dimos en un evento de *design thinking*, charlamos y hubo bastante *feeling*", cuenta Carmelo Rodríguez Cedillo, uno de los cuatro **4** .... del proyecto, a *El Huffington Post*. "Unos meses después nos llamó para que diseñáramos la antigua casa de su abuela, que además iba a ser también su estudio de diseño".

La casa tenía 50 metros cuadrados y la solución para poder albergar en ella una gran cocina, un gran baño, un gran dormitorio o un gran estudio fue incorporar muebles con movimiento. "Siempre decimos que detrás de una Pequeña Gran Casa hay un gran cliente con sensibilidad para el diseño y ganas de **5** .... con su vivienda". Fue el caso de Yolanda y también el de sus otros clientes.

Para tener una casa de paredes móviles no hace falta un **6** .... concreto. "En principio habíamos pensado en casas de 30 a unos 70 metros cuadrados, pero también hemos trabajado, por ejemplo, con una casa que tiene unos 120 metros cuadrados", explica Rodríguez Cedillo. "Al final hemos descubierto que los problemas de espacio y la optimización pueden ajustarse a muy diversas situaciones, es decir, viviendas de 30 a unos 150 metros cuadrados", porque de lo que tratan es de " **7** .... la vivienda a las cambiantes formas de vida de sus usuarios y no al contrario". Hay veces que se necesita una habitación extra, otras que hace falta que el salón sea más grande, en ocasiones es necesario un espacio de trabajo… ¿Por qué renunciar a ello?

Este tipo de casas no entran dentro del concepto *loft*. Tienen algo de este, pero no todo. "En algunas de las posiciones, con todos los muebles abiertos, la espacialidad puede ser parecida a la de un *loft*, pero al cerrarse los muebles se consiguen también habitaciones cerradas", añade. De lo que se trata es de crear espacios **8** ...., manteniendo la privacidad.

http://www.huffingtonpost.es/2015/10/21/casas-con-paredes-moviles_n_8336248.html

2.2 63 **Escucha la entrevista a un hombre que vive en una casa prefabricada y contesta a las preguntas.**

1. ¿Cuánto se tarda en instalar una casa prefabricada? ....
2. ¿Por qué se decidió el dueño por este tipo de vivienda? ....
3. ¿Las casas prefabricadas son seguras? ....
4. ¿Las casas prefabricadas pueden moverse de un lugar a otro? ....

2.3 Completa las siguientes frases expresando objeción a la información con el futuro simple o el futuro compuesto según corresponda.

1. ▶ María es muy simpática.
   ▷ .... todo lo simpática que tú digas, pero a mí no me ha saludado.

2. ▶ Creo que tus hermanos hablan muy bien inglés.
   ▷ Lo .... muy bien, pero les da tanta vergüenza que no se nota.

3. ▶ Han salido muchas ofertas de trabajo en el periódico.
   ▷ .... muchas, pero yo no he encontrado ninguna que se adapte a mi perfil.

4. ▶ Ha ganado el partido el equipo que quería.
   ▷ ...., pero no se lo merecía.

5. ▶ Juan tiene mucho dinero.
   ▷ .... mucho, pero es bastante tacaño.

6. ▶ Mis jefes han propuesto una subida de sueldo.
   ▷ La ...., pero todavía no se ha hecho efectiva.

2.4 Completa las siguientes frases objetando la información con el condicional simple o compuesto, según corresponda.

1. ▶ Creo que Pablo había pensado invitarnos a cenar a su casa.
   ▷ Lo ...., pero al final no lo hizo.

2. ▶ Es una pena que no aprobara el examen porque había estudiado mucho.
   ▷ .... mucho, pero no fue suficiente.

3. ▶ A mí me daba igual lo que pensaran los demás, yo lo hice.
   ▷ Pues a ti te .... igual, pero desde luego que a mí no.

4. ▶ Mis hijos eran muy inteligentes cuando eran pequeños.
   ▷ .... muy inteligentes, pero no acabaron los estudios.

5. ▶ Cuando era pequeña me gustaban muchísimo las pizzas.
   ▷ Pues .... mucho, pero ahora no las pruebas.

6. ▶ El otro día estaba de muy mal humor porque no había dormido bien.
   ▷ No .... bien, pero creo que no es excusa.

7. ▶ El sábado no salí porque tenía muchas cosas que hacer.
   ▷ Pues .... mucho que hacer, pero me ha dicho tu hermano que te pasaste el día viendo series en el sofá.

2.5 **Expresa objeción o rechazo ante estas afirmaciones usando el futuro o el condicional. Da también un argumento en contra de la afirmación.**

1. Tu jefe gana mucho dinero.
   Ganará mucho dinero, pero no tiene tiempo libre.
2. Su padre le ha comprado un coche nuevo.
   ....
3. Las raciones del bar que ha cerrado eran baratísimas.
   ....
4. ¡Qué bonitas eran las zapatillas que te compraste!
   ....
5. Te queda muy bien ese vestido.
   ....
6. Me he cortado el pelo.
   ....
7. Al final me compré el jersey que me había probado.
   ....

2.6 **Completa los siguientes diálogos con el futuro simple o el futuro compuesto. Marca cuál es la intención en cada caso.**

1. ▶ Papá, ¿puedo ir a la fiesta del sábado?, te prometo que volveré pronto.
▷ Que ya te he dicho que no, no .... (ir) de ninguna de las maneras.
◯ **a.** Significado de *espero que/confío en que.*
◯ **b.** Mandato.

2. ▶ No .... (abrir) el regalo que estaba en el armario, ¿verdad?
▷ No, ¿por qué?
▶ No, por nada, no te preocupes.
◯ **a.** Significado de *espero que/confío en que.*
◯ **b.** Mandato.

3. ▶ ¡Son las cinco ya! Me voy con mis amigos, que hemos quedado para jugar un partido.
▷ No, no .... (salir) hasta que no termines los deberes.
◯ **a.** Significado de *espero que/confío en que.*
◯ **b.** Mandato.

4. ▶ Me apetece muchísimo ver la obra de teatro que me dijiste. .... (reservar) ya las entradas, ¿no?
▷ No, todavía no, pero lo hago esta noche.
◯ **a.** Significado de *espero que/confío en que.*
◯ **b.** Mandato.

2.7 **Lee las siguientes frases y elige la opción correcta, según lo que expresan.**

1. ¿No debías haber venido antes? Te dije que tenías llegar puntual.
◯ **a.** Incertidumbre. ◯ **b.** Censura.

2. ¡Anda!, ¿tú vivías aquí? No lo sabía.
◯ **a.** Sorpresa. ◯ **b.** Excusa.

3. ▶ No participaste en el cumpleaños del jefe, ¿verdad?
▷ ¿Cómo iba a participar? ¡Yo qué sabía!, nadie me avisó.
◯ **a.** Censura. ◯ **b.** Excusa.

4. ¿Tú no tocabas la guitarra?
◯ **a.** Incertidumbre. ◯ **b.** Sorpresa.

2.8 **Lee las siguientes situaciones y relaciónalas con las frases que puedes decir como reacción a cada una de ellas.**

1 Te llaman por teléfono y confundes a un amigo con tu hermano. Él después te dice quién es. ¿Qué dices?

2 Tu padre te echa una bronca porque no has llegado a tiempo para ayudarle.

3 Te encuentras por casualidad en la calle con un amigo y tú pensabas que estaba de vacaciones en otra ciudad.

4 Estás entrando por la puerta de tu nuevo bloque y en ese momento ves que un compañero de trabajo que conoces de vista entra detrás de ti.

a. ¿No tenías que haber venido antes?

b. ¡Anda!, no sabía que vivías aquí.

c. Ah, eras tú, creía que eras mi hermano.

d. ¿Pero tú no estabas en París?

2.8.1 **Escribe una situación diferente para cada una de las frases de la actividad anterior.**

a. ¿No tenías que haber venido antes?

....

....

b. ¡Anda!, no sabía que vivías aquí.

....

....

c. Ah, eras tú, creía que eras mi hermano.

....

....

d. ¿Pero tú no estabas en París?

....

....

2.9 **Relaciona las palabras con sus definiciones.**

1 tejado

2 fachada

3 muro

4 barandilla

5 ladrillo

6 cubierta

7 acero

8 granito

9 hormigón

a. Construcción que permite dividir o delimitar un espacio.

b. Material compuesto por una aleación de hierro y carbono.

c. Roca cristalina, compacta y dura.

d. Valla de barras que se usa para proteger escaleras, balcones, etc.

e. Parte visible de los muros exteriores de un edificio.

f. Parte superior de un edificio, cubierta normalmente de tejas.

g. Pieza de arcilla cocida, generalmente de forma rectangular, que se usa para la construcción de paredes, muros, etc.

h. Material de construcción formado por una mezcla de piedras, agua, cemento y arena.

i. Elemento de construcción que protege los edificios en la parte superior.

2.9.1 **Completa los siguientes titulares de diferentes periódicos con las palabras correspondientes de la actividad anterior.**

1

Tesla anuncia el lanzamiento de sus .... solares en Estados Unidos

2

Un hombre resulta herido al caerle encima un .... de una fachada de un edificio antiguo en Málaga

3

Rompe 111 bloques de .... con su cabeza en 36 segundos

4

Una joven cae dos metros al intentar bajar por la .... de las escaleras durante un crucero

5

El ayuntamiento aprueba el plan de ayudas para rehabilitar las .... cercanas al centro histórico

6

Levantan un .... de piedra frente a la puerta de una casa mientras el propietario estaba trabajando

7

El grafeno, un material más resistente que el .... y más fino que el ala de una mariposa

8

Se sustituye el pavimento actual de las calles del centro de Betanzos por losas de .... para prolongar su duración y mantener la vía en una situación aceptable

9

Espectacular incendio en la .... de un edificio de la Gran Vía, en Madrid

2.10 **Completa las frases con los verbos del recuadro en la tercera persona de singular o plural según la concordancia *ad sensum*.**

admitir ■ pensar ■ creer ■ tener ■ usar ■ acertar ■ utilizar

- El 96 % de los jóvenes **1** .... internet regularmente, la mayoría a diario, y el 83 % **2** .... redes sociales.
- Un estudio revela que el 75 % de los hombres **3** .... haber llorado por una mujer. La misma investigación aporta que la mayoría **4** .... tener un alma gemela y no tiene miedo al compromiso.
- El 86 % de los españoles **5** .... dificultades para distinguir entre noticias falsas y verdaderas. La investigación, llevada a cabo durante este mes de mayo con un universo de 2000 personas, revela que el 60 % de los participantes **6** .... que podrían diferenciar fácilmente entre una noticia falsa y una verdadera. Sin embargo, tras someterse a una prueba de comprobación, solo un 14 % **7** ...., frente al 86 % que no lo hizo.

2.11 **Fíjate en las siguientes imágenes y completa la descripción de los textos con las palabras propuestas. Sobran cuatro palabras.**

Catedral de Brasilia
(Oscar Niemeyer)

Casa de la Cascada
(Frank Lloyd Wright)

Casa Danzante
(Frank Gehry)

Edificio Hearst
(Norman Foster)

integración ■ rectangular ■ pilares ■ columnas ■ triangulares ■ roca
piedra ■ contraste ■ redondas ■ circular ■ torre ■ ventanas ■ terrazas

1 La catedral de Brasilia tiene cuarenta metros de altura y capacidad para cuatro mil personas. La base del edificio es **a** .... y de unos sesenta metros de diámetro. Su techo, de cristal mate, comienza en la planta y cuenta con el apoyo de dieciséis **b** .... curvas. Su estructura circular evita la existencia de una fachada principal.

Cerca de la entrada hay cuatro estatuas conocidas como los Cuatro Evangelistas.

Finalmente, en sus diseños, Niemeyer combinó técnicas y materiales modernistas con líneas curvas, así como la libre utilización de reminiscencias del barroco brasileño.

2 Este edificio, construido en tres niveles, se asienta en una **a** .... sobre una cascada natural. Cada piso está marcado por amplios voladizos que se proyectan asimétricamente en varias direcciones. En realidad, son **b** .... limitadas por placas de hormigón. Para crear este efecto, el arquitecto se inspiró en la arquitectura japonesa. Wright procuró emplear materiales naturales como la madera, el ladrillo y la roca, con lo que logró una mayor **c** .... entre el edificio y el bosque que lo rodea.

3 La Casa Danzante está inspirada en Ginger Rogers y Fred Astaire, aquella mítica pareja cinematográfica que movilizó al mundo del espectáculo con sus pasos de baile en comedias musicales. En el interior de una plaza de edificios del siglo XVIII y XIX, la Dancing House se articula en dos cuerpos centrales. El primero es una **a** .... de cristal que se estrecha a mitad de altura y está sostenida por pilares curvos; el segundo se extiende en paralelo al río, que se caracteriza por las **b** .... distribuidas de modo no alineado.

4 Se trata de una torre de vidrio que nace desde el interior del edificio *art déco* de 1928, produciendo un gran **a** .... Del viejo edificio solo quedan las fachadas, que se conservaron intactas, mientras que el interior se vació dejando espacio para la nueva estructura. Lo más característico de la torre es el diseño de su fachada en forma de diamante, efecto producido por las ventanas **b** ....

Unidad 3

Los beneficios del deporte

3.1 **Mira las definiciones que hace el Diccionario la RAE (Real Academia Española) acerca del deporte y relaciónalas con el término correcto.**

1 deporte
2 deporte de aventura
3 deporte de riesgo

a. Actividad física, a veces arriesgada, desarrollada en espacios naturales.
b. Actividad física que supone un peligro.
c. Actividad física cuya práctica supone entrenamiento o sujeción a normas.

Fuente: www.rae.es

3.1.1 **Teniendo en cuenta las definiciones anteriores, indica si las siguientes actividades físicas se consideran deportes (D), deportes de aventura (A) o deportes de riesgo (R). Usa el diccionario si lo necesitas.**

piragüismo	D	A	R	saltos	D	A	R	yudo	D	A	R
equitación	D	A	R	*puenting*	D	A	R	*snowboard*	D	A	R
surf	D	A	R	tiro con arco	D	A	R	*motocross*	D	A	R
alpinismo	D	A	R	*hockey*	D	A	R	parapente	D	A	R
esgrima	D	A	R	*rafting*	D	A	R	esquí acuático	D	A	R
remo	D	A	R	golf	D	A	R	vela	D	A	R
paracaidismo	D	A	R	paseo a caballo	D	A	R	rugby	D	A	R
baloncesto	D	A	R	boxeo	D	A	R	barranquismo	D	A	R
escalada	D	A	R	buceo	D	A	R	pádel	D	A	R

3.2 **Lee esta opinión de un cliente de una gran superficie de productos deportivos y completa con las características que tiene en cuenta a la hora de comprar.**

la calidad ■ algún dependiente ■ el pago ■ el catálogo ■ el precio

Pues sí, yo soy uno de esos que va cada dos por tres a este tipo de establecimientos. Es mucho más cómodo porque lo tienes todo a mano y, además, es que está muy bien organizado y es facilísimo encontrar cualquier cosa que andes buscando. Además, soy socio y me hacen descuentos al comprar por internet, donde **1** .... es muchísimo más amplio, o eso me parece a mí. Otra ventaja es la rapidez en **2** ...., puesto que hay muchas cajas y no hay que esperar demasiado. Tienen su propia marca y también tienen primeras marcas, con lo cual **3** .... de los productos está garantizada. Y si no encuentras algo, pues no tienes más que preguntar a **4** .... Y si tengo que elegir solo una característica como la mejor, sin duda me quedo con **5** ...., porque si puedo ahorrarme un dinerillo, mejor que mejor.

3.2.1 **Lee y completa las advertencias relacionadas con las compras en establecimientos deportivos.**

1. Ten en cuenta que si compras en una tienda pequeña, es posible que pagues más por el mismo producto. Tú sabrás lo ....
2. Cuando hagas tus compras, pide siempre el tique por si tienes algún problema. Luego no digas ....
3. Comparando precios en distintos establecimientos antes de comprar puedes ahorrar, pero sé que te gusta comprar siempre en el mismo sitio. Bueno, allá ....
4. Estas zapatillas son más caras pero tienen más calidad. Si compras las otras, puede que no te salgan muy buenas. Tú ....

3.3 Escribe las palabras en su lugar adecuado.

anzuelo ■ vadeador ■ barca
carrete ■ caña

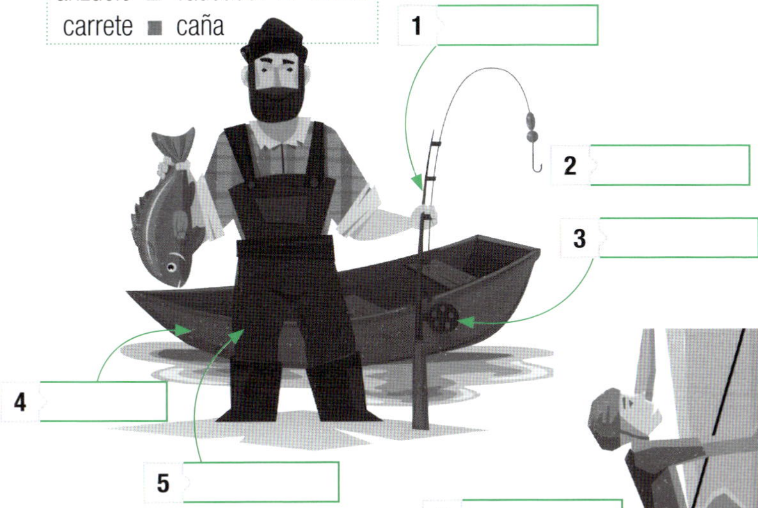

montura ■ mantilla ■ polainas
fusta ■ espuelas

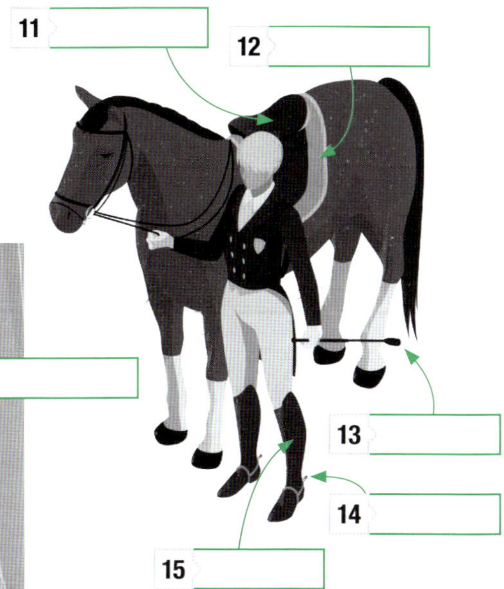

mosquetón ■ arnés
cuerda ■ magnesio
pies de gato

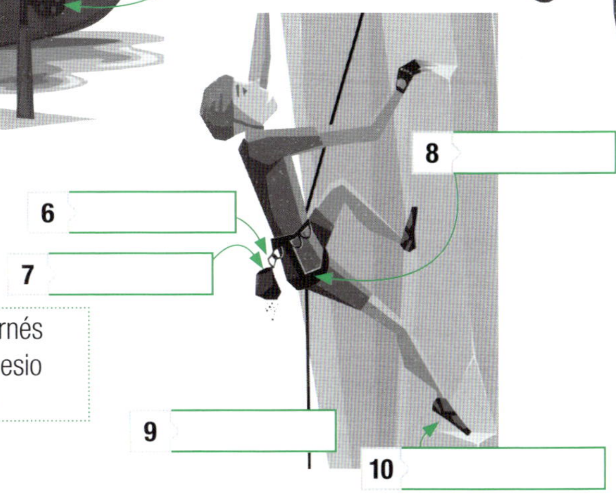

mancuernas ■ banco de abdominales
cinta de correr ■ pesas ■ esterilla

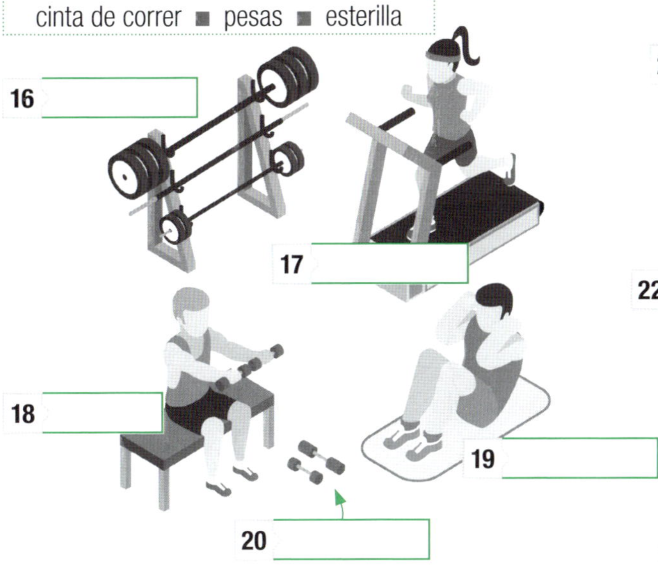

candado ■ reflectores ■ calas
bidón ■ cámara de aire

3.3.1 Completa con la palabra más adecuada del ejercicio anterior.

1. Cuando voy al gimnasio me gusta hacer ejercicio cardiovascular, especialmente correr. Me subo a la .... y me hago 5 kilómetros.
2. Si coges la bici por la noche, no olvides ponerle .... para que te vean.
3. En la bici siempre hay que llevar un .... lleno de agua o de alguna bebida isotónica.
4. Para perder barriga y conseguir la deseada *tableta de chocolate*, es indispensable utilizar el ....
5. La silla que ponemos encima del caballo se llama ....
6. Para poder pescar, tienes que poner el cebo en el ....

3.4 **Clasifica estas informaciones sobre el deporte según el tipo de beneficio que producen.**

- Estimula la circulación coronaria.
- Facilita el desarrollo y fortalecimiento de las relaciones sociales.
- Mejora la calidad del sueño y disminuye el insomnio.
- Facilita la digestión y favorece el tránsito intestinal.
- Facilita los movimientos y el desarrollo de las actividades de la vida diaria.
- Ayuda a tomar conciencia de la fuerza y las limitaciones físicas del propio cuerpo.
- Mejora el retorno venoso previniendo la aparición de varices.

Aspecto fisiológico	Corazón	Sistema circulatorio	Aparato locomotor

Metabolismo	Aspecto psicológico	Aspecto psicosocial

3.5 **Escribe el deporte al que se refieren las siguientes informaciones.**

tamburello ■ *pickleball* ■ *speed bádminton* ■ *tchoukball* ■ *spiribol* ■ *ultimate*

1. Hay que enrollar una cuerda con una pelota a un mástil: ....
2. Se juega con un *frisbee*: ....
3. Recuerda a deportes de pala, la diferencia es que los peloteos son muy largos: ....
4. Se usan panderetas a modo de raquetas: ....
5. Se juega en una cancha pero sin porterías: ....
6. Se juega con raquetas y un volante, pero sin red: ....

3.6 **Completa con el verbo entre paréntesis en el tiempo y modo adecuados.**

▶ ¡Oye! ¡Que nunca nos vemos! Nos tienes abandonados. Mañana cuando **1** .... (salir) del gimnasio me das un toque.

▷ Que sí, no te preocupes. Lo que todavía no sé es si podré reunirme con vosotros para ver el partido por la tele.

▶ Ya me han dicho que no has confirmado aún asistencia, pero aunque no **2** .... (venir), te seguiremos considerando nuestro amigo. Por cierto, ¿sabes qué hizo Nadal en el partido de ayer?

▷ Espero que **3** .... (ganar), pero no me he enterado. Dicen que últimamente juega peor.

▶ No es que **4** .... (jugar) mal, es que está muy cansado. Aun así, igual **5** .... (proclamarse) otra vez número uno este año, pero todavía tiene que ganar muchos partidos.

▷ ¿Y la final que ganó el Real Madrid? ¿La viste? Fue tan emocionante...

▶ No la pude ver en directo, pero mi hermano grabó el partido para que lo **6** .... (ver) todos juntos después.

3.7 **Lee las frases que dice un entrenador que habla con seguridad y transfórmalas pensando en otro entrenador que muestre menos seguridad. Fíjate en las estructuras empleadas y en el ejemplo.**

1. Si te pones a entrenar en serio, ganarás el partido.
2. Es verdad que corres más que el resto.
3. Creo que lo adelantarás en la clasificación.
4. Tal vez te has preparado mucho físicamente, pero no se nota.
5. Lo que me encanta es que, aunque andas mal de tiempo, siempre vienes conmigo al polideportivo.

1. *Si te pusieras a entrenar en serio, ganarías el partido.*
2. ....
3. ....
4. ....
5. ....

3.7.1 64 **Escucha al entrenador inseguro y toma nota de las frases que escuches. ¿Se parecen a las que habías escrito en el ejercicio anterior?**

1. *Si te pusieras a entrenar en serio, ganarías el partido.*
2. ....
3. ....
4. ....
5. ....

3.8 **Une las dos partes para formar frases con sentido.**

1	Incluso si	**a.**	todo, no llegaría a tiempo.
2	Hasta	**b.**	pronto, no esperarías mucho.
3	Yendo	**c.**	hubieras salido pronto, no habrías llegado a tiempo.
4	Saliendo pronto y	**d.**	saliendo rápido, llegas.
5	Ni	**e.**	saliendo pronto, no llega.

3.8.1 **Escribe las frases de la actividad anterior en el lugar más apropiado.**

1. No sé qué le pasa a mi hermano que siempre llega tarde. No importa si sale antes de casa o no porque... ....
2. La fiesta empieza en una hora y estoy en la otra punta de la ciudad. ....
3. No corras porque ya es tarde. ....
4. Suele haber mucha gente para entrar en el museo, pero... ....
5. No te preocupes porque era imposible llegar, aunque lo intentaste. ....

3.9 **Vas a escuchar un audio sobre Serena Williams, antes decide si estas afirmaciones son verdaderas o falsas**

Antes de escuchar			Después de escuchar	
V	F	1. Serena Williams tuvo cuatro hermanas.	V	F
V	F	2. Aunque es la hermana pequeña, mide más que su hermana Venus.	V	F
V	F	3. Wimbledon fue el primer Grand Slam que ganó.	V	F
V	F	4. Durante un tiempo fue acosada por un admirador.	V	F
V	F	5. Actualmente se dedica a la interpretación.	V	F

3.9.1 65 **Ahora escucha y marca la respuesta correcta.**

3.10 65 **Aquí tienes la transcripción del audio que has escuchado en el ejercicio anterior. Intenta completarlo con las palabras que faltan. Después, vuelve a escucharlo y comprueba tus hipótesis.**

Serena Williams nació el 26 de septiembre de 1981 en Saginaw, en el estado de Michigan. Fue la menor de cinco hermanas, aunque mucha gente piensa que solo tiene una hermana, Venus, ya que ambas han sido populares gracias a los **1** .... alcanzados en el mundo del tenis. Serena no es tan alta como su hermana, que rebasa el metro ochenta; Serena mide 1.76 y pesa 65 kilos, pero tiene más potencia y **2** ...., forjada en largas horas de **3** .... en el gimnasio.

Cuando Venus ya llevaba dos años con la raqueta e inacabables sesiones de entrenamiento, le siguió Serena, que no dejaba de fijarse en la **4** .... de su hermana mayor, la cual a los once años ganó 63 partidos consecutivos en torneos regionales.

Serena progresaba a la sombra de Venus, quien en 1994, con solo catorce años, entró en el circuito profesional con notable éxito. Ella lo hizo en septiembre de 1995, aunque no empezó a **5** .... de forma continuada hasta 1997, poco después de que su hermana alcanzara la final del Open de Estados Unidos, donde perdió ante la entonces número uno, Martina Hingis.

La temporada de 1999 Serena se adelantó a Venus consiguiendo su primer **6** .... del Grand Slam al ganar el Open de Estados Unidos. El 5 de abril de aquel año ambas hermanas entraron en el *top ten* y poco después, en categoría de dobles, ganaron el Open de Francia y la Copa Federación.

El 8 de julio de 2002, después de **7** .... a Venus en la final de Wimbledon por 7-6 y 6-3, Serena se convirtió en la número uno del *ranking* de la Asociación de Tenis Femenino (WTA) en un momento en el que ya sumaba dieciséis títulos en el circuito internacional.

Serena, como en su día le sucediera trágicamente a Monica Seles, ha debido pagar el precio de su fama al sufrir el acoso de un maníaco aficionado, un alemán de treinta y cuatro años que la apabullaba a regalos y presenciaba todos sus **8** .... gracias a la fortuna que poseía su familia. Fue arrestado y encarcelado el 3 de marzo de 2002.

En la actualidad, Serena toma clases de interpretación con un consumado profesor de Los Ángeles, quien asegura que es muy natural y está increíble ante una cámara. Ha aparecido en algunos episodios de diferentes series.

Adaptado de
https://www.biografiasyvidas.com/biografia/w/williams_serena.htm

3.10.1 **Los términos que faltan en el ejercicio anterior están relacionadas con el mundo del deporte. Trata de escribir una definición con tus palabras para cada una de ellas.**

1. ....
2. ....
3. ....
4. ....
5. ....
6. ....
7. ....
8. ....

3.10.2 **Relaciona ahora estas definiciones con las palabras de la actividad anterior y compáralas con las definiciones que has escrito tú.**

1. Dos o más personas luchan para conseguir una misma cosa: ....
2. Triunfo: ....
3. Certificación: ....
4. Tiempo de preparación deportiva: ....
5. Mejora: ....
6. Conjunto y disposición de los músculos: ....
7. Sinónimo de *ganar*: ....
8. Pieza muy pesada que se emplea en halterofilia o para hacer gimnasia: ....

3.11 **Selecciona el verbo con el que se forman las siguientes expresiones.**

	Estar...	Tener...	
1.	◯	◯	.........el viento a favor.
2.	◯	◯	.........hecho/a polvo.
3.	◯	◯	.........la garganta seca.
4.	◯	◯	.........contra las cuerdas.
5.	◯	◯	.........un agujero en el estómago.
6.	◯	◯	.........sediento/a.

3.11.1 **Escribe a continuación de las siguientes situaciones la expresión más apropiada del ejercicio anterior haciendo los cambios necesarios. Fíjate en el ejemplo.**

1. Llevo más de dos horas hablando sin parar, ¿alguien puede traerme una botella de agua, por favor? *Tengo la garganta seca.*
2. Voy a tener que hablar con mi entrenador, esta nueva rutina de entrenamientos que me ha puesto es demasiado fuerte para mí. ....
....
3. El entrenador rojiblanco se encuentra en una situación muy complicada: si su equipo no consigue remontar 10 puntos antes de que finalice la Liga, bajarán a segunda división y será destituido. ......
....
4. Tengo que hacerme unas pruebas médicas esta mañana y no he podido comer nada desde ayer por la tarde. ....
....
5. Todas las condiciones son favorables para que Nadal gane este partido y se proclame, un año más, ganador del Torneo Conde de Godó. ....
....
6. Vaya idea la tuya la de no coger el coche, llevamos dos horas caminando, sin beber y con este calor. ¿Es que no hay nada abierto por aquí? ....
....

3.12 **Completa las siguientes expresiones con la palabra que falta.**

toalla ■ sesión ■ tiempo ■ ganador ■ diana ■ piñón ■ alma

1. Ir a .... fijo.
2. Necesitar un .... muerto.
3. Tirar la ....
4. Apostar a caballo ....
5. Dar en la ....
6. Ser una .... maratoniana.
7. No puedo con mi ....

3.12.1 **Recuerda el significado de estas expresiones y escribe en tu cuaderno una frase o contexto donde podrías usarlas.**

▸ *He pasado mucho tiempo entrenándome para ser el mejor y no lo he conseguido. Me retiro, tiro la toalla.*

Unidad 4
La sociedad consumista

4.1 **Relaciona los dos cuadros y descubre las expresiones idiomáticas estudiadas.**

1 ___ Ser	3 ___ Echar	5 ___ Costar	7 ___ Ir	9 ___ Hacer
2 ___ Estar	4 ___ Dar	6 ___ No soltar	8 ___ Pagar	

a. el ojo.	**e.** una ganga.	**i.** hecho/a un adefesio.
b. (algo) a regañadientes.	**f.** la talla.	**j.** todo manga por hombro.
c. la tabarra.	**g.** con el agua al cuello.	**k.** hasta la bandera.
d. a tocateja.	**h.** un ojo de la cara.	**l.** prenda.

4.1.1 **Lee los siguientes diálogos y completa con las expresiones del ejercicio anterior.**

1. ▶ ¿Has comprado ya el regalo para el cumpleaños de tu hermana? Lo tienes encima.
   ▷ La verdad es que no, pero les .... a unos pendientes fantásticos. Tengo que ir a por ellos.

2. ▶ Estoy preocupada por María, últimamente parece muy triste. ¿Lo has notado tú?
   ▷ Pues algo sí, pero no sé si triste, parece más bien ensimismada. ¡Pregúntale!
   ▶ Lo he hecho pero ...., ya sabes que es muy reservada.

3. ▶ Estoy agotada. Estas fiestas tan formales cada vez me cansan más.
   ▷ ¡Uf! A mí también, aunque tienen su punto. ¿Te fijaste en Rosa?
   ▶ Ya, siempre igual, totalmente inadecuada, ¡...!

4. ▶ Rosa, ¿dónde está la camisa de rayas verdes?
   ▷ ¿En tu armario?
   ▶ No creo, no la veo.
   ▷ No me sorprende, ... Nadie puede encontrar nada en semejante desorden.

5. ▶ No sé qué hacer con mi hijo, le va fatal este año también.
   ▷ Creía que últimamente estudiaba más y hacía todos los deberes.
   ▶ Sí, pero los .... Es una pesadilla cada tarde y, claro, el resultado no es el ideal.

6. ▶ ¿Cómo te va en el trabajo? ¿Ha mejorado ya la situación?
   ▷ ¡Qué va! ...., tenemos un montón de proyectos empezados y seguimos sin ser suficientes para entregarlos a tiempo.

4.1.2 **Explica con tus palabras el significado de las expresiones que has utilizado.**

1. ....
2. ....
3. ....
4. ....
5. ....
6. ....

4.1.3 🔊 66 **Escucha una conversación entre dos amigas y escribe las expresiones idiomáticas que utilizan de las que has trabajado en el ejercicio 4.1. Hay cinco. De momento no prestes atención a la segunda columna.**

	En el diálogo dicen…	El significado del mensaje es…
1	*Habrá sido una ganga.*	**a.** *Es muy posible que haya conseguido toda esa ropa a un precio muy barato.*
2		**b.**
3		**c.**
4		**d.**
5		**e.**

4.1.4 🔊 66 **Escucha de nuevo y explica en la segunda columna de la actividad anterior qué significan estas expresiones en el contexto en el que aparecen. Fíjate en el ejemplo.**

4.2 **Escribe las siguientes palabras junto a la imagen con la que crees que guardan relación.**

tapa dura ■ parabrisas ■ rival ■ cartucho ■ freno ■ portada ■ reproducir ■ foco ■ tinta parachoques ■ cascos ■ juegos ■ magenta ■ fluorescente ■ avatar ■ pantalla ■ imprimir ■ música alógeno ■ de bolsillo ■ LCD ■ mando ■ tóner ■ tarjeta gráfica ■ volante ■ marcapáginas ■ marchas

1
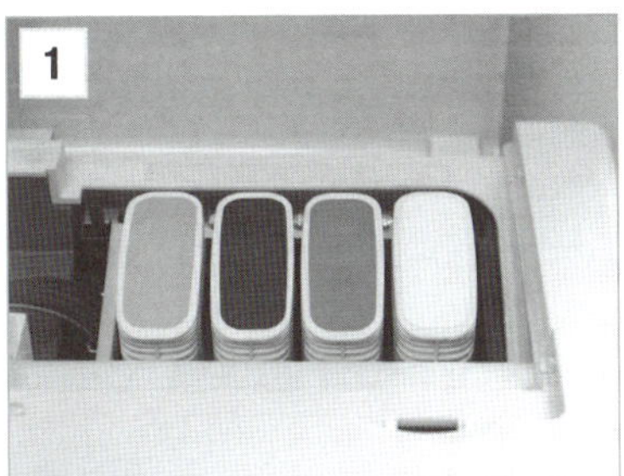

2
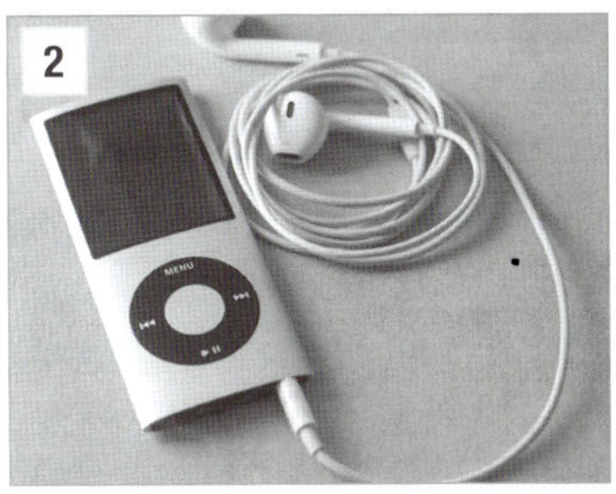

3

4

5

6

4.2.1 **Lee los siguientes textos sobre seis productos diseñados para fallar "en nombre de la obsolescencia programada" e introduce los párrafos extraídos de estos en el lugar correcto. Hay un párrafo que sobra. Después, indica a qué tipo de obsolescencia nos referimos en cada caso: de deseo, de función o de calidad.**

1. Sin embargo, es muy difícil evitar el derroche
2. En general, la información es la misma pero se distribuye de manera distinta, se quitan y se agregan algunos detalles
3. Así que decidieron fabricarlas con un filamento que se rompiera al cabo de cierto tiempo
4. La enorme biblioteca de la consola de 8 bits no se podía utilizar en la nueva
5. Es una realidad que las versiones más nuevas requieren máquinas cada vez más potentes
6. Tras una denuncia de consumidores, la empresa se comprometió a asegurar dos años de vida en sus reproductores
7. Además, los fabricantes descatalogaban partes que, de otra manera, podrían estar disponibles para las reparaciones

a. Algunos cartuchos de inyección de tinta pueden costar más que la propia impresora, por eso reducimos al mínimo las impresiones. ...., ya que muchos cartuchos de tinta vienen con chips inteligentes que desactivan la impresión cuando uno de los colores llega a un cierto nivel.

Obsolescencia: ....

b. Muchos dispositivos como *notebooks*, reproductores de MP3 y tabletas programan su obsolescencia a través de las baterías. Uno de los casos más conocidos son los primeros iPods, cuya batería estaba programa para durar entre 8 y 12 meses. Apple recomendaba cambiar el aparato por uno más nuevo. ....; además, estableció un departamento de recambios.

Obsolescencia: ....

c. Las bombillas que utilizamos hoy en día suelen durar, como mucho, uno o dos años. ¿Por qué? Si un producto durara años, el negocio no sería rentable ya que la gente no seguiría comprando. .... Un poderoso *lobby* de fabricantes, el cártel Phoebus, presionó para limitar la duración de las bombillas. En los años cuarenta consiguió fijar un límite de 1000 horas.

Obsolescencia: ....

d. En general, la política de las empresas de videojuegos se mantiene firme en la idea de no dejarnos disfrutar de los viejos juegos en las consolas nuevas. Cuando la Super Nintendo salió a principios de 1990, convirtió a la Nintendo Entertainment System en un aparato obsoleto. .... Esta falta de compatibilidad impulsa la venta de los nuevos dispositivos y de cada uno de sus juegos.

Obsolescencia: ....

e. El coche modelo T de Ford estaba concebido para durar. Ese fue su fracaso. General Motors, su competencia, dejó de lado la ingeniería y apostó por el diseño, lo que le permitió que los clientes cambiaran de modelo muy a menudo. .... A diferencia de los primeros modelos, los automóviles son accesorios de moda, por tanto, solo se los mantiene por unos pocos años.

Obsolescencia: ....

f. Cuando éramos pequeños, antes al finalizar el curso, quienes no tenían hermanos menores vendían su libro de texto utilizado y los demás lo guardábamos intacto para los más pequeños del hogar. Sin embargo, los editores decidieron realizar pequeños retoques anuales en sus libros. .... Los maestros piden la nueva edición y cierran el ciclo de obsolescencia de un libro que podría tener una larga vida útil.

Obsolescencia: ....

Adaptado de https://www.vix.com/es/btg/curiosidades/6007/7-productos-disenados-para-fallar-en-nombre-de-la-obsolescencia-programada

4.2.2 **Clasifica las siguientes estructuras en el lugar correcto.**

1. A mi juicio...
2. Yo tengo mis dudas.
3. A mi entender...
4. No diría lo mismo.
5. No me convence del todo.
6. De eso no hay duda.
7. Esto no tiene ni pies ni cabeza.
8. Coincido (totalmente) en lo de...
9. Para nada.
10. Estoy de acuerdo en todo, salvo en...

Expresar opinión .... ▶
Expresar escepticismo . ▶
Expresar acuerdo .... ▶
Expresar desacuerdo ... ▶
Atenuar el desacuerdo . ▶

4.2.3 **Completa los diálogos con algunas de las estructuras anteriores y relaciónalos con el texto de la actividad 4.2.1 sobre el que se opina. Después, añade en ellos tu propia opinión.**

1. ▶ ...., los genéricos son una buena opción para esta política de abuso del consumo.
▷ .... No tienen la misma calidad.
▶ ....
Texto: ....

2. ▶ .... con el texto .... que la información es la misma: cambian las fotos, el orden de las actividades y ya está. ¡Es una vergüenza!
▷ ...., porque hay mucho contenido que caduca y hay que actualizar la información para que siga siendo vigente.
▶ ....
Texto: ....

4.3 67 **Escucha lo que dice el psicólogo Eparquio Delgado sobre la nomofobia y selecciona la opción correcta.**

1. ¿Qué palabras utiliza el psicólogo para definir una adicción?
◯ **a.** Patrón de uso problemático.
◯ **b.** Abstinencia.
◯ **c.** Patrón de uso problemático, abstinencia y tolerancia.

2. ¿Qué dice Delgado que es el móvil?
◯ **a.** Una adicción.
◯ **b.** Una herramienta.
◯ **c.** Una enciclopedia.

3. Si el uso constante del móvil no es una adicción, ¿qué motivos sugiere la psicología que nos empujan a que así sea?
◯ **a.** La ansiedad.
◯ **b.** Buscar cosas nuevas.
◯ **c.** La dopamina.

4. ¿Qué tres características cumple el uso del móvil para favorecer los chutes de dopamina?
◯ **a.** Desasosiego, velocidad.
◯ **b.** Inmediatez, anticipación e incertidumbre.
◯ **c.** Iniciativa, urgencia.

5. ¿Los diseñadores de aplicaciones son conscientes de lo que generan en nosotros sus productos?
◯ **a.** Sí, pero disuaden a los usuarios con campañas publicitarias.
◯ **b.** No, solo se preocupan de crear nuevos productos.
◯ **c.** Sí, crean programas y dispositivos que atrapan a los usuarios y modifican su conducta.

4.3.1 **¿Cuál es tu opinión sobre lo que dice Eparquio Delgado? ¿Y sobre la nomofobia?**

▶ *Pues yo no/sí diría que...* ....

....

4.3.2 **Rosa considera que está enganchada al móvil y a internet. Lee las frases que describen su situación y escribe cómo expresaría su lamento y arrepentimiento con las estructuras propuestas.**

1. Prefiero chatear a salir con mis amigos. ➡ Si *hubiera mantenido el contacto con mis amigos, con los de verdad, no habría pasado tanto tiempo hablando con desconocidos.*
2. Mi irritación y agresividad son excesivas si no funciona bien mi conexión a internet.
   Si... ....
3. Lo primero y lo último que hago cada día es conectarme.
   Quién... ....
4. Mi felicidad depende del número de *likes* y de los comentarios de mis contactos.
   Tendría que... ....
5. Necesito publicar y fotografiar todo lo que me sucede a lo largo del día.
   Si... ....
6. Tengo que leer todas las notificaciones en el momento en que entran y recibo el aviso.
   Quién... ....
7. Tengo pesadillas en las que pierdo el móvil, me despierto con taquicardia y ansiedad.
   Debería... ....
8. Me molesta estar en familia, exigen respuestas y no puedo poner toda la atención en mis *apps*.
   Tendría que... ....

4.4 **Lee el siguiente texto sobre la economía circular y ponle un título.**

....

En la economía circular los productos se piensan, se diseñan y se fabrican teniendo en cuenta toda su vida útil: producción, transporte, distribución, utilización y fin de vida. Es un modelo productivo que pone el énfasis en el hecho de que los productos pueden ser desmontados, reparados, actualizados, etc., con el fin de mantener el valor de los productos, recursos y materiales el mayor tiempo posible dentro de la economía y, con ello, reducir la generación de residuos.

En definitiva, se trata de un nuevo enfoque que trasciende al reciclaje. Esto es: repensar, rediseñar, refabricar, reparar, redistribuir, reducir, reutilizar, reciclar y recuperar la energía.

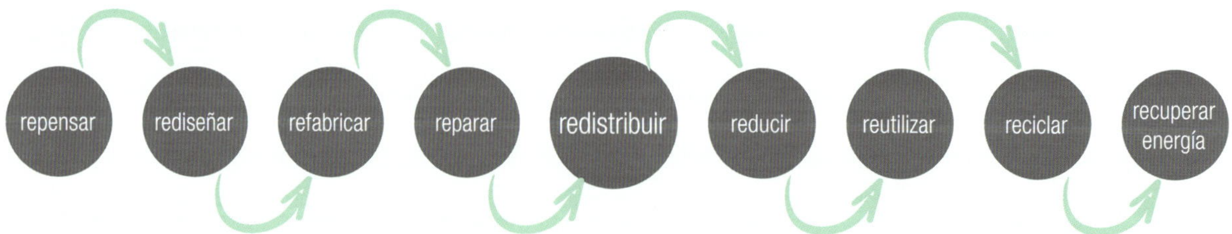

Extraído y adaptado de https://www.eldiario.es/norte/vientodelnorte/Fiscalidad-residuos_6_566653358.html

4.4.1 **Escribe los principios de la economía circular usando frases condicionales con gerundio. Fíjate en el ejemplo.**

1. Tener en cuenta los impactos medioambientales a lo largo del ciclo de vida del producto desde su creación / ponerse en práctica la ecoconcepción. ➡ *Teniendo en cuenta los impactos medioambientales a lo largo del ciclo de vida del producto desde su creación, se pondría en práctica la ecoconcepción.*
2. Optimizar los recursos / no necesitar tantos.
   ....
3. Pagar por servicio y no por producto / ahorrar y anteponer el uso a la posesión.
   ....
4. Reintroducir los productos que ya no tienen su funcionalidad inicial al circuito económico / darles otro uso.
   ....

5. Reutilizar los residuos, o parte de los mismos, que todavía pueden funcionar / no generar tanta basura.

....

6. Arreglar los productos para darles una nueva vida, en lugar de desecharlos / promover la reparación.

....

7. Aprovechar los materiales que se encuentran en los residuos / reciclar y tener menos residuos.

....

8. Aprovechar los residuos que ya no se pueden reciclar / obtener energía y valorizar los residuos.

....

4.4.2 **Lee la información sobre algunas empresas que practican los principios de la economía circular y anima a utilizar sus productos relacionándolos con su eslogan.**

1. Recicla los viejos que más quieres y tendrás otros nuevos que volverás a amar.
2. Disfruta de lo artesanal y ecológico, crearás estilo.
3. Transforma la basura en recursos con valor, evitarás el consumo de energía fósil y de madera.
4. Accede por 98 € a un complemento activo y sano para tu hijo, la tendrá diez años y crecerá con él.
5. Compra un modular, será fácil de actualizar.
6. Usa lo que ha hecho feliz a otros, ahorrarás mucho dinero y recursos.

a. ☐ MUD Jeans. Circular Denim
Vaqueros diseñados para facilitar su reciclaje, pueden comprarse o alquilarse. La empresa los recompra cuando el consumidor decide no usarlos más, y después los repara y los revende como ropa de segunda mano o los recicla para fabricar nuevos vaqueros.

b. ☐ Vigga
Diseña ropa orgánica y duradera para bebés. El cliente paga una mensualidad y tiene siempre a su disposición veinte piezas de ropa de la talla que elija. Cuando el bebé crece, devuelve esa ropa y recibe un *pack* con ropa de la nueva talla.
Las prendas devueltas se limpian y se envían a otro bebé, de modo que la misma prenda es usada por una media de cinco niños.

c. ☐ La Bécane à Jules
Es una tienda-taller de bicicletas de Dijon. Puedes reparar tú mismo tu bicicleta o bien optar por que lo hagan sus técnicos. Tienen un servicio de alquiler e incluso una modalidad en la que por 98 € dispones de una bicicleta infantil durante diez años y la vas cambiando a medida que el niño crece. Venden bicicletas con aire *vintage* fabricadas con piezas recicladas y también imparten cursos de reparación o fabricación a partir de piezas recicladas.

d. ☐ Fairphone
Fabrica con los mejores materiales teléfonos móviles modulares diseñados para durar, fáciles de actualizar, de reparar y de reciclar.

e. ☐ Ecodecco
Empresa española fabricante de muebles artesanales y ecológicos a partir de materiales reciclados.

f. ☐ Bio Bean
Recupera los desechos de café producidos en hogares y en locales de restauración y los transforma en energía: biogás, briquetas para calderas y chimeneas y bioquímicos.

Adaptado de http://rscyempresasocial.com/economia-circular-20-ejemplos-de-producto

4.4.3 **Vuelve a leer los textos y di si las siguientes frases son verdaderas o falsas.**

1. MUD Jeans. Circular Denim reenvía los vaqueros a tu casa. .... V F
2. Cada mes se cambia la ropa del bebé. .... V F
3. Si alquilas una bicicleta, tienes que hacer un curso de reparación. .... V F
4. Los modulares se arreglan mejor. .... V F
5. Ecodecco fabrica sus muebles a mano con técnicas tradicionales. .... V F
6. Algunos desperdicios producen energía. .... V F

Unidad 5

Mitos y leyendas

5.1 68 **Vuelve a escuchar la audición del libro del alumno que trataba sobre mitos científicos y responde a las siguientes preguntas.**

1. ¿Cómo se llama el proceso que hace que se creen nuevas células? ....
2. ¿Qué hace distintos al hombre y a la mujer en lo referente al sentido del gusto? ....
3. ¿Por qué se lanzan los toros hacia el torero? ....
4. ¿A partir de qué edad se hace más lento el desarrollo de los perros? ....
5. Cuándo se hizo el experimento original sobre la música de Mozart? ....
6. ¿A qué edad empezó a estudiar Einstein cálculo? ....

5.2 **Lee este artículo sobre creencias preconcebidas y completa los espacios con las palabras del recuadro. Sobran dos palabras.**

amañan ■ erradas ■ enanas ■ aportan ■ contradictorias
recelan ■ abrumadoras ■ contradicen ■ férreas ■ defienden

¿Se han dado cuenta de que las personas siempre cambian de opinión cuando les presentan unos datos que **1** .... sus convicciones más profundas? No, ¿verdad? Es más, da la impresión de que cuando a alguien se le presentan pruebas **2** .... en contra de lo que cree, se reafirma en sus opiniones. El motivo es que esos datos ponen en peligro su visión del mundo.

Los creacionistas rechazan las pruebas de la evolución que **3** .... los fósiles y el ADN porque les preocupa que los poderes laicos estén comiéndole terreno a la fe religiosa. Los hostiles a las vacunas **4** .... de las grandes farmacéuticas y piensan que el dinero corrompe la medicina. Eso los lleva a defender que las vacunas causan autismo, pese a que el único estudio que relacionaba ambos conceptos fue desmentido en su día, y su autor, acusado de fraude.

El hecho de que las convicciones resulten más **5** .... que las pruebas se debe a dos factores: la disonancia cognitiva y el llamado efecto contraproducente. En cuanto a la primera, el psicólogo Leon Festinger señalaba que las personas **6** .... la realidad a su alrededor con el fin de evitar sentirse incongruentes, inadmisibles, desagradables o disonantes. El autoengaño tiene como finalidad fundamental preservar nuestra integridad fundamental y coherencia social y se basa en la incómoda tensión que surge cuando se piensan dos cosas **7** .... al mismo tiempo. El efecto contraproducente tiene lugar cuando, al tratar de corregir las percepciones **8** ...., estas se refuerzan, ya que sobreviene la amenaza de hacer tambalear nuestros cimientos existenciales.

https://elpais.com/elpais/2018/01/26/ciencia/1516966815_366077.html

5.2.1 **Vuelve a leer el artículo anterior, contesta si las siguientes afirmaciones son verdaderas o falsas y corrige estas últimas.**

1. Las personas suelen cambiar de opinión si comprueban que estaban equivocadas. .... V F
2. Los enemigos de las vacunas no confían en las empresas farmacéuticas. .... V F
3. La gente suele falsear lo que ocurre para sentirse mejor. .... V F
4. El autoengaño produce tensión. .... V F
5. Muchas ideas equivocadas se hacen más fuertes para mantener firmes las creencias. .... V F

5.3 **Una de las historias más famosas de autoengaño es el cuento *El traje nuevo del emperador*. Seguro que ya conoces la historia. Lee las siguientes frases que se han extraído de la historia original, ordénalas y complétalas con la forma verbal adecuada.**

a. ☐ Después de que el emperador .... (pronunciar) estas palabras de satisfacción, todos los consejeros y ministros se expresaron de la misma forma, a pesar de que nadie veía nada.

b. ☐ Tras .... (aproximarse) a los telares, el ministro comprobó que allí no había nada.

c. ☐ Incluso le aconsejaron que luciera el traje para el primer desfile importante una vez se lo .... (entregar, ellos).

d. ☐ Tras .... (recibir) una desorbitada suma de dinero, los pillos comenzaron su trabajo.

e. ☐ Nada más .... (conocer) la opinión del segundo emisario, decidió no esperar más y acudir con su séquito al taller.

f. ☐ Cuando el emperador .... (saber) de la existencia de la fabulosa tela, y después de .... (reflexionar) apenas unos minutos, decidió que quería ese traje.

g. ☐ Al .... (llegar), los funcionarios que ya la habían examinado comenzaron a señalarle el soberbio diseño y los primorosos colores que lucía la tela.

h. ☐ Conforme .... (acercarse) la fecha de entrega, el emperador se impacientaba cada vez más por comprobar el resultado del trabajo.

i. ☐ Cuando .... (estar) listo, salió a la calle entre el clamor popular.

j. ☐ Mientras tanto, "................ .... (trabajar, ellos) todos los días y sin descanso" hasta altas horas de la madrugada.

k. ☐ A medida que supuestamente .... (agotarse) las existencias de seda y oro, pedían más.

l. ☐ El emperador decidió no ir a ver el traje hasta que otro honrado consejero no .... (inspeccionar) también el trabajo.

m. ☐ El emperador envió a un ministro de su confianza para examinar el traje antes de que .... (hacerlo) él mismo.

5.3.1 🔊 69 **Escucha la historia y corrige la actividad anterior.**

5.3.2 **Explica con tus palabras el motivo de la reacción final del emperador.**

5.4 🔊 70 **Escucha ahora a un psicólogo hablando sobre el autoengaño y señala las afirmaciones que son correctas.**

1. ○ En el autoengaño, la persona sabe que la realidad es diferente.
2. ○ El autoengaño funcional sirve para hacer sentir mejor a la persona.
3. ○ Realizar una acción en contra de nuestros valores activa el tipo *valorar para creer.*
4. ○ El autoengaño consolatorio nace por la compasión de otras personas.
5. ○ Cuando alguien miente buscando su autoconvencimiento, termina creyendo su farsa.

5.4.1 🔊 70 **Vuelve a escuchar, identifica los nexos temporales que no funcionan como indicadores de tiempo y completa las frases. Después, indica cuál es el uso o función de estos nexos.**

	Uso o función
1. ... mientras que	
2. Después de que	
3. ... antes que	
4. ... hasta	

5.4.2 **Une los cuadros para crear las frases más lógicas.**

1 Después de ver lo que vi	**5** Una vez que se lo diga	**8** Mientras apruebe
2 Hasta en vacaciones	**6** Después de que me gasto el dinero	**9** Antes que armar un lío
3 Mientras estudio	**7** Hasta las vacaciones	**10** Una vez que se lo dije
4 Antes de que salgamos		

a. no tengo que ir al dentista.
b. puede salir lo que quiera.
c. prefiero comprobarlo bien.
d. le sentó mal y se enfadó.
e. nunca escucho música.
f. lleva el portátil encima.
g. quiero hacer una llamada.
h. me creo cualquier cosa.
i. el hotel es penoso.
j. ya no hay vuelta atrás.

5.5 **Clasifica estas expresiones según su función.**

1. Espera un momentito, ya te escucho.
2. ¿Me estás escuchando?
3. ¡Me lo puedo imaginar!
4. No sé si lo sabrás, pero...
5. ¿Me sigues?
6. ¿En serio?
7. No te puedes ni imaginar.
8. Dime.

Introducir el tema del relato	Reaccionar solicitando el comienzo del relato

Controlar la atención del interlocutor	Indicar que se sigue el relato con interés

5.5.1 **Lee ahora este diálogo entre una madre y un hijo y complétalo con las expresiones anteriores.**

▶ Mamá, ¡no me han admitido en Arquitectura!

▷ ¡No me digas! ¡Pero si era la ilusión de tu vida!

▶ Sí, ya, pero creo que es mejor así. Es una profesión que implica demasiada responsabilidad. Puedes ir a la cárcel si diseñas mal un edificio y se derrumba... Trabajaré más tranquilo en otra cosa.

▷ **1** .... lo mucho que viene al caso una fábula que me encanta.

▶ ¿Una fábula? ¿Cuál?

▷ La de la zorra y las uvas. **2** .... te la leía cuando eras pequeño y te encantaba.

▶ Pues no caigo, la verdad.

▷ ¿Quieres oírla?

▶ **3** ....

▷ Estaba una zorra paseando por unos viñedos cuando vio unos hermosos racimos de uvas maduras delante de sus ojos. Al acercarse, comprobó que estaban más alto de lo que pensaba, por lo que saltó para alcanzarlos y... ¿ **4** .... o estás pendiente del móvil?

▶ **5** .... Es que me está escribiendo un amigo y..., bueno, sigue, sigue.

▷ Y no podía tocar las uvas. Entonces cogió carrerilla y saltó más alto, pero no pudo ni rozar el fruto. Aun así, no se dio por vencida y siguió saltando, pero parecía que los racimos estaban cada vez más altos. **6** ....

▶ Sí, sí.

▷ Entonces, la zorra sintió que era incapaz de alcanzar las uvas y se convenció de que era inútil seguir intentándolo y renunció a ellas.

▶ **7** ....

▷ Sí. Y cuando se dio la vuelta para regresar al bosque, se percató de que un pájaro había observado toda la escena y se sintió ridícula. Presa de la vergüenza, se dirigió hacia él y le dijo: "Pensaba que estaban maduras, pero al acercarme me he dado cuenta de que estaban verdes, así que no merece la pena seguir intentándolo porque mi paladar es demasiado refinado. Si llegan a estar maduras, las hubiera podido alcanzar sin problema". Y así se alejó convenciéndose de que esa era la verdadera explicación de lo sucedido.

▶ ¡Vaya con la zorra!

▷ ¿Y sabes cuál es la moraleja?

▶ **8** ....

▷ Pues ya lo sabes. Aplícate el cuento.

5.5.2 **Escribe con tus palabras cuál es la moraleja de la fábula y una experiencia personal donde hayas vivido algo parecido.**

....

....

....

....

....

....

5.6 **El mundo del cine ha creado muchos falsos mitos. Lee los siguientes y relaciónalos con la explicación que los desmonta. Completa también las colocaciones que aparecen en estas explicaciones con la opción adecuada de la columna de la derecha.**

1. ☐ El cloroformo actúa en unos pocos segundos.
2. ☐ Un cigarrillo hace explotar la gasolina.
3. ☐ Es necesario esperar veinticuatro horas para denunciar una desaparición.
4. ☐ Disparar con silenciador no hace ruido.
5. ☐ Disparar con dos pistolas a la vez.
6. ☐ La policía puede rastrear una llamada en un minuto.
7. ☐ Abrir una puerta disparando al candado.
8. ☐ Hablar con un compañero mientras se salta en paracaídas.
9. ☐ Los asteroides vuelan muy juntos en el espacio.

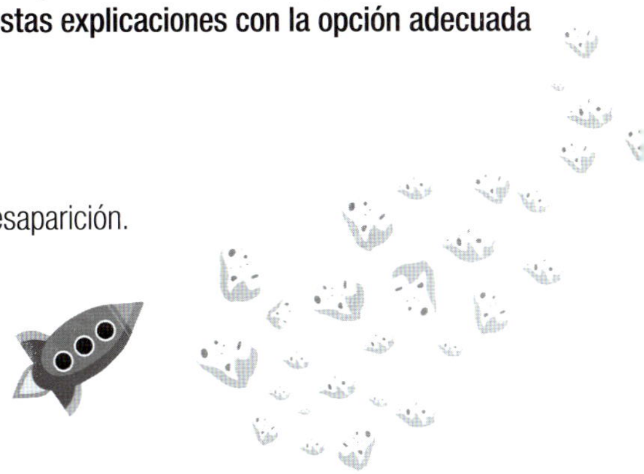

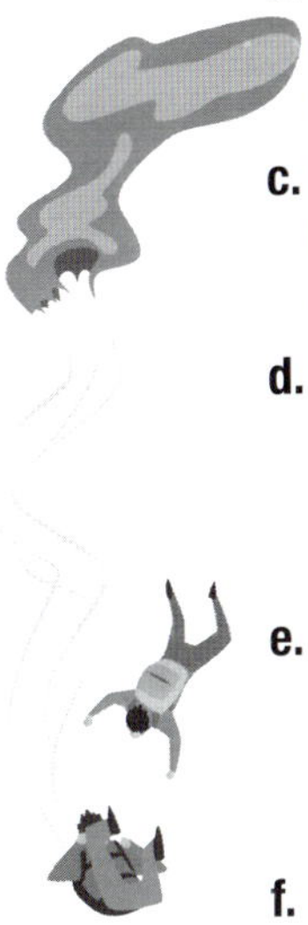

a. Es muy común ver al héroe apuntando y disparando con dos armas al mismo tiempo y salir *airoso*, pero la realidad es que es imposible apuntar a dos objetivos al tiempo.

b. Aunque hayamos visto mil veces a dos personas discutir .... mientras están cayendo al vacío, el ruido producido por el aire impediría escuchar una sola palabra.

c. Para conocer la ubicación desde donde se está realizando una llamada de teléfono deberemos .... de paciencia, ya que se requiere al menos una hora de conversación y no unos pocos segundos.

d. Estamos hartos de ver escenas épicas en las que un fumador .... hace explotar un edificio entero arrojando su cigarro en un reguero de gasolina. Sin embargo, la parte encendida del mismo es demasiado débil para hacer prender la gasolina líquida.

e. Según la ficción cinematográfica, esta sustancia tiene la capacidad de dormir .... a cualquiera al instante con solo olerla y dejarlo inconsciente durante horas. En realidad, habría que inhalar sus vapores durante no menos de cinco minutos, y el efecto no duraría mucho.

f. Lo hemos visto mil veces en la gran pantalla, pero no es en absoluto cierto. Se debe denunciar en cuanto .... sospechas de que algo extraño ocurre.

g. En las armas que disponen de este elemento, se suprime algo de ese sonido ...., pero solo eso. El disparo se sigue escuchando.

h. En muchas películas de ciencia ficción, las naves tienen que esquivar un .... de asteroides que flotan frente a ellas. Sin embargo, en realidad existen miles de kilómetros de separación entre estos.

i. Aunque estemos .... convencidos de que es la manera más fácil de hacerlo, la realidad es que estas cerraduras son de hierro macizo, por lo que una bala pequeña no tendría la fuerza suficiente para atravesarlas.

- ayudarnos
- firmemente
- profundamente
- armarnos
- altamente
- ampliamente
- alberguemos
- atronador
- conjunto
- consideremos
- gigantesco
- banco
- exitoso
- altamente
- adictivo
- ~~airoso~~
- acaloradamente
- empedernido

5.7 **Une las dos columnas para formar más colocaciones.**

1	Prestar	**a.**	responsabilidades.
2	Rendir	**b.**	una relación.
3	Asumir	**c.**	un riesgo.
4	Rescindir	**d.**	un crédito.
5	Correr	**e.**	homenaje.
6	Entablar	**f.**	un árbol.
7	Talar	**g.**	atención.
8	Conceder	**h.**	un contrato.

5.7.1 **Señala la palabra que no es correcta en cada serie.**

1. Entablar...	◯ **a.** una conversación.	◯ **b.** un debate.	◯ **c.** un partido.
2. Prestar...	◯ **a.** ayuda.	◯ **b.** ánimo.	◯ **c.** colaboración.
3. Asumir...	◯ **a.** un retraso.	◯ **b.** un error.	◯ **c.** un protagonismo.
4. Conceder...	◯ **a.** un permiso.	◯ **b.** una instrucción.	◯ **c.** un favor.
5. Rendir...	◯ **a.** perdón.	◯ **b.** cuentas.	◯ **c.** culto.
6. Rescindir...	◯ **a.** un convenio.	◯ **b.** un contrato.	◯ **c.** una reunión.
7. Plantear...	◯ **a.** una duda.	◯ **b.** un trabajo.	◯ **c.** un problema.
8. Tomar...	◯ **a.** tendencia.	◯ **b.** parte.	◯ **c.** partido.
9. Guardar...	◯ **a.** rencor.	◯ **b.** las espaldas.	◯ **c.** envidia.
10. Meter...	◯ **a.** ruido.	◯ **b.** calor.	◯ **c.** presión.

5.7.2 **Escribe cinco frases usando algunas de las expresiones anteriores.**

1. ....
2. ....
3. ....
4. ....
5. ....

5.8 **Los mitos también se encuentran dentro del mundo del deporte. Lee algunos de ellos y complétalos con el adverbio de lugar en su forma adecuada.**

a donde ■ de dónde ■ dónde ■ donde ■ de donde

1. Para ganar masa muscular es necesario consumir complejos proteínicos. No es difícil intuir .... proviene esta idea: del negocio que gira alrededor del culturismo.
2. Practicar cualquier deporte siempre es beneficioso, sin tener en cuenta la persona, la magnitud del esfuerzo y el .... se practica. En realidad, esto puede acarrearnos más problemas que beneficios.
3. El azúcar evita el dolor de la parte del cuerpo .... hemos realizado un esfuerzo no habitual. Lo cierto es que este dolor se produce debido a pequeñas roturas en la unión entre el músculo y el tendón; por tanto, el azúcar no puede hacer nada para evitarlo.
4. Cuanto más se suda, más peso se pierde. En realidad, sudando se pierden agua y electrolitos, y a cubrir esa deshidratación es .... se dirigirá todo el líquido que bebamos después.
5. Se puede eliminar grasa localizada. En realidad, el lugar .... provienen los ácidos grasos como combustible para quemar grasas no depende del músculo que se ejercite, sino de factores genéticos, morfológicos y hormonales.

5.9 **Relaciona las frases con expresiones que tengan el mismo sentido.**

1. Pues la verdad es que no tengo ni idea.
2. ¿Cómo puedes decir que es el único?
3. Otra vez con lo mismo.
4. Es que siempre te pasa lo mismo.
5. Eso es imposible.

a. ¡Y dale!
b. ¡Anda ya!
c. ¡Vete tú a saber!
d. ¡Mira que eres despistado!
e. ¡Anda que no hay!

5.9.1 **Escribe un comentario u opinión para las siguientes respuestas.**

1. ▶ ....
▷ ¡Y dale!

2. ▶ ....
▷ ¡Anda ya!

3. ▶ ....
▷ ¡Vete tú a saber!

4. ▶ ....
▷ ¡Mira que eres despistado!

5. ▶ ....
▷ ¡Anda que no hay!

5.10 **Sustituye las palabras en negrita por elementos organizadores del discurso. Haz los cambios que consideres necesarios.**

1. **Quiero terminar con** / *Para finalizar, me gustaría dar* un consejo.
2. **Vamos a ir de nuevo a lo que estábamos diciendo** / .... para no perdernos.
3. **Hablad uno y después el otro** / .... porque si no es imposible.
4. **Ese es un asunto que creo que es mejor que no lo tratemos.** / ....
5. **Cambiando un poco el asunto** / ...., querría hablar sobre otro tema.
6. **Hablando de** / .... ese tema…, creo que deberíamos tratarlo con más detenimiento.
7. **Te voy a interrumpir** / ...., pero no estoy de acuerdo con eso.
8. Isabel, **habla ahora** / ....
9. Sobre ese problema, **por ejemplo** / ...., te podría contar mucho.
10. **Estaba contando algo y voy a continuar** / ....…

5.11 **Combina las siguientes palabras para formar expresiones de prohibición. Después, termina de escribir las prohibiciones y crea un contexto común para todas ellas. Fíjate en el ejemplo.**

está (2) ■ prohíbe ■ se (2) ■ permitido ■ queda (2) ■ prohibido (3) ■ permite ■ terminantemente ■ no (2)

Ejemplo: *Queda* *terminantemente* *prohibido* *fumar.*

1. ....
2. ....
3. ....
4. ....
5. ....
6. ....

Contexto

Normas de mi casa

Contexto

Unidad 6
La creatividad

6.1 **Lee la información sobre los siguientes personajes hispanohablantes y justifica quién tiene un perfil más creativo y por qué. Si lo necesitas, puedes buscar más información sobre ellos.**

Amancio Ortega, fundador y dueño del grupo INDITEX

Empresario español dedicado al sector textil. Empezó a trabajar a los catorce años en una tienda de ropa y en 1963 creó una empresa dedicada a la fabricación de albornoces. Hoy posee una de las mayores fortunas del mundo y es el propietario del grupo INDITEX, del que forman parte firmas como ZARA, Pull&Bear, Oysho, Stradivarius, Bershka o Massimo Dutti.

Penélope Cruz, actriz

Actriz española nacida en Alcobendas (Madrid). Uno de los primeros pasos de su carrera fue su participación en un videoclip del grupo español Mecano. Ha ganado un Óscar por su papel en la película de Woody Allen *Vicky Cristina Barcelona* y cuenta con numerosos reconocimientos internacionales. Tiene dos hijos con el también actor Javier Bardem.

Frida Kahlo, pintora

Artista mexicana que vivió entre los años 1907 y 1954. Casada con el muralista Diego Rivera, su vida estuvo marcada por las enfermedades y largos períodos de convalecencia. Llevó una vida bohemia y poco convencional y mantuvo relaciones con influyentes personalidades, entre ellos León Trotski.

Pau Gasol, jugador de baloncesto

Baloncestista español nacido en 1980. Ha desarrollado la mayor parte de su carrera profesional en la NBA y ha sido jugador de los Memphis Grizzlies, Los Angeles Lakers, los Chicago Bulls y los San Antonio Spurs. A lo largo de su trayectoria ha ganado numerosos títulos, tanto en sus clubes como con la selección española. En su juventud comenzó a estudiar Medicina.

Andrés Calamaro, cantante

Cantante y músico argentino. Ha pertenecido a grupos como Los Abuelos de la Nada o Los Rodríguez. En los últimos años ha desarrollado su carrera en solitario. Tiene una personalidad fuerte y polémica, ha protagonizado enfrentamientos con otros artistas y se ha posicionado en cuestiones controvertidas, como el consumo de drogas o la tauromaquia.

6.1.1 **Piensa en una persona de tu país que destaque por su creatividad. Escribe un breve texto de presentación y justifica tu elección.**

6.2 **Lee las siguientes afirmaciones y decide si son verdaderas o falsas según tu opinión.**

1. Las personas ordenadas suelen comer de forma más sana.
2. El orden favorece la creatividad.
3. Existe algún tipo de relación entre el desorden y la generosidad.
4. El tipo de ambiente en el que trabajamos puede influir en las decisiones que tomamos.
5. Las personas ordenadas suelen ser más convencionales que las desordenadas.

6.2.1 **Lee el siguiente texto y comprueba tus hipótesis anteriores.**

....

El trabajo en un escritorio pulcro puede facilitar una dieta saludable, la generosidad y una actitud convencional ante la vida, pero un escritorio desordenado tiene sus propias ventajas, como una mayor creatividad.

Según un estudio encabezado por la psicóloga Kathleen Vohs, de la Universidad de Minnesota, que ha publicado la revista *Psychological Science*, "investigaciones anteriores encontraron que un ambiente pulcro induce a que las personas hagan cosas buenas". "No cometen delitos, no dejan basura por todas partes, son más generosas", comentó Vohs, quien, sin embargo, aseguró que "también pueden obtenerse resultados realmente valiosos estando en un ambiente desordenado".

En el primero de varios experimentos, se pidió a los participantes que completaran algunos cuestionarios, a unos en una oficina limpia y ordenada y a otros en una desorganizada, con papeles por todas partes y artículos de escritorio repartidos sin ton ni son.

Después se dio a los participantes la oportunidad de que hicieran una donación para una obra de beneficencia y se les permitió que, al salir de la oficina, tomaran de aperitivo una chocolatina o una manzana.

Vohs explicó que la actividad en una sala limpia aparentemente alienta a que las personas hagan lo que de ellas se espera y, en ese caso, donaron más dinero y fueron más propensos a elegir la manzana en lugar del chocolate.

Las virtudes del desorden

Pero los investigadores no detuvieron allí sus pesquisas y formularon la hipótesis de que el desorden puede tener sus propias virtudes, así que pidieron a los participantes que imaginaran usos nuevos para las pelotas de *ping-pong*.

En términos generales, los participantes en la prueba que estaban en la sala revuelta presentaron el mismo número de ideas para usos nuevos que los de la sala ordenada, pero, según jueces imparciales, los "desordenados" fueron más interesantes y creativos.

"La actividad en una sala desordenada condujo a algo que las empresas, las industrias y las sociedades quieren: creatividad", indicó Vohs.

Los investigadores también encontraron que, cuando a los participantes se les dio a elegir entre un producto nuevo y uno ya establecido, los de la sala desordenada eran más propensos a elegir el novedoso, lo que indica que un ambiente con menos reglas estimula una liberación de lo convencional.

"Los ambientes desordenados aparentemente inspiran una ruptura con la tradición y eso produce nuevos enfoques", concluyó Vohs, quien aseveró: "Los ambientes ordenados, por el contrario, alientan la convención y el comportamiento de acuerdo con las reglas".

Adaptado de http://www.abc.es/sociedad/20130807/abci-orden-desorden-escritorio-revela-201308070832.html

6.2.2 **Después de leer el artículo, piensa en un titular adecuado y atractivo y escríbelo junto a la noticia.**

6.3 **Completa las siguientes frases con la construcción pasiva adecuada en cada caso.**

1. El Museo del Prado .... (considerar) la pinacoteca más grande del mundo.
2. Un *allegro* es una pieza musical que .... (tocar) rápidamente.
3. Al cuadro *La rendición de Breda*, la gente .... (conocer) habitualmente como *Las lanzas*, de Velázquez.
4. Juan Ramón Jiménez .... (galardonar) con el Premio Nobel de Literatura en 1956.
5. La espada Excalibur .... (empuñar) por el rey Juan Carlos I.
6. El divorcio no .... (permitir) en España hasta 1991.
7. Las arepas son un tipo de comida que .... (comer) en países como Colombia, Venezuela o Panamá.
8. El Monasterio de El Escorial .... (ordenar) construir Felipe II.

6.3.1 **Tres de las frases de la actividad anterior son falsas, descúbrelas.**

6.3.2 **Transforma las siguientes frases en pasivas. Elige la construcción que consideres más adecuada en cada caso. Puede haber más de una posibilidad.**

1. Gabriel García Márquez escribió *Cien años de soledad* en los años sesenta.
2. Los españoles cocinan mucho con aceite de oliva.
3. Los pintores pintaron las paredes de mi casa con colores pastel.
4. Las autoridades españolas aprobaron el matrimonio homosexual en 2005.

6.4 **Completa las frases con las siguientes expresiones relacionadas con el mundo laboral en la forma correcta.**

presentarse a unas oposiciones ■ tener enchufe ■ ser autónomo ■ trabajar por cuenta ajena
cogerse un año sabático ■ trabajar por amor al arte ■ echar del trabajo ■ tener un trabajo absorbente

1. Estoy pensando en .... Sé que tiene sus cosas negativas, pero tengo ganas de ser mi propio jefe.
2. Edu me dijo el otro día que se ha cogido una excedencia. .... y necesitaba parar un poco porque estaba demasiado estresado.
3. ¿Sabes que a Irene la ....? La vi el otro día y estaba destrozada, aunque seguro que con su currículum no va a tener ningún problema para encontrar otra cosa.
4. Tengo un nuevo compañero de trabajo. No tiene ni idea de nada, pero es sobrino del director general. Ya sabes, es lo que tiene ....
5. Ana lleva dos años de becaria. Le encanta lo que hace, pero no le pagan nada. No entiendo cómo puede seguir ....
6. Antes de conocerme, mi novio .... y estuvo viajando por todo el mundo. Dice que fue una de las mejores experiencias de su vida.
7. Una de las ventajas de .... es que es más fácil desconectar en tu tiempo libre. Cuando tienes tu propio negocio es muy complicado dejar de pensar en los problemas.
8. ¿Alguna vez has valorado ....? Con tu capacidad de concentración no tendrías ningún problema. Y ya sabes que ser funcionario tiene muchísimas ventajas...

6.5 **Relaciona los adjetivos que aparecen en la caja con su correcta definición.**

- discreto/a
- temperamental
- hipocondríaco/a
- original
- constante
- austero/a
- perfeccionista
- altruista
- versátil
- humilde

1. Persona que busca el bien ajeno sin esperar nada a cambio: ....
2. Firme o perseverante: ....
3. Sensato/a, prudente, moderado/a, que no destaca: ....
4. Persona que se preocupa excesivamente por su estado de salud y se sugestiona con la creencia de padecer una enfermedad: ....
5. Persona que sorprende por su carácter poco habitual y/o creativo: ....
6. De carácter fuerte y frecuentes cambios de humor: ....
7. Sobrio/a, sin excesos: ....
8. Persona con tendencia a mejorar indefinidamente un trabajo sin decidirse a considerarlo nunca totalmente acabado: ....
9. Capaz de adaptarse con facilidad y rapidez a distintas funciones: ....
10. Persona que no presume de sus logros, reconoce sus fracasos y debilidades y actúa sin orgullo: ....

6.5.1 **Recuerda los sustantivos correspondientes a todos los adjetivos de la actividad anterior.**

1. discreto/a		**6.** austero/a	
2. temperamental		**7.** perfeccionista	
3. hipocondríaco/a		**8.** altruista	
4. original		**9.** versátil	
5. constante		**10.** humilde	

6.5.2 **Piensa en tres cualidades y tres defectos de tu personalidad y justifica tu elección. Puedes usar algunos de los adjetivos aprendidos en esta unidad u otros diferentes.**

Pienso que soy...

porque...

Pienso que soy...

porque...

6.6 **Selecciona la opción correcta en las siguientes frases relativas. En algunos casos las dos opciones son posibles.**

1. **Quien / El que** llegue más tarde de las nueve no podrá asistir a la conferencia inaugural.
2. Me prometió ayudarme en todo **cuanto / el que** necesitara, pero finalmente no lo hizo.
3. Marcos se presentó en casa de sus padres sin avisar, **cosa / hecho** que les sorprendió mucho.
4. Mi primo **el que / quien** vive en Chile me ha invitado a pasar unos días en su casa en el mes de julio, aunque no sé si voy a poder tener vacaciones para esas fechas.
5. Ayer fui de compras porque quería comprarme unos vaqueros que me **quedaran / quedaban** bien.
6. Elena está bastante enfadada con sus compañeros de trabajo, dice que ya no tiene a nadie en **quien / que** confiar.
7. ¡No me lo puedo creer! Esa es la chica **con / de** la que he soñado esta noche.
8. **Lo que / Lo cual** has hecho puede tener consecuencias muy negativas para el proyecto.

6.7 **A continuación tienes el texto que Damián, escritor uruguayo residente en Barcelona, publicó en su Facebook unos días después de la "revolución" de #albayalex en las redes sociales. Selecciona la opción correcta (*a*, *b* o *c*) para completarlo.**

facebook

Damián

Biografía | Entrada | Amigos | Fotos | Más

Buscando a Alba

He dudado mucho antes de decidir si contar o no **1** realmente se esconde debajo de la historia de "el Álex de Badalona". En un principio no soñé ni **2** que se alcanzaran estas dimensiones con menos de 100 carteles. La idea era llevar a cabo una acción poética **3** anónima que aportara un poco de magia a quien quisiera vibrar con ella. Un regalo gratuito y sin ánimo de sacar ningún beneficio más **4** agregar un poco de condimento en medio de la rutina urbana.

Cuando escribes una historia deja de ser tuya desde el momento **5** alguien la lee y experimenta algo. Esto es lo que creo que ha pasado con Alba y Álex. Una pareja que se ha **6** energía y se ha puesto en movimiento.

Me pregunto si a veces necesitamos que algo de ficción **7** en nuestra realidad. Que un chico "empapele" una ciudad buscando a una chica a la que apenas ha besado una noche y **8** sabe poco más. Quizá esta Alba no querría saber nada de nuestro Álex, quizá a much*s nos daría miedo un comportamiento **9** , y a otr*s nos chiflaría del gusto. Seguramente también estarán quienes piensan que es una idea patética y **10** ofensiva. Las lecturas son tan variadas como personas a las que ha llegado. Y el debate a partir de aquí es válido.

Lo cierto es que la ficción se nos metió en la realidad durante unos días. Y nos **11** la rutina en mayor o menor medida. Una mentira de un loco, dirán. Ya estoy oliendo la hoguera **12** van a quemarme. Pero, ¿hasta qué punto es irreal? En mi opinión, cuando siento algo, eso es la vida. ¿Alba y Álex no existen? Yo creo que tienen vida en los 20 mil *likes* que se han **13** en algunas de las fotos que circulan por internet. Laten en la necesidad de reacción que ha provocado esta acción poética. En la urgencia y hambre de respuesta. En la necesidad de creer que algo así puede ser posible y en **14** identifican el peligroso mito del amor romántico en esta carta. Si lo hemos sentido, es que es real.

Me gustaría que nadie se **15** estafad* porque el objetivo no era jugar, ni burlarse, ni reírse de nadie. Creo que lo que hemos sentido (**16** risa, amor, ternura o hasta indignación) es maravilloso en un mundo repleto de indiferencia. El objetivo se ha alcanzado si alguien ha sonreído, se ha divertido y ha suspirado con estas letras.

¡Muchísimas gracias!

#albayalex

1.	◯ **a.** lo que	◯ **b.** que	◯ **c.** el que
2.	◯ **a.** lejanamente	◯ **b.** ocasionalmente	◯ **c.** remotamente
3.	◯ **a.** totalmente	◯ **b.** total	◯ **c.** en total
4.	◯ **a.** que el de	◯ **b.** que lo de	◯ **c.** que de
5.	◯ **a.** donde	◯ **b.** en que	◯ **c.** en lo que
6.	◯ **a.** vuelto	◯ **b.** convertido	◯ **c.** quedado
7.	◯ **a.** se traspase	◯ **b.** se cuele	◯ **c.** se funda
8.	◯ **a.** sobre que	◯ **b.** de la que	◯ **c.** respecto a que
9.	◯ **a.** tal	◯ **b.** este	◯ **c.** así
10.	◯ **a.** incluso	◯ **b.** hasta	◯ **c.** ni siquiera
11.	◯ **a.** trastocó	◯ **b.** abrumó	◯ **c.** estalló
12.	◯ **a.** por la que	◯ **b.** donde	◯ **c.** por que
13.	◯ **a.** llegado	◯ **b.** abordado	◯ **c.** alcanzado
14.	◯ **a.** quien	◯ **b.** ellos que	◯ **c.** quienes
15.	◯ **a.** sienta	◯ **b.** siente	◯ **c.** sentiría
16.	◯ **a.** sea	◯ **b.** es	◯ **c.** sería

6.8 🔊 71 **Escucha los siguientes diálogos breves y selecciona la opción correcta en cada situación.**

1. El hombre cree que Inés...
- ◯ **a.** piensa más de lo que parece.
- ◯ **b.** es más sentimental de lo que la gente cree.
- ◯ **c.** es una mujer demasiado dura.

2. Según la conversación, Roberto...
- ◯ **a.** actúa con normalidad.
- ◯ **b.** no recuerda el enfrentamiento.
- ◯ **c.** continúa molesto.

3. La mujer cree que Alberto...
- ◯ **a.** trabaja demasiado.
- ◯ **b.** ha descuidado su trabajo.
- ◯ **c.** ha cambiado de trabajo.

4. El hombre cree que su nuevo compañero de trabajo es...
- ◯ **a.** altruista.
- ◯ **b.** raro.
- ◯ **c.** sociable.

5. Ante los cambios en su empresa, la mujer se muestra...
- ◯ **a.** resignada.
- ◯ **b.** enfadada.
- ◯ **c.** escéptica.

6. Ante la llegada de Paula, el hombre se siente...
- ◯ **a.** enfadado.
- ◯ **b.** alegre.
- ◯ **c.** preocupado.

6.9 **Un/a amigo/a te ha pedido que escribas una reseña sobre él/ella para una página web de búsqueda de trabajo. El texto tiene que ser atractivo, original y sorprendente. Prepara un texto de entre 120 y 150 palabras. Si lo consideras oportuno, puedes incluir elementos gráficos y visuales.**

Infoempleo

Nombre: ....

Sobre mí | Experiencia | Cursos | Idiomas | Más

....

....

....

....

....

....

....

....

....

....

....

....

Unidad 7

Lo que nos define

Película: *Múltiple*
Director: M. Night Shyamalan *(El sexto sentido)*
Protagonista principal: James McAvoy

7.1 ***Múltiple* es una película de 2017 que ahonda en el trastorno de identidad disociativo de su protagonista. Ordena la sinopsis.**

- ☐ un travieso niño de nueve años de edad,
- ☐ Para hacer frente a su trastorno, Kevin recibe la ayuda de la doctora Fletcher, una psiquiatra que ha dedicado su vida a la defensa de las personas con DID.
- ☐ y pronto las prisioneras se encuentran en un búnker subterráneo y su vida depende de este peculiar captor con personalidades cambiantes.
- ☐ El problema surge cuando algunas de las personalidades más problemáticas dentro de Kevin urden un plan con un propósito misterioso y nefasto.
- ☐ Entre ellas, están las personalidades de Barry, un aspirante a diseñador de moda;
- ☐ Dentro de él conviven 23 identidades diferentes.
- ☐ y Patricia, una mujer de gran autoridad que actúa de forma sospechosamente amable.
- ☐ Debido a un trauma de la infancia temprana, Kevin sufre trastorno de identidad disociativo (DID), más comúnmente conocido como trastorno de personalidad múltiple.
- ☐ Es entonces cuando Dennis secuestra a tres chicas adolescentes,
- ☐ Dennis, un obsesivo-compulsivo al que siempre han subestimado; Hedwig,

http://www.sensacine.com/peliculas/pelicula-240516/

7.2 **Lee el resumen del famoso libro de Oliver Sacks e identifica cuál de los personajes podría haber dicho las siguientes frases comparativas.**

1. "Soy tan raro como incapaz de reconocer a mi mujer".
2. "Acepto la situación de mi marido tanto como los que tienen una vida normal".
3. "Tengo menos personas conocidas que dedos en la mano".
4. "Tengo más anécdotas de mis pacientes que libros escritos".
5. "Comemos menos que hacemos cálculos".
6. "Miento tanto como respiro".
7. "Somos más calculadores que inteligentes".
8. "El médico que dice que esta es mi extremidad, miente más que habla".

a. ☐ Oliver Sacks (el autor)
b. ☐ El hombre P.
c. ☐ La esposa del hombre P.
d. ☐ El paciente del hospital
e. ☐ El político
f. ☐ Los Gemelos
g. ☐ William Thompson

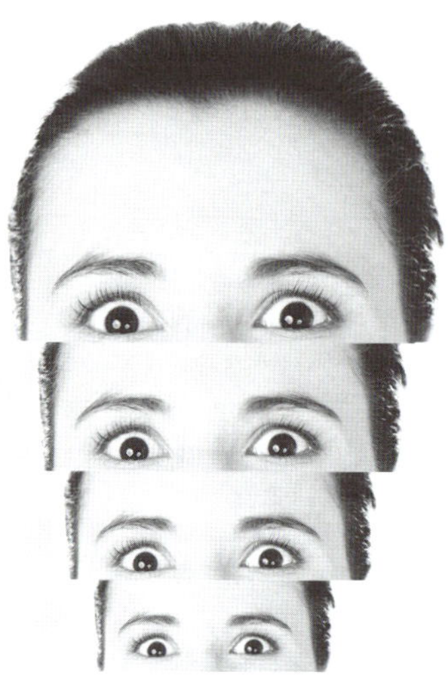

El hombre que confundió a su mujer con un sombrero es un libro escrito en 1985 por Oliver Sacks, un neurólogo que cuenta las historias de varios pacientes y se adentra en el sobrecogedor mundo de la mente de los enfermos mentales con los que trata.

La obra consta de 24 historias de pacientes singulares.

En el capítulo que da nombre al libro, "El hombre que confundió a su mujer con un sombrero", Sacks explica la historia de P., un músico que acude al médico porque no sabe diferenciar bien las caras. Después de varias pruebas, ocurre lo realmente extraño: el paciente va a ponerse su sombrero pero, en vez de hacerlo, se confunde e intenta colocarse a su mujer en la cabeza.

Otro de los casos que describe Sacks, en el capítulo "El hombre que se cayó de la cama", es el de un paciente ingresado en un hospital. Parece que todo va bien hasta que se queda dormido. Al despertar, entre chillidos, afirma que alguien le ha robado su pierna izquierda y que se la han cambiado por la que ahora tiene.

El escritor y neurólogo dedica un capítulo a "El discurso del presidente", donde relata la visita de un político a una clínica de personas con afasia. Lo asombroso ocurrió cuando la singular audiencia comenzó a reírse, pues los pacientes, que no prestaban atención a su discurso, se daban cuenta de todas las mentiras del político por sus gestos. Y es que, como dice el autor, a la mayoría de seres humanos se nos puede engañar con las palabras pero a las personas con agnosia total hay que hacerlo con las expresiones corporales. Y eso no resulta tan fácil.

Otro de los relatos de la obra es el de "Los Gemelos". Es la historia de dos hermanos que habían estado internados en instituciones desde los siete años y que tenían una sorprendente habilidad numérica. Eran capaces de hacer complicados cálculos, sin saber sumar ni conocer cualquier término matemático.

En "Una cuestión de identidad", el autor escribe la historia de William Thompson. El paciente, pese a que estaba en la consulta, estaba convencido que se encontraba en su tienda. El médico entendió entonces que el paciente tenía dificultades para recordar e identificar a la gente, y ello le provocaba muchísima desorientación. Se le mezclaban situaciones e imágenes.

Extraído y adaptado de
http://www.lavanguardia.com/cultura/20150831/54436126900/oliver-sacks-cinco-casos.html

7.2.1 **Clasifica y escribe el número de cada una de las frases comparativas que aparecían al principio de la actividad anterior en el siguiente cuadro.**

De igualdad o equivalencia

- Introducidas por *tan... como...*
  - [1] Compara diferentes cualidades de un sujeto.
- Introducidas por *tanto... como...*
  - [ ] Compara acontecimientos o acciones realizadas por un sujeto.
  - [ ] Compara la frecuencia o intensidad de las acciones.

De superioridad

- Introducidas por *más... que...*
  - [ ] Compara diferentes cualidades de un sujeto.
  - [ ] Compara la cantidad de objetos diferentes referidos a un sujeto.
  - [ ] Compara acontecimientos o acciones realizadas por un sujeto.

De inferioridad

- Introducidas por *menos... que...*
  - [ ] Compara la cantidad de objetos referidos a un sujeto.
  - [ ] Compara acontecimientos o acciones realizadas por un sujeto.

7.3 **Escribe una carta formal solicitando ayuda médica al Dr. Costa. Tienes que explicar el caso de tu vecino, que padece una enfermedad rara. Utiliza las expresiones propias de una carta formal.**

Estructura de la carta:

- Saludar al Dr. Costa.
- Explicar la razón por la que te pones en contacto con él.
- Explicar cómo has llegado hasta él.
- Felicitarle por todos sus logros.
- Entrar en detalle sobre el caso de tu vecino: contar alguna anécdota como ejemplo de los síntomas que padece.
- Solicitar ayuda para tu vecino.
- Dar las gracias y despedirte.

7.4 **Completa las frases con las palabras de la caja relacionadas con la descripción física.**

corpulento ■ carnosos ■ arrugada ■ recortada ■ aguileña ■ cicatriz ■ bolsas ■ cejijunto
canoso ■ como un fideo ■ saltones ■ ojeras ■ lunar ■ tersa ■ caspa ■ como una vaca

1. Tiene cierto atractivo a pesar de su nariz ....
2. Sé que no soy excesivamente fea, pero estas .... oscuras que tengo no me favorecen en lo más mínimo.
3. Deberías empezar a ganar un poco de peso. Estás ....
4. Después del accidente le quedó una enorme .... en el brazo.
5. Debería depilarse... Es .... y eso afea mucho su imagen.
6. No es gordo; es más bien ....
7. Se tiñe porque tiene todo el pelo ....
8. Al final tuve que comprarme un champú para la ....
9. Lo que más me gusta de ella son sus labios ....
10. Un remedio de la abuela para mantener la piel .... es usar aceite de oliva.
11. Me encanta ese .... que tienes junto a la boca.
12. Las .... son una acumulación de líquidos que se forman debajo de los ojos.

7.5 **Las siguientes descripciones están extraídas de obras de la literatura española. Complétalas con las palabras de la caja.**

recta ■ nariz ■ esbelto ■ blancura ■ vivos ■ azuladas ■ lacio ■ pecas
carne ■ gracia ■ tez ■ dientes ■ castaño ■ delgados ■ endeble ■ rostro
pecoso ■ ojos ■ labios ■ rosa ■ barba ■ vasto ■ cabello

1. Tichborne era un .... caballero de aire envainado, con los rasgos agudos, la .... morena, el pelo negro y ...., los ojos .... y la palabra de una precisión ya molesta; Orton era un palurdo desbordante, de .... abdomen, rasgos de una infinita vaguedad, cutis que tiraba a ...., pelo ensortijado ...., ojos dormilones y conversación ausente o borrosa.

"El impostor inverosímil Tom Castro", *Historia universal de la infamia*, Jorge Luis Borges

2. La nariz larga, ..., sin corrección ni dignidad, también era sobrada de .... hacia el extremo y se inclinaba como árbol bajo el peso de excesivo fruto. Aquella nariz era la obra muerta en aquel .... todo expresión, aunque escrito en griego, porque no era fácil leer y traducir lo que el Magistral sentía y pensaba. Los .... largos y ...., finos, pálidos, parecían obligados a vivir comprimidos por la .... que tendía a subir.

La Regenta, Leopoldo Alas Clarín

3. Fortunata le miraba y, francamente, no podía acostumbrarse a aquella .... chafada, a aquella boca tan sin ...., al .... cuerpo que parecía se iba a deshacer de un soplo. ¡Que siempre se enamoraran de ella tipos así! Obligada a disimular y a hacer ciertos papeles, aunque en verdad no los hacía muy bien, siguió la conversación en aquel terreno.

Fortunata y Jacinta, Benito Pérez Galdós

4. Tenía, como su hermano, tez de linfática ...., encubriendo el afeite las muchas ....: los .... no grandes, pero garzos y expresivos, y rubio el ...., que peinaba con arte. A la sazón, sus orejas parecían de cera, sus labios apenas cortaban, con una línea de .... apagado, la amarillez de la barbilla, sus venas .... se señalaban bajo la piel, y sus encías, blanquecinas y flácidas, daban color de marfil antiguo a los ralos ....

Un viaje de novios, Emilia Pardo-Bazán

7.5.2 Vuelve a leer los textos y escribe las palabras usadas relacionadas con los colores o las tonalidades.

....

....

7.6 Escribe al lado de cada definición la tonalidad con la que se relaciona y el color al que se refiere dicha tonalidad. Fíjate en el ejemplo.

1. *Blanco porcelana*: material de cerámica fino, brillante y generalmente traslúcido, que se inventó en China.
2. ....: hilo formado con hebras muy finas, que se utiliza para coser o tejer. Aunque es producida por varios grupos de animales artrópodos, como las arañas y otros tipos de insectos, en la actualidad solo la producida por las larvas de la mariposa *Bombyx mori* se emplea en la fabricación industrial textil.
3. ....: fruto originario de Oriente y muy cultivado en España que se extrae de un árbol de la familia de las oleáceas. Con forma ovoide, mide de unos dos a cuatro centímetros, es algo amargo, y con un hueso grande y muy duro que encierra su semilla.
4. ....: perteneciente o relativo al mar. El color ha sido usado por el cuerpo de oficiales y la armada de algunos países.
5. ....: materia dura, compacta y blanca de la que están formados los dientes de los mamíferos, cubierta por el esmalte en la corona y por el cemento en la raíz.
6. ....: elemento químico metálico, brillante, muy dúctil y maleable, muy buen conductor del calor y la electricidad y que se usa como catalizador y en la fabricación de utensilios en joyería, fotografía y odontología.
7. ....: segunda corteza de las ramas, quitada la epidermis, del árbol originario de Ceilán de la familia de las lauráceas. De olor muy aromático y sabor agradable, se utiliza en repostería y para adornar y sazonar algunos platos.
8. ....: conjunto de partículas desagregadas de las rocas, sobre todo si son silíceas, y acumuladas en las orillas del mar o de los ríos o en capas de los terrenos formados por materiales traídos de otras zonas.

7.7 **Clasifica las siguientes tonalidades con su color correspondiente teniendo en cuenta que a veces hay más de una opción posible. ¿Podrías añadir otros?**

limón ■ hueso ■ chocolate ■ azulado ■ turquesa ■ arena ■ tierra ■ esmeralda
botella ■ noche ■ cielo ■ caqui ■ verdoso ■ bebé ■ nuclear ■ café

Blanco	Azul	Marrón	Verde

7.8 **En la unidad pudiste constatar que la literatura establece comparaciones denominadas *símiles*. Relaciona las siguientes frases y forma un símil con cada una de ellas.**

1. Le ha tocado la lotería y está contento
2. Clara no tiene nada de empatía. Es fría
3. ¡Qué calor está haciendo este verano! Tenemos una temperatura
4. Corrió tan rápido
5. Aunque come, es un niño muy menudito. Es tan liviano
6. Su piel era tan blanca
7. No te preocupes por el perro. Es manso
8. Aprendió cuando era pequeño y sabe nadar tan bien

como / igual que

a. un rayo.
b. un pez.
c. un corderito.
d. en el infierno.
e. la nieve.
f. un témpano.
g. perro con dos colas.
h. una pluma.

7.9 **Clasifica los siguientes adjetivos relacionados con la personalidad junto a su adjetivo sinónimo. A veces puede haber más de una opción.**

amable, adaptado, liberado, libre, cordial, confiado, cuidadoso, habituado, sensato, recto, amistoso, enraizado, vacilante, indeciso, meditabundo, subalterno, simpático, responsable, establecido, comunicativo, social, fraternal, acostumbrado, detallista, autogobernado, autosuficiente, adusto, introspectivo, circunspecto, exacto, extravertido, humanitario, inestable, severo, conversador, accesible, emancipado, subordinado, imparcial, minucioso, aclimatado, agradable, autónomo, expansivo, pensativo, sobrio, acomodado, racional, abierto, riguroso, variable, absorto, fijado, rígido, solemne, prudente, mudable, formal

Perfeccionista	Razonable	Solidario	Exigente

Sociable	Arraigado	Independiente

Serio	Inseguro	Dependiente	Reflexivo

7.10 72 **Escucha la canción *Breve descripción de mi persona*, del grupo uruguayo Cuarteto de Nos, y contesta a las preguntas. Tienes la versión original en: https://www.youtube.com/watch?v=gTwmVvl6uEE.**

1. ¿Cuánto mide el cantante? ....
2. ¿Ha cometido alguna pequeña actividad delictiva? ....
3. ¿Es generoso? ....
4. ¿De qué signo es? ....
5. ¿Es miope o bizco? ....
6. ¿Qué talla utiliza? ....
7. ¿Tiene alguna preferencia religiosa? ....
8. ¿Ha ido alguna vez al dentista? ....
9. ¿Qué profesión desarrolla su padre? ....
10. ¿Qué consejos le daba su abuelo? ....

7.10.1 Ahora, marca las frases con las que se define el protagonista de la canción.

1. ☐ No conservo todas mis piezas dentales.
2. ☐ Mi padre trabajaba como médico.
3. ☐ No hago obras de beneficencia.
4. ☐ Tengo problemas de vista.
5. ☐ Soy ordenado.
6. ☐ Soy generoso.
7. ☐ Me gusta coleccionar ropa.
8. ☐ Me encantan los helados.
9. ☐ Me gusta jugar con el peligro.
10. ☐ Adoro la Navidad.
11. ☐ No me llama nada la atención dormir con pijama.
12. ☐ Me desagrada usar corbatas.
13. ☐ Me gustan las mascotas.
14. ☐ Opto por ser sincero.

7.11 Lee los siguientes diálogos entre personas que expresan sus gustos y preferencias y complétalos con alguna de las siguientes expresiones.

me gusta ■ no cambiaría de decisión por nada del mundo ■ optas por ■ me espantan ■ me encanta
no me llaman la atención ■ me quedo ■ te gustan ■ cuanto más ■ adoro

Borja: Llevamos dos horas en el concesionario y te gustan todos los coches. A ver si te decides por alguno.
Rodrigo: Tienes razón. Pero... ya he tomado una decisión. Definitivamente, **1** .... con este, **2** .... Es espectacular.
Borja: Entonces, ¿ **3** .... el descapotable, verdad?
Rodrigo: ¡¡Sí!!, **4** .... este tipo de coches.

Eliana: Y a ti, ¿ **5** .... los musicales?
Mario: No, para nada, **6** .... Toda esa gente cantando y bailando... Todo me parece tan falso, tan poco natural... ¡Qué horror!
Eliana: ¡Qué exagerado! Es una pena porque tengo dos entradas y quería invitarte.
Mario: ¡Epaaaaa!!!! Bueno, en ese caso, tal vez cambie de opinión... Puedo decirte que **7** ...., pero podemos ir para ver si cambio de idea, ja, ja, ja...

Sonia: Estoy muy cansada de la ciudad, y la verdad es que **8** .... voy al campo, más **9** ....
Anabel: A mí también. ¡¡Ummm!! **10** .... el olor de la hierba mojada y caminar entre los árboles.

Unidad 8

Transformar la realidad

8.1 **Vuelve a leer las preguntas de la actividad 1 de la página 122 y completa los verbos relacionados con la idea de enfrentarse a un reto y los adjetivos que expresan el grado de dificultad para ello.**

Retos y desafíos

Verbos		Adjetivos
e□□□□□□ □□h□□□ plantearse □□u□□□ □□r□□t□□		(menor dificultad) a□□□d□□□□□ a□□m□□□□□□ (mayor dificultad) a□d□□□ i□□□c□□□□□□□□

8.1.1 **Relaciona cada verbo con la opción correspondiente.**

1	Concebir	**a.** a los grupos.
2	Influir	**b.** la realidad.
3	Aglutinar	**c.** liderazgo.
4	Ejercer	**d.** en los ciudadanos.

8.1.2 **Sigue trabajando con el vocabulario de los textos sobre los retos de las páginas 122 y 123 y forma colocaciones frecuentes siguiendo las pistas. Haz las modificaciones necesarias atendiendo a la concordancia.**

un sentimiento de identidad tribal ■ económico/a ■ imperioso/a
vertiginoso/a ■ ~~vasto/a~~ ■ un elevado nivel de vida ■ las fronteras

1. Espacios *vastos* (sinónimo de amplios).
2. Suscitar .... (se suele relacionar con lo emocional).
3. Trascender ....
4. Abismo .... (referido a las finanzas).
5. Gozar de .... (relacionado con necesidades básicas: salud, dinero…).
6. Cambio .... (sinónimo de veloz, acelerado).
7. Necesidad .... (sinónimo de urgente, necesaria, dominante).

8.1.3 **Escribe un breve texto sobre tres de los retos de este siglo. Tienes que usar al menos cinco de las colocaciones de 8.1.2.**

....
....
....
....
....
....
....

- el *brexit*
- los nacionalismos
- la globalización
- la Primavera Árabe
- nuevas tecnologías y educación
- la precarización del mercado laboral
- crecimiento económico y ecología
- calentamiento global

8.2 **La palabra *liderazgo* está formada por la unión del sustantivo *líder* y el sufijo *-azgo*. En español hay muchas más palabras formadas con este sufijo. Lee los siguientes titulares de prensa, fíjate en las palabras resaltadas y escríbelas al lado de su definición.**

CONTINÚA EL CULEBRÓN SOBRE EL SORPRENDENTE **NOVIAZGO** ENTRE EL PREMIO NOBEL DE LITERATURA Y LA REINA DE LA PRENSA ROSA. NINGUNO DE LOS DOS HA DESMENTIDO EL ROMANCE.

El **hallazgo** de un cráneo fósil aporta nuevos datos sobre la evolución de los dinosaurios astados.

Cristiano se dejó seducir por la Juventus tras su **hartazgo** en el equipo galáctico.

Veintiún premios nobel apuestan por el **mecenazgo** privado para el desarrollo científico.

La duquesa de Alba firma ante notario con sus seis hijos el reparto de su herencia. Al tratarse de un **mayorazgo**, el patrimonio de la Casa de Alba recae en el mayor de los hijos, el duque de Huéscar.

1. ....: 1. Derecho que tiene el primogénito de una familia a heredar todos los bienes. 2. Conjunto de estos bienes.
2. ....: 1. Acción y efecto de estar harto. 2. Comer en exceso.
3. ....: 1. Acción de encontrar o hallar. 2. Cosa material o inmaterial que se descubre.
4. ....: 1. Relación que existe entre dos personas que se van a casar. 2. Tiempo que dura dicha relación.
5. ....: Protección que ejerce una persona sobre un escritor o artista.

8.2.1 **Fíjate en las palabras anteriores y escríbelas en la columna adecuada de la tabla según su significado.**

El sufijo *-azgo* puede significar:

Dignidad o estatus	Condición	Acción o efecto
liderazgo		

8.2.2 **Completa las siguientes frases extraídas de la prensa con las palabras de 8.2.**

1. Diez señales que te ayudarán a detectar si estás en un .... tóxico. Muchas relaciones se deterioran a causa de actitudes intolerantes y hostiles.
2. Una nueva ley al rescate del .... en la cultura, la ciencia y el deporte valencianos. Se pretende incentivar la financiación privada de proyectos culturales.
3. .... de los vecinos maños por el mal estado de las calles zaragozanas. Urgen al gobierno municipal a adecentar la ciudad.
4. Se reguló el .... a partir de 1505 mediante las leyes de Toro bajo el reinado de los Reyes Católicos. Tenía como objetivo principal garantizar la sucesión de bienes.
5. .... de monedas romanas de plata y oro en la mina de Riotinto. La empresa que explota el yacimiento onubense encuentra medio centenar de denarios y algún áureo de los siglos I y II d. C.
6. El hospital de Valdecilla supera los 2000 trasplantes renales y confirma su .... El 35 % de las intervenciones son a pacientes de otras comunidades, ya que los casos más complejos son derivados al hospital cántabro.

8.3 **Lee la biografía de Rosa Parks, activista del movimiento por los derechos civiles en Estados Unidos, y completa el texto con los verbos del recuadro en el tiempo adecuado con la preposición correspondiente.**

ceder (2) ■ empeñarse ■ instar ■ comparecer ■ alentar ■ doblegarse ■ incurrir ■ saldarse ■ cooperar

Pocas veces un *no* tuvo tanta repercusión. Corría el 1 de diciembre de 1955 cuando en la ciudad de Montgomery (Alabama, Estados Unidos) una señora afroamericana de 42 años, Rosa Parks, se montó en el autobús y se sentó tranquilamente. Poco después el conductor la **1** .... que se levantase y le cediese el sitio a cualquier blanco que lo quisiese ocupar, pues era lo que decía la ley y ella no se podía negar de acuerdo con dicho reglamento. Sin embargo, Rosa Parks no lo hizo.

No **2** .... una ley injusta que pisoteaba los derechos de los afroamericanos. Su negativa **3** .... una multa de 14 dólares y el paso por la cárcel.

"El joven blanco que estaba de pie no había pedido el asiento, fue el conductor el que **4** .... crear un problema", declaraba posteriormente la propia Rosa Parks a la BBC.

Parks sabía que lo que estaba haciendo era ilegal y que el no **5** .... la ley le traería consecuencias. Sin embargo, probablemente no sabía que sería el detonante que **6** .... los ciudadanos a la lucha contra las leyes discriminatorias que todavía existían en muchos estados del país.

En los espacios públicos, negros y blancos debían sentarse separados, ir a baños separados, etcétera; lo que **7** .... una vejación constante e injusta.

Con su valiente acto, esta costurera, además de secretaria y ayudante en la Asociación Nacional para el Avance del Pueblo de Color, **8** .... Martin Luther King, y juntos, durante 382 días, emprendieron protestas que llevarían a la Corte Suprema de Estados Unidos a declarar que la segregación racial en el transporte iba en contra de la constitución del país.

Posteriormente, en 1999, **9** .... el Congreso de los Estados Unidos, el cual le otorgaría la máxima distinción civil del país: la medalla de oro. Posteriormente, también le sería concedida la medalla presidencial de la Libertad.

Rosa Parks murió a los 92 años el 24 de octubre de 2005, en Detroit, Estados Unidos, pero nadie olvida la valentía de una mujer que no **10** .... la injusticia y que fue una figura relevante en la abolición del racismo en Estados Unidos.

8.4 **¿Qué verbos suelen regir las siguientes preposiciones? Escríbelos en su lugar correspondiente.**

empeñarse ■ claudicar ■ ausentarse ■ acceder ■ saldarse
enemistarse ■ personarse ■ desligarse ■ tener predisposición ■ librarse
exhortar ■ doblegarse ■ confabularse ■ tomar consciencia ■ acabar

....	ante	....	a	....	para
....		....		....	
....		....		....	
....	de	....	en	....	con
....		....		....	
....		....		....	

8.5 73 **Escucha este fragmento de un libro que cuenta la historia de una mujer extraordinaria y trabajadora infatigable de la que hemos hablado en otra unidad. Elige la opción correcta e intenta descubrir de quién se trata.**

1. La preocupación de George Sagnac era por…
- ◯ **a.** el aspecto físico del matrimonio.
- ◯ **b.** la escasa alimentación de Pierre y su mujer.
- ◯ **c.** su constitución poco robusta.

2. Según la audición, en aquella época era normal que las mujeres…
- ◯ **a.** que luchaban por la igualdad de derechos sufrieran anorexia.
- ◯ **b.** trabajaran frenéticamente.
- ◯ **c.** fueran perfeccionistas.

3. La protagonista del relato se dedicaba…
- ◯ **a.** al deporte
- ◯ **b.** a la investigación.
- ◯ **c.** a la nutrición.

4. Luchar contra la estrecha jaula de las convenciones significa luchar…
- ◯ **a.** por la libertad.
- ◯ **b.** por la igualdad.
- ◯ **c.** por cambiar las ideas establecidas socialmente.

El personaje es: ....

8.5.1 **Revisa las estructuras del cuadro gramatical *Oraciones concesivas reduplicadas* de la página 131 y crea frases relacionando elementos de las tres columnas.**

Sea Digas Te guste Pase Me hagas caso Te pongas	o lo que como	*se repite el mismo verbo* (no)…

1. *Sea lo que/como sea,* ....
2. ....
3. ....
4. ....
5. ....
6. ....

8.5.2 **Imagina que los dos personajes mencionados en la audición de 8.5, George y María, mantienen una conversación. Completa algunas de las frases de ese diálogo con las estructuras que has formado en el ejercicio anterior.**

George

1. (Quiere obligarla a comer, no le importa cómo y aunque se niegue) "..., tendrás que alimentarte". "..," tienes que cuidar tu alimentación.

2. (No sabe qué le pasa) "... lo que te pasa, lo mejor es que vayas al médico".

3. (No le importa que no escuche sus consejos) "..., seguiré dándote la lata".

María

1. (Piensa que nada la convencerá) "..., no voy a dejar mis investigaciones".

2. (Le es indiferente lo que George opine) *"Te guste o no, no puedo perder tiempo cocinando".*

3. (No le importa la reacción de George) "..., te ignoraré".

8.6 **Relaciona las dos columnas de forma lógica.**

1. Solicito su autorización/Pido su permiso para
2. ¿Tienen inconveniente en
3. ¿Hay algún inconveniente con
4. Lamentamos
5. Nos tememos que
6. Lo lamentamos, pero no es posible
7. Podrá ausentarse
8. Sin que sirva de precedente, lo aceptamos

a. solo si se compromete a recuperar esas horas otro día.
b. tener que denegarle su petición.
c. satisfacer su petición.
d. ausentarme del trabajo unas horas.
e. a no ser que tengamos alguna entrega urgente.
f. mi ausencia?
g. va a ser imposible complacerle.
h. que no acuda a trabajar el viernes?

8.6.1 **La comunidad de vecinos en la que vives quiere llevar a cabo una serie de reformas en el inmueble. Completa la carta que se mandó al ayuntamiento con las estructuras para pedir permiso que estudiaste en la página 133.**

Estimado concejal de Urbanismo:

Por la presente me dirijo a usted para hacerle consciente de un grave problema que venimos sufriendo los vecinos de la c/ Lechuga, 12. El inmueble en el que vivimos padece varios defectos de construcción que repercuten en la calidad de vida de las personas que lo habitamos.

En primer lugar, las ventanas son de madera vieja y no aíslan suficientemente del frío ni del calor. Por esta razón, **1** .... cambiarlas por otras dobles de aluminio.

Por otro lado, los pisos que tienen orientación sur en verano alcanzan los 40 grados; dado que muchas de las personas que viven allí son mayores, les hacemos la siguiente pregunta: ¿ **2** .... que se realice la instalación de aire acondicionado solo en esos pisos? Ya sabemos que la fachada de la casa está protegida por su antigüedad, pero usted comprenderá que, en este caso, se trata de una cuestión de salud...

8.6.2 **Completa ahora la respuesta que mandó el concejal a la comunidad con las frases del recuadro.**

nos tememos que va a ser imposible satisfacer su petición ■ a menos que/a no ser que
lamentamos tener que darle una negativa ■ solo si contratan a la empresa Alumines

Sr. presidente de la comunidad de la c/ Lechuga, 12:

En respuesta a la solicitud que nos remitieron, **1** .... en lo referente a la instalación de aparatos de aire acondicionado. Desafortunadamente, **2** .... porque la legislación vigente prohíbe la colocación de cualquier objeto nuevo en la fachada del edificio. Por otro lado, el ayuntamiento permitirá que se cambien todas las ventanas del inmueble para la realización de la obra **3** .... Asimismo, no se podrá realizar el cambio **4** .... todos se pongan de acuerdo en el mismo color y características de las ventanas.

Atentamente,
Antonio Huete
Concejal de Urbanismo

8.7 **Imagina que tu hijo adolescente te pide permiso para hacer algunas actividades. Niégaselo con mucho énfasis o pon algunas condiciones.**

1. En julio me voy con la gente de la *uni* a hacer el camino de Santiago. (condición: aprobar todo)

   ....

2. He decidido estudiar el máster en Nueva York. (condición impuesta por la universidad: tener nivel C1 de inglés)

   ....

3. ¿Podrías dejarme el coche para irme el fin de semana con los colegas?

   ....

4. ¿Me dejas doscientos euros para ir al concierto de los Monkeys que es en Barcelona?

   ....

5. Oye, que me quedo el finde a dormir en casa de Marcos.

   ....

8.8 74 **En la tabla tienes datos sobre la biografía de Benazir Bhutto, ex primera ministra paquistaní. Escucha la audición y escribe las frases coloquiales que oigas que dan la misma información que la que contienen las frases de la columna izquierda.**

Se afilió al Partido Popular de Pakistán, fundado por su padre en 1967, a la edad de catorce años.	1. *Con solo catorce años ya pertenecía al P. P. P.*
Murió a consecuencia de un atentado apenas dos semanas antes de que concurriera como aspirante a unas elecciones para ocupar nuevamente el mismo cargo.	2. ....
Desde muy joven sintió la vocación política y, pese a ser mujer y vivir en un país musulmán, Bhutto se preparó para llegar a las más altas instancias del país.	3. ....
Llegó a ser la primera mujer electa para el cargo de primera ministra de Pakistán en dos ocasiones.	4. ....
Cursó estudios de Ciencias Políticas en las universidades de Oxford y Harvard.	5. ....
Supo conjugar las costumbres orientales y occidentales, y esta mezcla de culturas se manifestó en su gobierno.	6. ....
No logró completar ninguno de sus mandatos, acosada por acusaciones de corrupción, de las que escapó optando por el exilio.	7. ....

Unidad 9

La banda sonora de nuestras vidas

9.1 **Lee estas expresiones y explica su significado según el modelo.**

1. La música calma a las fieras.

– ***Eso de que*** *la música calma a las fieras significa que...*

– ***Lo de que*** *la música calma a las fieras se refiere a que...*

2. Quien canta su mal espanta.

....

3. La música es para el alma lo que la gimnasia para el cuerpo.

....

4. La música empieza donde se acaba el lenguaje.

....

9.2 **Lee el texto y busca los sinónimos de estas palabras.**

1. Verano: ....

2. Hecho insignificante: ....

3. Echar de menos: ....

4. Experiencias: ....

5. Estas: ....

6. Cariño: ....

La magia de la música

¿Quién de vosotros no tiene una canción que guarda con especial mimo debido a que le recuerda a alguna persona, a algún momento de vuestra de vida o a algún lugar? Esto no es otra cosa que la banda sonora de nuestras vidas, una banda sonora única e intransferible que vamos desarrollando día a día. No hay mejor recuerdo que una canción que suene a tus vacaciones.

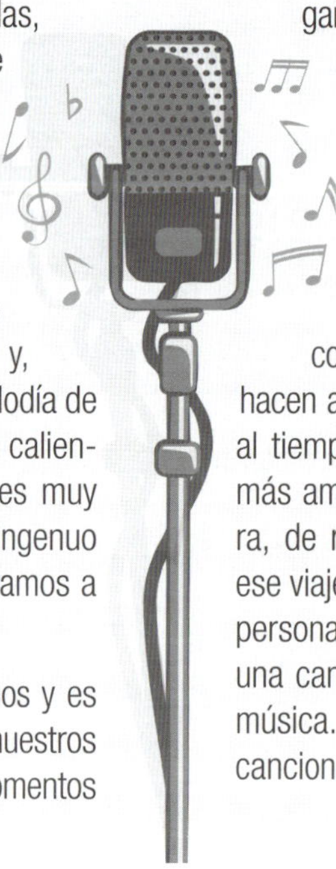

Imagina que estás de vacaciones, te encuentras paseando por la ciudad que has elegido para pasar tu época estival y, mientras tanto, estás escuchando una melodía de Smash Mouth en un puesto de perritos calientes. Parece una nimiedad, no obstante es muy posible que un hecho tan puntual y tan ingenuo nos recuerde a todo un viaje cuando volvamos a escuchar la misma canción a la vuelta.

La música nos acompaña allá donde vamos y es nuestra compañera de viaje, de vida, de nuestros momentos felices, tristes y de nuestros momentos ociosos. Cada lugar tiene su canción e incluso nuestras personas cercanas tienen su tema para nosotros. De hecho, es muy posible que los momentos que pasamos con dichas personas también dispongan de su correspondiente canción. Funcionamos como un reproductor musical que va añadiendo canciones al *playlist* "La banda sonora de nuestras vidas".

Al igual que los días, los meses y los años, esta lista de reproducción va aumentando a medida que acumulamos vivencias, y conformamos una lista de canciones que nos hacen añorar tiempos pasados de éxito y fortuna, al tiempo que nos traen a la memoria recuerdos más amargos. De esto trata nuestra banda sonora, de recordarnos lo vivido y que la esencia de ese viaje, esas vacaciones o ese momento con esa persona especial quede guardado para nosotros en una canción. Así de mágica puede llegar a ser la música. Y os pregunto, amigos melómanos, ¿qué canciones forman parte de vuestra banda sonora?

9.2.1 **Busca en el texto una frase que resuma la idea "la música es la banda sonora de nuestras vidas" y escríbela.**

....

9.2.2 **Piensa en una anécdota que siempre recuerdas al oír una canción y escríbela en tu cuaderno.**

9.3 75 **Escucha estos diálogos y relaciona su contenido con la expresión adecuada.**

1 Diálogo 1
2 Diálogo 2
3 Diálogo 3
4 Diálogo 4

a. Se le pone la carne de gallina.
b. Le saca de quicio.
c. Está hasta la coronilla.
d. Está como loco/a.

9.3.1 **Lee estas situaciones y relaciónalas con el verbo emocional más adecuado.**

a Estar como loco/a de contento/a | b Agobiarse | c Entristecerse | d Poner(se) enfermo

Situación 1. Una chica leyendo la prensa en internet

Juan: ¿Qué haces que estás tan callada?
Ana: Me acaba de dar un bajón enorme..., estoy leyendo que mañana habrá huelga de trenes y no podremos comenzar las vacaciones...

Situación 2. Dos compañeras en el trabajo

Alicia: ¿Y esa cara? ¿Aún no has acabado el informe?
María: No puedo. Estoy bloqueada.
Alicia: ¡Pero si hace nada estabas bien! Bueno..., olvídate de eso y relájate, ya verás como te vienen ideas.

Situación 3. Dos amigos

Pedro: ¡He dicho que no me llame más!
Enrique: ¿Discutiendo con la novia?
Pedro: No, con el teleoperador de una compañía telefónica, que no para de llamarme para enviarme ofertas.

Situación 4. Dos vecinas en la calle

Antonia: ¡Qué subidón, María! ¡Oleeeeeee!
María: Oyeeeee, ¿y esoooooo?, ¿a qué vienen esos gritos en medio de la calle?
Antonia: Que me ha tocado el jamón en el sorteo de la tienda de Pepa, ¿te parece poco?

9.3.2 **Ahora completa las frases con los verbos en infinitivo conjugados y los pronombres necesarios.**

1. Ayer .... (poner enferma, a ella) enterarse de que las entradas para el próximo concierto de Joaquín Sabina ya se habían agotado.
2. Si no .... (agobiarse, a mí) con tus prisas, ahora estaría lo suficientemente tranquilo para corregir los trabajos.
3. .... (Sacar de quicio, a mí) que el despertador suene por la mañana mil veces y no seas capaz de apagarlo.
4. Me gustaría que .... (ponerse la piel de gallina, a ti) cuando escuchamos recitar poesía en el bar para comprobar que efectivamente eres una mujer sensible.
5. Odio que .... (ponerse como loco, tú) cuando vienen tus amigos y que cuando vienen mis amigas seas tan aburrido.
6. Vosotras .... (estar hasta las narices) de la lluvia de Bruselas, pero a nosotras .... (poner enfermas) el calor de Sevilla en el mes de agosto.
7. No deberías hacer caso a los chismes de tu amigo, ... (ponerse de un humor de perros, tú) siempre que te cuenta los problemas que tenéis en el trabajo.
8. No hubieras adivinado lo emocionado que estaba de no ser porque viste cómo .... (ponerse los pelos de punta, a mí) cuando comenzó a sonar la música.

9.4 Completa las expresiones con las siguientes palabras.

recuerde ■ recuerdo ■ falla ■ dice ■ caigo ■ consigo

1. Si la memoria no me ...., serían como las siete porque había poca luz.
2. No .... ahora mismo, no sé si estaba solo o si había alguien más.
3. Que yo ...., había una fábrica o algo parecido muy cerca.
4. No .... recordar si era un día laborable o fin de semana.
5. Si mal no ...., mis amigos esa tarde estaban jugando al tenis.
6. Su cara no me .... nada, no creo haberla conocido.

9.4.1 Observa las imágenes y relaciona cada una con la oración adecuada de la actividad anterior.

a 

b 

c 

d 

e 

f 

9.5 Elije alguna de estas situaciones y escribe en tu cuaderno tres cosas que recuerdas y tres que no recuerdas haciendo uso de las expresiones de la actividad anterior.

- De tu mejor amigo/a en la escuela
- De tu primer amor
- De tu habitación cuando eras niño/a
- De tu juguete favorito

Cosas que recuerdo...

Cosas que no recuerdo...

9.6 Transforma las frases con la expresión subrayada por otras que signifiquen lo mismo usando *lo*. Fíjate en el ejemplo.

1. Recuerdo que ese episodio <u>fue angustioso</u> en la primera consulta con solo hablar del tema.
   *Recuerdo **lo angustioso** de ese episodio en la primera consulta con solo hablar del tema.*
2. Imagino que estás <u>muy cansado</u> porque hoy has venido sin afeitar.
   ....
3. Pienso que en la playa hoy se tiene que estar <u>muy bien</u> ya que no hace viento como ayer.
   ....
4. Ya tiene que estar muy <u>enfadado</u> Luis para no venir a jugar al tenis con nosotros.
   ....
5. La película fue tan <u>divertida</u> que decidimos ir a verla otra vez.
   ....
6. Mira si Juan estaba <u>mal</u> que salió a la calle con un calcetín de cada color...
   ....

9.7 **Subraya las expresiones de ironía que aparecen en el texto y clasifícalas de acuerdo con el cuadro.**

Diálogo 1

María: Mira mi traje nuevo, ¿verdad que es mono?
Carmen: Sí, monísimo.
María: Entonces, ¿por qué te ríes?
Carmen: María, por Dios, el traje parece sacado de otra época.
María: Pues a mí me gusta así.
Carmen: Para qué me preguntas mi opinión entonces…

Diálogo 2

María: Ehhhhh, miraaaaaa, ¿has visto mi coche nuevo? ¿A que es precioso?
Clara: Sí, claro.
María: Oye, ¿no crees que es bonito?
Clara: Pues claro que no, María, no te pega nada. Parece una cafetera del siglo XIX.
María: Pues a mí me encanta.

Diálogo 3

Jose: Oye, que al final sí que voy con vosotros al teatro.
David: Mira qué bien.
Jose: Perdona…, no comprendo. ¿No queréis que vaya con vosotros?
David: No, no es eso. ¿Has visto las pintas que llevas? Anda, péinate…
Jose: Los *hipsters* no nos peinamos, solo la barba.

Diálogo 4

Pedro: ¿Qué tal si vamos con Paco y Lucía a la inauguración de la tienda de Lucía?
Pili: Me encanta la idea.
Pedro: Oye, ¿qué te pasa? Son buenas personas y podemos pasar un buen rato, ¿no?
Pili: Pasar un buen rato…
Pedro: No entiendo nada tu actitud.
Pili: ¡Sabes de sobra que no soporto a Lucía y sus excentricidades!
Pedro: Bueno, pues nada… Les diré que no vamos.
Pili: Mejor así. No hay por qué estar en un sitio a desgana. Es que no la soporto.

Tipos de ironía		
Suspensión de una frase	**Mentiras irónicas**	**Negación irónica**

9.7.1 **Escribe un breve diálogo en el que uses alguna de estas ironías.**

....

....

....

....

9.8 **Relaciona cada situación con la expresión de contraste o reproche más adecuada.**

1 Arturo se queja de que ayer estuvo lloviendo durante todo el día y eso le impidió estrenar su nueva bicicleta y pasear por la ribera del río, tal y como tenía previsto.

2 El mes pasado Sonia estuvo de vacaciones en Grecia, pero no pudo visitar el Partenón de noche porque le daba miedo ir sola. Quiso invitar a su amigo, pero, cuando se lo dijo, este ya había salido del hotel.

3 Esta tarde Antonio quería terminar de instalar el ordenador, pero al final tuvo que llamar a una amiga que sabe mucho de ordenadores para que lo ayudara. Lo malo es que cuando la llamó ella estaba en el cine y ya era tarde.

4 Como anoche estuvo de fiesta hasta tarde, Marcos hoy no ha podido ir a trabajar porque se olvidó de poner el despertador.

a. Si necesitabas ayuda, podías haberla pedido antes. Ahora tendrás que solucionarlo otro día.

b. Si ayer llovía, hoy hace sol. Así que todavía puedes estrenarla y disfrutar del paseo.

c. Si querías localizar a tu amigo para que te acompañara, haberlo avisado antes de salir o haberte organizado mejor. En otra ocasión será. Ya es tarde.

d. Si saliste hasta tan tarde, haberte puesto la alarma antes de acostarte. La próxima vez vuelve más temprano o pide un día de vacaciones.

9.8.1 **Responde a estas situaciones de manera adecuada usando las expresiones del recuadro. Fíjate en el ejemplo.**

ponerse una chaqueta ■ querer venir a verme ■ tener hambre ■ querer llamarme ■ ahorrar dinero

▶ *Iba a llamarte pero al final me acordé de que estabas en clase.*

▷ *Si querías llamarme, podías haberlo hecho antes de que entrara en clase.*

1. ▶ Iba a ir a buscarte, pero cuando salí de casa comenzó a llover.
   ▷ ...., haber cogido un paraguas.

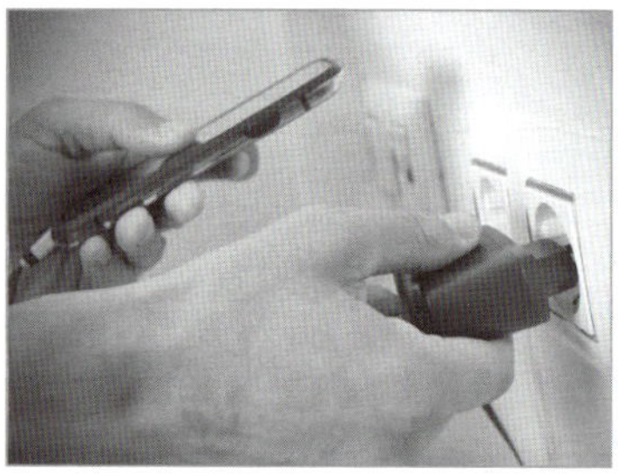

2. ▶ Tenía ganas de comer algo y al final me fui sin merendar.
   ▷ ...., haber cogido una manzana del frigorífico.

3. ▶ Debería haberte llamado, lo que pasa es que me quedé sin batería.
   ▷ ...., haberlo hecho desde el teléfono fijo antes de salir de casa.

4. ▶ Tenía frío, por eso no salí a tirar la basura.
   ▷ Si tenías frío, ...

5. ▶ El mes pasado me bajaron el sueldo, por eso no compré las entradas del concierto.
   ▷ Si querías ir al concierto, ... y así podrías superar los imprevistos.

9.9 **Completa estas recomendaciones y consejos con infinitivo, indicativo o subjuntivo.**

1. Lo más aconsejable en estos casos es que .... (llamar, usted) al seguro y .... (pedir, usted) cita con un especialista para que le .... (mirar, ellos) bien en la rodilla.
2. Te sugeriría que .... (ir, tú) mejor mañana al banco porque hoy estamos a primer día de mes y habrá mucha gente haciendo cola.
3. Ni se te ocurra .... (llamar, a mí) mañana temprano porque estaré trabajando toda la noche y no pienso .... (coger, yo) el teléfono hasta el mediodía.
4. Lo único que puedo recomendaros es que .... (ver, vosotros) antes la primera parte de *El Señor de los Anillos* porque, si no, no os vais a enterar de nada.
5. Lo más recomendable es que no .... (comer, usted) nada sólido durante un par de días y que .... (beber, usted) mucha agua.
6. Te sugeriría que no .... (tomar, tú) cosas frías y que .... (abrigarse, tú) bien.
7. Ni se os ocurra .... (salir) a la calle con el pelo mojado, estáis resfriados.
8. Lo único que puedo aconsejarte es que le .... (preguntar, tú) antes de formarte una opinión equivocada.
9. Le aconsejo que .... (ir, usted) todo recto hasta el siguiente cruce y que allí .... (preguntar, usted) de nuevo. El centro comercial no está muy lejos.
10. Os sugeriría que .... (calentar, vosotros) un poco antes de hacer deporte.

9.10 **¿Crees que escuchar música mientras se estudia ayuda o no ayuda a aprender?** ☐ Sí ☐ No

9.10.1 **Lee el texto y argumenta tu opinión con las expresiones propuestas.**

NIÑO, SUBE LA MÚSICA: EL *ROCK* A TODO TRAPO AYUDA A ESTUDIAR

Lejos de distraer, una buena canción estimula la capacidad de concentración del aprendiz. Mozart también vale. Al menos, el Mozart más melódico. En los manuales sobre técnicas de estudio leeremos conceptos como repetición, esquemas, resumen, fichas, subrayados, ejercicios prácticos... Todo esto en una habitación con ventilación, libre de ruidos y distracciones. Pero, ¿y escuchar música? Hay investigaciones que relacionan la música y las emociones que genera con la capacidad para memorizar y aprender contenidos. Un estudio publicado en la revista *Learning and Individual Differences* comprobó que los alumnos que habían recibido una hora de clase con música clásica de fondo sacaron mejor nota en el examen de la materia impartida que el grupo que escuchó la misma lección sin ambiente musical. La explicación: el oír música fortalece el ánimo y nos hace más receptivos a la información.

El estar de buen humor anima al cerebro a retener. Cuando este trabaja con música, se está acostumbrando a unos ritmos que lo van a predisponer a fijar la atención sobre un contenido.

Adaptado de https://elpais.com/elpais/2015/11/24/buenavida/1448392000_298523.html

Para expresar una idea que no se confirma	Para expresar una idea que se confirma
– Contrariamente a lo que yo pensaba,... – Al contrario de lo que yo creía,...	- Coincidiendo con lo que yo pensaba,... - Al igual que lo que yo creía,...

9.11 **Señala en el texto ejemplos para los siguientes usos comunicativos del artículo según su ausencia o presencia.**

1. La ausencia del artículo sirve para referirnos a algo de manera genérica.
2. Los nombres propios, por lo general, no llevan artículo; salvo que se trate de un contexto en el que queremos especificar algo.
3. La presencia del artículo definido indica la referencia a un objeto ya conocido por el interlocutor.
4. La presencia del artículo suele ser opcional y cumple una función enfática.

Unidad 10
El arte de conversar

10.1 **¿Para qué usamos los siguientes recursos de interacción oral? Mira el ejemplo y señala la opción correcta.**

1. Lo primero/para empezar/por un lado/por otra parte...
– *Por un lado, tenemos que decidir dónde queremos ir y, por otro, cómo queremos hacerlo.*
◯ **a.** Volver a decir algo.
◯ **b.** Estructurar la información.
◯ **c.** Reanudar el discurso.

2. ¿Puedo decir algo?/antes de que se me olvide/sí, ya..., claro, pero.../espera un momento...
– *Sí, ya..., claro, pero ¿no es mejor si lo reservamos ahora?*
◯ **a.** Reanudar el discurso.
◯ **b.** Interrumpir.
◯ **c.** Reforzar lo que quiero decir.

3. En otras palabras/dicho de otro modo/quiero decir/es decir...
– *Creo que no deberíamos entretenernos tanto en cada punto. En otras palabras: vayamos al grano.*
◯ **a.** Interrumpir el discurso de otro.
◯ **b.** Explicar la consecuencia del discurso.
◯ **c.** Explicar (reformular) algo que he dicho.

4. Especialmente/particularmente/justamente/precisamente/hay que tener en cuenta...
– *Justamente eso es lo que quería decir.*
◯ **a.** Destacar un elemento.
◯ **b.** Recapitular o resumir algo que he dicho.
◯ **c.** Justificar un argumento.

5. Ni... ni/ no solo... sino también...
– *No solo hay que tener en cuenta todos esos aspectos, sino también el hecho de que hasta ahora nunca ha participado en este tipo de asuntos.*
◯ **a.** Conectar el discurso sumando elementos.
◯ **b.** Focalizar la atención en un elemento.
◯ **c.** Concretar una información.

6. De todas formas/de todas maneras/en cualquier caso...
– *De todas maneras, yo creo que sí podemos hacerlo, aunque tú creas que no.*
◯ **a.** Volver a explicar lo que quieres decir.
◯ **b.** Insistir en un argumento quitando importancia al del otro.
◯ **c.** Contraargumentar.

7. A propósito/¿de qué hablábamos?/eso no tiene nada que ver con nuestro tema/en cualquier caso...
– *¿De qué hablábamos? Ya nos hemos ido del tema principal.*
◯ **a.** Abrir o cerrar una digresión.
◯ **b.** Contraargumentar.
◯ **c.** Explicar lo que quiero decir.

10.2 **La tragedia del Titanic representa un cúmulo de infortunios. Lee la historia y marca la opción más correcta de acuerdo con el sentido del texto.**

1. El hundimiento del Titanic es una de las tragedias más importantes...
◯ **a.** del cuerpo militar de los marines.
◯ **b.** porque murieron personas que fueron fundamentales para la historia.
◯ **c.** porque fue uno de los accidentes con más fallecidos en la historia del transporte civil.

2. El accidente se produjo porque...
◯ **a.** el oficial se confundió y giró hacia el lado equivocado.
◯ **b.** el vigía no vio el iceberg con tiempo suficiente para poder detener el buque.
◯ **c.** el capitán no tuvo en cuenta los mensajes que se habían mandado sobre la presencia de icebergs en la zona.

3. El número de personas fallecidas podía haber sido menor si...
◯ **a.** no hubiera hecho tan mal tiempo.
◯ **b.** hubieran entrenado bien a la tripulación para navegar el barco.
◯ **c.** hubiera habido un mayor número de botes salvavidas.

El hundimiento del Titanic ha sido la principal tragedia en el mundo de la marina y en temporada de paz. En el naufragio murieron muchas personas, entre las cuales se encontraban grandes fortunas y personalidades de la época.

El Titanic era un transatlántico británico de la empresa White Star Line, el cual fue creado bajo la iniciativa de J. Bruce Ismay y diseñado por el arquitecto Thomas Andrews. Su construcción se inició en el año 1909 y terminó en 1912, convirtiéndose así en el barco más grande y lujoso que jamás había existido hasta el momento. Costó mucho esfuerzo y dinero, y nunca se pensó que pudiera averiarse.

El Titanic debía realizar un viaje inaugural desde Southampton hasta Nueva York; el viaje se llevaría a cabo durante la noche del 14 al 15 de abril de 1912 a través del océano Atlántico Septentrional y frente a las costas de Terranova. Sin embargo, este barco gigante nunca llegó a su destino. Muchos son los interrogantes que se barajan sobre las causas de esta tragedia.

El hundimiento del Titanic se produjo cuando el barco se chocó contra un iceberg en el lado estribor, el 14 de abril de 1912 a las 23:40, y se hundió en menos de tres horas, por lo que a las 02:20 de la mañana fallecieron un total de 1512 personas: algunas se ahogaron y otras se murieron de hipotermia.

Esa misma noche, el Titanic ya había recorrido 1451 millas cuando el barco Caronia informó sobre la presencia de algunos icebergs. Por la tarde, tres buques, el Baltic, el América y el Noordam, también informaron sobre icebergs en el mismo lugar, y horas más tarde otro buque, el SS Californian, envió el mismo mensaje.

El vigía del Titanic, Frederick Fleet, vio un iceberg delante del barco a menos de 500 metros y con una altura de 30 metros sobre el nivel del mar. ¿Por qué no pudo verlo antes? ¿Fue el mal tiempo o fue que el vigía se quedó dormido? El primer oficial hizo girar el buque a babor (izquierda), mientras que otras versiones aseguran que giró a estribor (derecha). Sin embargo, no existe claridad al respecto, y en algún momento alguien habló de que el maquinista se resbaló, lo que provocó un giro erróneo. Algunos testimonios aseguraron que las máquinas se detuvieron de inmediato.

La nave giró, pero se chocó contra un iceberg a estribor, lo que provocó que los remaches se soltaran, y de este modo empezó a entrar el agua al barco a través del casco inferior, inundando cinco compartimentos, razón por la cual empezó a hundirse y a inundarse aún más.

Existen varios elementos que constituyeron el argumento primordial para explicar el hundimiento del Titanic, así como también la razón principal por la cual la mayoría de personas que viajaban en él no pudieron salvarse: el buque no contaba con suficientes botes salvavidas; algunas personas piensan que estos se perdieron en el choque. Además, no fueron ocupados con toda la capacidad de pasajeros de la cual disponían; por ejemplo, el bote de mayor capacidad (un total de 65 pasajeros) tan solo fue ocupado por 45 personas, siendo este el bote que más sobrevivientes transportó. Esto demuestra que la tripulación no había sido lo suficientemente entrenada para este tipo de situaciones.

El comportamiento del capitán del barco, Edward John Smith, también fue bastante criticado, especialmente porque había mantenido muy alta la velocidad, dadas las condiciones de navegación, la situación climática y el tiempo meteorológico, elementos que también fueron decisivos para que se desencadenara la tragedia.

Adaptado de https://www.educapeques.com/lectura-para-ninos/pasajes-de-la-historia-el-hundimiento-del-titanic.html

10.2.1 **Recuerda estas dos construcciones del *se* pronominal. Fíjate en las frases con *se* que aparecen destacadas en el texto anterior y subraya las que expresan involuntariedad.**

Pasiva refleja	***Se* involuntario**
1. No menciona el sujeto de la acción. **2.** Solo son posibles con verbos transitivos (verbos que necesitan un complemento para "completar" la información; por ejemplo: comprar *algo*). **3.** El verbo concuerda con el complemento (*se vende**n** casa**s***), que actúa como sujeto en la pasiva refleja. *– El viaje **se llevaría** a cabo durante la noche del 14 al 15 de abril de 1912.*	**1.** El sujeto del verbo puede o no ser el agente de la acción, pero sufre las consecuencias: *– El Titanic **se hundió** en menos de tres horas.* **2.** Expresa el resultado de una acción: *– ¿Fue porque **se quedó** dormido?*

10.3 **Transforma las siguientes frases en frases con *se* involuntario. Elige el verbo adecuado y añade, en los casos en los que sea posible, un *se* enfático.**

1. Tendremos que pedir una *pizza*, la comida está toda quemada, imposible comerla.

   Tendremos que pedir una pizza*, la comida se ha quemado y es imposible comérsela/comérnosla.*

2. El suelo estaba muy resbaladizo y tiene un buen golpe, aunque menos mal, no es nada grave.

   ...

3. (En el metro) Perdone, he cerrado los ojos sin querer y ahora no sé por dónde vamos. ¿Podría decirme qué estación hemos pasado? ...

   ...

4. ▶ Pero, ¿por qué tienes así el pantalón? ¿De qué es esa mancha azul?

   ▷ Puff, es de la tinta de este bolígrafo. ...

5. He olvidado el paraguas y llovía tanto que estoy empapado. ...

   ...

10.4 **Lee estos diálogos en los que se expresan amenazas y piensa a cuál de estos contextos corresponde cada uno. Después, escríbelo. Sobran dos.**

- Dos amigas sobre relaciones amorosas.
- Un empleado con su jefe.
- En casa, padre e hija.
- Dos ladrones por la noche en una tienda de electrónica.
- Dos compañeros de trabajo.
- Una pareja en casa.

1. [ ]

▶ Voy a aceptar el nuevo cargo que me han propuesto.

▷ ¿El de director de ventas? Tú no sabes lo que es eso...

▶ Sí, pero el salario está muy bien.

▷ Ya... Lo suyo cuesta ganarlo, pero tú ... si prefieres enemistarte con media empresa.

2. [ ]

▶ ¿Qué es esa luz? Como no ... la alarma, va a venir la policía enseguida.

▷ Sí la he desconectado, no te preocupes. Coge todos los portátiles que hay por allí, yo me voy a la estantería de los móviles.

▶ ¡Cuidado con algunas cosas, que luego nos pueden pillar! Pero ... con lo que te llevas, yo no quiero saber nada después.

3. [ ]

▶ ¿Qué tal te va con tu nuevo novio? Fernando se llamaba, ¿no?

▷ Sí, Fernando. Me va genial, creo que me voy a ir a vivir con él el mes que viene.

▶ ¿Tan pronto? No lo conoces mucho...

▷ Puede ser, pero es la persona ideal para mí, lo siento.

▶ ¿Y qué haces con el alquiler de tu casa?

▷ Mi casa la dejo, ya he avisado al casero.

▶ ¡Puf! ... de haberla dejado. Si no, al tiempo.

4. [ ]

▶ ¿Cuándo vas a recoger tu habitación?

▷ Esta tarde me pongo.

▶ Como mañana ... desordenada, te quedas sin salir toda la semana.

10.4.1 **Vuelve a leer los diálogos y complétalos con estas palabras, conjugando los verbos en el tiempo adecuado.**

arrepentirse ■ seguir ■ allá tú ■ desconectar ■ ver

10.5 76 **Escucha la descripción de varios juegos de mesa y señala si estas frases son verdaderas o falsas según la audición.**

1. Para jugar al Monopoly, el parchís y la oca es imprescindible tener un tablero, fichas y dados. ...... V F
2. El banco del Monopoly cobra por venta y alquiler de propiedades. .... V F
3. En el parchís se avanza por el tablero en el sentido de las agujas del reloj. .... V F
4. El parchís tiene cuatro colores que identifican a los jugadores. .... V F
5. El juego de la oca tiene un tablero poco uniforme con casillas variadas en forma y dibujo. .... V F
6. Para jugar a la oca hay un máximo de cuatro jugadores. .... V F
7. El Pictionary es el único de los cuatro juegos que tiene equipos y tiempo limitado. .... V F
8. El Pictionary es un juego muy versátil. .... V F

10.5.1 **Lee estos reproches y escribe al lado el nombre del juego en el que podrían hacerse: Monopoly, parchís, la oca o Pictionary. Puede haber más de una opción.**

1. ▶ Me parece lamentable que lleves tanto tiempo con esa barrera y no avances solo por perjudicar a los demás.
2. ▶ ¿Qué haces que todavía no empiezas? ¡El tiempo corre!
3. ▶ ¿Se puede saber por qué siempre eliges tú el primero y te quedas con la ficha más bonita?
4. ▶ ¿Qué haces que estás moviendo mi ficha? Ahora no me acuerdo de dónde estaba.
5. ▶ Cuatro, ¡la calavera! Tengo que volver a la salida. Está claro que no tienes vergüenza, ¿crees que no he notado que me has dado con el codo al tirar?
6. ▶ ¿Otra vez de banquero? ¿No te da vergüenza?
7. ▶ Ellos han adivinado quince palabras y nosotros solo siete, pero no me extraña, vosotros dos dibujáis fatal. Tenéis la culpa de todo.
8. ▶ Si te hubieras leído las reglas, sabrías que el banco puede subastar esa propiedad en la que has caído. Así que ahora no te quejes.
9. ▶ He perdido porque el rojo me trae mala suerte y tú lo sabes. La culpa es tuya.
10. ▶ ¿Se puede saber por qué yo no puedo tirar en la misma esquina del tablero que tú? Parece que hay una ligera inclinación.

10.6 **Las relaciones de familia no son fáciles y los roces entre los diferentes miembros son frecuentes. Piensa en un reproche que se pueda hacer relacionado con estos familiares y escribe algunas frases con las estructuras de la página 163.**

1. Los hijos de tu pareja: *Esta niña hace lo que quiere: deja toda su ropa tirada y nunca recoge la cocina. Y la culpa es toda tuya, que le consientes todo.*
2. El cuñado gorrón que se aprovecha de todo: ....
3. El marido de tu madre: ....
4. El abuelo que hace de canguro: ....
5. El novio de tu hija adolescente: ....

10.7 ***Manolito Gafotas*** **es una serie de libros escritos por Elvira Lindo. Lee este fragmento y relaciona las expresiones resaltadas con su significado.**

Manolito Gafotas, como lo conocen todos en su barrio de Carabanchel (Alto), es un niño dicharachero que vive con sus padres, su abuelo Nicolás y su hermano pequeño, el Imbécil, y que siempre está dispuesto a contar su visión de las cosas.

http://lasmurallitas.blogspot.com/2014/04/manolito-gafotas-elvira-lindo.html

1. Cada dos por tres.
2. Verlo todo negro.
3. Mearse de risa. (vulgar)
4. Seguir a/en lo suyo.
5. Darse por vencido.
6. Quedarse con ... en la boca.
7. Llevar la contraria a alguien.
8. Cargársela.
9. Caérsele el pelo a alguien.
10. Como si tal cosa.

- **a.** Recibir un castigo.
- **b.** Continuar con lo que estaba haciendo.
- **c.** Como si nada hubiera pasado.
- **d.** Recibir las consecuencias desagradables de un acto de otra persona.
- **e.** Desistir de hacer algo, renunciar.
- **f.** Reírse mucho, con muchas ganas.
- **g.** Frecuentemente.
- **h.** Pensar que las cosas son negativas.
- **i.** Argumentar en contra de lo que dice otra persona.
- **j.** No terminar de decir algo.

Mi abuelo no quería celebrar su cumpleaños. Dijo que no, que no y que no. Mi madre le decía:

–Pero papá, ochenta años no se cumplen todos los días.

–Gracias a Dios –dijo mi abuelo–. Solo faltaba que ese disgusto se lo dieran a uno **cada dos por tres**.

–¡Sí, abuelo! Nosotros te lo preparamos, invitas a tus amigos, compramos una piñata... –ya me lo estaba imaginando.

–Y dentro de la piñata podéis meter pastillas para la artrosis, pastillas para la incontinencia, pastillas para la tensión... –mi abuelo estaba por **verlo todo negro**–. Si invito a mis amigos esto puede parecer un asilo. No me gusta, todo esto lleno de viejos, de dentaduras postizas, de juanetes, no quiero. Además, ¿qué amigos tengo yo?

–El abuelo de Yihad –le dije yo.

–Le digo al abuelo de Yihad que venga a mi cumpleaños y **se mea de la risa**. Los viejos no celebran el cumpleaños, eso no se ha visto nunca. ¿Queréis también que apague ochenta velitas?

–¡Sí! –dijimos el Imbécil y yo, que a veces estamos de acuerdo.

–Yo apago ochenta velas y me enterráis después del *Cumpleaños feliz*.

El Imbécil y yo empezamos a cantar el *Cumpleaños feliz*. Ese tipo de canciones siempre las cantamos a dúo y dando patadas en las patas de la mesa. Es nuestro estilo: la canción melódica. Mi abuelo **seguía en lo suyo**:

–Y encima, como eres viejo, la gente solo te regala bufandas, te llenan el armario de bufandas. Ni una corbata, ni un frasco de colonia, ni un chaquetón tres cuartos, solo bufandas.

–Pues dinos lo que quieres que te regalemos –mi madre no **se da por vencida** tan fácilmente.

–¡Nada! No tengo nada que celebrar, no tengo amigos y no tengo ganas de cumplir ochenta años; lo único que tengo son bufandas de los cumpleaños anteriores.

Dicho esto mi abuelo se metió en el cuarto de baño para ponerse los dientes postizos, porque se iba a tomar el sol con el abuelo de Yihad. Mi abuelo no es de los que les gusta tomar el sol sin dientes. Cogió la puerta y se fue. El Imbécil y yo **nos quedamos con el *Cumpleaños feliz* en la boca**.

Yo hasta ese momento no había conocido a nadie que no quisiera celebrar su cumpleaños. Incluso mi madre, que desde hace muchos años solo quiere cumplir 37, lo quiere celebrar, y lo avisa muchos días antes para que mi padre se acuerde y le compre un brillante, un visón o una batidora con unas cuchillas mortales, que es lo que al final le acaba comprando siempre.

Después del portazo de mi abuelo pensé que mi madre se iba a enfadar, porque si hay algo que a ella no le gusta en la vida es que **le lleven la contraria**. Así que el Imbécil y yo nos quedamos muy callados porque en esos momentos es muy fácil que **te la cargues** por lo que sea; como estornudes un poco fuerte **se te puede caer el pelo**, y no precisamente por el estornudo. Pero no, mi madre no se enfadó, siguió quitando la mesa **como si tal cosa**. Ya lo dijo mi padre un día del año pasado: "Ella es imprevisible".

10.8 **Lee las siguientes frases y elige el verbo de cambio más adecuado en cada una.**

hacerse ■ ponerse ■ volverse ■ quedarse

1. Cuando escucho las noticias de la televisión .... muy nervioso.
2. El día que me contaste que te ibas a casar con Juan .... paralizada, no supe qué decir.
3. Mi hijo jugó durante muchos años en un equipo de fútbol y después .... entrenador de ese equipo.
4. Cuando le dijeron que lo habían seleccionado para el trabajo, ... loco de alegría.
5. La semana pasada mi hermano .... enfermo y tuvieron que ingresarlo en el hospital.
6. Tu hermana .... muy tímida, ¿no? De pequeña era mucho más abierta.
7. .... huérfana cuando era muy pequeña y por eso vivió con sus abuelos hasta los dieciocho años.

10.9 **Completa las siguientes frases con el verbo de cambio en el tiempo correcto.**

1. Después de varios intentos, el año pasado mi hermana .... embarazada por fin.
2. Empezó siendo pinche en un restaurante y después de varios años .... en uno de los mejores chefs del mundo.
3. Mi hermana, siempre que se despierta de la siesta, ... de mal humor.
4. Los niños estaban tan cansados que .... dormidos antes de que terminaran los dibujos animados.
5. Mi amiga Ana decidió .... misionera después de colaborar con varias organizaciones en diferentes países en guerra.
6. Muchos hombres .... calvos después de los cincuenta años.
7. Todos los estudiantes .... muy contentos con las actividades realizadas durante su curso.
8. Cuando conocí a María no me cayó muy bien, pero luego .... mi mejor amiga.

10.10 **Lee los siguientes textos y haz un resumen con un verbo de cambio.**

1. No le gustaba su aspecto, hizo una dieta, dejó de comer tantas grasas y ahora, si lo vieras, no lo reconocerías.

   Se ha quedado delgadísimo.

2. Luis acaba de quedarse sin trabajo, no tiene mucho dinero y de repente decide que se va de vacaciones. No piensa lo que va a hacer. Antes no era así.

   ....

3. Mi hija antes estudiaba mucho y le encantaba leer, pero desde que cambió de colegio y de compañeros ya no es la misma. Ahora no hace nada.

   ....

4. Cuando tenía veinte años decidí que no iba a volver a comer carne, y estoy muy contenta.

   ....

5. Mi abuela murió con cincuenta años, era muy joven. Mi abuelo nunca se volvió a casar. Él tenía tres años más que ella.

   ....

6. Trabaja todos los días doce horas porque quiere ganar mucho dinero y ahorrar para poder jubilarse pronto y no volver a trabajar más.

   ....

7. Ha participado en un *reality show* y ahora todo el mundo lo reconoce por la calle.

   ....

8. La casa donde vivió el pintor Sorolla ahora se puede visitar como museo.

   ....

Unidad 11
Cambios

11.1 **No todas las personas se enfrentan a los cambios de la misma forma. A continuación tienes un texto que habla sobre la necesidad de tomar decisiones. Léelo y complétalo con los fragmentos que aparecen en la siguiente página. Hay un fragmento que no necesitas usar.**

¿Por qué odiamos tanto tomar decisiones?

por Miguel Ángel Furones

Existe una versión apócrifa del Antiguo Testamento que cuenta el Génesis de manera muy diferente a la tradicional. En dicha versión, existía un Dios todopoderoso al mando de incalculables legiones de ángeles. Ese Dios era arrogante y totalitario, jamás escuchaba a sus siervos ni sentía el menor respeto hacia ellos. **1** ....

La lucha fue despiadada hasta que finalmente las legiones leales obtuvieron la victoria. Terminada la contienda, Dios premió a los suyos ofreciéndoles un lugar en el paraíso. A los sublevados, en cambio, los sumió en la oscuridad eterna como castigo a su felonía. Pero Dios se encontró con un problema: algunos millones de ángeles no se levantaron contra Él, pero tampoco acudieron en su apoyo. **2** ....

Finalmente optó por borrarles la memoria y obligarlos a vivir durante un tiempo en uno de los múltiples planetas de su universo, al que llamó Tierra. En dicho planeta, los ángeles, convertidos en seres humanos, se veían obligados a tomar múltiples decisiones durante toda su vida. Y al final de la misma, Dios optaría por premiar o castigar a cada uno de ellos en función de las decisiones que hubiesen tomado. **3** ....

La psicología ha escrito muchas páginas explicando las causas de esta resistencia: el hecho de que al tomar una decisión estamos eliminando las demás alternativas, el coste de las consecuencias, el miedo a equivocarnos... De lo que, en cambio, se ha escrito menos es del placer de elegir. Y sin embargo, se trata de un placer adulto. Poder elegir supone un cierto control de nuestro destino (sin exagerar, claro, recordemos las palabras de John Lennon: "la vida son las cosas que te pasan mientras haces otros planes"). Porque poder elegir supone no solo seleccionar una opción dentro todas las existentes; supone también crear otras nuevas y, con ellas, transformar de forma individual o colectiva el presente que nos abruma.

4 .... Por eso es imprescindible tener claro un par de cosas: que las decisiones que importan no pueden delegarse y que, para tomarlas, has de saber lo que quieres. De lo contrario, caeríamos en lo que podemos llamar el síndrome de Alicia. Me refiero, evidentemente, a la Alicia de Lewis Carroll. Cuando ella le pregunta al gato: "¿Podrías decirme, por favor, qué camino debo seguir para salir de aquí?", él le contesta: "Eso depende en gran parte del sitio al que quieras llegar". "No me importa mucho el sitio", aclara ella. A lo que el gato le responde: "Entonces tampoco importa mucho el camino que tomes".

Alicia no buscaba la respuesta acertada. Lo que pretendía era delegar en el gato la decisión, aunque este la engañara. **5** ....

En la actualidad, muchos países de Occidente están pasando por momentos difíciles en lo que respecta a la calidad de sus líderes y a las ideas que defienden. Por eso no podemos inhibirnos, como Alicia, pensando que las cosas volverán a su cauce. Las cosas no volverán a su cauce, sino que tendremos que abrir otros nuevos a base de decisiones. Creando alternativas, innovando, transformando... **6** ....

Adaptado de http://www.yorokobu.es/odiamos-tomar-decisiones/

a. Es decir, que, según esta versión, los humanos somos ángeles desmemoriados condenados a decidir. Por eso nos gusta tan poco hacerlo.

b. Desde siempre se ha considerado el recurso a la autoridad, a una figura superior, como una alternativa.

c. Porque Alicia tuvo suerte con su gato. Pero el que nos ha tocado a nosotros es un gato mucho más negro y que, además, se hace pasar por liebre.

d. Ante tanto maltrato, algunas de sus legiones se levantaron contra Él. Entonces comenzó una guerra celestial entre ellas y los ángeles que permanecieron fieles a su Creador.

e. Y esto sucede especialmente en época de grandes cambios, como la que vivimos en la actualidad. Hay una frase que lo explica bastante bien: "Si tú no lideras el cambio, el cambio te liderará a ti".

f. Pero la pobre dio con un gato honrado que, en lugar de aprovecharse de ella, la puso frente a su propio espejo.

g. Es decir, no tomaron ninguna decisión. Evidentemente, no podía premiarlos ni castigarlos de forma tan rotunda como al resto, pero debía hacer algo con ellos.

11.1.1 **¿Te sientes identificado con el texto? ¿Te cuesta tomar decisiones o prefieres afrontar los cambios de manera directa? Escribe un breve texto en el que expliques tu actitud ante los cambios.**

....

....

....

....

11.2 **Lee las siguientes opiniones sobre los cambios y selecciona el verbo correcto para completar los espacios con la perífrasis verbal de participio adecuada. Recuerda conjugar el verbo si es necesario.**

dejar ■ dar por ■ quedarse ■ llevar ■ sentirse ■ tener

OPINABLOG

1. Susana: "Los cambios me ponen muy nerviosa. La verdad es que me cuesta .... finalizada una etapa porque tengo miedo a lo que puede venir después…".

2. Daniel: "No me imagino una vida rutinaria. .... hechos muchos cambios y los considero parte de la adrenalina de la vida. De un día para otro pueden ocurrir cosas que provoquen un giro de 180 grados".

3. Sandra: "Me considero una persona bastante racional, pero cuando tengo que tomar decisiones, me sale mi vena más visceral. Supongo que necesito escapar de la comodidad para .... completamente realizada".

4. Jesús: "Soy extravertido y sociable, pero al mismo tiempo creo que también un poco cómodo. Cuando se me presenta una oportunidad sin avisar, suelo .... un poco paralizado y me cuesta reaccionar".

5. Emma: "Mi actitud ante los cambios la considero bastante normal. Estoy abierta, pero ahora mismo no .... planificado dar un giro a mi vida. En líneas generales, tiendo a estar satisfecha con lo que tengo".

6. Mario: "Cuando era adolescente me mudé de ciudad por el trabajo de mi padre. Fue una experiencia difícil y creo que me .... un poco tocado. Desde entonces, me cuesta enfrentarme a cambios radicales, la verdad".

11.2.1 **Selecciona cuatro perífrasis verbales de participio que has aprendido en esta unidad y escribe una frase adecuada con cada una de ellas.**

1. ....
2. ....
3. ....
4. ....

11.3 **Uno de los más importantes cambios sociales ha sido el de los vuelos baratos. Lee estas frases referidas a este tema y reescríbelas cambiando la parte en negrita por una expresión que use el artículo definido con alguno de los valores que has estudiado.**

1. Es increíble, **ha habido muchos cambios** en la forma de viajar:
   Es increíble los cambios que ha habido en la forma de viajar.
2. **El hecho de que podamos** viajar a cualquier ciudad fácilmente hace que algunas estén abarrotadas.
   ....
3. ¡**Se junta mucha gente** en la facturación de equipajes!
   ....
4. Otra desventaja es **que hay que esperar mucho** para ver los monumentos más famosos.
   ....
5. La clave es reservar los billetes **cuanto más pronto mejor**.
   ....
6. Hoy en día es **la única manera** de poder viajar a muchos sitios.
   ....
7. **Aunque ahora viajamos** más, no quiere decir que seamos más abiertos.
   ....

11.3.1 **Clasifica las frases anteriores según su valor.**

Valor enfático	Valor sustantivador

11.4 **Otro de los cambios sociales de nuestro tiempo tiene que ver con el culto al cuerpo. Completa las frases con una de las siguientes expresiones y el artículo indefinido correspondiente cuando corresponda.**

(tal) Marquitos (2) ■ agujetas (2) ■ ritmo (2) ■ sol (2) ■ obsesivo (2)

1. No me gusta mucho correr cuando hay .... porque me molesta.
2. Tenemos profe de zumba nuevo, ...
3. Es .... dedicar tantas horas a hacer ejercicio.
4. Llevo toda la semana con .... que ni te imaginas.
5. Raúl entrena cuatro horas al día en el gimnasio. Es ....
6. Hoy ha venido otro profe a darnos clase porque .... está enfermo.
7. Prefiero la clase de los martes porque tiene más ....
8. Estas rodilleras me las ha regalado Raúl. Es .... cuando quiere.
9. Marquitos marca .... en clase que hace que la mitad no pueda acabar.
10. Lo que más me gusta del gimnasio es sentir .... los primeros días.

11.5 **Observa el uso de los pronombres en las siguientes frases y señala si son correctos o incorrectos. Después, corrige estos últimos.**

1. Vi a Ernesto el sábado pasado. **Lo** vi muy desmejorado. .... C I ▶ ______
2. **La** dije que no hiciera ese tipo de dieta, pero no me hizo caso. .... C I ▶ ______
3. Dejé de ir al gimnasio hace tres años. **Le** terminé odiando. .... C I ▶ ______
4. Tengo un entrenador personal, **le** veo los jueves por la tarde. .... C I ▶ ______
5. No vi la bicicleta detrás del coche y **la** di un pequeño golpe. .... C I ▶ ______
6. Me pidió Manuela el balón medicinal y, como ya no **lo** usaba, se **le** di. .... C I ▶ ______
7. Llamé a Penélope ayer pero no me cogía, por eso **la** escribí por WhatsApp. .... C I ▶ ______
8. He estado con Verónica hoy y **le** he visto más delgada. .... C I ▶ ______
9. Dice que dejó de correr porque se **la** acabó la energía. .... C I ▶ ______
10. Federico siempre ha tenido mucha vitalidad, pero desde que adelgazó **le** noto alicaído. C I ▶ ______

11.5.1 **Contesta afirmativamente a las preguntas usando todos los pronombres posibles. Recuerda que en algunos casos son aceptados dos de ellos.**

1. ¿Viste a Germán ayer? ....
2. ¿Dijiste a Eva lo del sábado? ....
3. ¿Has puesto el radiador? ....
4. ¿Escribiste a María? ....
5. ¿Enviaste la carta al final? ....
6. ¿Encontraste a Mario? ....
7. ¿Has llevado al perro al veterinario? ....
8. ¿Han ofrecido a Lorenzo algún trabajo en el patronato? ....
9. ¿Ofrecieron el trofeo a la afición? ....
10. ¿Abriste a Paco cuando llamó? ....

11.6 **El teletrabajo es una tendencia actual que igualmente está comenzando a variar muchas formas de vida. Lee las opiniones de estos trabajadores y complétalas con las siguientes palabras y expresiones.**

encima ■ demonizar ■ cualquier hijo de vecino ■ cada dos por tres
que conste ■ a marchas forzadas ■ no poder permitirse el lujo ■ cargarse

1. Eso de que .... puede optar a él no es verdad, porque yo he tenido que esperar tres años hasta que me lo han concedido.
2. La verdad es que en mi empresa se está extendiendo .... En solo dos años casi la mitad de la plantilla ya trabaja desde casa.
3. Yo creo que lo que las empresas pretenden es .... el buen rollo entre los empleados para que así reclamemos menos.
4. El problema que yo veo es que estás levantándote .... para hacer esto y lo otro, y se pierde mucho tiempo.
5. A mí me parece maravilloso, porque te organizas como quieras y .... puedes trabajar en pijama.
6. Favorece a todas las partes, ya que hay muchas empresas pequeñas que .... de tener oficinas para los empleados.
7. A mí no me parece bien, creo que el contacto con los compañeros es imprescindible; y .... que no me llevo muy bien con nadie.
8. Hay quien lo quiere .... por motivos inexplicables, pero está claro que es el futuro en las ciudades grandes y en las pequeñas.

11.7 **En el trabajo es conveniente tener tacto cuando pedimos algo a otra persona. Lee estas intervenciones directas y reescríbelas usando diferentes fórmulas de atenuación de la intención. Fíjate en que no en todos los casos es posible y márcalo.**

1. ¡Cierra la boca! ....
2. ¡Decídete de una vez! ....
3. ¡No me digas lo que tengo que hacer! ....
4. ¡Probad, está muy rico! ....
5. ¡Quitaos de en medio, que no veo! ....
6. ¡No hagas como que no sabías nada! ....
7. ¡Siéntate bien! ....
8. ¡No me grites, que no soy sordo! ....
9. ¡Acabemos de una vez! ....
10. ¡Pásate por mi casa cuando quieras! ....
11. ¡No se te ocurra volver a coger ese papel! ....
12. ¡Avísanos cuando lo acabes! ....

11.7.1 **Lee esta carta que han escrito los empleados de una empresa a la dirección en la que reclaman una situación que los mantiene enfadados. Reescríbela después atenuando sus términos e intenciones.**

Les escribimos en nombre de todo el departamento porque estamos muy cabreados con la situación producida con la máquina de café. En primer lugar, es inadmisible que se la hayan cargado sin consultarnos, ya que somos nosotros quienes la usamos. En segundo lugar, no vamos a consentir quedarnos sin un elemento básico para el desarrollo de nuestra actividad, ya que sirve como válvula de escape para los muchos momentos de estrés que soportamos aquí, cosa que ustedes parece que desconocen o sencillamente les trae sin cuidado. Por último, decirles que si con esta medida piensan que vamos a perder menos tiempo en las pausas para el café, les va a salir el tiro por la culata, ya que lo que vamos a hacer es salir a la cafetería de enfrente, con lo que las pausas serán más largas. Vuelvan a colocar inmediatamente la máquina donde estaba y todos nos ahorraremos problemas que no queremos.

....

11.8 **Lee las siguientes frases en las que aparecen formas no personales del verbo y decide si son correctas o incorrectas. Corrige los errores cuando sea necesario.**

1. Hasta **pasar** dos meses, no sabré si me hacen indefinido en el trabajo.
2. Después de mis vacaciones, tengo un montón de correos electrónicos que **responder**.
3. Conocí a mi pareja mientras **viviendo** en Cádiz.
4. Conozco a un chico **trabajando** en Pekín, quizá pueda ayudarte con el tema del visado a China.
5. **Publicada** la sentencia, las víctimas se sienten más tranquilas y seguras.
6. Solo **escuchado** con atención en clase es posible aprobar el examen.

11.9 77 **Vas a escuchar conversaciones breves en las que diferentes personas hablan acerca de planes. Selecciona la opción correcta en cada caso.**

1. El chico está enfadado porque la chica…
   - ◯ **a.** no acudió a la cita.
   - ◯ **b.** llegó tarde.
   - ◯ **c.** se equivocó de lugar.
2. Iker…
   - ◯ **a.** ha recibido la invitación a la fiesta.
   - ◯ **b.** no ha recibido la invitación a la fiesta.
   - ◯ **c.** no sabe si ha recibido la invitación a la fiesta.
3. Cuando llegue, Anita va a…
   - ◯ **a.** mandar un mensaje a Pablo.
   - ◯ **b.** llamar por teléfono a Pablo.
   - ◯ **c.** llamar al telefonillo a casa de Pablo.
4. Finalmente Manuela irá al cumpleaños…
   - ◯ **a.** sola.
   - ◯ **b.** con su padre.
   - ◯ **c.** con Sofía.
5. Mañana…
   - ◯ **a.** pagará José.
   - ◯ **b.** pagarán todos a partes iguales.
   - ◯ **c.** José no saldrá.
6. El fin de semana fue…
   - ◯ **a.** divertido.
   - ◯ **b.** aburrido.
   - ◯ **c.** normal.

11.9.1 77 **En los diálogos anteriores aparecen expresiones informales o coloquiales. Vuelve a escucharlos y, después, intenta explicar cada una de estas expresiones con tus propias palabras.**

Diálogo 1

Dejar (a alguien) tirado/a: ....

....

Diálogo 2

¡Qué va!: ....

....

Diálogo 3

Hacer una perdida: ....

....

Diálogo 4

Hoy por ti mañana por mí: ....

....

No pintar nada: ....

....

Diálogo 5

Escaquearse: ....

....

Pagar a pachas: ....

....

Diálogo 6

Ser un tostón: ....

....

Unidad 12
Imágenes

12.1 **Lee la imagen y el poema. Compáralos y decide cuál es la metáfora que tienen en común marcando la opción correspondiente.**

Proverbios y cantares (XXIX)

Caminante, son tus huellas
el camino y nada más;
Caminante, no hay camino,
se hace camino al andar.
Al andar se hace el camino,
y al volver la vista atrás
se ve la senda que nunca
se ha de volver a pisar.
Caminante, no hay camino
sino estelas en la mar.

(Antonio Machado)

1. ☐ La vida es un viaje.
2. ☐ La vida es una estela.
3. ☐ La vida es una huella.

12.2 **Escribe una definición para las siguientes palabras. Si lo necesitas, usa el diccionario.**

1. Médano: ....
2. Cumbre: ....
3. Estallar: ....
4. Fulgor: ....

12.2.1 **Lee este texto de Eduardo Galeano, piensa en el significado del título y elige la opción que te parezca más adecuada.**

La función del arte

Diego no conocía la mar. El padre, Santiago Kovadloff, lo llevó a descubrirla. Viajaron al sur. Ella, la mar, estaba más allá de los altos médanos, esperando. Cuando el niño y su padre alcanzaron por fin aquellas cumbres de arena, después de mucho caminar, la mar estalló ante sus ojos. Y fue tanta la inmensidad de la mar, y tanto su fulgor, que el niño quedó mudo de hermosura.

Y cuando por fin consiguió hablar, temblando, tartamudeando, pidió a su padre:

— ¡Ayúdame a mirar!

○ **a.** La función del arte es mostrar la belleza de las cosas.
○ **b.** La función del arte es ayudarnos a mirar la vida.
○ **c.** La función del arte es dejarnos sin palabras.

12.2.2 **¿Qué significan en el texto las siguientes metáforas?**

1. Cumbres de arena:
- ○ **a.** Nubes altas.
- ○ **b.** Polvo de arena.
- ○ **c.** Montañas o dunas de arena.

2. La mar estalló ante sus ojos:
- ○ **a.** La imagen de la mar fue sorprendente como una explosión.
- ○ **b.** La imagen de la mar fue una explosión de decepción.
- ○ **c.** La imagen de la mar fue salvaje y lo cegó.

12.2.3 **Señala cuáles de los siguientes ejemplos de lenguaje cotidiano contienen un significado metafórico.**

a. Juan y Mar llegaron ayer a la cumbre del Veleta y ya están pensando en escalar el Everest.

b. Carmen vio cómo su hijo estallaba de alegría al ver los regalos la noche de Navidad.

c. Juan es uno de los mejores médicos que he conocido. A sus cuarenta y un años está en la cumbre de su carrera.

d. La bomba estalló sin que la caja fuerte se abriera.

12.3 **Relaciona las siguientes expresiones con la imagen correspondiente.**

1. Dar la luz.
2. Dar a luz.
3. Estar preocupado.
4. Tener pocas luces.
5. Quedarse de piedra.
6. Ser brillante.

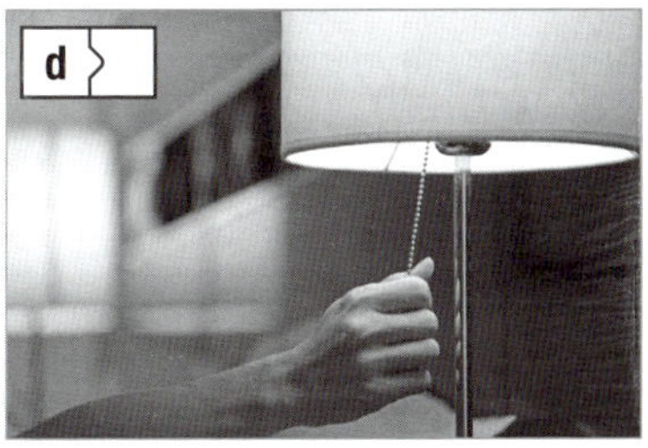

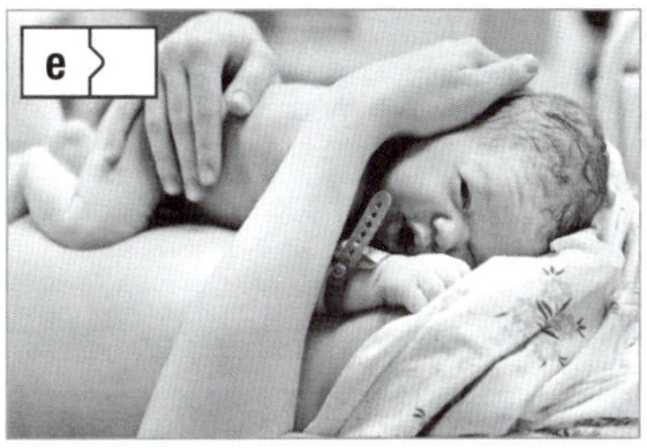

12.3.1 **Completa los diálogos sustituyendo las palabras destacadas por una expresión equivalente de la actividad anterior haciendo las modificaciones oportunas.**

Diálogo 1

- ▶ Chica, ¡qué bien te veo!
- ▷ Bueno…, con el ritmo de vida que llevo…
- ▶ ¡Pero es que nadie diría que hace solo un mes que tuviste gemelos ....!

Diálogo 2

- ▶ ¿Y esa cara? ¿Por qué me miras así?
- ▷ Por qué va a ser… No es normal lo que haces .... No ha sido una buena idea poner el cuadro tan cerca de la bañera.
- ▶ Pero si queda precioso y le da un toque de elegancia.
- ▷ Ya…, elegancia… El problema es que es una acuarela, y con el vapor el cuadro se ha despintado.
- ▶ Ups…, vaya…

Diálogo 3

- ▶ ¿Cómo has podido hacerlo, amiga?
- ▷ Bueno, Alberto… Ya te dije que si las cosas no cambiaban… no me lo pensaría más.
- ▶ Todavía no me lo creo. Era el trabajo de tu vida. Me has dejado sorprendidísimo ...., compañera. ¿Cómo es que has podido dejar el trabajo de la noche a la mañana?
- ▷ No todo es trabajar.

Diálogo 4

- ▶ ¡Alucinante! No sabía que eras tan buen estudiante ....
- ▷ ¡Eh! Que tampoco es para tanto… Se me daban bien las letras.
- ▶ No seas tan humilde. Todas tus calificaciones son excelentes.
- ▷ Espera que te enseñe las de bachillerato… Las mates se me daban fatal.

12.3.2 **Señala cuáles de las expresiones de la actividad 12.3 son metafóricas.**

1. ☐ 2. ☐ 3. ☐ 4. ☐ 5. ☐ 6. ☐

12.4 **Piensa si estas afirmaciones sobre la metáfora son verdaderas o falsas. Luego lee el texto y comprueba.**

1. La metáfora es un recurso que solo se usa en la literatura. .... V F

2. Las expresiones metafóricas son iguales en todas las culturas. .... V F

La metáfora de nuestras vidas

La metáfora es un procedimiento que consiste en identificar un **término real** con uno **imaginario** entre los cuales existe una relación de semejanza o analogía. Los escritores utilizan las metáforas para establecer relaciones inéditas entre las palabras o para descubrir atributos diferentes en ellas. Pero también en el día a día utilizamos multitud de metáforas cotidianas para expresarnos. La mayoría las tenemos tan interiorizadas que no seríamos capaces de detectarlas.

Según Lakoff y Johnson, en su obra *Metáforas de la vida cotidiana*, en las conversaciones habituales existen muchos significados metafóricos que nos descubren el modo en que nuestro pensamiento es altamente imaginativo y metafórico. Las metáforas conceptuales son las ideas abstractas que explican la realización concreta de muchas expresiones metafóricas y cómo percibimos el mundo a través de los sentidos. Por ejemplo, la metáfora conceptual estructural *debatir es una guerra*, es decir, ver un debate como si fuera una guerra, es la imagen con que estructuramos expresiones metafóricas concretas como *armar un discurso*, *defender una idea*, *atacar unos argumentos*. También hay metáforas conceptuales de orientación, y así, la idea de que "lo que es hacia arriba es bueno" está presente en expresiones emotivas positivas como *¡qué subidón!*, *me subes el ánimo*, y la idea negativa de orientación hacia abajo, en *qué bajón*, *se me cayó el alma a los pies*. La influencia cultural en la creación de muchas metáforas cotidianas explica la naturaleza idiomática y peculiar de muchas de estas expresiones.

Adaptado de http://www.milejemplos.com/lenguaje/ejemplos-de-metaforas-cotidianas.html

12.4.1 **Busca en el texto anterior expresiones que signifiquen lo mismo que las siguientes y escríbelas.**

1. Ponerse triste: ....

2. Ponerse contento/a: ....

3. Preparar un discurso: ....

12.5 78 **Escucha los siguientes cotilleos y decide qué metáfora de animal correspondería a cada persona.**

a. Ser un/a pavo/a

b. Ser un/a pájaro/a

c. Ser un/a corderito/a

1 Pedro es...

2 Silvia es...

3 Álvaro es...

12.5.1 **Vuelve a escuchar el audio y completa el cuadro con las expresiones típicas de un cotilleo.**

1. Introducir un cotilleo: ....

2. Mostrar seguimiento: ....

3. Reclamar interés: ....

4. Reacciones: ....

12.6 *¿Ser* o *estar?* **Completa los huecos de estos diálogos con el verbo más adecuado.**

Diálogo 1

▶ Oye, ¿crees que podrás subir tú solo el sofá?

▷ Sí, no te preocupes, **1** .... hecho un toro.

Diálogo 2

▶ Tu compañera de piso **2** .... una víbora.

▷ ¿Y eso? ¿Qué ha pasado?

▶ Es una persona que no habla con claridad y siempre está creando confusión entre los amigos. Se ve que disfruta haciéndolo.

▷ Anda, no digas esos disparates. No **3** .... tan malpensada. Si apenas la conoces. Dale una oportunidad.

Diálogo 3

▶ ¿Has visto la nueva versión de *El resplandor*?

▷ No, no he ido a verla. Me da un poco de miedo.

▶ **4** .... un gallina.

Diálogo 4

▶ Ayer estuviste toda la tarde intentado ponerte un traje que ya no te queda bien, en lugar de ir a comprarte otro.

▷ Sí, lo sé. A veces **5** .... un poco burro.

Diálogo 5

▶ ¿Ves?, ¿qué te decía yo? **6** .... más gordo. Ahora peso 5 kilos más.

▷ Javier, eso que dices es una tontería. Tú has sido siempre así, un tipo más bien delgado. Esos 5 kilos te vienen bien.

▶ Sí, seguro. **7** .... hecho una foca. Ya no me quedan bien los pantalones.

▷ Porque ahora **8** .... más mayor que antes, ya no tienes dieciocho años. Pero, para la edad que tienes, **9** .... muy bien. Eres un tipo delgado.

Diálogo 6

▶ Ya **10** .... listo para nuestro viaje. ¿Cargamos las maletas?

▷ Tú **11** .... muy listo, ¿no? ¿Crees que no nos hemos dado cuenta de que llevas todo el día pendiente del móvil mientras lo hacíamos todo nosotros?

▶ ¡Ah! Pero, ¿ya habéis metido todo en el coche? Yo creía que lo haríamos al final.

▷ Menudo pájaro **12** .... Anda, lleva esta bolsa a la basura y nos vamos.

▶ Yo no **13** .... ningún pájaro, **14** .... un corderito.

12.6.1 **Clasifica los ejemplos con *ser* y con *estar*.**

Con el verbo ***ser*** incluimos a las personas en un conjunto (características personales). A = B	Con el verbo ***estar*** expresamos un estado o circunstancia en función de la información que teníamos de esa persona. A > B (estado)

12.7 **Lee esta imagen y elige un título. Luego, escribe el artículo que crees que acompañaría a la imagen.**

Título ▶

....

....

....

....

....

....

....

....

12.7.1 **Te presentamos el texto que acompañaría a la imagen anterior. Completa los huecos con las palabras *en cambio, mientras que* o *sin embargo.* ¿Se acerca el contenido del artículo a lo que has escrito tú?**

En España las universitarias suponen un 54.1 % del total y su rendimiento en títulos de grado y máster supera al masculino en diez puntos porcentuales. Las chicas suspenden (27 %) menos que los chicos (36 %). **1** ...., el paro femenino dobla al masculino.

- Entre 2009 y 2015, la tasa de desempleo ha afectado a toda la población, pero no por igual. La cifra de las mujeres ha crecido 5.42 puntos, **2** .... la de hombres solo ha aumentado 3.13 puntos.
- La tasa de ocupación de las mujeres es el 46 % del total, **3** .... los hombres representan el 54 % y, además, los hombres ocupados a jornada completa suponen el 60 % del total frente al 40 % de mujeres. **4** ...., en el caso de la jornada parcial, las mujeres son el 73 %, frente al 27 % de hombres.
- Las tareas del hogar se reparten también de forma poco equitativa. En general, las mujeres dedican una media de 4 horas y 29 minutos a ordenar su casa, **5** .... los hombres solamente dedican una media de 2 horas y 32 minutos.

Adaptado de http://www.libretequiero.com/lo-mas-esencial/el-origen-de-la-desigualdad/desigualdades-entre-hombres-mujeres

12.7.2 **Construye oraciones concesivas a partir de los fragmentos del texto según el ejemplo.**

1. En España las universitarias suponen un 54.1 % del total y su rendimiento en títulos de grado y máster supera al masculino en diez puntos porcentuales. Las chicas suspenden (27 %) menos que los chicos (36 %). El paro femenino dobla al masculino.
   Aunque en España hay más universitarias que universitarios y suspenden menos, el paro femenino es más alto.
2. Las tareas del hogar se reparten también de forma poco equitativa. En general, las mujeres dedican una media de 4 horas y 29 minutos a ordenar su casa. Los hombres solamente dedican una media de 2 horas y 32 minutos.
   ....
   ....
3. Entre 2009 y 2015, la tasa de desempleo ha afectado a toda la población, pero no por igual. La cifra de las mujeres ha crecido 5.42 puntos, mientras que la de hombres solo ha aumentado 3.13 puntos.
   ....
   ....

12.8 **Transforma las frases en oraciones concesivas de acuerdo con el nivel de relevancia que quieras que comuniquen.**

R: relevante	**N:** no relevante	**T:** totalmente irrelevante

1. [R] [N] [T] España tiene una Ley de Igualdad de género. Tenemos que seguir trabajando por la igualdad social.
   Tenga la ley que tenga, tenemos que seguir trabajando por la igualdad social.
2. [R] [N] [T] En los libros de texto hay mucha imagen. En la escuela podemos no aprender a mirar.
   ....
3. [R] [N] [T] La primera impresión es la que cuenta. Podemos esperar a tener más información antes de tomar una decisión.
   ....
4. [R] [N] [T] La mona se viste de seda. Mona se queda.
   ....
5. [R] [N] [T] Te levantas muy temprano. Pierdes mucho tiempo desayunando.
   ....

12.9 Completa estas oraciones con el verbo en el tiempo y modo adecuado.

1. Todos los años disminuye la tasa de desempleo, si bien .... (ser) cierto que después de los meses de verano vuelve a aumentar.
2. .... (Decir, tú) lo que .... (decir, tú), los estudiantes de carreras universitarias más técnicas no encuentran trabajo tan fácilmente en comparación con las personas que proceden de estudios en Humanidades.
3. Continúa habiendo una mayor proporción de hombres que de mujeres en la empresa, a pesar de que .... (incrementar) en este último año la presencia de trabajadoras en cada uno de los departamentos.
4. Aun cuando .... (saberse) que los libros en papel se siguen vendiendo más que en su formato digital, todo parece indicar que en un plazo de unos cinco años la situación será muy diferente.
5. Es probable que mañana llueva, aunque .... (decir) en la radio lo contrario. Acabo de verlo en la tele.
6. Todos los poetas actuales escriben un tipo de poesía con cierto tono narrativo, si bien el ritmo de los versos .... (poseer) un espíritu lírico.
7. Todos los periódicos intentan satisfacer una opinión o ideología, aunque hay unos pocos que, sin duda, ... (mantenerse) neutrales buscando así cierta objetividad.
8. .... (Hacer) lo que .... (hacer) los políticos, al final la clase media paga más impuestos que una empresa multinacional en términos proporcionales.
9. Si bien .... (haber) un mayor número de mujeres que de hombres realizando estudios universitarios, la desigualdad salarial continúa siendo un motivo por el que luchar.
10. Todos los años se habla de volver al huso horario de España antes de la Guerra Civil y no se hace, a pesar de que el horario no nos .... (corresponder).

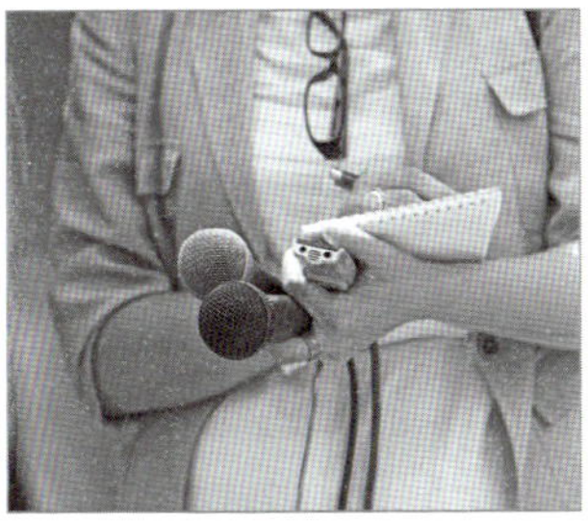

12.10 Relaciona cada nexo con sus características.

1 Aunque

2 Si bien

3 A pesar de que

4 Aun cuando

5 Estructura reduplicativa

a. Expresa dificultad o impedimento (real o no) con respecto a la idea principal sin llegar a modificarla completamente. Siempre va en indicativo.

b. Expresa dificultad o impedimento (real o no) con respecto a la idea principal, poniendo el foco en el impedimento. Puede ir en indicativo o subjuntivo dependiendo del contexto y de la intención del hablante.

c. Expresa dificultad o impedimento (real o no) con respecto a la idea principal sin llegar a modificarla completamente. Pone el foco en la noción de situación temporal. Puede ir en indicativo y subjuntivo.

d. Expresa dificultad o impedimento (real o no) con respecto a la idea principal sin llegar a modificarla completamente. Puede ir en indicativo o subjuntivo.

e. Expresa dificultad o impedimento con respecto a la idea principal. Va siempre en subjuntivo.

Créditos fotográficos

LIBRO DEL ALUMNO

UNIDAD 2 **Pág. 27:** Earthship Biotecture: Sue Stokes / Shutterstock.com. **Pág. 28:** Casa Danzante de Vlado Milunic y Frank Gehry (Praga): Vladimir Sazonov / Shutterstock.com; Edificio Cesta de la Compra de Dave Longaberger (Ohio): CJM Grafx / Shutterstock.com; Edificio Gas Natural o Torre Marenostrum de Enric Miralles y Benedetta Tagliabue (Barcelona): Christian Bertrand / Shutterstock.com; Auditorio Adán Martín de Santiago Calatrava (Tenerife): nito / Shutterstock.com; CaixaForum, remodelación de Herzog & De Meuron (Madrid): IKGM / Shutterstock.com; Casa Batlló de Antoni Gaudí: In Green / Shutterstock.com; Edificio WonderWorks en Pigeon Forge (Tennessee): Nagel Photography / Shutterstock.com; Museo Guggenheim de Frank Gehry (Bilbao): Melanie Lemahieu / Shutterstock. com. **Pág. 32:** Las Meninas de Canido (El Ferrol): Ramon Espelt Photography / Shutterstock.com.
Pág. 35: Policía: solares / Shutterstock.com. **Pág. 36:** Retrato de Miguel de Cervantes: autor desconocido - Real Academia de la Historia, dominio público, https://commons.wikimedia.org/wiki/File:Cervantes_J%C3%A1uregui.jpg; Joaquín Sorolla: Gertrude Käsebier - Philadelphia Museum of Art, dominio público, https://commons.wikimedia.org/wiki/File:Joaquin_Sorolla_by_Gertrude_K%C3%A4sebier,_1908.jpg; Pablo Picasso: Bangkokhappiness / Shutterstock.com.

UNIDAD 3 **Pág. 44:** Sección de deportes en grandes almacenes: bogdan ionescu / Shutterstock.com. **Pág. 49:** Kike Lowy, cofundador de Deportistas Ambulantes: imágenes cedidas por Kike Lowy, https://www.deportistasambulantes.com. **Pág. 51:** Romeo Menti Stadium: ChiccoDodiFC / Shutterstock.com. **Pág. 52:** Usain Bolt: Shahjehan / Shutterstock.com y Ververidis Vasilis / Shutterstock. com. **Pág. 53:** Michael Phelps: Everett Collection / Shutterstock.com. **Pág. 54:** Michael Jordan: landmarkmedia / Shutterstock.com.

UNIDAD 4 **Pág. 59:** Bolsos de Louis Vuitton: Sorbis / Shutterstock.com; Modelo vestida de Gucci: FashionStock.com / Shutterstock. com; Modelo vestido de Gucci: Tinxi / Shutterstock.com. **Pág. 64:** Skype: Rose Carson / Shutterstock.com; Facebook: rvlsoft / Shutterstock.com; Baidu: Casimiro PT / Shutterstock.com. **Pág. 70:** Gorila hecho de neumáticos: finchfocus / Shutterstock.com.

UNIDAD 5 **Pág. 85:** John F. Kennedy: Olga Popova / Shutterstock.com; Paul McCartney: Debby Wong / Shutterstock.com.

UNIDAD 6 **Pág. 91:** Donatella Versace: Kathy Hutchins / Shutterstock.com; David Bowie: doddis77 / Shutterstock.com.
Pág. 92: Barack Obama: ChameleonsEye / Shutterstock.com; Steve Jobs: Anton_Ivanov / Shutterstock.com; Leo Messi: Alizada Studios / Shutterstock.com; Woody Allen: s_bukley / Shutterstock.com; J. K. Rowling: Everett Collection / Shutterstock.com.
Pág. 101: Proyecto Te Comería a Versos de Boa Mistura: imágenes cedidas por Boa Mistura.

UNIDAD 7 **Pág. 110:** Pablo Neruda: autor desconocido - Moniz_Bandeira_e_Pablo_Neruda.JPG, dominio público, https://es.wikipedia.org/wiki/Pablo_Neruda#/media/File:Moniz_Bandeira_e_Pablo_Neruda_new.JPG. **Pág. 114:** Móvil Apple: Alexey Boldin / Shutterstock.com.

UNIDAD 8 **Pág. 122:** Times Square: Sorbis / Shutterstock.com. **Pág. 124:** Nelson Mandela: Mark Reinstein / Shutterstock.com; Benazir Bhutto: iFaqeer - en:Image:Benazir01.jpg, dominio público, https://commons.wikimedia.org/wiki/File:Benazir_Bhutto.jpg; Martin Luther King: Phil Stanziola, NYWT&S staff photographer - Library of Congress, New York World - Telegram & Sun Collection, Reproduction Number LC-USZ62-126558, dominio público, https://commons.wikimedia.org/wiki/File:Martin_Luther_King_Jr_with_medallion_NYWTS.jpg; Rosa Parks: aradaphotography / Shutterstock.com; Steve Jobs: Anton_Ivanov / Shutterstock.com; Mahatma Gandhi: autor desconocido - http://www.answers.com/topic/mahatma-gandhi-large-image, dominio público, https://commons.wikimedia.org/wiki/File:Mohandas_K._Gandhi,_portrait.jpg. **Pág. 125:** Dalái Lama: Nadezda Murmakova / Shutterstock.com; Coco Chanel: Marion Pike - Internet, dominio público, https://commons.wikimedia.org/wiki/File:COCO1970.jpg. **Pág. 126:** Martin Luther King: Uncle Leo / Shutterstock.com y Tharun 15 / Shutterstock.com; Nelson Mandela: Mark Designers / Shutterstock.com; Mahatma Gandhi: Amzhylttay / Shutterstock.com. **Pág. 129:** Einstein: Grey82 / Shutterstock.com; Marilyn Monroe: *New York Sunday News* - Marilyn Monroe in 1952.jpg, dominio público, https://commons.wikimedia.org/wiki/File:Marilyn_Monroe_in_1952_TFA.jpg; Steve Jobs: Matthew Yohe (talk) - Matt Yohe (talk), transferred from en.wikipedia to Commons by fetchcomms, dominio público, https://commons.wikimedia.org/wiki/File:Steve_Jobs_Headshot_2010-CROP.jpg; The Beatles: Chrisdorney / Shutterstock.com; J. K. Rowling: Twocoms / Shutterstock.com; *Autorretrato* de Vincent van Gogh: Musée d'Orsay, dominio público, https://commons.wikimedia.org/wiki/File:SelbstPortrait_VG2.jpg. **Pág. 132:** Peschiera Maraglio (Italia): michelangeloop / Shutterstock.com; *El arte de vivir* de René Magritte: neftali / Shutterstock.com. **Pág. 133:** Manifestación alemana: lonndubh / Shutterstock.com.

UNIDAD 9 **Pág. 142:** *Q Train* de Nigel Van Wieck: derechos cedidos por el autor. **Pág. 147:** Sagrada Familia (Barcelona): funkyfrogstock / Shutterstock.com; Camp Nou (Barcelona): Iakov Filimonov / Shutterstock.com. **Pág. 150:** Voto en Barcelona: Natursports / Shutterstock.com; Alaska: Peter Scholz / Shutterstock.com. **Pág. 151:** *Automat* de Edward Hopper: Des Moines Art Center, Des Moines.